문화분석

피터 버거, 메리 더글러스, 미셸 푸코, 위르겐 하버마스의 연구

로버트 워드나우 외 지음

최샛별 옮김

한울
아카데미

Cultural Analysis

The Work of Peter Berger, Mary Douglas, Michel Foucault and Jürgen Habermas

Robert Wuthnow

James Davison Hunter

Albert Bergesen

Edith Kurzweil

Routledge & Kegan Paul

Cultural Analysis

by Robert Wuthnow, James Davison Hunter, Albert Bergesen, Edith Kurzweil

역자서문

문화사회학은 국내에서는 아직 생소한 분야지만, 예술·대중매체·대중문화·종교·과학·법·언어·인지·지식 등의 광범위한 주제를 포괄하고 있고, 사회학 분야 가운데 가장 빨리 발전하고 있다. 이 책은 이런 문화사회학이 정립되어가던 1984년에 출판되었다. 1980년대 초의 책을 2000년대에 들어 번역하기로 마음먹은 것은 다음과 같은 이유에서다.

첫번째는 이 책에서 소개하는 네 명의 학자들은 모두 문화사회학의 발전에 초석을 놓은 훌륭한 학자들이며, 문화사회학의 형성과 발전에 지대한 영향을 미친 이들의 문화이론을 심도 있고 체계적으로 다루고 있는 가장 좋은 이론서 가운데 하나이기 때문이다. 이 책이 빠르게 발전하는 문화사회학을 이해하는 이론적 기반을 제공하고 이를 한국사회에 적용할 수 있는 시각을 제공할 수 있었으면 한다.

그렇지만 이 책은 독자들이 읽기 쉬운 책은 아니다. 특히 푸코와 하버마스와는 달리, 버거와 더글러스처럼 한국에 잘 알려지지 않은 학자들의 이론을 다루고 있는 부분은 어려워서라기보다는 익숙하지가 않아 어렵게 느껴질 수도 있다. 이들의 이론에 대한 기본적인 지식을 먼저 갖춘다면 보다 흥미롭게, 쉽게 읽을 수 있을 것이다. 버거를 읽기 전에 어떤 개론서 중에서든 현상학과 민속방법론에 관한 부분을, 더글러스 전에는 구조주의와 인류학에 대한 부분을, 그리고 푸코와 하버마스 전에는 이들에 대한

(현재 많이 나와 있는) 간략한 개론서를 읽어볼 것을 권한다.

두번째로 문화사회학에 관심을 가지고 있는 대학원 학생들이 읽을 만한 깊이 있는 이론서를 찾기 어려웠기 때문이었다. 현재 문화관련 이론서는 번역이 되어 있는 것도 별로 없을 뿐만 아니라 번역이 되어 있는 것들도 오역이 많아 학생들이 읽다가 문화사회학에 대한 관심을 잃어버리는 경우가 많다. 그렇다고 원서로 읽고 토론을 하기에는, 학생들에게 그렇지 않아도 쉽지 않은 이론들을 다른 나라의 언어로 읽는 것은 너무 큰 부담이 된다. 이런 생각에서 대학원 수준에서 심도 있는 문화관련 이론을 좀 더 용이하게 접할 수 있는 기회를 제공하고, 역주를 덧붙여 문화에 관심을 갖고 있는 학부학생들에게도 깊이 있는 이론을 접할 수 있게 하고자 이 책의 번역을 시작했다. 그러나 생각보다 시간이 많이 드는 작업이었다. 번역에만 근 1년이 넘게 걸려, 읽는 데 도움이 될 수 있는 역주를 생각만큼 보태지 못한 것 같아 아쉬운 점이 많다. 그러나 최대한 오역이 없도록 많은 노력을 기울였다는 것은 제법 자신 있게 말할 수 있다. 문화현상이나 사회학 더 크게는 사회과학에 관심 있는 학부학생이라면 조금 어렵더라도 끝까지 열심히 읽고 생각해보길 바란다. 그렇게 이 책을 덮고 나면 성취감과 함께 정말 많은 것을 얻고 배울 수 있을 것이며, 다른 많은 사회과학 관련 서적들을 아주 쉽게 읽을 수 있을 것이다.

마지막으로, 1980년대 초반은 문화사회학이 미국학계에서 학문으로서 정립되고 또한 많은 관심과 연구가 진행되기 시작한 시기로, 현재 우리 한국의 문화사회학의 상황과 비슷하다. 이 이후 문화사회학은 놀라울 만큼 발전했으며, 이제는 모든 사회학 영역에 가장 큰 영향을 미치는 분야의 하나로 성장했다. 현재 한국의 학계는 물론 학생들과 일반인까지도 문화라는 주제에 대해서 많은 관심을 가지고 있으나 아직까지는 많은 발전이 있어왔다고는 하기 힘들다. 독자들이 이 책을 통해 문화사회학의 지적 원류와 역동성에 대한 지식과 더불어, 저자들의 맺음말대로 한국의 문화사회학 분야에서 유익하고 풍요로운 연구를 할 수 있는 자극을 얻었으면 한다.

이 책은 많은 학생들과 함께 만든 책이다. 이 책이 나오기까지 너무나 열심히 함께 고민하고 토론해준 이화여자대학교 사회학과 석사과정의 김민지, 고예란, 박수진, 김금남 학생과 학부의 이정연, 엄인영 학생에게 감사의 마음을 전하며 특히 유학 준비로 바쁜 와중에서도 시작단계부터 마무리 단계에까지 필요할 때마다 많은 시간을 투자해 도와준 김민지 학생에게 또 다른 감사의 말을 전하고 싶다. 그리고 시범독자가 되어 초벌번역을 읽고 토론에 참여해주었던 2003년 1학기 문화사회학 대학원 수업 학생들에게도 감사한다. 또한 마지막으로 이 책의 번역을 시작할 때부터 탈고할 때까지 뱃속에서 함께 한 아들 연제에게도 사랑을 전한다.

서문

이 책에 대한 착상은 프린스턴 대학교의 대학원 문화이론 세미나에서 시작되었다. 알튀세(Louis Althusser), 바르트(Roland Barthes), 벨라(Robert N. Bellah), 버거(Peter L. Berger), 더글러스(Mary Douglas), 엘리아데(Mircea Eliade), 푸코(Michel Foucault), 기어츠(Clifford Geertz), 하버마스(Jürgen Habermas), 레비스트로스(Claude Lévi-Strauss), 루카치(György Lukacs), 리쾨르(Paul Ricoeur)와 같은 현대의 여러 문화분석가들의 저작을 검토하고, 이를 문화에 관한 정통사회과학 서적과 비교하는 과정에서, 두 가지 결론이 뚜렷해졌다. 첫번째 결론은, 앞의 몇몇 학자들을 연구해보려 한 어느 누구에게도 명백한 일이겠지만, 이들의 저작으로부터 사용가능한 개념 및 가설을 이끌어내기 위해서는 해석과 단순화의 작업이 필요하다는 점이었다. 두번째 더 중요한 결론은 이들의 저작에 근본적으로 새로운 어떤 방향이 제시되고 있다는 점이었다. 더욱이 문화에 대한 이들의 가지각색의 관점들 사이에서도 공통된 몇몇 주제가 존재하고 있었다.

이 책은 이 학자들 중 네 사람, 즉 버거, 더글러스, 푸코, 하버마스의 문화연구에 대한 공헌을 명확히 하고, 문화연구에 대한 새로운 접근의 기초를 놓을 수 있도록, 현재 수렴되고 있는 몇몇 가정들을 강조하고자 하는 하나의 시도이다. 이 네 학자들을 선택한 까닭은 그들이 각각 네 개의 상대적으로 뚜렷이 구분되는 이론적 전통을 대변하며, 그러면서도 그 전통을 수정해 문화에 대한 새로운 접근을 발전시키는 데 있어 의미 있는 방향으로 나아갔기 때문이다. 다른 몇몇 학자들 역시 이 분야에 공헌했지만, 각각의 관점을 보다 심도 있게 검토하기 위해 이 책에서는 의도적으로 이론가의 수를 제한했다.

이 책의 초점은 명확하게 문화에 맞춰져 있다. 문화라는 개념은 (앞으로 명백해지겠지만) 다루는 데 있어 매우 모호한 개념으로 남아 있지만, 사회생활의 상징-표현적(symbolic-expressive) 차원을 연구하는 데 중요한 개념으로 그 가치를 가진다. 그러므로 이 학자들을 다룬 여타 저서들과 이 책이 구별되는 지점은 이 책의 초점이 문화의 정의 및 내용, 문화의 구성, 문화와 사회적 환경과의 관계 및 문화변동의 양식에 맞춰져 있다는 것이다. 우리는 이 책에서 각각의 이론가들이 앞에 제시한 문제에 어떻게 답하고 있는지 설명하려 노력했다. 또한 이미 은연중에 암시했듯이, 우리는 이 학자들을 철학자나 인문주의자(또는 휴머니스트), 혹은 역사가라기보다는 주로 사회과학자로서 접근했다.

이 책의 공저자들은 책의 준비과정에서 다음과 같은 역할을 수행했다. 워드나우(Robert Wuthnow)는 이 책을 쓰는 프로젝트를 주도했으며, 1·5·6장의 초고를 썼다. 헌터(James Davison Hunter)는 2장의 초고를, 버지슨(Albert Bergesen)은 3장의 초고를, 커즈와일(Edith Kurzweil)은 4장의 초고를 맡았다. 공저자들은 각 장의 초고를 읽고 비평하며, 교정하는 작업에 모두 참여했다. 따라서 최종결과물인 이 책은 말 그대로 공동저작인 셈이다.

이들 이론가에 대한 우리의 예비작업을 논의하는 학회를 위해 소정의 연구비를 지원해준 미국 사회학협회 내 학제문제위원회(Problems of the Discipline Committee of the American Sociological Association)에 특별히 감사를 표한다. 이 학회는 1982년 5월 프린스턴 대학에서 열렸다. 격려와 그 통찰력으로 많은 도움을 준 콕스(Robert Cox)에게도 경의를 표한다. 그는 5장에 수정되어 실린 도식을 처음 만들었다. 푸코와 하버마스에 대한 그의 논평 또한 특히 값진 것이었다. 그 외에 이 이론가들에 대한 에이달라(Angela Aidala), 에인레이(Stephen Ainlay), 앨럼(Keith Allum), 브레슬러(Marvin Bressler), 세룰로(Karen Cerulo), 크리스티아노(Kevin Christiano), 게이저(John Gager), 휴인스(Sarah Hewins), 커즐로스키(John Kuzloski), 올로프(Ann Orloff),

레드풋(Don Redfoot), 슈럼(Wesley Shrum), 스타우트(Jeffrey Stout), 월리스(Walter Wallace), 울와인(David Woolwine)과의 토론 역시 매우 유익했다.

차례

1장
서론

과거 수십 년 동안 다른 사회과학 분야에서 이론, 방법론, 조사·연구의 괄목할 만한 발전이 있었던 반면에, 문화에 대한 연구는 거의 진척되지 않았다. 제2차세계대전 이래 사회과학 분야의 경험적 연구와 주요이론들은 문화적 요소에 거의 주의를 기울이지 않았다. 마르크스주의적 전통이 문화영역을 경시해온 것은 매우 잘 알려진 사실이며, 미국과 영국의 신(新)마르크스주의(neo-Marxism)조차 문화를 이데올로기적 속임수에 지나지 않는 것으로 다루어왔다. 파슨스(Talcott Parsons)에 의해 발전된 구조기능주의에서는 문화를 행위의 자율체계로 보았으나, 이에 대한 조사연구에 있어서는 별다른 성과가 없었다. 그리고 표면적으로 상징주의나 의미에 관심을 가진 상징적 상호작용론은 문화 자체를 보다 광범하게 유형화하기보다는, 주로 미시적 상황에서의 개인들의 인식에 초점을 맞춰 발전돼왔다. 또한 다른 사회심리학적 관점들은 신념과 태도와 같은 문화적 현상에 주의를 기울이기는 했지만, 문화연구를 위한 이론적 노력보다는 개인적 심리에 매달려왔다. 이런 경향은 실제적인 연구에서도 잘 나타나고 있다. 예를 들어 사회운동에 대한 연구는 저항집단들의 목표와 좌절, 이들을 정당화시키는 상징에 비중을 두기보다는 어떤 자원들이 집단행동의 토대가 되는가를 연구하는 방향으로 점점 바뀌어왔다. 다시 말해 정신과 마음이 기계적 원리에 의해 대체되어버린 것이다. 또한 공공조직 분야의 연구방향은 규범과 목표를 연구하는 것에서 시장과 환경에 대한 선택적 합리성에 대한 연구로 바뀌어왔다. 그리고 사회과학 분야의 인기 있는 주제인 지위획득에 대한 연구에서는, 명백히 문화분석의 대상인 직업적 위신이라는 개념이 있음에도 불구하고 거의 전적으로 세대 내 그리고 세대 간 이동의 형식적인 모델만을 다루고 있으며, 사회 네트워크 연구는 대인관계의 연계와 교환에만 초점을 맞추고 있다. 공식적으로는 여전히 '문화와 인성'의 관계가 중요한 위치를 차지하고 있는 사회심리학 분야의 연구조차 문화의 영향보다는 생애사(生涯史), 발달단계, 지원 네트워크, 사회적 역할 등에 더 많은 관심을 집중해왔다. 이와 같은 사실에 근거해, 하나의 연구영역으로서의 문화를 사회과학이 완전히 배제시키는 위기에 처해 있다는 주장도 과장은 아닐 것이다.

이런 주장은, 문화라는 개념 없이도 대안적인 접근법들과 이론들이 가능하다면 기우일지도 모른다. 그러나 현실적으로 문화를 계속해서 거부하기는 어렵다는 것은 자명하다. 유물론에 있어서도 마르크스주의는 언제나 이데올로기의 존재를 상정해왔으며, 신마르크스주의자들 역시 국가를 정당화시키는 가정에 관심을 가져왔다. 그리고 이는 확실히 문화적 측면들이다. 사회운동은 상징주의와 의례를 이용하고 있고, 또한 공공정의와 역사적인 의미를 부여받음으로써 스스로 문화의 한 부분이 된다. 공공조직은 고용인과 고객으로부터 부여받는 도덕적 지지를 유지하기 위해 전력을 기울이며 다른 조직들로부터 얻는 아이디어와 정보에 많은 영향을 받는다. 그리고 실제로 지위는 교섭의 산물로 다루어질 때 수학적 성취 모델보다 훨씬 의미 있는 방식으로 설명될 수 있다. 네트워크는 행위자들이 의도적이든 아니든 자신들의 상대적인 위치나 의도를 전달할 수 있을 때에만 존재한다. 또한 생애사, 감정, 자아의 여러 측면들이 인성을 형성하는 데 통합되는 것은 오직 상징적 제스처와 사고의 중재를 통해서만 가능하다.

이런 예들은 사회생활에서 문화적 요소들이 나타나는 수많은 영역과 방식에 대해 말해줄 뿐만 아니라 문화가 무엇이고 어떻게 정의될 수 있는지에 대해서도 알려준다. 여기에서 일단 잠정적으로 문화를 인간행동의 상징적·표현적 측면으로 정의할 수 있다. 이 정의는 상당히 광범위한 것으로, 일반적으로 문화라는 말과 연관되어 있는 음성 발화(發話), 제스처, 의례행위, 이데올로기, 종교, 철학체계들을 모두 포함한다. 그리고 이 책의 각 장을 통해 분명해지겠지만, 이와 같이 문화를 정의하면 몇 가지 특별한 이점을 가질 수 있다.

또한 문화이론가들이 강조하는 주제가 문화를 어떻게 정의해야 할 것인지와 문화의 어떤 측면을 강조할 것인지 두 가지로 나뉘어 있다는 점 역시 분명해질 것이다. 이는 문화연구 분야의 발전이 미미한 상태임을 뜻한다. 단 몇몇의 예외를 제외하면 사회과학에서 문화 분야는 미개척 분야로 남아 있다. 그러나 비록 지금까지는 그다지 생산적이지 못했지만, 문화연구를 발전시키기 위한 노력이 매우 중요하다는 것은 명백하다.

1. 제한적 가정들

문화연구는 왜 발전하지 못했는가? 몇몇 사람들에게 그 대답은 매우 간단하다. 이들의 해석을 따르자면, 사회과학자들이 상대적으로 문화가 사실상 인간지사(人間之事, human affairs)와 다를 바 없다는 것을 발견했기 때문에 더 이상 문화를 연구하는 데 많은 노력을 기울이지 않았다는 것이다. 그리고 감정이나 태도와 같은 불확실한 영역으로부터 소득불평등, 실업, 출산율, 집단역학, 범죄 등의 사회생활의 확실한 사실들로 그 연구방향을 전환했다. 간단하지만 명확한 또 다른 이유는 문화를 구성하는 분위기, 감정, 믿음, 가치 등은 매우 중요하기는 하지만, 이를 연구하기 위해서는 막대한 비용이 요구될 뿐만 아니라 너무나도 많은 어려움이 존재하기 때문이다. 문화와 관련된 현상은 조작화하거나 측정하기가 어렵다. 그렇기 때문에 문화현상을 조작화하거나 측정하고자 하는 사람들은, 문화영역에서 바랄 수 있는 최고의 방법론은 풍부하고 개인적이고 감정이입적인 기술이라는 비판에 직면하게 된다. 그러나 또 감정이입적 기술에 의존하는 사람들은 정확한 통계와 공식적 명제에 대해 엄격히 검증할 수 있는 다른 분야의 사회과학자들의 비판을 당해낼 수 없다.

하지만 이런 관점들은 문제점에 대한 해결책을 찾는 데 도움이 된다기보다는 문화에 대해 가지고 있는 인습적인 생각들을 알 수 있게 해준다. 이 관점들은 지금까지 문화연구의 발전을 가로막아온 가정들을 반영하기 때문에, 이 제한적 가정들을 처음부터 명확하게 밝힐 필요가 있다.

첫번째, 문화는 주로 생각, 기분, 감정, 믿음, 가치로 구성되어 있다는 가정이다. 이는 현대사회과학에서의 일반적인 관점으로, 이렇게 되면 문화는 인간행동의 모든 관찰가능한 형태를 제거한 후에 남은 영역이 된다. 결과적으로 문화는 개인이나 좀더 상상하기 어려운 집합적 의미에서의 인간존재의 내부적이고 보이지 않는 삶, 즉 '집합적인 목적'이라든지 '공유된 가치' 그리고 '간주관적(間主觀的) 실재'라는 개념으로 이루어진다. 사람들이 실제로 행하는 것, 즉 행동양식이라든지 사람들이 구성한 제도, 혹은 사람들이 참여하는 금전과 권력의 물리적인 교환 등은 문화의 일부분에 포함되지 않는다.

현재 사회과학계에서 광범위하게 받아들여지고 있는 가정인 이런 문화에 대한 관점은 점진적으로 발전돼왔으며, 고전사회이론에 근거해 옹호돼왔다. 이는 우리에게 상식이라고 할 수 있을 만큼 익숙한 정신과 육체라는 플라톤의 이원론에 뿌리를 두고, 근대의 이론적 연구를 통해 정교해졌다. 마르크스부터 문화는 '상부구조'의 한 측면이라는 견해가 이어져왔다. 여기서 상부구조란 생산수단이나 사회관계와 같이 사회의 '하부구조'를 구성하는 객관적이고 필연적인 요소와 분리된 것이다. 이에 관해 베버(Max Weber)는 문화의 중요성을 강조하는 반론을 제공했다. 그러나 베버학파의 관점에서도 역시 문화는 '윤리'와 '정신'의 문제로 여전히 사회계층이라든지 국가나 기술을 포함하는 구체적인 사회적 장치와는 구분된다. 뒤르켕(Emile Durkheim)으로부터는 다음과 같은 문화개념이 발전돼왔다. 뒤르켕에게 문화란 일련의 공유된 믿음으로, 종종 그 방향성이 잘못되어 신이나 다른 신비스러운 힘들을 반영하기도 하지만 실제로는 사회 내의 권력지형을 단순하게 반영하는 것이라고 [특히 스완슨(Guy E. Swanson)과 같은 해석가는] 보았다. 파슨스는 '문화체계'를 '사회체계'로부터 분리했다. 그의 사회체계는 인간상호작용의 실제적인 영역을 나타내는 반면 문화체계는 사회과학자들이 주장하는 집합적 가치와 별로 다르지 않은 것으로 구성되어 있다. 그리고 사회심리학의 전통적인 설명에서 '태도'의 세계는 행동의 세계와는 별개인 정신적이고 감정적인 성향들로 구성된다.

요점은 명백하다. 문화에 대한 일반적인 사회과학적 논의에서 인간세계는 객관적인 사회구조와 주관적인 사고와 인식이라는 두 가지 영역으로 구분된다. 그리고 문화적 부분은 그 중에서도 가장 유동적이고 자유로우며 관찰하기 어려운 비행동적인 범주로 정의된다. 문화가 이런 방식으로 정의된다고 할 때, 그 동안 사회과학자들이 문화를 분석하는 데 어려움을 겪어왔다는 것은 당연한 일이다.

두번째 제한적 가정은 앞에서 살펴본 바와 밀접하게 관련되어 있다. 만약 문화가 행동보다는 사고나 감정으로 구성된다면 이 두 영역 사이의 관계는 분명 탐구해볼 문제이다. 따라서 주관적인 인식은 객관적인 환경에, 태도는 행동에, 의견은 투표에, 이데올로기는 혁명에, 계급의식은 계급에, 소외는 불평등에 연결시켜 연구된다. 그러나 이런 연구의 초점은 문화를 이해하는 것이 아니라 사실상 대충 문화를 설명하고는 치워버리는 것이다. 경험적 사회과학의 확립이라는 명목 아래, 관찰되지 않는 문화적 성향의 측면에서 인간행위자의 관찰가능한 행위들을 설명하고자 하는 시도는 많지 않았다. 그리고 실제로 이를 시도했던 연구들은 이들 사이의 안정적 관계를 규명하는 데 실패했다. 오히려 관찰가능한 행동유형이 실질적인 사고의 근거라는 주장이 보다 매력적이라는 것이 입증되었다.

좀 더 명확하게 말하자면, 문화는 사회구조와 연관해서만 이해할 수 있다는 가정으로 인해 문화연구는 많은 제한을 받아왔다. 이는 환원주의다. 사회과학자들은 문화 그 자체를 흥미로운 현상으로 다루기보다는 이를 다른 수준으로 환원시켜버렸다. 예를 들자면 학자들은 종교 그 자체를 이해하려는 시도 대신 상이한 사회계층의 한 가지 특성으로 간주한다. 또한 이데올로기의 내적 특성들을 다루는 대신 그 근원을 기득권층의 이해관계에서 찾는 데 초점을 둔다. 인간행위를 화학적 충동에 의한 기능들로 환원시키는 접근법이 어떤 가치가 있는 것처럼, 이런 접근법 역시 특정한 목적 아래에서는 충분한 가치가 있다. 그러나 일반적으로 사회과학자들은 많은 가치들이 간과된다는 이유에서 사회구조와 관련짓는 이런 시도들을 반대해왔다는 점을 생각해보면, 지금까지 문화가 신중하게 다루어지지 않았다는 것을 알 수 있다.

세번째, 문화연구는 오직 개인들만이 문화를 가지고 있다는 가정에 의해 제한을 받았다. 이런 가정은 또 다른 형태의 환원주의다. 물론 어떤 수준에서는 문화를 개인에게 한정하는 것이 가능하다. 정말 문화가 사고와 감정 이상의 것이 아니라면, 생각하고 느낄 수 있는 유일한 존재는 개인일 수밖에 없다. 그러나 사회과학의 다른 분야들은 이런 가정을 버렸을 때 발전했다. 자살율의 변화에 대한 뒤르켕의 고전적 연구는 자살율이 개개인의 행동과는 별개로, 그 자체로 관심을 가질 만한 것이라고 가정할 때에만 가능한 것이었다. 이 점에서는 마르크스도 마찬가지로, 그의 자본주의 계급관계에 대한 연구는 개개인들이 인식할 수도, 통제할 수도 없는 중요한 부분들을 잡아내고 있다.

문화를 개인의 생각이나 감정과 동일한 것으로 다룸으로써 문화연구는 두 가지 측면에서 상당한 제한을 받아왔다. 하나는 그 범위가 제한되었다는 점이며 또 하나는 제한된 문제에만 초점을 맞추게 되었다는 점이다. 범위의 문제는 두 가지 제한점 중 더 명확하다. 만약 문화가 순전히 개개인의 특성이라면, 논리적으로는 개인들의 주관적인 의식, 즉 그들이 무엇을 생각하고 느끼는지 연구하는 것이 옳다. 간단히 말해 주관적 의미구조를 연구해야 한다. 그리고 이 연구는 당연히 끝도 없는 작업이다. 한 개인의 견해는 다른 사람들과 매우 다르기 때문이다. 그러나 여기에서 중요한 문제는 제도, 계급, 조직, 사회운동 등 사회생활의 보다 광범위한 차원들을 놓치게 된다는 점이다. 문화가 이 모든 것들의 일부라고 생각한다면, 문화는 각 영역의 개인구성원들의 머리 속에만 존재하게 된다. 한정된 질문에만 초점을 두는 것 역시 문화연구를 제한하는 또 다른 문제점으로, 이는 일관성의 문제이다. 지금까지 연구돼온 문화유형들은 대체로 일관성의 측면에서 정의되었다. 그렇다면 논리적으로 모순이 없는 태도가 실제로도 그 사람의 생각에 모순점이 없다는 것을 보여주는 것일까? 그러나 이런 일관성이나 비일관성을 알 수 있는 것은 오직 개인뿐이며, 이 문제는 문화를 개인의 특성으로 생각할 때만 이해될 수 있다. 이러한 견해에서 개인들은 심지어 어떤 모순적인 태도에도 저항할 수 있는 존재로까지 보여진다. 이런 이유 때문에, 조사 기술과 양적 분석으로 인해 많은 연구가 가능했음에도 불구하고, 문화유형에 대해 밝혀진 것은 거의 없다.

지금까지 논의의 취지는 문화분석이 제한돼온 이유가 단순하게 검증가능한 명제들을 구체화하거나 또는 엄격한 방법론을 도입하는 데 실패해서라기보다는, 문화의 본성 그 자체에 대한 뿌리깊은 가정들 때문이라는 것을 밝히고자 하는 것이다. 이런 가정들은 문화를 개인들이 지니고 있는 주관적인 사고와 감정의 영역으로 격하시켰고, 문화 그 자체의 요소들 속에서 체계적인 유형을 밝혀내기보다는 이를 설명하기에 급급했다. 이렇게 볼 때 그동안 문화가 완전히 잘못 이해됐거나 제대로 이해되지 못한 채 남아 있었다는 것은 정말 당연한 일이다.

문화분석이 발전하려면 문화와 관련한 전제들에 대한 근본적인 재검토가 필요하다. 문화의 정의, 주요요소와 지표(指標), 사회구조와의 연관성, 변화양식 등을 처음부터 다시 생각해볼 필요가 있다. 사실 이런 작업은 이미 시작되었고, 괄목할 만한 발전이 이루어지고 있다. 그러나 지금까지의 연구는 기존의 확립되어 있는 사회과학의 주변부에서 나타났으며, 다른 전통들에서 많은 것을 빌리고 있다. 또한 최근에 나타난 이런 관점들에 대해 아직까지 제대로 된 이해나 비판적인 검토가 이루어지지 않고 있다.

2. 문화에 대한 네 가지 관점들

지난 25년 동안 문화연구에 대한 다음의 네 가지 관점들은 어느 정도 성공했으며, 문화연구에 대한 관심을 증가시켰다. 이 관점들은 주로 사회과학의 비주류에 의해 시도되었으며 기본적으로 의미, 상징주의, 언어, 담론의 영역에 초점을 맞추고 있다. 각각의 관점은 서로 다른 철학적 전통에 근거하고 있으며, 소위 현대사회과학의 '실증주의(positivism)적' 전통과는 의미있는 차별성을 가진다. 이 네 가지 관점은 첫째 우리에게 가장 익숙한 현상학(phenomenology), 둘째 문화인류학(cultural anthropology), 셋째 구조주의(structuralism), 넷째 비판이론(critical theory)이다.

이 관점들은 대부분 유럽에 기원을 두고 있기 때문에 미국 독자들에게는 비교적 많이 알려지지 않았다. 그럼에도 불구하고 최근 몇 십 년 동안 각각의 접근법이 발전함에 따라, 이 관점들에 대한 관심이 (누군가가 말했듯이 일종의 숭배처럼) 매우 커졌다. 문화 분야의 새로운 연구방향을 만들어 가는 주요가정들이 대부분 이 전통들에서 유래되었다고 말할 정도이다.

각 관점들은 중요한 이론적 공헌을 해왔다. 물론 각각의 관점에는 서로 대립되는 견해가 포함되어 있을 수도 있지만 어쨌든 문화연구에 있어 중요한 공헌을 한 영향력 있는 학자를 적어도 한 명씩은 배출했다. 그리고 이 책은 이 네 명의 학자, 피터 버거(Peter L. Berger), 메리 더글러스(Mary Douglas), 미셸 푸코(Michel Foucault), 위르겐 하버마스(Jürgen Habermas)에 초점을 맞추고자 한다.

이 네 명의 학자들은 각자 문화논의에 중요한 기여를 해왔다. 이들은 자신의 연구가 근거하고 있는 이론적 전통들의 주요가정들을 받아들였다. 그러나 동시에 각 전통들의 특정 요소들을 거부하고 다른 이론적 전통들의 견해를 빌어, 문화분석에 보다 적합한 이론틀을 형성하고자 시도했다. 이 책의 목적은 각 학자들의 연구를 통해 문화분석에 있어서의 그들의 공헌점들을 정리하고, 더 나아가 문화연구에 있어 이 새로운 이론틀들이 가지고 있는 공통적인 관점들을 제시하는 것이다.

1) 피터 버거와 현상학

현상학은 궁극적으로 헤겔에서 시작되었으며, 인간조건에 대한 철학적 이론화의 풍부한 전통을 가지고 있다. 이런 전통은 후설(Edmund Husserl), 하이데거(Martin Heidegger), 사르트르(Jean Paul Sartre), 슈츠(Alfred Schutz) 등의 저작들에서 잘 나타난다. 이 저작들의 상당수는 존재론(ontology)과 인식론(epistemology)의 문제, 즉 존재와 앎의 근거에 대한 문제와 관련되어 있다. 이렇게 궁극적인 의미와 존재, 그리고 초월적인 존재에 대한 문제와 깊이 관련되어 있기 때문에, 현상학과 관련된 많은 많은 연구에는 특유의 신학적 성향이 존재한다.

현상학을 사회과학에 가장 처음 적용시킨 학자는 메를로퐁티(Maurice Merleau-Ponty)였지만, 보다 중요한 역할을 한 것은 슈츠의 저작들이다. 사회생활에 있어서 주관적 의미의 역할을 특별하게 고려해야 한다는 것에 강조점을 두었는데, 이는 베버, 미드(George Herbert Mead) 그리고 다른 학자들이 일찍이 강조했던 것이다. 또한 사회적 상호작용의 기초가 되는 '간주관성'이나 공유된 이해를 강조하며, 일상생활에서 사회적 행위자들이 가지고 있는 평범한 인식과 의도를 보다 경험적인 토대에서 이해하기 위한 기술적인 연구(descriptive research)를 주장한다.

1960년대 중반 이후 피터 버거는 (많은 공저자들과 함께) 현상학적 관점의 선구자로, 보다 일반적으로 말하자면 가장 사상이 풍부하고 존경받는 문화이론가의 한 사람으로 떠올랐다. 그는 지식사회학, 종교, 신학, 근대화, 사회학 이론, 공공정책을 포함한 많은 분야의 주제들에 관한 풍부한 저작을 남겼다. 현상학적 관점을 사용하고 또 중요한 수정을 해나가면서 그는 제도, 이데올로기, 그리고 사회유형 변화의 문화적 구성과 같은 보다 거시적인 문제들뿐만 아니라, 가치의 내재화와 같은 미시사회학적인 문제들 역시 다룰 수 있는 훌륭한 개념적 도구를 만들었다.

버거는 1929년 빈에서 태어나 사업가의 아들로 성장했다. 영국에서 중등교육을 끝마치고, 아직 10대였던 1946년에 미국으로 이주했다. 그는 스태튼섬(Staten Island)의 와그너 메모리얼 루터 칼리지(Wagner Memorial Lutheran College)에 입학해 철학을 전공했다. 1949년 졸업한 그는 루터교 목사가 되려던 애초의 계획을 포기하고 뉴 스쿨(New School for Social Research)에 입학했다. 그곳에서 그는 그의 지적 이력을 형성하는 데 매우 중요한 역할을 한 학자들인 슈츠, 메이어(Carl Mayer), 살로먼(Albert Salomon)과 학생이었던 루크만(Thomas Luckmann)과 함께 연구했다.

그는 「바하이교 운동의 사회학(A Sociology of the Bahai Movement)」이라는 논문으로 1954년에 대학원을 졸업했다. 그리고 2년 동안 사회복지사와 통역가로 정신병 진료소에서 군복무를 마친 후에 배드 볼 저머니(Bad Boll Germany)에 있는 복음주의 대학(Evangelical Academy)에 1년 동안 있었고, 그 후 조지아 주립대학교(University of Georgia)와 노스캐롤라이나 주립 여자대학(Women's College of the University of North Carolina)에 자리를 잡았다. 1958년에 그는 하트포트 신학 재단(Hartford Seminary Foundation)의 사회윤리학 교수가 되어 1963년까지 가르쳤다. 여기에서 그는 많은 저서들을 출판하기 시작했다. 이 시기에 출판된 그의 저서들 중에 영향력 있는 것으로는 『위험한 통찰(*The Precarious Vision*)』(1961b)과 『신성한 집회의 소리(*The*

Noise of solemn Assemblies)』(1961a)가 있다. 이 책들이 받아들여지기는 했지만 그 당시의 종교설립(특히 프로테스탄트)의 핵심적 전제들에 도전했기 때문에, 교회사회 내에 큰 동요를 일으켰다.

뉴 스쿨로 돌아온 후 1963년과 1970년 사이에, 버거는 문화와 사회실재의 본질에 대한 자신의 생각을 발전시켰고, 그를 국제적으로 인정받게 한 저작들을 출판했다. 『사회학으로의 초대(*The Invitation to Sociology*)』(1963a)에서는 사회학의 소명과 지적 특성을 제시했다. 이 책에서 제시됐던 많은 주제들은 후에 루크만과 함께 집필한 『지식형성의 사회학(*The Social Construction of Reality*)』(1966)에서 발전되었다. 이 책의 의도는 지식사회학의 실재적인 특성을 재천명하는 것이었다. 중심 논제는 사람들이 살고있는 세계는 자연환경과 인간의 생물학적인 한계 속에서 사회적으로 구성되므로 사람들이 인식하고 경험하는 현실은 사회 속에서 사회적으로 그리고 상이하게 위치한다는 것이다. 이 책의 개념적 패러다임은 그의 다음 저작이자 종교사회학에 관한 이론적 논문 『신성한 장막(*The Sacred Canopy*)』(1967)에 분석적 시각을 제공했다.

1960년대 후반까지 버거는 정치에 많은 관심을 보이지 않았다. 그러나 1969년 여름 일리치(Ivan Illych)의 초대로 멕시코시티에 있는 일리치의 싱크탱크를 방문하고 변하기 시작했다. 그곳에서 그는 문화와 근대화에 대한 자신의 이전 연구들과 제3세계의 발전과 정치 사이의 이론적 관련성을 탐구하기 시작했다. 그리고 이즈음 그는 뉴 스쿨을 떠나 러커스 대학교(Rutgers University)의 교수가 되었다. 이런 그의 관심의 변화는 버거(Brigitte Berger), 켈너(Hansfried Kellner)와 함께 저술한 『고향 잃은 마음(*The Homeless Mind*)』(1973)과, 『희생의 피라미드(*Pyramids of Sacrifice*)』(1974)에 가장 잘 나타나있다.

1979년 버거는 러커스 대학교를 떠나 보스턴 대학(Boston College)으로 갔으며, 1년 후에는 보스턴 대학교(Boston University)의 교수가 되었다. 이 몇 년 동안 그는 다시 이전의 관심들로 돌아갔으며 새로운 영역에도 관심을 가지기 시작했다. 그는 새로운 영역으로 『이단의 시대(*The Heritical Imperative*)』(1979a)와 편저인 『신의 저편(*The Other Side of God*)』(1980)에서 종교사회학과 신학에 대한 연구를 확장시켰다. 그리고 『사회학의 사명과 방법

(Sociology Reinterpreted)』(1981a)에서는 사회학 방법론에 대한 자신의 생각을 발전시켰다.

버거는 사회학 분야 특히 문화분석에 많은 공헌을 했으며 전반적으로 그의 이력은 인상적일 만큼 일관적이었다는 특징을 가진다. 그의 연구전집은 거의 20여 권에 달하는 책과 연구논문, 그리고 매우 다양한 주제에 대한 100여 개의 논문을 포함한다. 재능 있는 작가로서, 인본주의자로서, 무엇보다도 지적인 저항가로서 그는 문화에 대한 동시대적 관점들에 새로운 방향을 부여하는 지도자 역할을 해왔다.

2) 메리 더글러스와 문화인류학

말리노프스키(Bronislaw Kasper Malinowski)에 의해 시작되어 에번스프리처드(Edward Evans-Pritchard)와 리치(Edmund Leach)와 같은 저명한 학자들에 의해 계승돼온 영국 문화인류학의 전통은 부족집단들에 대한 경험적 자료에 초점을 맞추어왔다. 이 전통의 연구들은 말리노프스키와 뒤르켕의 영향을 받아 의례의 사회적 기능에 각별한 관심을 기울이며, 사회에 질서를 부여하고 유지하는 사고범주와 사회적 경계와 같은 분류체계에도 특별한 관심을 가진다.

메리 더글러스는 영국의 문화인류학 전통에서도 선두적인 위치에 있는 이론가 중 하나이다. 같은 전통 내의 이전 학자들의 연구와 마찬가지로 그녀의 연구 역시 사회적 질서에 대한 문제에 집중하고 있다. 원시집단에 대한 광범위한 자료에 근거해 그녀는 의례, 상징적 일탈, 사회적 경계, 우주론에 대한 통찰력 있는 주장을 만들어냈다. 그녀의 연구는 문화에 대한 체계적인 명제들이나 문화를 설명하는 추상적 개념들을 구성하고자 하지 않음에도 불구하고, 확실하게 지속적으로 문화에 대한 일련의 주장들을 제공한다. 그녀의 연구는 많은 찬사를 받았으며, 사회과학과 인문학의 다양한 분야에서 많은 추종자를 낳았다. 특히 문화유형이 각색되고 강화되는 방식에 대한 그녀의 통찰력 있는 연구는 버거나 하버마스와 같은 저자들에 의해 발전된 추상적인 이론들을 유용하게 해준다.

그녀는 1921년에 태어나 런던에 있는 성심수녀원(Sacred Heart Convent)과

옥스퍼드 대학교에서 공부한 후 1943년부터 1947년까지 식민성(植民省)에서 근무했다. 그녀는 식민성에서 근무하는 동안 인류학자들을 알게 되었고 아프리카에 대해 관심을 가지게 되었다. 제2차세계대전이 끝나갈 무렵 그녀는 옥스퍼드로 돌아와 에드워드 에번스프리처드와 함께 연구하면서 1948년 인류학 학사학위를, 1951년 박사학위를 취득했다. 그녀는 1949년과 1950년, 그리고 1953년에 벨기에령 콩고에서 현지조사를 했다. 1951년 그녀는 런던 유니버시티 대학(University College in London) 인류학과의 일원이 되었고, 1977년 뉴욕에 있는 러셀 세이지 재단(Russell Sage Foundation)의 문화연구소장으로 떠나기 전까지 20여 년 간 이곳에서 학생들을 가르쳤다. 1981년에 그녀는 노스웨스턴 대학교 인문학부의 종신교수(Avalon Professor)가 되었으며, 뉴욕 대학교, 콜롬비아 대학교, 예일 대학교, 프린스턴 대학교에서 강의했다.

처음 10년 동안 더글러스의 관심은 거의 아프리카에만 집중되어 있었다. 그녀의 초기현지조사의 결과는 「니아사 호수 지역의 사람들(Peoples of the Lake Nyasa Region)」이라는 제목의 짧은 논문으로 1951년에 출판되었다. 바이에바이치(Daniel Biebuych)와 공저한 「콩고의 부족과 회합(Congo: Tribes and Parties)」라는 논문은 1961년 왕립인류학연구소(Royal Anthropological Institution)의 소책자로 나왔다. 그녀의 첫번째 주요저작인 『카사이의 레레족(The Lele of the Kasai)』은 1963년에 출판되었는데, 비록 주로 기술적이고 민족지적인 것이었지만 상징성과 의례에 대한 통찰력 있는 분석이 엿보이고 있다.

1960년 중반부터 그녀의 관심은 점차로 보다 광범위한, 이론적이고 비교분석적인 주제로 옮겨갔다. 그리고 그녀는 『순수와 위험: 오염과 금기 개념의 분석(*Purity and Danger: An Analysis of the Concept of Pollution and Taboo*)』(1966)을 통해 사회과학계 내에서 대담한 상상력과 문화구조에 대한 신선한 통찰력을 가진 학자로서 인정받게 되었다. 이 기간 동안 쓰여진 「신화의 의미(The Meaning of Myth)」(1967), 「인지에 대한 사회적 통제(The Social Control of Cognition)」(1968), 「무신앙의 암흑, 근대의 신앙(Heathen Darkness, Modern Piety)」(1970), 「치유의 의례(The Healing Rite)」(1970)와 같은 짧은 에세이들 역시 그녀의 관심분야가 확장되었음을 보여주고 있다. 1970년에 그녀는 국제적인 관심을 불러일으킨 『자연상징들(*Natural Symbols*)』을 출판했다. 이 책은 문화에 대한 분석인 동시에 문화의 현대적 표현양식에 대한 도전이었으며, 문화의 이론적 분석에 있어 그녀의 가장 큰 공헌으로 여겨진다. 그녀는 10여 년 동안 비교문화분석을 연구했다. 이런 그녀의 작업은 이셔우드(Baron Isherwood)와 공저한 『상품의 세계(*The World of Goods*)』(1979)와 윌다프스키(Aaron Wildavsky)와 공저한 『위험과 문화(*Risk and Culture*)』(1982)에도 일부 반영되어 있다.

버거와 같이 더글러스는 상징세계를 보다 효과적으로 파악해야 할 필요를 느꼈던 많은 사회과학자들에게 영감을 주었으며, 경험적인 연구를 통해 상징적 유형들을 이해할 수 있는 기술들을 제시했다. 그리고 그녀는 푸코와 하버마스처럼 버거의 뒤를 이어 현대적 상황을 비판적으로 조명할 수 있는 문화에 대한 관점을 발전시켰다.

3) 미셸 푸코와 구조주의

미셸 푸코는 버거나 더글러스와는 매우 대조적이다. 버거와 더글러스의 연구가 주류 사회과학의 학생들에게 익숙하거나 혹은 최소한 쉽게 받아들일 수 있는 문화적 환경에서 나왔고 비교적 명쾌하게 쓰여진 반면, 푸코의 연구는 매우 심각할 정도로 모호한 편이다. 푸코의 연구는 문화발전의 본질에 대한 통찰력 있는 생각을 담고 있으며, 문화분석에 도발적인 방법을 제공한다. 그렇지만 이는 아직까지 영어권 독자들에게 거의 알려지지 않았거나 인정받지 못하고 있는 프랑스 학문의 전통에 근거하고 있다. 푸코는 부분적으로 뒤르켕주의 전통과 마르크스주의 전통과 연관을 맺고 있으며 또한 부분적으로는 구조주의적인 전통도 취한다. 그러나 그가 이런 모든 전통들을 취합하는 방식은 매우 독특하다.

그는 1926년 프랑스의 푸아티에(Poitier)에서 태어나 고등사범학교(Ecole Normale Superieure)에서 공부했으며 1948년에 박사학위를 받았다. 여기에서 그는 그에게 마르크스주의 구조주의를 알게 해준 알튀세(Louis Althusser), 헤겔주의를 지향했던 저명한 철학자인 이폴리트(Jean Hyppolite), 사상사(思想史)학자인 캉길렘(Georges Canguilhem), 신화와 예술과 종교의 역사에 관심을 가진 뒤메질(Georges Dumézil)의 영향을 받았다. 공산당에 입당하고 마르크스주의와 소비에트 연방에 대한 프랑스 지식인들 사이의 논쟁에서 적극적인 활동을 한 후, 푸코는 이론적 철학으로부터 돌아서 사회과학에 점차 관심을 가지게 되었다. 1950년에 그는 심리학 학위를 받고, 다음 두 해 동안 파리 대학교에서 정신병리학을 공부했다. 그리고 그 후 3년 동안 정신병원에서 정신치료과정을 관찰했다. 그 후 그는 스웨덴의 웁살라 대학교(University of Uppsala)로 가서 4년 동안 강의했다. 그러고 나서 2년 동안 그는 독일 함부르크에 있는 프랑스 문화원(Institut Français)의 책임자로 일했으며, 다음에는 프랑스 클레르몽페랑 대학교 문과대학(Faculté des Lettres à l'Université de Clermont-Ferrand) 철학과 학과장이 되었다.

철학과 사상사에서 받은 그의 학문적인 훈련과 정신병원에서 겪은 경험들은 그의 첫번째 저작인 『광기의 역사(*Madness and Civilization: A History of Insanity in the Age of Reason*)』의 주제를 형성했다. 이 책은 1961년에 출판되어 프랑스 국립과학원(Centre de la Recherche Scientifique)의 메달을 수상했고, 곧 프랑스에서 베스트셀러가 되었다. 그의 다음 저작인 『임상의학의 탄생(*Birth of the Clinic: An Archeology of Medical Perception*)』은 1963년에 출판되었다. 이 책은 이전의 연구와 마찬가지로 정신적 인지의 형성과, 공간이나 도구 그리고 사회적 관계의 배열이 사고에 영향을 미치는 방식, 이 두 가지에 있어서의 언어와 전문용어의 역할에 대해 다루고 있다.

여기서부터 푸코는 행동과학, 사회과학, 문화과학 분야의 기원과 발전이라는 보다 거대한 주제로 관심을 돌리게 된다. 1966년 출판된 『말과 사물: 인문학의 고고학(*The Order of Things: An Archeology of the Human Sciences*)』은 언어, 담론, 역사, 가치, 효용, 교환, 부, 노동과 관련된 인문학에서 사고를 가능하게 하는 언어의 근본적인 범주들을 다루고 있다. 그의 모호하고 생략적인 논증 스타일과 자신의 주장을 펴는 데 사용한 생소한 논리와 방법에도 불구하고 유럽의 학자들은 이 책이 철학계에 주요한 공헌을 했다고 칭송했다. 이 책은 사회과학연구의 근본적인 논제들에 대한 통찰력 있는 분석을 포함한다는 점에서 아마도 그의 모든 저작들 가운데 사회과학과 가장 관련이 많은 책이라고 할 수 있을 것이다.

푸코는 자신을 위해, 또 급격히 늘어나고 있는 지적 추종자들을 위해 자신의 연구방법을 명확히 하고 체계화시킬 필요성을 깨닫게 되었고, 1969년에 『지식의 고고학(*The Archeology of Knowledge*)』을 출판했다. 이 책은 문화분석의 방향을 다시 설정하기 위한 그의 가장 도발적인 연구계획들을 담고 있다. 이 책의 출판은 푸코가 십여 년 간 집중해온 연구의 정점인 동시에 연구의 전환점이 되었다.

이를 기점으로 해서, 푸코의 연구는 점차적으로 초점을 권력으로 옮겨 간다. 『나의 어머니와 나의 누이동생, 나의 동생을 살해한 나, 피에르 리비에르: 19세기의 존속살해사건(*I, Pierre Rivière, Having Slaughtered My Mother, My Sister, and My Brother … A Case of Parricide in the 19th Century*)』(1973), 『감시와 처벌: 감옥의 탄생(*Discipline and Punish: The Birth of the Prison*)』(1975), 『성의 역사(*The History of Sexuality*)』(1976)에서 푸코는 지식이 권력에 의해 형성된다는 것과, 지식이 사회제도에 적용되는 권력을 각색하고 중재하는 방식을 강조했다. 그리고 이런 주제는 『권력/지식(*Power/Knowledge*)』(1980a)에 수록되어 있는 그의 후속논문들과 인터뷰들에서도 중요한 부분을 차지한다.

피터 버거와 비교해볼 때 푸코의 관점은 프랑스 문화분석의 구조주의적 전통으로부터 매우 큰 영향을 받았다. 이 전통은 전반적으로 언어학에서의 소쉬르(Ferdinand de Saussure)의 연구, 인류학에서의 레비스트로스(Claude Lévi-Strauss)의 연구, 사회학에서의 뒤르켕의 연구와 연관되어 있다. 그리고 이런 차이는 좀 덜 하기는 하지만, 메리 더글러스와 비교해봐도 명백하게 드러난다. 푸코 자신은 자신의 연구가 구조주의적 전통 아래에 있다는 주장을 거부하지만, 논평자들은 그가 충분히 '후기구조주의자(neo-structuralist)'로 명명될 수 있을 만큼 구조주의 전통과 많은 유사점을 가지고 있다고 주장한다. 특히 이런 유사점은 그가 심층의 규칙과 동일성을 추론할 수 있는, 담론의 요소들 사이의 유형과 관계를 강조한다는 점에서 잘 나타난다. 그러나 구조주의는 푸코에게 영향을 미친 여러 전통들 중 하나일 뿐이며, 일찍이 마르크스주의에 가담했던 경험이라든지 권력에 대한 그의 관심 등은 비판이론과의 유사성 역시 가지고 있음을 보여준다.

4) 위르겐 하버마스와 비판이론

비판이론은 제1차세계대전 종전 후 10여 년 동안에 독일에서 일어났다. 호르크하이머(Max Horkehimer), 아도르노(Theodore Wiesengrund Adorno), 프롬(Erich Fromm), 마르쿠제(Herbert Marcuse)를 포함한 비판이론의 주요인물들은 모두 레닌(Nikolai Lenin), 트로츠키(Leon Trotsky), 룩셈부르크(Rosa Luxemburg), 부하린(Nikolai Ivanovich Bukharin) 등과 같은 마르크스주의 작가들로부터 많은 영향을 받았다. 그러나 이전 학자들과는 달리 이들은 국제 노동운동의 실패와 소비에트 독재의 강화 그리고 파시즘을 가져온 경제적 파탄 등 제1차세계대전을 둘러싸고 일어난 사건들로부터 많은 영향을 받았다. 자본주의에 대한 마르크스주의의 비판을 포용하면서도 그들은 이를 당시 상황에 더 적절하게 적용시키기 위해 마르크스주의 비판의 철학적 기초를 재검토했다. 비판이론은 제도적으로는 부유한 곡물상인이 마르크스주의 연구를 발전시키기 위해 프랑크푸르트에 설립한 기관인 사회연구소(Institute for Social Research)와 연관되어 있다. 1930년대와 1940년대를 걸쳐 발전한 비판학파는 독일 관념론과 마르크스주의를 포함한 다양한 지적 전통들의 혼합체였다.

철학자이자 사회학자인 위르겐 하버마스는 최근 10여 년 사이 비판이론의 대표주자로 등장했다. 하버마스는 1929년 독일의 굼머스바흐(Gummersbach)에서 태어나 자랐다. 지방 신학교의 교장이자 목사였던 그의 아버지는 이곳에서 산업통상부의 책임자로 일했다. 그는 자신의 지적 발전이 1945년부터 시작되었다고 본다. 그해에 있었던 뉘른베르크 재판과 전쟁에 관한 폭로들을 통해 그는 자신이 정치적으로 죄를 범한 체계에서 자라났다는 사실을 깨닫게 되었다. 그는 독일의 정치적, 학문적 엘리트에 대해 매우 비판적으로 변했으며 평화주의적 시각을 가지게 되었다.

1949년부터 1954년까지 그는 괴팅겐 대학교(University of Göttingen)에서 철학을 공부했으며, 그를 가르쳤던 대부분의 교수들은 1933년 이전부터 그 대학에서 가르쳤던 사람들이었다. 그는 교수들의 사상에서 전쟁으로 인한 어떤 전환점도 발견할 수 없으며, 그들의 철학적 관점에 어떤 자기비판도 없다는 사실에 놀랐다. 그의 첫번째 글은 하이데거의 『형이상학

입문(*Introduction to Metaphysics*)』에 대한 비평으로, 하이데거가 히틀러 통치하에서 주장된 사상들을 부정하지 못했던 점에 초점을 맞추었다. 이즈음 하버마스는 마르크스 이론에도 관심을 가지게 되었다. 그는 루카치(György Lukács)의 『역사와 계급의식(*History and Class Consciousness*)』을 매우 감명 깊게 읽었다. 그러나 결국 그는 제2차세계대전 후의 상황에 마르크스와 루카치의 사상을 직접적으로 적용하는 것은 불가능하다고 결론지었다. 이런 모순은 그를 호르크하이머와 아도르노가 쓴 『계몽의 변증법(*Dialectic of Enlightenment*)』으로 이끌었다. 그는 1955년 이 책을 통해 비판학파를 처음으로 접하게 되었다.

그는 하이델베르크에 이어 1964년 프랑크푸르트 대학교에서 철학과 사회학을 가르치게 되었으며 1971년 슈타른베르크(Starnberg)의 막스 플랑크 연구소(Max Planck Institute)로 가기 전까지 이곳에 머물렀다. 이 시기 동안 그는 학생저항운동에 대한 이론가로 국제적인 주목을 받게 되었다. 이 운동은 그에게 비판이론이 정치에 영향을 줄 수 있으리라는 희망을 주었고, 프랑크푸르트학파의 학자들과 관련된 자신의 견해를 더욱 정교하게 다듬도록 도와주었다.

1960년대 초반부터 하버마스는 많은 양의 저서를 집필했다. 『이론과 실천(*Theory and Practice*)』은 가장 초기의 연구이다. 이 책의 다섯 장은 원래 1963년에 출판되었고, 나머지 한 장은 1966년에 나왔다. 이 책에서 그는 자신이 정치이론의 퇴보라고 인식한 것, 즉 플라톤과 아리스토텔레스가 구상한 궁극적인 선과 품위에 관한 연구에서 근대사회과학에서 다루고 있는 시민들을 교묘하게 조종하는 효과적인 수단에 관한 연구로의 변화를 검토하고 있다. 그리고 1968년에 처음 출판된 『지식과 관심(*Knowledge and Human Interests*)』은 이런 비판적인 관점에서 사회과학의 대안적 관점을 발전시키려는 체계적인 노력을 보여준다. 비슷한 시기에 출판된 『이성적인 사회를 향해(*Toward a Rational Society: Student Protest, Science, and Politics*)』는 1968년과 1969년에 출판된 여섯 개의 소논문으로 구성되어 있다. 이 소논문들은 학생운동이 최고조에 달했을 때 쓰여졌으며, 학생운동에 대한 그의 관심과 과학과 기술에 의해 작동되는 이데올로기의 역할에 관한 그의 큰 관심을 반영한다.

1973년 출판된 『정당성 위기(*Legitimation Crisis*)』에서 하버마스는 그의 초기연구를 지배했던 보다 순수이론적이고 철학적인 주제들로부터 후기자본주의 사회들이 직면한 사회적, 문화적 문제들에 관한 연구로 관심을 돌렸다. 후속연구들에서 그는 점차 문화에 관한 문제들에 집중하게 되었다. 그리고 1976년 출판된 『커뮤니케이션과 사회진화(*Communication and the Evolution of Society*)』에서는 문화적 진화와 자아정체성과 관련된 문제들뿐만 아니라 정당성 문제들을 분석하는 데 최선의 방법이 무엇인가를 고민하게 되었다. 또한 이 책에서 마르크스의 역사유물론을 '재구성'하려는 그의 노력은 문화에 대한 높아진 관심을 반영하고 있다. 의사소통이론, 특히 설(John R. Searle)의 연구와 도덕발전과 문화진보에 관한 이론은 이 연구에 매우 큰 영향을 준 것으로 보인다. 이런 관심들은 그의 가장 최근의 저작인 『의사소통행위이론(*The Theory of Communicative Action*)』(1983)에서도 잘 드러난다.

3. 설명과 비교를 위해

위의 저자들이 문화관련 논쟁에 기여한 바는 매우 크다. 그 공헌도가 너무도 광범위할 뿐만 아니라 너무 많은 영향을 각기 다른 철학적 전통으로부터 받아 오히려 잘 알 수가 없을 정도이다. 각각 미국인, 영국인, 프랑스인, 독일인인 저자들은 문화분석의 이론틀을 만들어내기 위해 공식적 논쟁이나 경험적 연구 또는 이 두 가지 방법을 함께 시도했으며, 탁월한 성과를 낳았다. 각 관점들은 사회과학을 지배했던 문화에 대한 일반적 가정들에서 발전적인 방식으로 이탈했으며, 또한 가정들에 대한 주의 깊은 이해가 필요한 전통들을 절충적이고 체계적인 방식으로 끌어왔다. 각각의 관점들은 문화에 대한 적절한 개념을 구성하고 그 개념을 사회변동 연구에 적용했다.

이 저자들 사이의 차이점은 매우 분명하다. 서로 다른 국가적 맥락과 사회학, 인류학, 역사학, 철학이라는 네 가지의 다른 학문을 배경으로 쓰여졌기 때문에 이들은 자신의 목적과 특성에 맞는 개념적 장치를 만들고자 했다. 이들에게 영향을 준 이론적 전통들은 인식론이라든지 문화연구의 목표, 그리고 사회과학자의 소명 등에 있어 각기 다른 가정들을 가지고 있다. 문화를 연구함에 있어 이들은 인식적 실재부터 정치적 정당화의 도식, 일상생활세계부터 문화적 진보, 그리고 원시적 금기부터 광기의 개념에 이르는 전혀 다른 현상들에 대해 광범위한 초점을 맞추고 있다. 방법론에 있어서도 그들의 연구는 복잡할 정도로 경험적인 것부터 장황할 정도로 철학적인 것까지 사용하고 있다.

그럼에도 불구하고 이들 관점들 사이에는 유사점이 많다. 이들 관점 모두는 언어와 의사소통, 분류체계, 상징적 표현, 문화를 매우 중요한 것으로 다루었으며 주관성과 인간인식의 문제를 가지고 씨름해왔다. 이들은 사회과학이 자연과학을 모델로 해 만들어질 수 있다는 가능성을 거부했고 또 이런 이유에서 사회과학의 바탕을 이루는 가정과 목적들에 많은 관심을 기울였다. 또한 근대문화에서 비판적 성찰을 요구하는 중요한 문제들을 인식했으며 마르크스, 베버, 뒤르켕, 프로이트(Sigmund Freud), 미드, 니체(Friedrich Wilhelm Nietzsche), 하이데거 등 같은 많은 이론가들로부터 영향을 받았다. 그리고 이들은 제2차세계대전 직후 사회의 지적 분위기, 1950년대의 형성기, 1960년대와 1970년대 후반의 정치적 분위기와 같은 사건들을 공통적으로 경험했다는 개인사적인 유사성으로 인해 비교가 용이하다.

또한 이 관점들은 문화분석의 발전에 있어 상당한 공헌을 했으며, 아직까지 불확실하기는 하지만 이들 관점들간의 통합의 가능성 혹은 적어도 선택적 차용의 가능성을 보여주고 있다. 그리고 이들 관점들의 중요한 가정들을 비교해보면 적어도 문화분석의 방향성에 관한 한 이미 어느 정도의 수렴이 일어나기 시작했음을 알 수 있다.

그 중에서도 특히 다음 두 가지 강조점의 변화는 매우 의미 있는 것이라 할 수 있다. 첫번째 변화는 문화에 대한 초기연구들과 대비시켜보면 가장 극명하게 드러난다. 초기의 문화연구들은 인간행위를 관찰가능한 구체적 행위나 사회구조로 특징지을 수 있는 부분과, 이런 구체적 영역에 투사함으로써 이해가능한 사고, 믿음, 관념의 부분이라는 두 개의 영역으로 이분화했다. '실제로' 이런 시각은 버거의 저작들에서 상당부분 계속해서 반영되고 있고 하버마스의 저작에서도 발견되기는 한다. 그러나 네 명의 학자 모두는 이런 시각이 인간의 조건에 대한 잘못된 분류에 근거한 환원주의적인 것이고, 문화 그 자체를 이해하는 데 있어 비생산적인 것이라며 거부한다. 두번째 변화는 이 학자들이 현상학의 전통적인 가정들로부터 벗어나 있다는 점이다. 달리 말하면 이들은 현상학에서 요구하는 주관적인 분위기나 행위자의 의도에 대한 감정이입적 이해나 풍부한 기술에 대한 강조를 고수하지 않았다. 대신에 각 이론가들은 점차적으로 문화의 관찰가능하고 객관적이며 공유되는 측면들을 강조하게 되었으며 이런 측면들에 존재하는 유형들을 찾고자 했다. 또한 언어, 의례, 분류범주가 주관적 의미를 대신해 문화분석의 핵심 초점이 되었다. 이런 두번째 변화는 버거보다 더글러스, 푸코, 하버마스에서 더 잘 드러난다. 그러나 버거의 현상학조차도 문화분석의 새로운 전환이 이루어지기 전의 접근법과 관련된 가정들로부터는 벗어나 있다.

이런 변화는 문화분석이 그동안 사회과학에서 이해돼온 방식에서부터 중요한 방향전환이 일어나기 시작했다는 것을 보여준다. 최근 생겨난 이론들에서 문화는 행동적인 현상 혹은 보다 정확하게 행동에 있어 분석적인 부분으로 이해된다. 이제 더 이상 문화는 사회구조의 보다 구체적인 형태로 환원되는 것도, 주관적인 의미들로 구성되는 것도 아니다. 행동의 다른 측면들과 마찬가지로 문화의 구성요소들 사이에 존재하는 유형이야말로 연구의 주된 초점이 된다. 그리고 앞서 살펴본 문화연구에 대한 각각의 관점들은 이런 연구방향에 대해 서로 다른 방식으로 중요한 실마리를 제공해준다.

다음 2장부터 5장에서는 각 이론가들의 업적과 특징을 살펴보고자 한다. 이들 각각의 장에서 각 이론가들의 지적인 가정들과 문화에 대한 관점, 그리고 각 이론가들이 사회변화와 문화에 관련된 논의에 어떤 기여를 했는가를 설명한다. 그리고 마지막 6장에서는 각 이론가들 사이의 유사점과 차이점들을 보다 명확히 해 현재 문화연구에서 일어나고 있는 이론틀을 조명해보고자 한다.

■ 2장 ■

피터 버거의 현상학

하버마스, 더글러스, 푸코가 사상사의 특정 학파와 밀접하게 연계되어 있는 반면, 대부분의 학자들은 버거의 사상을 간단하게 버거학파(Bergerian)라고 분류한다. 이는 버거가 자신만의 독특한 사회학적 변증법을 가지고 문화분석의 틀을 잘 만들어냈다는 점에서 매우 적절한 분류라고 할 수 있다. 반면에, 그의 사상을 '베버학파(Weberian)'나 '신(新)베버학파(neo-Weberian)', '현상학(Phenomenological)', 심지어 '독일식 인본주의(German humanistic)' 등 보다 넓은 의미의 지적 전통에 포함시키는 사람들도 있으며, 이 역시 근거 없는 것은 아니다. 버거는 사상적으로 베버와 독일 전통으로부터 상당한 영향을 받았다고 할 수 있으며, 특히 고전현상학의 특정 분파에서 사용하는 용어를 상당부분 차용하고 있다. 그렇지만 그를 분류하는 이런 꼬리표들은 그의 연구에 깊은 영향을 미친 다양한 지적 사상들을 너무 단순화시켜버릴 수 있다.

사실상 버거는 각 이론들의 가장 좋은 것들만을 통합하고자 한, 절충주의(ecleticism)의 정형을 보여준다. 게다가 그는 독일어 외의 다른 북구 언어에도 유창해서 대부분의 미국 학자들은 볼 수 없었던 다양한 종류의 문헌까지도 접할 수 있었다. 따라서 그의 지적 전통의 개요 정도는 그려볼 수 있을지라도, 버거가 영향을 받은 인물들과 연구들을 일일이 열거하는 것은 불가능하다. 버거의 인간과 사회의 철학적 본성에 대한 가정들이나 관심은 칸트(Immanuel Kant)의 복잡한 철학으로, 버거의 추론 방식은 헤겔과 그의 추종자들로 그 뿌리를 거슬러 올라갈 수 있다. 마르크스 역시 개인과 사회의 개념에 있어서 버거에게 영향을 주었다. 비록 버거는 마르크스와는 정반대의 입장으로 자신을 규정하고 있기는 하지만, 마르크스와의 논쟁을 통해서 자신의 이론을 보다 명확히 할 수 있었다. 뒤르켕이나 짐멜(Georg Simmel)의 저작들도 그의 사회·문화실재(social and cultural reality) 개념에 잠재적인 영향을 주었다. 베버는 버거의 지적 영감에 주요한 자원이었다. 버거의 사회학 방법과 사회학의 임무에 대한 기본적인 이해 그리고 근대사회의 본성에 대한 기본적인 관점은 베버에게서 나왔다. 또한 가혹하게 보이는 근대화의 기세에 변형되는 문화에 내포된 의미의 문제에 대한 전반적인 버거의 지적 관심 역시 베버의 영향이다.

그 외에 20세기 몇몇 학자들이 버거의 문화연구에 중대한 영향을 주었다. 그 중에서 가장 주목해야 하는 인물이 미드이다. 버거는 미드의 사회심리학 분야 연구야말로 미국이 사회학에 기여한 가장 중요한 공헌이라고까지 평가했다. 사르트르를 포함한 실존주의자들, 바르트(Karl Barth)와 신(新)정통주의(neo-orthodox) 신학(神學) 또한 인간과 문화개념의 철학적인 배경을 형성하는 데 간접적인 영향을 끼쳤다. 사회과학 방법론의 철학적 기초를 다지는 데 있어서의 슈츠의 현상학의 영향력 역시 두드러진다. 인간과 문화와 사회에 대한 이론을 정립하는 데 독일 사회철학자인 겔렌(Arnold Gehlen)의 막대한 영향력 역시 간과할 수 없다. 물론 버거는 이밖에도 자신의 사상을 형성하는 데 있어 많은 학자들로부터 영향을 받았다.

그러나 여기서 버거가 자신에게 영향을 준 학자들을 인정하는 데 항상 신중을 기했다는 점을 주목할 필요가 있다. 버거의 절충주의에서 눈에 띄는 특징은 뚜렷한 목적성이다. 그는 유용하다고 생각할 때만 다른 사람의 연구를 취합했으며, 종합이나 해석 그 자체를 위해서 통합을 시도한 흔적은 찾기 힘들다. 특히 초기연구에서 그는 자신이 학문적으로 어디에 위치하는지 알기 위해, 다른 사람의 입장과 비교해 자신의 입장을 명확히 하기 위해 다른 사람의 연구를 인용하는 것에 신중에 신중을 기한 것을 알 수 있다. 버거는 자신의 저서에 내용에서 겹쳐지는 부분이 많음에도 더글러스, 하버마스, 푸코의 연구들을 인용하지 않는다. 이는 부분적으로는 버거가 이 저서들을 집필한 것이 시기적으로 이들 학자들이 명성을 얻기 시작할 때쯤이었기 때문이기도 하다. 사실상 버거는 사회학계에서 살아 있는 주류 학자들, 좀 더 구체적으로 파슨스와는 거의 논쟁하지 않았으며, 그의 동년배들과도 지적 논쟁을 벌이는 것을 피하는 경향을 보여왔다. 이는 탁상공론에 대한 혐오와 시간의 효율적인 사용을 위한 것이었지만, 이는 버거의 학문적 위치를 정하려는 시도를 어렵게 하는 원인 중 하나가 되었다.

모든 사회이론가들이 명시적이거나 암묵적으로 인류에 대한 특정한 철학적 개념을 사용하고 있기는 하지만, 버거와 같이 문화이론과 구체적인 방법론 안에서 이를 직접적으로 다루고 있는 이론가는 거의 없다. 그러므로 버거의 문화에 대한 이론적 연구와 방법론적 접근을 제대로 이해하기 위해서는 그의 지적 가정들을 먼저 살펴보아야 한다.

1. 지적 가정들

버거의 문화연구의 기초는 인간이 생물학적으로나 환경적으로 한계를 가진다는 것을 이해하는 것이다. 겔렌, 플레스너(Helmuth Plessner), 포트만(Adolf Portmann)과 같은 철학자나 생물학자들의 연구에 기초해 버거는 인간은 다른 동물과는 달리 '종에 맞는 환경(species-specific environment)'에 구애받지 않는다고 주장한다. 인간은 그들의 생체(organism)에 의해 제한된 범위 내에서는 어떤 지리적, 기후적 환경에도 정착할 수 있기 때문이다. 그러나 다른 고등포유류와 비교해 볼 때 인간들은 출생할 때 매우 미숙한 기관들을 가지고 있다. 다시 말해 인간은 아직 '미완성'인 상태로 태어나며, 겔렌이 '태생적 결함(instinctual deprivation)'이라고 명명한 것 때문에 고통을 받는다. 또한 본능적으로 인간이 어떤 욕구를 가지고 있다는 것은 분명하지만, 이 욕구들은 대부분 방향성도 없으며 구체화되어 있지도 않다. 유기체적인 측면에서도, 다른 포유류가 그들 어미의 자궁 안에서 생물학적 발달이 완성되는 것과는 달리 인간은 태어난 후 1년 동안 생물학적으로 계속 발달한다. 그러므로 인간의 신체구조는 선천적으로 '세계에 대한 개방성(world openness)'과 '유연성(plasticity)'을 가지고 있다. 전적으로 의존적 존재인 이 기간 동안, 우리는 인간 및 우리가 처한 자연환경과 상호관계를 맺게 된다.

이런 인류의 선천적인 조건 때문에 인간은 본질적으로 불완전할 수밖에 없다. 간단하게 말해 인간 유기체는 그 자체만으로는 생존할 수가 없다. 우리의 생물학적 구조는 우리의 욕구를 충족시킬 수 있는 어떤 안정적인 방법들도 제공하지 않으며, 다만 우리가 멸종의 위기로부터 우리를 보호할 수 있는 안정된 환경을 만들어야 한다는 '의무(imperative)'만을 제공할 뿐이다. 생물학적으로 타고나지 못한 것은 비생물학적인 수단에 의해 보충돼야 한다.

1) 실재(reality)의 구성

헤겔과 마르크스가 모두 주장했듯이, "인간의 신체적·정신적 활동에 있어서의 인간의 지속적인 산출물(1967:4)"이라고 할 수 있는 인간의 지속적인 외재화(*externalization*)는 그 생물학적 한계에 근거를 두고 있다. 그래서 "인간은 행동하는 존재(1965:201)"이며, 또한 이런 인류학적 불변의 조건으로 짐멜이 명명한 사회성이라는 성향을 가지게 되었다. 고립된 인간은 결국 동물과 다를 바가 없다는 것은 사회로부터 격리되어 자란 어린이의 사례에 잘 나타나 있다. 그리고 이런 인간의 두 가지 특징을 함께 고려해보면, 우리는 인간이 자신의 생물학적 구조에 결핍되어 있는 것들을 만들어냈다는 것을 발견할 수 있다. 인간은 사회적·문화적 측면과 심리학적인 측면에서 세계를 구성한다. 버거에게 있어서 인간은 사회적 인간(*Homo socius*)일 뿐만 아니라, 마르크스가 말한 것과 같이 물질적이고 비물질적인 영역의 문화를 포함한 세계 또는 문화를 만드는 사람이라는 면에서 도구적 인간(*Homo faber/Homo pictor*)이다. 그러므로 사회란 세계를 만들어가는 활동(world-making activity)이다.

뒤르켐에 따르면, 사회교환의 과정에서 사람들이 만들어내는 세계는 '독자적인 실재(reality *sui generis*)'이며 사물과 같은 성질, 즉 객관적 사실성을 가지고 있다. 그러나 그렇다고 해서 이 세계의 실재가 본래적 성질을 가지거나 한 번 주어진 채로 고정되어 있는 것은 아니다. 문화란 지속적인 과정이며, 따라서 반드시 구성되고 또 재구성되어야 한다. 주관적인 '의미적절성(plausibility)'의 측면에서 볼 때, 문화는 다른 사회적인 것들과의 관계에서 확인되고 재확인되어야만 실재로 남을 수 있다. 버거는 세계가 객관적인 실재가 되는 과정이 가장 극단적으로 나타나는 것이 '물화(物化)'의 과정이라는 마르크스 주장에 동의한다. 사실상 인간의 산물들은 그 자체가 실재를 가지는 것으로 인식되고, 그러고 나서 이 이질적인 실재는 더 이상 인간의 산물로 인지되지 않는다. 이런 상황에서 인간은 흔히 쓰여지는 부정적인 용어가 아닌 엄격한 기술적 용어로, 소외된다. 간단히 말해, 인간은 "자신들이 살고 있는 세계가 자신들에 의해 생산된 산물임을 잊어버린다(1965:200)."

여기에서 버거가 문화에 있어서 핵심적이라고 간주한 것들을 주목할 필요가 있다. 인간이 창조한 세계의 가장 핵심은 사회적으로 구성된 의미이다. 인간은 필연적으로 그들 자신의 의미를 현실에 주입하며, 주관적인 의미를 자신의 모든 행동에 부가한다. 이런 측면에서 인간의 행동은 어떤 것을 의식하고 지향하는 의도적인 것으로 이해될 수 있다. 이런 의미들은 다른 것들과의 조화 속에서 이데올로기, 신념체계, 도덕규범, 제도 등과 같은 문화적 산물들 내에 객관화된다. 그러고 나서 이런 의미들은 주관적으로 의미적절한 현실에 대한 규정으로, 개인적 행동과 집합적 행동에 있어 도덕적인 구속력을 갖는 규범으로, 사회적 담론과 일상생활의 일반적인 지침서로, 의식 속에 재흡수된다. 그러므로, 문화는 사회적으로 만들어진 모든, 주관적 그리고 간주관적으로 경험되는 의미로서의, 세계의 근간이다. 의도적이며 주관적으로 의미 있는 개인들의 행동이 없다면, 문화 또한 없으며, 인공물로서의 문화는 주관적인 의미에서 파생되는 산물이다.

그렇게 해서 인간이 살고 있는 세계는 명료성과 일관성을 가진다. 세계를 이해할 수 있게 된다. 이 '실재'는 환경의 유연성을 표면적으로 신뢰할 수 있는 구조로 만드는, 본능적 욕구로써 기능한다. 버거는 세계를 건설하고자 하는 생물학적 강제성뿐만 아니라 심리학적 강제성 역시 존재한다고 말한다. 사회세계는 객관적으로나 주관적으로나 노모스(nomos)*를 구성한다. 이런 노모스에서 떨어져나온 것은 무질서나 무감각, 광기와 같은 의미

없는 것들이 된다. 그리고 이는 『신성한 장막』에 잘 설명되어 있다.

> 사회의 관점에서 보면 모든 노모스는, 형태가 없고 어두우며 항상 불길해보이는 정글에 비추는 희미한 빛과 같이, 거대한 무의미의 덩어리에서 개척된 의미의 영역이라고 할 수 있다. 개인의 관점에서 보면 모든 노모스는 밤의 죄악의 그림자에 대항하는 낮의 삶의 밝음을 의미한다. 두 가지의 관점 모두에서 모든 노모스는 강하고 이질적인 혼돈의 힘 앞에 정면으로 버티고 선 전당과도 같다(p.23f).

여기에서 실존주의 철학의 영향은 명백하다. 초기연구에서 버거는 인간이 혼돈에서부터 반드시 어떤 세계를 창조해야 하며, 이 세계에서 개인은 자신의 행동에 스스로 책임을 져야 한다고 인식하는 것에서 삶에 대한 확신을 가질 수 있다고 주장함으로써 실존주의 사상을 관철했다. 개인의 역할에서 제도적 의무인, 사회적으로 구성한 세계 이면의 책임감과 선택들을 회피하는 것은 스스로를 믿을 수 없는 사람으로 만들어버린다. 이런 그의 입장은 초창기의 신정통주의에 대한 깊은 관심과 어우러졌다. 그러나, 그의 후기연구는 이와 같은 철학적 인류학의 규범적 확장 또는 신정통주의를 거부하는 것으로 보인다.

문화실재에 대한 이런 관점은 인류의 조건에 대한 버거의 다른 관점을 보여준다. 즉 당연하게 받아들일 수 있는, 안정적인 의미에 대한 인류학적 명령(anthropological mandate)이 존재한다는 것이다. 그리고 이 근본적인 명령은 분명히 '질서'를 위한 것이다. 버거는 "인간은 의미를 갈망하며, 이는 본능적인 것으로 보인다. 인간은 실재에 대해 의미 있는 질서를 부여하도록 선천적으로 강요당한다(1967:22)"고 강력히 주장한다. 보다 큰 사회적 질서는 상징에 대한 집합적인 참여를 통해서만 이루어질 수 있다. 사회의 지배적인 질서는 그 안에 살고 있는 개개인에게 의미 있는 세계를 제공하는, 일관되면서도 광범위하게 조직화된 상징들에 의해 이루어진다. 그리고 개인이 가지는 질서에 대한 느낌은 보다 큰 수준의 사회가 '일탈'과 '정상'으로 분류한 정체성 또는 일련의 정체성들에 근거한다.

버거의 논의는 어떤 동어반복(tautology)도 함의하지 않는다. 동어반복의

---

*노모스란 아노미(anomie)와는 대립되는 말로 의미 있는 질서체계라 할 수 있다.

예는 구조기능주의의 '기능적 통합'에 대한 사회적 요구라는 다음과 같은 개념에 잘 나타나 있다. '여기 하나의 체계가 존재한다, 또 어떤 항목은 그 체계의 한 부분이다, 따라서 그 항목은 그 체계의 유지에 명백하게 기능적이다'라는 식의 논의이다. 통합을 위한 필수조건은 제도적 수준이 아닌 개인적인 수준 즉 의미 수준에서 사회질서가 정당화되는 방식이다. 그리고 정당성은 사회 안에서 다양하게 그리고 주관적으로 해석된다. 그렇다고 탈정당화(delegitimation)가 절대 발생하지 않는다든지 또는 탈정당화라는 용어 자체가 수반하는 정치적인 함축성을 가지고 '역기능적'이라고 말하는 것은 아니다. 오히려, 탈정당화는 실제로 발생하며, 이것이 역기능적인가 그렇지 않은가는(이런 개념을 사용할 수 있는지조차 의심스럽지만) 또 다른 문제다. 그러나 개개인이 지각하는 통합과 제도적 수준에서의 통합을 구분하는 것은 매우 중요하다. 그렇지 않으면, 전자를 위한 필요조건이 후자를 위한 필요조건이 된다고 주장하는 오류를 범하게 된다. 버거는 이런 분석상의 비약을 범하지 않았다. 정당화와 탈정당화는 사회구조의 존속을 위한 기능성의 여부와는 무관하게 둘 다 동시에 일어날 수 있다. 정당화와 탈정당화는 계속적으로 변화하는 사회실재에 대한 개념규정이라는 측면에서 분석된다.

세계는 사회적으로 구성되기 때문에 그 사회문화적이고 사회심리학적인 형성에 있어서 태생적으로 다양할 수밖에 없다. 생물학적인 그리고 환경적인 한계 내에서 사람들은 세계 또는 노모스를 건설하는 데 있어 상당한 자율성을 가진다. 따라서 문화의 다양성은 불가피한 것이다. 더욱이 이런 실재는 구성된 것이기 때문에 동물세계와는 달리 확고하지 않다. 실재들은 인위적이고 그래서 태생적으로 불확실하다. 인간들은 끊임없이 질서지어졌다는 그들의 느낌을 유지하고자 안간힘을 쓰지만, 이는 인간존재의 특수한 한계상황에 의해 끊임없이 위협받는다. 꿈, 환상, 아픔, 상처, 재난, 비상사태, 실수 등 이 모든 것들은 사회세계가 믿을 수 없다는 것을 보여준다. 또한 이 모든 것들은 '일상생활의 최고실재(paramount reality)'에 대한 다양한 수준의 위협을 나타낸다.

비록 버거가 철학적으로는 인식론적이고 존재론적인 질문들을 배제하는 입장을 취하기는 하지만(1966:14), 그의 연구가 인식론적이고 형이상학적인 서구사상사의 보다 큰 전통 안에서 형성되었다는 것은 분명하다. 서구 사회과학에는 인문주의 전통과 실증주의 전통이라는 적어도 두 가지 주류의 인식론적 전통이 있다. 그 중 특히 칸트로부터 영향을 받은 인문주의 전통은 세계에 대해 내생적 이원론(intrinsic dualism)을 가지는데, 여기에서 한 세계의 실재는 현상적이고 본체적(phenomenal and noumenal)이라는 두 가지 형태로 구분된다. 인간과 동물의 생화학 등의 자연환경의 다양한 측면을 포함하는 현상적인 실재는 감각을 체계적으로 사용함으로써 밝혀질 수 있고 이해될 수 있다. 그러나 사회세계를 포함하는 본체적 실재는 '감정이입적 추론(sympathetic reason)'을 통해서만 이해될 수 있다. 현상적인 것은 '자연법칙'에 의해 결정되고, 본체적인 것은 '자유법칙'에 의해 결정된다. 반면에, 실증주의 전통에서는 실재에 대한 질적인 구분을 하지 않는다. 실증주의 전통에서는 자연현상뿐만 아니라 사회현상을 포함한 모든 것이 관찰과 측정이라는 실증주의 과학의 체계적인 방법을 통해서 밝혀질 수 있다고 본다. 여기에서 버거의 연구가 인문주의 전통의 인식론에 뿌리박고 있음을 확실하게 알 수 있다.

또한 서구 사회과학에서 광범위하고도 독특한 두 가지의 존재론적 전통을 구분할 수 있다. 그 중 하나는 존재의 가장 중요한 본질을 '물질적' 측면으로 보는 전통이고, 또 다른 전통은 '관념적'이고 문화적인 측면으로 보는 것이다. 이런 각각의 전통은 개인적 측면을 강조하느냐 아니면 집합적 측면을 강조하느냐에 따라 또 구분될 수 있다. 개인적 측면에서 관념적인 것에 우선순위를 두는 학자들은 대체로 개인적 의식에 초점을 두는 반면, 집합적 측면을 강조하는 학자들은 문화체계나 '집합의식'에 초점을 둔다. 반면에 물질적인 것에 우선순위를 두는 학자들은 개인적 측면에서는 대부분 신체를, 그리고 집합적 측면에서는 경제구조를 이론의 시발점으로 본다. 이런 분류를 따르면, 버거의 주관적이고 문화적으로 객관화된 의미에 대한 관심은 관념론적 존재론에 기울어 있다. 이것은 분명 단순한 관념론이 아니다. 인간행위자와 (자연적인 그리고 경제적인) 물질세계의 상호작용은 이미 잘 알려져 있다. 사실, '닭이 먼저냐 달걀이 먼저냐' 식의 고전적인 이 질문에 대한 버거의 입장은 물질적인 것이 관념적인 것에 역사적으로 우선한다는 것이다. "종교적이든 아니든 간에 모든 의식은 일상적인 실천(*praxis*)의 세계에 근거한다(1967:128).” 그러나 그는 “이 근원을 기계론적인 인과관계로 생각해서는 안될 것”이라고 말한다(p.128). 버거의 경우, 존재론적 우선순위는 역사적으로 무엇이 먼저 시작되었느냐가 아니라, 무엇이 더 중요한가의 측면에서 논리적으로 정의된다. 또한, 주관적인 의미를 사회적으로 형성된 실재의 토대로 보는 그의 관점은 그의 존재론적 우선순위가 집합적인 수준이 아니라 개인적인 수준에 있다는 것을 명확하게 보여준다.

2) 현상학과 사회과학

버거의 철학적 관점은 그의 방법론에 녹아들어 있다. 우선 개인과 사회적 상호작용 내의 개인들의 중요성에 대한 괄목할 만한 버거의 (칸트주의적인) 강조는, 그가 무엇을 사회학의 가장 (유일하거나 필연적으로 가장 중요한 주제는 아니지만) 기본적인 주제로 보고 있는지 말해준다. 베버나 슈츠와 마찬가지로 버거에게 있어서도 연구문제의 시발점은 일상생활의 상식적인 지식, 즉 사람들이 자신들의 일상적인 경험 그 중에서도 특히 사회세계의 경험을 조직하는 방식이다. 또한 버거는 행위자들이 자신의 행위에 부여하는 주관적인 의미를 강조함으로써, 행위자들이 기계적으로 결정되지 않으며 '합리'적이고 따라서 '자유'로운 존재라는 것을 함의한다. 그러나 이런 '합리성'과 '자유'는 실증적 과학의 방법으로는 알아내기 어려운 것이다. 따라서 인간활동은 (광의의 베버주의적 관점에서) 사회의 행위자들에게 의미를 가지는 그 무엇으로서 '이해되어야(*verstehen*)' 하며, '해석되어야' 하는 것이다. 그러므로 (베버주의 전통에서의) 해석사회학은 주관적 의미, 또는 일상생활에 개입되어 있는 주관적 의미의 의도성을 이해하는 그 자체에 관심을 가져야만 한다. 이런 관심은 의미체계와 타인에 대한 지식체계를 상황 특수적인(situation specific) 과학적 지식과 절차에 대한 규칙으로 전환시킨다. 이는 버거의 용어를 빌리자면 관련성 구조(relevance structure)의 '상호침투(interpenetration)'이다. 이 작업은 의미들을 보다 명확하게 하고 (인과적으로든 그렇지 않든) 다른 의미들이나 의미체계와 연결시키기 위한 것이다. 다르게 말하자면, 해석을 통해서 이루어지는 것은 평상시 생활에서의 의미들을 다른 의미체계 즉 사회과학자들의 의미체계로 '바꾸는' 것이다. 이런 상황에 대한 '시초적 설명(incipient *explanation*)'하에서 "사회학적 해석은 어떤 것을 단순하게 이해하는 것이 아니라, 체계의 전환이 일어나기 이전에는 불가능했던 새로운 방식으로 이해하는 것이다(1981a:42)."

버거는 일상생활세계를 이해하는 데 있어서, 현상학적 방법이 필수불가결하다는 것이 입증되었다고 주장한다. 대부분의 학문분야와 마찬가지로 현상학 역시 각기 다른 지지자들에 의해 상이하게 이해되고 있다. 비록 딜타이(Wilhelm Dilthey), 후설, 메를로퐁티와 같은 많은 현상학자들에게 영향을 받았지만, 그의 스승이었던 슈츠야말로 버거 사상의 주요한 근원이었다. 그리고 우리는 여기서 슈츠가 주장했던 현상학이 특이한 것이었음을 언급할 필요가 있다.

기든스(Anthony Giddens)에 의하면 현대현상학에는 해석현상학과 실존현상학이라는 두 가지 주류가 있다(1977a). 두 가지 모두 동일한 인식론적, 존재론적 전제를 바탕으로 한다. 그러나, 문화분석의 중심적인 초점을 문화적 생활의 개인적 차원과 집합적 차원 중에서 어디에 두느냐에 따라 서로 상이한 입장을 취한다. 해석현상학은 문화의 집합적 측면에 초점을 두는데, 이는 언어에 대한 우선적인 관심을 통해서 가장 잘 나타난다. 텍스트는 분석의 객관적인 증거이다. 이를 통해서 의사소통의 본질과 구조를 연구하고 밝혀낼 수 있다. 해석현상학의 지지자들 중에서 대표적인 인물로 가다머(Hans-Georg Gadamer)와 리쾨르(Paul Ricoeur)를 들 수 있다. 반면 실존현상학은 문화의 개인적 수준을 지향하는데, 문화란 개인들의 주관적 의식에 내재화된 것이라고 본다. 여기서 분석의 대상은 일상생활세계에서 의미를 창조하고 파생시키는 자아이다. 그리고 더 많은 부수적인 조건들이 필요하기는 하지만, 슈츠와 버거의 연구는 명백히 이 흐름에 위치하고 있다.

실존현상학에서도 경험세계와의 관련성에 따라 그 유형들을 구별할 수 있다. 일상생활에 관심을 가진다는 점에서 모든 현상학은 경험적이라고 할 수 있지만, 일상생활에 접근하는 방식은 각 유형에 따라 다르다. 우선 현상학적 설명은 일상생활에 관계되는 의식의 기본적인 범주들을 기술하는 근본적인 수준에서 이루어질 수 있다. 그리고 슈츠는 그 대표적인 인물이라고 할 수 있다. 또 다른 수준에서 현상학적 설명은 문제영역을 다룰 수 있고, 근대적 의식이나 종교적 의식을 연구한 버거는 이 범주에 포함될 것이다. 마지막으로 또 다른 수준에서 현상학적 설명은 일상생활의 구체적인 문제들을 다루며, 노년 시각장애자를 연구한 버거의 몇몇 제자들이 이 범주에 속한다. 경험적인 것에 접근하기 위해 각각의 수준에 알맞은 다양한 기술들이 사용된다. 일반적으로 직관은 근본적인 수준에 가장 적합하다고 생각되는 기술이다. 문제영역 수준에서 메타데이터(meta-data) 또는 다른 연구에 의해 산출된 자료나 결론들을 사용하는 것은 버거에 의해 성공적으로 도입된 기술이다. 그리고 구체적인 문제의 분석에 가장 적합한 기술은 양적 방법이든 질적 방법이든 실제적인 자료를 수집하는 것이다. 물론 각각의 범주에 적합한 방법들은 결코 배타적이지 않다.

지금까지 현상학적 분석을 정교하게 구분하는 광범위한 논의를 전개해 왔으며, 이는 버거의 입장을 현상학 내에 위치시키고 명확히 하기 위한 것이었다. 이 논의의 또 하나의 중요성은 베버의 방법론이 초기의 정리되지 않은 현상학에서 나왔으며, 슈츠가 베버의 가정을 명료화하고 개념을 발전시킴으로써 베버의 방법론을 정교화했다는 것이다. 그리고 사회학에서 해석적 방법을 명료화시키는 데 있어 분명 버거는 슈츠에게서 많은 영향을 받았다. 여기에서는 지면관계상 왜 슈츠의 모델이 복잡한 이론틀에도 불구하고 흥미로운지 자세하게 설명하는 것은 생략한다. 대신 슈츠 모델이 버거의 문화연구에 미친 영향력 내에서 그 주요특징들을 간략하게 살펴보고자 한다.

모든 개인들은 **생활세계**(*life-world*)에 살고 있다. 생활세계는 자연환경, 인간이 만들어낸 대상, 사건들, 다른 개인들에 의해 한계가 설정된 경험영역의 총체이다. 그러나, 대부분의 경우 이 세계는 하나의 통일체가 아니다. 의식은 실재의 다른 영역들 사이로 이동할 수 있으며, 그 예로 꿈, 환상, 그리고 연극 등을 들 수 있다. 생활세계는 **복합적 실재들**(*multiple realities*)로 이루어져있다. 이들 중에서 그 자체로서 실재인 것이 하나 있다. 이것이 **최고실재**(*paramount reality*)라는 슈츠의 용어로 알려져 있는 일상생활이다. 최고실재는 온전하게 경험되고, 정상적이고 자명하게 그 자체를 표명하며 질서정연하고 객관적이고 당연한 것으로 받아들여진다. 이는 더 나아가 다른 사람과 의미를 공유하는 의미의 세계인 간주관적인 세계로 나타난다. 일상생활세계와 비교했을 때, 다른 실재들은 의미의 제한된 영역(*finite provinces of meaning*)으로 나타난다.

일상생활의 실재는 다른 사람들과 공유된다. 타자에 대한 가장 중요한 경험은 대면상황이며, 다른 모든 사회적 만남의 형태는 이 대면경험으로부터 파생된 것이다. 대면적인 만남에서 개인은 타인의 주관적인 부분을 쉽게 알 수 없으며, 따라서 사람들은 유형화라는 수단을 통해 서로를 판단하고 이해해야 한다. 일상생활의 사회실재는 대면상황에서 분리되어 점차적으로 익명화된 유형의 연속선상에서 이해된다. 또한 사람들은 실재를 구분하고, 일상생활을 영유하는 데 필요한 정보를 제공하는 공통된 지식의 축적물(*stock of knowledge*)을 공유한다. 이런 지식의 체계는 상대적인 정밀도에 있어 매우 다양하며, 다양한 관심사와 우선순위에 따라 조직된다. 그러나 대체로 이런 지식은 개인의 일상에서의 실용적인 동기(*pragmatic motive*), 즉 실용적인 이해관계에 의해 결정된다.

우리는 문화분석에 관한 현상학적 접근 혹은 현상학적 사회학에 대해서 말할 때는 가장 임시적이고 가변적인 용어를 사용할 수밖에 없다. 버거는 현상학이 우리가 흔히 말하는 과학이 시작되는 지점에서 끝난다는 메를로 퐁티의 말에 동의할 것이다. 『지식형성의 사회학』에서 버거와 루크만이 말했듯이 "현상학적 분석은 순수하게 기술적인 방법이며, 경험적인 과학의 측면에서 볼 때 '경험적'이지만 '과학적'이지는 않다(1963a:20)." 버거에게 경험적 과학은 보편적인 인과율이라는 가정하에서 이루어져야만 한다(1963a:122). 따라서 현상학이 일상생활세계를 통찰하고 이를 체계적으로 기술한다는 점에서는 사회과학을 따르지만 추론에 있어서는 또 다른 수준으로의 전환이 필요하다. 베버의 사상에서, 구성체(構成體, constructs)나 이념형(理念型, ideal types)은 생활세계의 서로 다른 차원을 일반화하기 위해 만들어졌다. 이런 과정에서 사회학적 해석이 진행돼나가야 한다는 것은 너무나도 자연스러운 일이다.

사회학적 해석에 대한 버거의 관점은 『사회학의 사명과 방법』에 가장 잘 나타나 있다. 그는 '원래의 사실(raw fact)'을 있는 그대로 전달하는 것으로 객관성을 정의하는 실증주의자들의 입장을 받아들이지 않는다. 객관성에 대한 그의 입장은 가치와 과학적 조사 간의 상호작용에 초점이 맞추어져 있으며, 현상학적 환원(*phenomenological reduction*)에 근거하고 있다. 버거는 가치가 문제설정과 과학적 연구·설계에 분명히 영향을 미친다는 점에는 동의하지만, 사회학적 해석을 왜곡하지 않도록 가능한 통제되어야 한다고 본다. 이는 연구자들이 조사하는 현상에 대해 좋고 나쁨이나 옳고 그름, 적법과 위법에 대한 자신의 편견과 의견을 배제해야 함[괄호치기(*bracket*)]을 의미한다. 우리는 연구의 대상에 대한 판단을 내려서는 안 된다. 무엇'인가'와 무엇'이어야 하는가'의 물음은 연구과정 내에서 서로 분리되어야 한다. 다른 각도에서 보면 괄호치기는 과학공동체로부터 제도화된 의미와 관련성 구조라는 특수한 영역으로 이행하는 것으로 이해될 수 있다. 이런 특수한 영역 안에서 연구자는 다른 사람들의 가치라든지 의견이 비록 개인적으로는 공격적이라고 생각될지라도, 이를 받아들이기 위해 끊임없이 노력하고 또한 그들의 이론을 기각시킬 수 있는 자료를 체계적으로 조사하기 위해 부단한 노력을 한다. 그렇지 않으면 사회학은 또 다른 형태의 근거 없는 주장이나 특정 이데올로기의 옹호로 환원해버린다고 버거는 주장한다. 그리고 바로 이것이 마르크스주의의 '다양한 분파'들이 안고 있는 문제점이다. 마르크스주의 "'사회학'은 이데올로기에 의해 주어진 선험적인 원리로부터의 연역이며, 이미 잘 알려진 '진리'의 표명이 되었다(1981a: 142)." 따라서 버거는 프롤레타리아 계급의 존재는 이데올로기적인 필수조건이기 때문에 마르크스주의 사회학은 이를 '발견하는' 방법을 찾도록 강요돼왔다고 주장한다. 가치에 대한 선험적 원칙 때문에 허위입증의 가능성은 처음부터 훼손되며, 이런 상황에서는 사회학은 더 이상 과학이 아니다.

이런 방법론적 방어는 정치뿐 아니라 종교의 영역까지 확장되었다. 종교에 대한 사회과학적 연구에서는 종교적 실재에 대한 존재론적 당위성 같은 질문들은 보류되어야 한다. 비록 연구자가 이미 정치적 그리고 종교적인 입장을 가지고 있더라도, 정치적 또는 종교적인 현상에 대해 연구할 때는 '무신론자'가 되어야 한다. 베버와 마찬가지로 버거는 사회과학자들에게 가치가 개입될 수 있는 영역이 있음을 인정하고, 이는 '이중적 시민'이라는 연구자의 신분에 의해 결정된다고 주장한다. 개별적인 시민의 입장에서 연구자들은 일상적인 삶에서 쟁점이 되는 것들에 대해 자신들의 가치를 표명할 수 있다. 더 나아가 버거는 개별적인 시민으로서의 개인은 이런 가치들을 표현해야 한다고 주장한다. 다시 말해, 과학적 객관성이 사적인 삶에서의 윤리적이고 도덕적인 부분에까지 영향을 미쳐서는 안 된다는 것이다. 사적 영역(private sphere)은 냉정하리만큼 이성적인 형태의 공리주의로부터 보호받아야 한다. 버거 자신이 주장하듯이 사회학이 개인의 정치적, 도덕적 혹은 종교적 가치를 말해서도 안되고 그럴 수도 없다는 것은 아니며 이는 그의 정치와 신학에 대한 저작에도 명백히 드러나 있다. 『사회학으로의 초대』에서 그가 주장하듯 사회학은 사회에서 괜찮은 그리고 더 나아가 바람직한 삶의 방식을 제시할 수 있다. 사회학은 또한 개인이 절대적인 원칙이 아니라 가능한 결과를 예측함으로써 행동의 기준을 이끌어내는 '책임윤리'를 형성하도록 도와줄 수 있다(1981a:75). 이는 행동의 결과가 미칠 수 있는 범위 특히 그 행동이 영향을 줄 수 있는 사람에게 미칠 수 있는 의도되지 않은 결과를 인식할 수 있도록 한다. 그렇지만 어떤 가치를 표명할 때 사회과학자는 자신이 사회학자가 아닌 (가톨릭교도, 민주주의자, 미국시민 등의) 개별적인 시민임을 분명히 밝혀야 한다.

2. 문화에 대한 버거의 관점

아마도 19세기 후반과 20세기 초반에 사회과학계에서 가장 치열했던 방법론적 논쟁은 자연과학(*Naturwissenschaften*)과 문화과학(*Kulturwissenschaften*) 사이에 정말 차이가 있느냐, 그리고 만약 차이가 있다면 이런 차이의 본질은 무엇이고 사회과학연구를 실질적으로 수행하는 데 있어서의 함의는 무엇인가에 관한 것이다. 문화과학의 적절한 영역을 규정하고자 하는 노력은 보다 철학적인 경향을 보이는 몇몇 사회과학자들 사이에서 현재까지 지속되고 있다. 그러나 이는 버거에게 중요한 이슈가 아니며 적어도 오랫동안 그가 직접적으로 이를 언급한 적은 없다. 대체로 버거는 자연과학의 본질과 목적, 방법은 문화과학과 다르다고 가정한다. 이 두 과학이 공유하는 것은 엄밀성과 객관성, 그리고 경험적인 토대에 대한 관심이다.

버거가 체계적이고 통합적인 문화이론을 발전시키려 했는가는 확실하지 않다. 그러나 이와 상관없이 그의 다양한 저작에서 (세부적인 것은 아니더라도 그 내용과 시각에서는 확실하게) 이런 이론과 근접해 있음을 알 수 있다. 그는 이론적인 저작들에서 놀라우리만큼의 광범위한 분야를 다루고 있다. 버거의 (문화분석 이외의) 관심분야의 광범위성이라든지 그의 철학적 가정들을 고려하면, 그가 문화분석을 하는 데 있어 몇 개의 측면들에 집중하고 그 외의 측면들에 대해서는 그다지 많은 관심을 기울이지 못한 것은 당연하다. 그러나 거대이론을 구성하는 것이 버거의 공식적인 목표가 아니라는 점에서 몇 가지의 포괄성에 대한 추상적인 기준을 가지고 그의 연구를 판단하는 것은 적절하지 않다. 오히려 우리는 그가 간과한 것들을 비난하기보다는 문화분석에 대한 수많은 그의 공헌점과 진가를 인정함으로써 그의 이론을 보다 잘 이해할 수 있을 것이다.

1) 이론적 토대

버거는 문화를 "인간이 만들어낸 산물의 총체"라고 정의한다(1967:6). 이런 정의하에서 문화는 물질적인 인공물과 인간행동의 지침이 되는 비물질적인 사회·문화적 구조뿐만 아니라 인간의 의식 속에 있는 이런 세계의 반영(*reflection*)까지를 포함한다.* 이런 개인적인 수준에서의 산물들이 비교적 지속적으로 인간의 주관성을 측정하는 척도로 이용된다는 점에서 문화의 주관적인 측면은 강조될 필요가 있다. 다시 말해, 생산물은 그것을 만들어낸 사람들의 주관적인 의미나 의도를 나타낸다. 문화는 그들이 살고 있는 세계에 대해 개개인이 가지고 있는 간주관적인 의미들로 구성되어 있다. 그리고 문화는 "사람들이 그것을 의식하는 한에서만" 존재하게 된다(1966:78).

인간의 산물의 다양한 레퍼토리 중에서, 기호(*signs*)는 매우 중요하다. 인간의 모든 산물들이 암묵적으로 인간의 주관성을 반영하기는 하지만, 기호는 주관적 의미의 표준을 제공하고자 하는 명백한 의도 때문에 매우 특징적이다. 게다가 기호들은 처음 표현되었던 순간이나 상황을 넘어서 다

*이럴 경우 우리가 사회라고 부르는 것은 문화의 한 단편일 뿐이다.

른 사람들이 객관적으로 접근할 수 있으며, 기호를 만들어냈던 주관적인 상태로부터 분리될 수도 있다.

어떤 사회라도, 보통 제스처, 신체적인 움직임, 물질적 가공물과 같은 여러 가지의 기호체계를 가지고 있다. 그 중에서도 버거가 음성기호체계로써 정의하고 있는 언어는 그 사회에서 가장 중요한 기호체계이다. 언어는 주관적인 의미를 전달하고 구체화하는 데 있어 어떤 기호체계보다 더 적합하다. 언어가 대면상황에서 발생하기는 하지만, 개별적인 의미를 정확하게 유지할 수 있다는 점에서 다른 어떤 기호체계보다 더 분리가능하다. 그렇기 때문에 우리는 소유해본 적이 없거나 또 직접적으로 경험해보지 않은 것들에 대해서도 말할 수 있게 된다. 즉 언어는 의미나 경험들을 다른 사람들에게 전달할 수 있고 시대를 초월해 보존할 수도 있는 거대한 저장소의 역할을 할 수 있다. 우리는 문자라는 언어적 도구(뿐만 아니라 음성으로써의 언어의 기록)를 통해 그 의미를 훨씬 더 효과적으로 전달하고 보존할 수 있다.

언어는 일상생활에서 발생하며 1차적인 관련성을 가진다. 이런 일상생활은 다른 사람과 공유되며, 실질적인 관심사가 우선시되고 또한 당연하게 받아들여진다. 언어는 애초에 발생한 상황과 순간을 초월하는 능력을 가지고 있기 때문에, 일상적인 현실의 각기 다른 시간적, 공간적, 사회적 영역들을 연결하고 그것들을 의미 있는 전체로 통합한다(1966:39). 그 결과 타인과 혹은 자신과의 대화에서, 과거와 현재, 미래를 수반하는 전체 사회를 성찰하고 토론하며 계획하는 것이 가능하다. 언어가 원칙적으로 일상생활의 최고실재와 관계를 가질지라도, 언어는 일상을 초월할 수 있다. 또한 언어는 슈츠가 의미의 제한된 영역이라고 말한 것과도 관련되며, 이를 최고실재의 측면에서도 이해할 수 있게 해준다. 환상적인 것을 묘사하거나, 꿈을 해석하거나, 끔찍한 경험을 설명하는 것이 이런 예가 된다. 극단적으로 언어는 다른 차원의 세계에 존재하는 그리고 전혀 낯선 가치나 원리들의 체계에 의해 질서지어지는 초자연적 실재와 직면해 일상의 실재를 완전히 초월할 수 있다. 이 경우에 각각의 실재는 각기 서로의 용어로 설명되고 해석될 수 있다.

버거에 의하면, 의미가 발생하게 되는 대면상황으로부터의 상대적인 시공간의 거리의 측면에서, 외부세계에 대한 지각은 상징(*symbols*)으로 설명된다. 버거는 상징을 "실재의 영역을 연결하는 모든 의미 있는 주제"로 정의하며, 상징적 언어를 "이런 초월이 이루어지도록 하는 언어적 양식"으로 정의한다(1966:40). 역사적으로 가장 중요한 상징체계들에는 종교, 예술, 철학이 있다. 보다 최근에는 정치적이고 심리적인 측면의 상징체계의 중요성이 증가했다. 상징 혹은 상징적 표현들은 매우 추상적이며 일상생활과는 동떨어져 있지만, 일상생활의 영역에서 그 힘을 발휘한다. 즉, 개개인이나 집단적 행동에 의미를 부여하거나 영감을 불러일으키며 다른 활동을 억제하고 사회적 통제의 힘을 발휘한다. 한마디로, 상징과 상징체계는 사회적인 상황과 세계에 대한 집합적 관점을 질서짓고자 하는 욕구를 가지게 하는 중요한 기제이다. 그래서 상징과 상징체계는 일상생활의 실재에서 중요하고 본질적인 부분이다.

언어에 대한 버거의 관점은 간단하기는 하지만, 문화 내에서 인간이 가지는 의미의 통로로써의 언어의 본질과 기능이라는 보다 광범위한 주제에 그 초점을 두고 있다. 그리고 이는 각각의 말들을 의미 있게 하는 언어의 규칙이나 유형 그리고 구조들을 강조하며, 의미 그 자체에 대해서는 관심을 가지지 않는 구조주의적 언어학에 근거한 언어이론과는 확실히 다르다. 그의 관점은 문화를 이해하는 데 있어 현상학적 접근과 일치하며 사실상 이를 지지하는 기반이 된다.

현상학적 사회학이 초점을 맞추고 있는 의미란 사람들이 상호 주관적으로 공유하고 있는 것이지만, 동시에 다양한 문화적 산물을 통해서 객관화되기도 한다. 더 나아가 현상학적 사회학은 사회적 현실을 사람들이 끊임없이 자신들의 세계를 창조하고 재창조하는 상황들로 묘사하고자 한다. 따라서 현상학적 사회학에서의 문화란 유동적인 이미지를, 그리고 사회는 고정되어 있지 않고 심지어는 변화하는 역동적인 이미지를 가진다. 버거는 이런 유동성의 개념을 변증법이란 그의 보다 형식적인 개념 안에서 명료화시키고 있다.

버거의 변증법은 플라톤, 헤겔, 마르크스와는 전혀 다른 것이다. 이 개념은 다른 맥락에서 보다 기술적인 의미를 가정하는 한편, 상호작용 혹은 상호영향이라는 개념과 전반적으로 일치한다(cf. Wisdom, 1973). 중요하게 강조할 만한 것은 이런 상호작용[상호영향]의 지속적이고 끊임없는 성격이다.

버거는 모든 실재는 그 자체와 끊임없이 변증법적으로 상호작용한다고 주장한다. 그 중에서도 두 가지 변증법의 과정이 세계에서의 인간의 경험에 있어 특히 중요하며, 이는 버거의 연구에서 중요한 역할을 한다. 그것은 자아와 신체(즉 정체성과 유기체) 사이의 변증법과, 그리고 버거의 문화이론에 있어 핵심이 되는 자아와 사회·문화적 세계 사이의 변증법이다.

이런 자아와 신체 즉 유기체간의 변증법에 대한 언급은 이미 존재해왔다. 태어나는 순간부터 인간에게는 신체가 부과하는 제한, 즉 모든 개인에게 주어지는 사회적 가능성들의 범위를 제한하는 생물학적인 한계가 존재한다. 그리고 전 생애과정을 통해 신체는 그 개인 자신의 세계를 구성하는 활동에 지속적으로 영향을 준다. 그러나 버거가 주장하듯이 한 개인이 창조한 세계는 다시 신체에 영향을 주며, 이런 것은 생물학적으로 신체가 가지는 가능성에 제한을 가하는 것이 된다(1966:181). 사회계급적 요소에 따른 평균수명의 차이는 하나의 예이다. 이 예에서 알 수 있듯이 문화는 신체에 부과된 시간적인 제약 측면에도 영향을 미칠 수 있다. 또한 문화는 성욕과 식욕 등의 신체의 실제적 기능의 측면에도 그 영향력을 행사한다. 성욕과 식욕은 이것을 가장 분명하게 보여준다. 인간은 성욕과 식욕을 충족시키고자 하는 생물학적인 특성을 가지지만, 그것을 충족시키는 방법은 매우 다양하다. 신체는 인간에게 어디에서 성욕을 충족시키고 무엇을 먹어야하는지 말해주지는 않는다. 유기체적 욕구를 해결하는 방식들은 사회·문화적 요소에 의해 결정된다. 예를 들면, 개인은 성욕을 해소하는 데 있어서도 (서구에서 근친상간에 대한 금지와 혼전 혹은 혼외정사를 금지하는 것 등) 또 음식을 먹는 데 있어서도 (이슬람교도와 유대인들의 돼지고기 섭취에 대한 금지 등) 무엇이 '옳고 그른'지를 판단할 수 있다. 즉 문화는 생물학적 배경에서 나오고 이에 의해 제한되지만, 또 문화는 신체에 대해 한계와 유형성을 다시 부과한다. 그리고 문화와 신체 사이의 상호작용은 지속적으로 서로를 변화시킨다.

버거의 연구에서 더 두드러지게 나타나는 것은 개인과 사회·문화적인 세계간의 변증법적 상호작용이며, 이로부터 총체적인 문화는 구성되고 유지된다. 그리고 이런 변증법은 지속적인 변증법적 과정에서 버거의 용어로 외재화, 객관화, 내재화라는 동시적인 세 가지 '국면(moment)'의 상호작용으로 정리될 수 있다.

외재화(*Externalization*)란 개인의 육체와 정신을 세계 속으로 지속적으로 분출시키는 것이며, 이는 인간의 생물학적 미숙함에 의해 요구되는 것이다. 버거는 외재화는 인간존재의 정수(1967:4)라고 주장한다. 인간은 생각과 행동을 소통시킬 수 있는 선천적인 구조를 가지고 있지 않기 때문에, 이 같은 기능을 잘 수행할 수 있는 인간적인 구조를 구성해야 한다. 세계를 만들어가는 사람들의 행위는 외재화하려는 그들의 생물학적 요구에 근거한다. 그러나 외재화된 생산물은 이미 이를 만들어낸 인간들과는 다른 독자적인 특징을 획득하였음을 함의한다.

객관화(*Objectivation*)과정은 다음과 같다. 세계는 특정 개인만 이해할 수 있는 실재가 아니라 타인과 공유하는 경험으로서의 외부에 존재하는 '객관적인 실재'의 성격을 획득한다. 그리고 이를 통해 세계는 버거가 말한 것처럼 "마치 개인의 외부의 실체(facticity)처럼 혹은 외부에 존재하는 무언가처럼 개인들 앞에 버티고 서게 된다(1967:8f)." 뒤르켕주의 전통에서는 이런 객관적 실재로서의 세계는 예외 없이 그 자체로 인간의 행동을 통제하고 제재를 가하며 일탈을 처벌하고 극단적으로는 그들의 삶까지도 파괴할 수 있는 강제적인 힘과 능력을 가진다.

실재구성(實在構成)과정의 변증법에서 세번째인 내재화(*Internalization*)는 객관화된 세계가 "의식으로 재흡수"되는 과정으로, 즉 "세계의 구조가 의식 자체의 주관적인 구조를 결정하게 되는 과정이다(1967:15)." 이를 통해 개인은 객관적인 사회·문화적 세계를 이해하고 그것에 의해 형성될 뿐만 아니라 이 세계를 자신과 동일시한다. 버거는 이를 세계가 개인 자신의(*his*)' 세계가 되는 것이라고 표현했다. 내재화는 전생애적인 사회화과정을 통해서 일어난다. 인간은 사회화과정을 통해 문화의 의미 속으로 진입하며, 사회구조의 중요한 임무라든지 역할, 정체성 등을 습득한다. 특히 사회화는 어떻게 한 세대가 다음 세대에게 그 세계를 전수하는가에 대한 문제를 해결한다. 버거는 "사회가 인간의 산물이 되는 것은 외재화를 통해서이다. 사회가 독자적인(*sui generis*) 실재가 되는 것은 객관화를 통해서이다.

인간이 사회의 산물이 되는 것은 내재화를 통해서이다."라고 요약한다 (1967:4). 이런 변증법은 개인이 참여하는 집단적인 과정으로 일어나며, 이는 결코 집단으로부터 고립된 개인적 경험으로는 일어날 수 없다.

버거는 인간과 사회 간의 변증법적인 본질을 이해하지 않고서는 사회적인 현상을 경험적인 실재에 적합하게 설명할 수 없다고 주장한다. 버거는 이런 사회실재(社會實在)에 대한 변증법의 이론적 중요성을, 상반돼보이는 다음 두 개의 근본적인 사회학적 통찰의 통합에서 찾고 있다. 문화를 주관적 의미의 행위로 보는 베버의 접근방식과 사회실재(사회적 사실)로 보는 뒤르켕의 접근방식은 둘 다 일리가 있지만, 각각은 상대의 관점에서 이해되어야 한다. 인간과 사회에 대한 변증법적 이해와 문화분석의 현상학적 접근과의 관계에 대해서는 후에 심층적으로 논의될 것이며, 이 부분에서는 버거의 문화분석의 주요부분에 초점을 맞추고자 한다.

2) 문화의 사회적 형성

앞에서 언급했듯이, 버거는 인간들이 태생적으로 유기체적인 결함을 가지기 때문에 이의 대체물로 문화를 창조한다고 주장한다. 여기에서 근본적으로 가장 중요한 것은 제도(*institution*)이다. 버거는 자신의 제도이론을 구성하는 데 있어 겔렌의 많은 부분을 차용했으며, 동시에 슈츠와 미드의 이론적 요소들 역시 통합했다. 제도는 유형화되고 습관화되는 (행동적이든지 인지적이든지 간에) 인간의 행동으로부터 발생한다. 즉, 제도화는 습관화된 행동이 사회 속의 개인에게 구체적인 유형으로 일반적으로 인식될 때 일어나는 것이다. 제도는 행위유형일 뿐 아니라 행위자유형이기도 하다. 제도는 특정 유형의 행위자가 특정 유형의 행위를 수행할 것이라고 가정한다. 인간의 구성물인 제도는 그것이 인간행동을 안정적이고 사회적으로 예측가능한 일상으로 유형화한다는 점에서 마치 본능처럼 기능한다. 또한 제도는 인간의 경험을 인지적 수준에서, 명료성과 연속성의 측면에서 유형화한다. 그리고 이를 통해 개인은 끊임없이 무엇을 해야 하는지를 결정하고 또 어떤 상황을 정의하고 재정의 하지 않아도 되기 때문에, 심리적인 안정을 가지게 된다. 제도화를 통해서 행위과정과 다양한 상황들은 대개 이미 결정되어 있다. 그렇기 때문에 제도는 안정성과 예측가능성의 토대로 기능하며, 이를 기반으로 개인들은 어떤 것을 사고하고 또 더 나아가 혁신할 수 있다.

제도는 인간행동을 규제(regulate)할 뿐 아니라 통제(control)하기도 한다. 제도가 인간을 통제하는 방식은 일탈자를 처벌함으로써 구현되는 규제조치라든지 규제수단과는 본질적으로 다르다. 사회통제체계는 이런 제도화 과정이 전반적으로 성공적이지 못할 때에만 필요하다. 잘못된 사회화나, 논리적인 추론, 이기심 등으로 인해 사회에서 이미 확립된 생각이나 담론 또는 행위유형들을 성공적으로 '받아들이지' 못한 개인이나 집단은 사회적인 규제를 받게 된다. 다른 모든 인간의 산물과 마찬가지로, 제도 역시 객관성과 지속성을 가지며, 이를 실질적으로 변화시키고자 하거나 부인하려는 모든 시도들에 대해 저항한다. 제도는 객관성의 측면에서 이미 강압적이고 규제적이지만, 많은 제도들은 자신들의 실재를 강화하기 위해 사회통제 메커니즘을 수반한다. 다시 말해, 제도는 단순히 강제적 힘에 의해 지속되는 것이 아니라, 암묵적이거나 때로는 공식적으로 명시적인 정당성을 바탕으로 지속된다. 제도는 이에 부합하는 것은 도덕적으로 옳고, 그렇지 않은 것은 도덕적으로 옳지 않다는 것을 함축하고 있다는 점에서 상당한 정도의 도덕적 권위를 가지고 있다.

제도는 더 나아가 역사성을 뜻한다. 왜냐하면 인간이 마음속에 간직할 수 있는 인간경험의 일부가, 인식될 수 있는 사건이나 사물 또는 경험 등으로 기억 속에서 응결되기 때문이다. 그리고 이런 경험을 보존하고 수집하는 언어의 역할은 이미 중요하게 다루어졌다. 언어를 통해 객관화된 제도적인 의미들은 사회적 과정에 들어가는 순간부터 개인의 의식에 강한 영향을 미친다. 이런 제도적 의미는 쉽게 인식할 수 있는 형식으로 단순화되는 경향이 있다. 왜냐하면 사람들이 종종 이런 의미들을 망각하기 때문에, 사회적 행위과정에서 (불쾌한 방법을 동원해서라도) 끊임없이 마음에 되새겨져야 하기 때문이다. 역사와 전통은 이런 제도적·언어적 토대로부터 출현하는 것이다.

버거에 따르면, 제도는 미시적이고 거시적인 관점 모두에서 바라보아야 한다. 미시적인 측면에서 그의 초점은 역할(*roles*)에 있다. 총체적인 틀 안에서 역할이란 특정유형의 행위자가 수행하는 언어적 수단을 통해 객관화되는 행위유형 또는 형태이다. 그리고 그 행위자는 이렇게 특정하게 유형화된 행위양식을 주관적으로 동일시한다. 여기에서는 무엇보다 역할이 사회에서 개개인의 주관적 의미와 이의 객체물(제도) 사이를 중재할 수 있도록 한다는 것이 가장 중요하다. 결국 역할은 제도적 질서를 대표한다. 버거는 "역할을 수행함으로써 개인은 사회세계에 참여하고, 역할을 내재화함으로써 그 세계는 개인에게 주관적인 실재가 되고 의미 있게 된다"고 말하고 있다(1966:74).

인지적 수준에서, 역할은 공통으로 축적된 지식의 구체적 분야들을 중재한다. 지식은 단순히 "제도화된 행위의 객관화된 의미들"이며(1966:70), 역할은 사회에서 통용가능한 모든 지식의 총체의 특정한 부분을 구체화한다. 그리고 이는 지식이 사회적으로 그리고 차별적으로 분배됨을 뜻한다. 지식은 사회일반과 관련 있는 것과 특정 역할에만 관련 있는 것으로 분류할 수 있다. 따라서 사회에서의 지식분배는 일반적으로 노동분업체계에 부합되는 성향을 보인다. 이런 지식은 개인들이 그들 자신과 타인들을 이해할 수 있도록 하는 구체적인 역할을 제시한다는 점에서 중요하다. 정체성의 형성은 자신들에 대한 견해 그리고 자신들이 이해되는 방식과 밀접하게 연관된다. 이에 대해서는 곧 다시 다루겠다.

거시적 차원에서의 제도의 핵심은 서로 다른 분야들의 구조적 통합에 있다. 파슨스와는 대조적으로 버거는, 제도적 질서의 의미 있는 통합을 객관적·제도적 차원의 문제가 아니라 주관적 차원의 문제로 본다. 만약 제도의 '기능적 통합'에 있어 일련의 문제가 존재한다면, 이는 조직적인 차원의 문제가 아니라 사회질서의 본질과 그 기능을 주관적으로 의미적절하게 정당화시키는 방식 즉 정당화의 문제이다.

버거는 제도화의 범주는 사회의 일반적인 지식의 분배상태와 의미체계의 일반성에 따라 다양하다고 주장한다. 만약 일반적인 지식이 폭넓게 분배되어 있고 대다수의 사회구성원이 가치체계와 의미체계를 공유하고 있다면, 제도화의 영향력은 매우 광범위할 것이다. 그러나 반대상황에서는 제도화의 영향력은 줄어들 것이다. 그러나 비제도화와 완전한 제도화라는 양극단을 상상할 수는 있지만, 이를 경험할 수는 없다. 경험적 사례들은 제도화의 연속선상에서 아주 근소한 차이로 어느 한 극단에 좀 더 가까운 상태로 집중되어 있다. 그리고 특정한 의미와 가치(의미적절성의 구조)가 어느 특정 한 집단에서만 공유되는 상황, 즉 제도화된 질서가 단편화된 다원적인 상황 역시 가정할 수 있다. 또한 구조화된 행위, 사고, 혹은 믿음이 주관적인 신뢰성을 상실하고, 개인들이 무제한적으로 가능한 행위양식 사이에서 고민해야 하는 제도적 후퇴 혹은 탈제도화과정 역시 가능하다. 여기서 중요한 것은 버거가 실재에 대한 안정적인 정의, 행동유형 등의 배경(background)을 제공하는 것은 제도이지만, 개인들이 선택하고, 창조하고, 혁신하며 조정할 수 있는 전경(foreground) 역시 존재한다는 것을 천명하고 있다는 것이다. 이는 정체성의 사회적 형성에 대한 버거의 개념과 연관된다.

개인들이 자신의 정체성을 획득하는 변증법은 문화가 구성되는 변증법과 동일하다. 버거는 개개인들이 출생부터 '자아에 대한 유전적 전제조건(발생론적 전제)'을 제공받는다는 것을 인정한다. 그렇다고 해서 출생 시에 주관적으로나 객관적으로 인식가능한 정체성이 주어지는 것은 아니다. 자아는 그 특성상 개방적이며, 자아의 형성 역시 특정한 양상으로 미리 정해져 있지 않으며 문화적인 상대성을 지닌다. 정리하자면 정체성 역시 문화의 다른 모든 측면과 그리고 일상생활실재의 다른 모든 부분 같이, 정체성이 형성되고 유지되는 특수한 사회적 맥락과 분리해서는 이해될 수 없는 사회적 산물이다.

외재화, 객관화, 그리고 내재화라는 보다 거대한 변증법은 순차적인 것이 아니라 개인적·집합적 수준에서 동시에 일어나는 현상이다. 하지만 출생시에 한 개인은 완전한 사회적 구성원이 아니라 사회의 잠재적 성원이라는 점에서, 모든 개개인의 삶에는 시간의 차원이 존재한다. 각 개인의 출발점은 문화실재를 주관적인 의식으로 전유(傳有)하는 과정인 내재화이다. 내재화를 통해 개인은 사회의 구성원이 되며, 내재화가 진행되는 과정은 "한 개인이 사회라는 객관화된 세계 혹은 그것의 한 영역으로 유도되는 과정"인 사회화라 명명되기도 한다(1966:130).

사회화과정을 개념화하는 데 있어서 버거는 암묵적으로나 명시적으로 실재와 자아에 대한 규범적인 개념을 가정하고 있는 프로이트주의 또는 정신의학적 모델과 거리를 둔다. 실제로 버거가 큰 영향을 받았다고 인정하듯이, 그의 연구와 그의 현상학적 가정 및 의제에 보다 부합하는 것은 미드의 사회심리학이다.

초기사회화는 이를 통해 개개인이 사회구성원으로 거듭 태어나게 된다는 점에서 최초이자 가장 중요한 사회화이다. 이 과정을 설명하기 위해 미드가 발전시킨 개념적 도구는 너무 잘 알려져 있기 때문에 여기에서 상세하게 언급하지 않기로 한다. 아동은 의미 있는 타자의 역할과 태도를 수용하는 법을 배우게 된다. 그리고 점차적으로 의미 있는 타자들의 구체적인 역할과 태도로부터 일반화된 타자, 즉 사회로 주의를 돌릴 수 있게 된다. 이런 과정은 언어의 내재화와 더불어 이루어진다. 언어를 통해 개인은 사회세계의 구성원이 되고, 또 세계는 의미적절하게 만들어지고 유지된다는 점에서 언어야말로 중요한 수단이다. 여기에서 버거가 강조하는 것은 개인이 타자들의 역할과 태도를 수용하는 것과 동일한 과정을 통해서 세계를 수용하게 된다는 사실이다. 특정 세계에 있어 객관적인 위치로서의 정체성은 그 세계와 함께 주관적으로 전유될 수 있다. 사회와 정체성, 그리고 실재 일반은 내재화·사회화라는 동일한 과정을 통해서 의식 속에 공고하게 자리잡게 된다.

이로부터 버거는 미드와 쿨리(Charles Horton Cooley), 그리고 사회심리학의 상징적 상호작용주의 학파가 제공한 지적 단초를 충실히 따라간다. 역할이 특정 유형의 행위자들이 수행하는 특정 유형의 행위라면, 각각의 역할은 그것에 수반되는 특정한 정체성을 가진다. 혹자는 개인들이 일상생활에서 다양한 역할을 수행한다는 점에서 다양한 정체성 집합(identity set)을 주장할 수 있으나, 이 중에서 직업적 정체성이 가장 우선시된다(1964a). 사실상 어느 정도의 역할불일치는 사회적으로도 용인되고 심리적으로도 견뎌낼 수 있는 것이지만, 개인들은 자신들이 수행하는 역할들간에 그리고 역할에 따라 당연한 것으로 전제되는 그들의 정체성들간에 일정 수준의 일관성을 유지하도록 사회적·심리적인 압력을 받게 된다(1963a). 중요한 것은 역할과 정체성이 사회적 인식의 과정을 통해서 사회적으로 부여된다는 사실이다. 다시 말해, 한 인간이 수행하는 것이 역할이라면, 정체성이란 한 인간이 명명되고 다루어지는 것이다. 버거에게 있어서 정체성은 미드가 정의한 개념인 '사회적 자아'이다. 극단적으로, 개인들이 자신들과 타인들 모두를 사회적으로 부여된 각각의 역할 혹은 정체성과 전적으로 동일시할 때, 역할들은 사람들의 마음 속에서 물화된다. 그리고 이 상황에서 인간들은 그들 자신을 이런 유형화의 구현물로만 인식하게 된다. 그러나 행위자는 성찰을 통해 자신들이 수행하고 있는 역할로부터 일정한 거리감을 설정할 수 있는 능력을 가지고 있기 때문에 이런 상황이 늘 발생하지는 않는다.

버거는 대부분의 상징적 상호작용론자들의 저술에서 누락되었던 부분인 사회화와 정체성이 형성되는 과정이 사회구조적인 구체적 맥락에서 일어난다는 사실에 주목한다. 역할이 개인에게 특수한 제도적 형태에 대한 지식들과 의미들을 중재하는 한, 정체성의 본질에는 정체성이 형성되는 사회구조적 조건이 반영될 것이다. 그리고 비록 버거가 상세하게 설명하고 있지는 않지만, 사회계급, 인종이나 민족적 특성, 성차 등이 개인의 정체성의 형태와 내용의 형성에 매우 중요한 역할을 미치는 방식을 분명하게 지적하고 있다. 그리고 사회구조 역시 사회화과정의 상대적인 '성공'요인의 하나이며, 여기에서 성공이란 객관적 실재와 주관적 실재 사이의 상대적인 대칭성의 측면에서만 정의될 수 있다(1966:173). 극대화된 성공(더 높은 정도의 대칭성)은 단순한 노동분업체계와 지식이 최소한으로 분배되어져 있는 사회에서 더 쉽게 나타나는 경향이 있다. 그리고 '성공적이지 못한' 사회화는 문화와 정체성이 다원화된 사회, 즉 개인이 그 자신과 세계를 접근가능한 많은 가능성 중의 하나로 주관적으로 경험하는 사회에서 더 자주 나타난다. 사회에 대한 새로운 관점과 정체성이 형성되는 경험, 즉 대체(alternation)는 후자의 사회구조적 조건하에서 더 잘 일어난다.

이 후자의 상황은 실재 일반, 좀 더 구체적으로는 정체성이, 인위적이며 태생적으로 불안정한 본질을 가지고 있음을 보여준다. 개인의 정체성이 중요한 부분을 차지하는 일상생활의 실재는 타자, 특히 의미 있는 타자와의 대화가 지속되는 한에서만 의미적절하게 유지된다(1967:16). 어떤 이유로든 대화가 방해받거나 중지되었을 때 전체 세계는 신뢰성을 상실하기 시작한다. 버거는 이를 연극에 비교해, 일상생활이란 연극이 공연되는 무대는 판지로 만들어져 있어, 너무나도 사소한 자극에도 붕괴될 위험이 있는 것이라고 설명한다.

이렇게 연극에 비교한 것을 언급하는 것은 의미 있는 일이다. 이는 사회실재의 태생적인 불안정성을 예시할 뿐만 아니라, 또 다른 문제점을 뜻한다. 사회라는 연극에서 역할을 수행하는 배우로서의 개인이라는 은유는 그의 초기저작들(가장 주목할 만한 것은 『위험한 통찰』과 『사회학으로의 초대』)에서, 지루할 정도로 계속 나타난다. 여기에서 버거는 몇몇의 상징적 상호작용론의 옹호자들과 다를 바 없었다. 그러나 여기서 우리는 개인의 정체성이 사회에서 수행되는 역할의 총합에 지나지 않는가 하는 하나의 의문을 제기할 수 있다. 버거는 과잉사회화된 자아개념을 가지고 있었던 것일까? 사실상 상기한 책들의 주요 주제들만을 고려한다면, 분명 버거는 그러했다고 결론지어야 할지도 모른다. 그러나 이 이론적 연구들을 다시 찬찬히 살펴보면, 그렇지 않다는 결론을 충분히 내릴 수가 있다. 버거가 강조하듯이 내재화는 보다 큰 변증법의 일부분일 뿐이다. 사실상 다른 두 변증법에 대한 적절한 이해 없이는, 내재화라는 변증법은 개인이 단순히 사회의 산물이라는 기계주의식 결정론적 사회상을 반영하는 것으로 생각될 수밖에 없다. 비록 버거가 이런 변증법적 관계에서 사회가 더 강력한 위치를 차지하는 것을 인정한다 하더라도, 동시에 그는 개인이 세계에 의해 수동적으로 만들어지지 않는다는 것 역시 주장한다. 개인은 타자들과 함께 사회세계뿐 아니라 자기자신 역시 만들어가며, 그 과정에 참여한다. 더 중요한 것은 개개인이 제도적 강제를 '거부'할 수 있다는 그의 반복적인 주장이다. 그 결과는 종국에는 냉혹한 것일 수 있지만, '아니다'라고 부인할 수 있는 능력에 대한 거부는, 버거주의적인 의미에서 보면, 인간적 견지에서 구성된 것으로부터의 소외됨을 의미한다. 그것은 결국 자기기만과 '그릇된 충성'의 실행이다. 일부 견해와는 상당히 상반되게도, 비록 개인은 사회화를 통한 사회의 산물이지만, 진정한 의미의 (사회학적이 아닌 철학적인 정의에 따른) 자유행위를 할 수 있는 능력을 가지고 있다고 버거는 주장한다.

버거는 제도와 정체성에 대한 논의를 지식 혹은 세계관에 대한 논의로 마무리한다. 버거에게 있어서, 일상생활세계가 객관적으로 정의되고 주관적으로 인식된다는 점에서, 실재에 대한 공유된 의미로서의 지식은 이 세계의 토대가 된다. 넓은 의미에서 지식은 인간과 사회를 우리가 가능하다고 이해하는 방식으로 만든다. 보다 구체적으로 지식은 개인이 주관적으로 제도적 질서를 통합하고 그 질서 내에 자신과 개인적으로 관련된 것을 위치시키는 것을 가능하게 한다. 다시 말해, 제도와 정체성은 하나의 응집력 있는 실재로서 함께 다가온다. 여기에서 개인이 실재를 이해하고 스스로 적응하는 데 사용하는 지식이 '이론에 우선하는' 속성을 가진다는 버거의 지적은 강조될 필요가 있다. 지식에 대한 공식적인 이론 체계는 반드시 고려되어야 하지만, 전반적으로 이론적 지식이란 얼마 되지도 않으며 한 사회에서 사회적으로 축적된 지식의 가장 중요한 부분을 차지하는 것도 아니다. 이론에 우선하는 지식은 '일반적 지식'이며, 이는 보통 신화, 신념, 가치, 명언, 도덕 등 '단편적인 지혜'로 조직화되어, 일상생활의 간단한 법칙으로 나타난다. 이런 지식은 제도에 포함되어 있기 때문에, "제도화된 행위를 유발하는 동력을 구성한다(1966:65)." 그리고 이는 제도적인 활동영역과 그 안에서 발생가능한 상황의 범위를 결정하고 주어진 제도 내에서 수행될 역할유형을 만들어냄으로써, 그리고 이런 모든 행위를 통제함으로써 가능하다. 이 과정에서 일반적 지식은 몇몇 종류의 정체성들을 구성하기도 하는데 이는 개인이 자신과 타자를 보다 큰 사회세계에 위치시킬 수 있도록 한다. 버거에게 있어서 공유된 의미로서 지식은 사회의 근본적인 변증법의 중심이다. 그는 이를 다음과 같이 설명한다.

> 지식은 외재화가 객관적인 세계를 산출하는 경로를 '설계'한다. 이는 언어를 통해 이 세계를 객관화하고 또 언어에 근거해 인지적 장치들을 객관화한다. 즉, 지식은 세계를 실재로서 이해되어야 할 객체로 질서짓는다. 그리고 이는 사회화과정에서 객관적으로 타당한 사실로서 다시 내재화된다(1966:66).

일상생활의 실재와 관련이 있는 보다 형식적인 지식체계는 이론에 우선하는 지식의 범위를 벗어나 있다. 매우 실용적이며 구체적인 행동과 직접적인 관련을 맺고 있는 설명적인 도식(explanatory scheme)은 정교화된 이론의 다음 단계에 위치하며, 그 예로는 속담, 격언, 그리고 전통적 지혜를 들 수 있다. 이런 지식은 특정의 신화, 전설 등의 형태로 발전되고 전승될 수도 있다. 또한 지식은 제도로부터 자율성을 획득할 때 좀 더 고차원의 형식성에 도달하게 된다. 이론체계 중 가장 높은 단계는 버거가 상징세계(*symbolic universe*)라고 명명한 것으로, 이는 "의미의 서로 다른 영역을 통합하고 상징적 총체성의 제도적 질서를 포괄하는 이론적 전통의 본체"이다. 이 용어는 개념적으로는 종교에 대한 기능주의적 정의와 의미상 비슷하지만, 버거는 주의 깊게 상징세계와 특수한 현상으로서의 종교를 구분한다. 특히 종교는 신학적 체제 안에서 개념화될 때는 신화학, 철학, 과학과 같이, 수많은 대표적인 상징세계의 형태 중 한 가지일 뿐이다. 그러나 버거는 자신의 글에서 상징세계로서의 종교에 특별한 관심을 가지고 있다(cf. Baum, 1980; Cairns, 1974; Harvey, 1973; Hammond, 1969; Clanton, 1973).

버거는 종교를 신성함에 대한 신성한 질서체계(sacred cosmos)가 투사되어 있는, 인간적 견지에서 구성된 의미의 세계로 정의한다. 이 정의에서 중요한 것은, 어떤 경험적 대상에 존재한다고 믿는 신비하고 경외감을 불러일으키는 힘이라는 의미의 신성함이라는 용어이다(1978:26). 그리고 초자연적인 것은 신성함과 같은 것은 아니지만 이와 많은 관련을 가진다. 그리고 버거에게 있어서 초자연적인 것은 일상생활의 최고실재에 대비되는 한정된 의미의 영역이다. 이는 단순히 일상세계에 속해 있는 하나의 하위세계(sub-universe)가 아니라, 일상생활의 상식적인 실재 위로 불쑥 나타나기도 하고 심지어 어떤 경우에는 이를 덮어버리기까지 하는 하나의 세계이다. 신성함은 초자연적인 실재 안에 존재하지만, 이에 접근 가능하게 되는 것은 집합적인 상징화를 통해서이다. 그리고 이런 상징들은 당연히 상징세계나 일상생활세계를 뒤덮는 장막으로 제도화된다. 그러므로 종교는 인간의 세계를 만드는 행위의 최고단계를 나타낸다. "종교는 전 우주를 인간적 견지에서 중요한 의미를 가지는 것으로 인식하려는 대담한 시도이다(1967:28)."

다시 말하지만, 신학적인 공식하에서의 종교는 상징세계의 한 형태이다. 신화는 많은 종교적 가정을 신학적 모델과 공유하지만, 버거는 신화가 우주를 객관적인 실재로 가정하는 것에서 크게 벗어나지 못한다는 점에서 '유치한(naive)' 것이라고 본다. 또한 신화는 이론적 체계화의 정도가 약하다는 점에서 신학적 모델과 구별된다. 신화와는 달리 신학, 철학과 과학은 전문가들의 영역이며, 그렇기 때문에 대부분의 사람들이 공유하는 상식적 지식과는 더 많은 차이를 가지고 있다. 현대적인 표현을 빌리자면, 과학은 상징세계의 극단적인 세속화(secularization)를 극단적인 형태로 보여준다. 그러나 이상의 것들은 단지 버거가 제안한 이념형일 뿐이다. 역사적으로 보면, 말할 필요도 없이 상징세계는 이런 이념형들이 수정 또는 통합되면서 다양한 모습으로 나타난다.

상징세계는 한 사회에서 사회적으로 축적된 지식의 한 부분이다. 그리고 버거는 상징세계의 존재 자체보다는 일상생활의 실재가 최대한 안정적이고 의미적절하게 유지되도록 돕는 기능을 더 중요하다고 보았다.

3) 정당성의 문제

문화는 사회적으로 구성되고 또한 사회적으로 유지된다. 전반적으로, 문화의 사회적 유지에 대한 버거의 관심은 다음과 같은 조직적 차원의 문제들을 간과한다. 즉, 어떻게 사회적 행위자들의 행동을 특정한 사회적 목적과 부합시킬 것인가 또는 어떤 이유에서든 규범적 기대로부터 일탈한 사람들을 어떻게 다룰 것인가와 같은 문제들은 그의 관심 밖이다. 대신에, 그는 주관적으로 제도적인 배열을 그럴 듯하게 만들어 냄으로써 사회질서를 설명하고 정당화하는 일인 정당성이라는 인지적 차원의 문제에 관심을 집중한다. 이런 현상에 대한 그의 이론은 정치제도나 정치적 의제를 포함하기는 하지만, 여기에 국한되는 것은 아니다. 그는 가치 중립을 고수하며, 자신의 관점에서 정당한 것과 정당하지 않은 것에 근거해 어떤 규범적인 평가를 내리지 않았다. 따라서 그의 어법은 본질적으로 문화적이다.

버거는 정당성에 대한 이론에서 기본적으로 모든 지식은 정당화의 기능을 수행한다고 주장한다. 세계가 이미 존재하고 있는 구조 안에서 확인되는 한, 일상생활세계와 관련된 이론에 우선하는 지식은 그 자체로서 정당화의 시초가 된다. 그리고 다른 모든 정당성은 이런 토대에서 출현하며, 그 중에서도 상징세계는 그 정당화의 기능 때문에 특히 중요하다.

사회구조적으로 볼 때, 이는 동기부여와 제도적 지형이 이해가능한 의미 있는 세계 안에 위치해 있다는 것을 의미한다. 가령, 사회주의 국가는 모든 사람이 경제적, 정치적 평등과 정의를 누리는 유토피아적 '인간애를 주창'한다는 점에서 정당화된다. 정당성의 특별한 형태인 이데올로기는 이런 맥락에서 이해되어야 한다. 그의 이데올로기 개념은 이념의 체계로 정의되는 광의의 개념보다는 좁고, 정치적인 용어로 규정되는 협의의 개념보다는 넓은 특수한 것이다. 버거의 관점에서 이데올로기는 사회 각 부문의 기득권을 정당화하는 데 사용되는 일련의 이념이며(1963a:111), 많은 경우 실재는 이런 이해관계를 정당화시키기 위해 왜곡된다. 또한 이데올로기적 사고를 더 큰 상징세계에 융합하고자 하는 의도적인 노력이 존재한다. 이런 집합적인 차원에서 상징세계 역시 역사를 질서짓는다. 과거에 대한 설명과 미래의 예측을 통해 현재는 그 의의를 가지게 되며, 서구에서 이는 역사를 신학적인 도식에 위치시키는 것을 의미해왔다. 역사는 특정한 방향으로 그리고 어떤 특정한 정점을 향해 움직인다.

개인의 차원에서도 상징세계는 비슷한 역할을 한다. 예를 들어, 한 개인에게 부여된 다양한 역할이라든지 일상생활에서 우선순위의 문제 등의 경험은 결국에는 의미 있는 전체로 통합된다. 어떤 경우에도 가장 지배적인 욕구는 통합에 대한 것이다. 삶의 단계들 역시 성찰을 통해 자신이 '순리(nature of things)'에 따라 살고 있는지를 평가하도록 하는 그 사회 특유의 도식에 따라 배치된다. 개인의 정체성도 이런 방식으로 더 큰 의미세계의 맥락 속에 위치됨으로써 정당화된다(1966:98f). 개인은 현실세계에서의 경험들과 모순된다 하더라도, 우주적 실재에 바탕한 또 다른 '진정한 자아'가 지속적으로 유지된다는 것을 감지한다.

버거는 종교적 정당화를 가장 전형적인 예로 본다. 실증주의자나 마르크스주의자와는 달리 그는 종교가 역사적으로나 현재에 있어서나 부수적인 것이 아니라고 주장한다. 이는 종교가 사실상 모든 사회에서 사회세계에 강력한 정당화의 도구를 제공해오고 있다는 사실에 근거한다. 종교적 정당성은 사회의 질서를 신성한 우주의 포괄적인 질서로 해석하며, 이를 통해 인간적 요인은 초인간적인 실재가 되고 인간역사는 신성한 시간이라는 개념 속에 자리잡는다. 제도적으로 친족구조는 신을 포함한 모든 존재가 포함되어 있는 범우주적 가족개념에 의해, 그리고 인간의 성욕은 신의 창조라는 개념에 의해 정당화된다. 정치구조 역시 신들의 신성한 힘이라는 개념에 근거해 인간세계로 확장되고 사회의 정치적 권위는 신성한 권위의 표현으로 이해된다. 또한 각각의 제도에서의 구체적인 역할들은 같은 방식으로 위치되며, 정체성 역시 우주적 의미를 가지게 된다. 종교적 정당성의 또 다른 사회심리학적 차원은 신정론(theodicy)이다. 베버의 논점을 따라, 버거는 신정론이 지속적으로 인간의 존재를 위협하는 주변적이고 아노미적인 경험을 정당화하는 것으로 본다. 질병, 상해, 죽음은 거대한 우주적 역사 속의 사건이며, 그렇기 때문에 이 사건들은 결과적으로 어떤 궁극적인 의미를 가진 것으로 해석된다(1966:101). 일상생활에서 신정론은 의미 있는 타자의 죽음 후에도 개인이 생활을 지속할 수 있게 하고, 죽음에 대한 두려움으로 일상생활이 방해받지 않고 살아갈 수 있게 해준다.

물론 실제 상황에서 정당화는 상징세계의 다양하고 실질적인 개념화만큼이나 다양한 형태로 나타난다. 그 대표적인 예가 종교이며, 다른 유형의 상징세계 역시 어느 정도 차이는 있지만 정당화 기능을 수행한다. 일상생활의 실재인 문화는 사회적으로 축적된 지식, 특히 상징세계에 의해 상당 부분 유지된다. 그 중에서도 버거가 "세계를 지속시키는 개념적 장치의 적용"이라고 이름 붙인 치유(therapy)와 허무주의는 매우 큰 역할을 한다(1966:133f). 치유와 허무주의는 모두 상징세계에 원래 내재되어 있는 보편적 현상이다. 치유란 개인의 수준에서 그 세계의 정당화 기구를 적용한 것으로, 실제적이거나 잠재적 일탈자들을 제도적으로 정의된 현실의 한계 속에 머물도록 한다. 역사적 사례로는 푸닥거리, 정신분석, 목회상담 등이 있다. 반면에 허무주의는 '부정적인 정당성'으로 목적 자체는 치료와 동일하지만 사용하는 기술은 다르다. 허무주의는 지배적인 의미의 세계에 부합하지 않는 현상의 실재 자체를 부정하고 정당성을 상실하게 만든다. 이것은 보통 공식적으로 인정된 실재의 밖에 존재하는 모든 현상들에 대해 부정적이고 열등한 지위를 부여하는 것으로 표현된다.

문화의 지속성에 대한 모든 논의는 특정한 사회적 배경 속에서 문화가 유지된다는 사실을 전제로 한다. 일상생활의 실재란 객관적으로 다른 사람들과 공유되고 주관적으로는 의식에 의해 이해되는 것이기 때문에, 이런 실재들이 당연시되는 사회구조의 존재를 필요로 한다. 그리고 실재의 유지에 필요한 사회적 기초와 사회적 과정은 버거가 의미적절한 구조(*plausibility structure*)*라고 명명한 것이다. 비록 이 개념이 거시적 사회현상을 다룰 수 있고 또 실제로도 다루고는 있지만, 의미적절한 구조는 개인들이 의미 있는 타자들과 맺는 1차적 관계를 중심으로 조직된다. 원칙적으로 실재는 의미 있는 타자와의 상호작용을 통해 주관적으로 의미적절하게 유지된다. 「실재의 결합과 형성(Marriage and Construction of Reality)」(1964a)에서 버거가 재치 있게 설명하고 있듯이, 실재를 유지하는 매개체는 대화이다. 또한 상징세계의 실재를 매개하는 것도 바로 타인과의 대화이다. 실재에 대한 상이한 정의들이 상호경쟁하는 경우와 같이 이 대화가 방해받거나 손상될 때, 실재 그 자체는 자명한 진리로서의 위치를 상실하게 된다. 내부 결속력과 의미적절한 구조의 조직적 힘에 따라 각 개인 그리고 각 사회의 실재의 안정성과 일관성이 달라지는 것은 말할 필요도 없다.

그러나 다음의 사실을 상기해야 한다. 문화에 대한 이 '순수하게 이론적인' 연구의 놀라울 정도로 많은 부분은 문화 그 자체에 대한 이론이 아니다. 이는 사회학 일반의 지평을 넓히고자 하는, 좀 더 세부적으로는 지식사회학의 개념적 도구들을 재정의하고자 하는 맥락 속에서 나온 함축적 이론이다. 따라서 많은 문화영역들과 문화적 현상의 측면들에 대한 적절한 고찰이 이루어지지 않은 것은 놀라운 일이 아니다. 예를 들어 버거는 집단생활에 있어서의 종교적 의례, 의식의 위치와 이들이 개인들에게 의미하는 바를 다루지 않는다. 그리고 그가 사회·문화적 삶의 범위에 대한 사회과학적 연구에 대해 정통했음이 명백하지만, 그는 이 분야 중 그 어느 것에 대해서도 자신의 개념적 통찰들이 함축하는 바를 체계적으로 정리하려 하지 않는다(종교는 두드러지는 예외이다). 그가 자신의 관점을 사회계층, 결혼과 가족문제, 인종과 민족성, 일과 직업, 윤리와 도덕성, 일탈과 사회통제에 대한 이해에 훌륭하게 적용하기는 했지만, 아직까지 이들 각 주제에 대해서 그의 관점을 현재 연구와 결합시켜 보다 완전한 설명을 해

*이것은 지식사회학의 용어인데, 상징적 상호작용론자들의 용어인 준거집단(reference group)과 대강의 상응을 이룬다. 오경환(1990)은 이를 '설득력 구조'라고 번역하고, 이를 종교경험과 믿음이 계속 존재하기 위한 사회적 기반이라고 설명하고 있다. 오경환, 『종교사회학』, 서광사, 1990, 56쪽.

야 할 여지를 남겨놓은 것은 확실하다. 그러나 버거 연구의 중요성은 연구의 대상이 되는 현상을 인간적 현상으로 인식하는 방법으로, 문화의 중요한 분야들을 모두 독특하게 맥락화하는 개념적 도구들에 있다. 이는 동시에 연구의 대상이 되는 현상들을 엄밀한 경험적 연구의 대상이 될 수 있게 한다. 따라서 사실상 이 이론적 연구 안에는 사회·문화적 현상의 범위를 이론적으로 정교화하고 또한 경험적으로 적용시켜야 한다는 것이 암묵적으로 자리잡고 있는 것이다. 그렇기 때문에 다른 모든 과학적 이론과 마찬가지로, 경험적으로 적용시키는 데 적합하기 위해 엄격한 경험적 입증과 반증의 대상이 되어야 한다. 그러나 아쉽게도 버거는 이를 위해서는 거의 아무런 노력을 기울이지 않았다.

버거의 문화분석은 다른 많은 점에서도 그 중요성을 가지지만, 여기에서는 한 가지만을 언급하고자 한다. 그 한 가지는 그의 접근방식의 실질적인 내용이다. 간단히 말해 미국사회심리학(특히 역할이론·상징적 상호작용론)의 큰 약점중의 하나는 거시와 미시사회세계를 연결하기 위해 필요한 사회구조를 고려할 수 있는 능력을 가지고 있지 않다는 것이었다. 버거는 이런 약점을 메워주고 실제로 미시와 거시의 두 영역 사이를 연결하는 하부구조를 세웠다고 평가할 수 있다. 이는 그의 제도이론과 변증법적인 사회심리학의 일반적인 종합에 의해 이루어졌다. 그리고 여기에서는 제도적으로 위치되고, 의미 있는 타자에 의해 사회적으로 주어지고, 주관적으로 의식 안에서 전유되는 역할이 핵심 연결고리이다. 또한 사회적으로 정의되고 객관화되지만 주관적으로 내재화되는 지식은 핵심 메커니즘이다. 이 종합에서 간주관적 의미, 1차적 관계, 역할, 정체성, 제도, 사회구조와 상징세계의 상호관련성은 확실하게 확립된다. 이를 통해 사회과학자들은 무엇보다도 문화의 다양한 차원을 사회적 사실과 간주관적인 의미로 동시에 이해할 수 있게 된다. 여기서 사회심리학적인 실재와 미시사회학적 현상이 특정 사회구조의 맥락 속에 적절하게 위치된다. 그렇다고 해서 사회구조가 이를 애초에 구성하고 유지하게 한 사회적 과정으로부터 분리된 정적이고 활기 없는 형태로 구체화되는 것은 아니다. 버거가 이 저작을 출판했던 당시의 사회이론의 상황을 볼 때 이것은 작은 업적이 아니었다. 많은 사람들이 인식하지 못하는 방식으로 이론사회학은 항상 변해왔다.

일찍이 관찰된 바와 같이 이 변증법적 접근은 사회의미론자(베버주의자)와 사회사실론자(뒤르켐주의자)라는 사회학에서의 두 가지 주요한 패러다임을 연결하려는 효과적인 시도였다. 다른 사람들도 이와 같은 작업을 시도했으나 버거와 같은 성공을 거두지는 못했다. 비록 버거가 베버적 전통과 현상학적 전통으로 기울어져 있음이 명확하지만, 그의 노력은 두 패러다임 사이의 조화를 이루려는 아마도 가장 전도유망한 시도로 남아 있다.

3. 문화와 사회변동

고전사회이론으로부터 그 방향성과 영감을 부여받았음에도 불구하고, 버거는 문화와 사회변동의 관계를 독특한 지식사회학적 시각에서 바라본다. 그의 주된 관심은 근대화가 인간의식에 미치는 영향이다. 이런 영향들은 일상생활과, 시간과 순간의 경험, 자아의 형성과 경험, 의미의 상징세계(특히 종교)에 대한 해석, 그리고 정치적 실재의 본질에 대한 광범위하고 영향력 있는 가정들이다. 버거는 특유의 포괄적이고 종합적인 방식으로 이 모든 분야를 다룬다.

많은 학자들 중에서 버거의 관심사에 가장 큰 영향을 준 사람은 베버이다. 베버와 마찬가지로 그는 근대화의 토대를 합리성, 그 중에서도 특히 사회의 정치·경제 조직에서 구체화된 합리성으로 본다. 이 점에서 버거는 근대 제도들의 특성을 완전히 근대자본주의의 특성으로 환원해 설명하는 마르크스주의적 이론과는 뚜렷이 구별된다. 버거에게 있어 기능적 합리성은 근대사회에서 결정적인 변수이기는 하지만, 사회에서 자연적으로 발생하고 확산되는 것은 아니다. 근대화가 발생하고, 진화하며, 그리고 전파되는 데 있어서 가장 중요한 것은 합리화되고 기술화된 경제와 관련 제도이다. 그리고 근대화의 내부 동학에서 중요한 것은 사회의 합리화된 정치제도, 그 중에서도 특히 근대관료국가이다. 버거는 베버의 용어를 차용하면서 이것들을 근대화의 1차적 수행자라고 부른다. 간단히 말해, 버거는 근대화를 "기술적으로 유도된 경제적 성장의 제도적인 부산물"이라고 정의한다(1973:9). 이는 완전히 근대화된 사회는 없으며 "다만 근대화의 연속선상에서 좀 더 혹은 덜 진전된 사회들만이" 있다는 것을 뜻한다. 버거의 이론에서 두드러지는 근대라는 용어는 한 사회의 역사적인 시기인 동시에, 과학기술의 발달에 근거한 경제성장의 상징적이고 제도적인 배치라는 특징을 지닌 문화적 세계이다.

근대문화에 대한 버거의 이론에서 근대도시의 사회·문화적 다원주의(pluralism)는 근대화의 2차적 수행자 중에서 가장 대표적인 것이다. 버거의 논의에서 다원주의는 비록 기술이나 관료제보다 2차적이고 게다가 이들과는 거리가 있는 결과임에도 불구하고, 그 자체로서 주목할 만한 자율성을 확보한다. 따라서 기술경제와 관료제의 결과에만 관심을 가진 다른 많은 학자들과 달리, 버거는 이 두 가지가 다원주의적 근대세계의 일상생활에 미친 막대한 영향을 밝히고자 한 거의 유일한 학자로 인정받는다(Hammond, 1969).

1) 근대문화의 특징

기술과 관료제 그리고 다원주의는 근대성을 대표하는 제도적 특징이다. 버거는 이 세 가지 모두가 인간 의식에 특징적인 영향을 미친다고 말한다. 보다 정확하게 말하자면, 이들은 각각 어떤 필연적인 결과를 의식의 수준에서 초래한다. 그렇기 때문에 이를 통해 우리는 근대적 의식, 그리고 근대성의 상징세계를 알 수 있다. 베버주의적 시각에서, 버거는 기술생산이 서구에서 산업자본주의에 의해 최초로 시행되기는 했으나 이런 경제구조는 현재 다른 많은 가능성 중의 하나라고 주장한다. 근대성의 세계관의 많은 핵심적인 요소들은 기술로부터 유래한다. 실재의 구조를 구성요소와 결과로 나누는 가분성, 이런 구성요소(사람, 물질적 객체, 문화적 객체 등)의 복합관계성, (사회경험과 정체성을 포함하는) 생활의 문제를 해결하고 수정하고자 하는 태도, 그리고 일상생활의 사건과 행위에서의 진보에 대한 지향성이 이런 요소들에 포함된다. 그리고 이는 전체적으로 삶에 대한 "공학적 심성(engineering mentality)"을 조성하고 촉진한다(1973:112). 버거는 이런 인지적 지향성이 기술적 생산과 어떤 형태의 계약으로부터 유래하며, 개인이 정치를 보는 방식, 자녀 교육을 열의를 가지고 추구하는 방식, 취미

생활을 갖는 방식, 그리고 심리학적 문제를 해결하는 방식을 포함한 개인의 삶의 다른 부분으로 이전되기도 한다고 말한다.

관료제는 근대사회의 많은 제도들 그 중에서도 특히 근대국가에 의해 수행되며, 근대성의 세계관에 특징적인 성격들을 부여한다. 여기에는 사회는 하나의 체계로서 조직되고 관리될 수 있다든지, 일상생활의 사건들을 규칙적이고 예측가능한 방식으로 일어날 수 있게 하는 분류적인 구조로 경험의 다양한 요소들이 질서화될 수 있다든지, 인간의 권리가 관료제적으로 인식가능한 권리와 연관된다든지 하는 인식들이 포함된다. 기술생산과 마찬가지로, 이런 성향들은 개인들이 관료제적 구조와 직면하는 다양한 기회들을 통해 만들어지지만, 결과적으로 세계에 대한 전반적인 인식으로 연결된다.

기본적인 기능적 합리성은 기술적 생산과 관료조직의 근간을 이루고 있으며, 이 역시 경험의 전체와 연결된다. 이것은 세계를 지식화한다기보다는 "이성적인 통제를 물질적 세계와 사회적 관계, 그리고 더 나아가서는 자아에 이르기까지 강제"하는 것이다(1973:202). 기능적 합리성의 흥미로운 측면은 시간관념(time-consciousness)의 합리화에 있다. 버거는 근대적 형태의 기술과 관료제 둘 다 "정확하고, 고도로 계량화가 가능하고, 보편적으로 적용할 수 있으며 ……과거, 현재, 미래를 같은 범주 안에 묶을 수 있는(1973:149)" 시간적 구조를 전제로 한다고 말한다. 이것은 대다수의 전통적 사회의 시간형태와는 완전히 다른 것이다. 근대 서구의 시간개념은 자연적 현상의 반복적 리듬에 의해서 정의되는 대부분의 전통사회의 전형적인 시간적 구조와는 대비된다.

다원주의는 근대사회에서 여러 가지 방식으로 나타난다. 이중 가장 중요한 형태는 사회·문화적 다원주의이다. 이는 종종 다른 특성을 띠는 가치, 도덕성, 믿음체계가 공존할 수밖에 없는 상징세계의 다원론을 말한다. 이런 종류의 다원주의는 역사적으로는 도시화와 함께 진행돼왔지만, 현재는 매스미디어와 공교육에 의해서도 이루어진다. 객관적 다원주의는 다원화된 생활세계에서의 주관적인 의식에 상응한다. 역사상 대부분의 기간 동안 개인은 어느 정도 일치되고 통합된 일상생활세계를 경험해왔다. 그러나 근대세계에서 개개인들은 일상생활에서 각기 다르고 때로는 모순되기도 하는 의미와 경험의 세계들이 대립하는 영역들을 가지게 되었다. 근대사회에서 사람들이 살아가는 생활세계는 고도로 파편화되고, 다원화되어 있는 것이 보통이다. 의식의 수준에서 개인은 자신과 다른 가치와 믿음을 가지고 있는 사람들이 존재한다는 것을 인식하며, 이는 일반적으로 개인의 믿음과 가치에 당연하게 부여되었던 위상을 약화시킨다.

그 외에도 사회구조적 배치와 사회구조적 과정이라는 근대적인 삶의 두 가지 차원이 버거의 근대문화이론에서 비중 있게 다루어지고 있다. 각각의 측면들은 근대적 경험의 특정 차원에 중요한 영향을 미치며, 근대성의 구조적 배경을 구성한다.

현대 독일학자들(하버마스 등)의 주류와 마찬가지로 버거는 근대세계의 사회구조에는 공적 영역(public sphere)과 사적 영역 사이에 막연하기는 하지만 분명한 균열이 있다고 주장한다. 공적 영역은 정부, 법, 사업, 상업, 노동, 의료, 교육, 상호소통, 군대, 그리고 종교 등의 인간행위의 영역들을 조직하는 관료제에 의해 통제된다. 이런 거대구조(*megastructures*)는 인간행위 영역의 대부분을 지배하지만, 그렇다고 해서 전부를 지배하는 것은 아니다. 독일학자들이 사적 영역, 또는 친밀성의 영역이라고 부르는 영역이 아직 남아 있기 때문이다. 이런 사적 영역은 원칙적으로 가족, 자발적 결사체, 그리고 다양한 규모의 1차적 사회관계망을 중심으로 나타나는 행위에 의해 구성된다. 근대사회의 개인은 인식하는 정도는 다를지라도 행위영역이 이원화되어 있다는 것을 알고 있으며, 일상생활에서 이 영역들을 넘나든다. 이 영역들 사이의 균열은 일터와 가정의 차이로 가장 잘 이해될 수 있다. 사실상 우리는 직업뿐만 아니라 다른 많은 것들을 통해서도 공적 영역을 접하게 된다. 우리는 세금납부자, 시민, 소비자 등등의 다양한 역할을 가지고 이 영역과 관련을 맺는다. 따라서 공적 영역에 고용되어 있지 않은 사람을 포함한 모든 사람들은 자신들의 역할만큼이나 다양한 방법으로 공적 영역에 대면한다.

근대적 삶에서의 공·사의 이분법적 분리는 근대화를 동반하는 제도적 구조에 있어서의 규모의 증대와 전문화의 조합으로부터 나타난다. 그러나 버거는 공적, 사적 영역을 분리하는 경계가 불명확하다고 경고한다. 앞에서 언급한 공적 영역에서 통용되는 합리성의 일상생활로의 전이라든지,

자녀 돌보기, 가족 생계유지 등의 가족생활에 대한 국가의 통제력 증가 등은 좋은 예라고 할 수 있다. 이를 통해 버거는 공·사 영역의 이분법적 분리가 근대적 삶에 많은 중요한 영향을 끼치는 것은 사실이지만, 이 영향력들은 구조적 과정과 상호작용하는 것으로 봤을 때 가장 잘 이해될 수 있다고 지적한다.

탈제도화(*deinstitutionalization*)란 겔렌의 개념이지만, 이는 버거가 독창적으로 받아들인 겔렌의 제도이론이라는 맥락 안에서만 정확하게 이해될 수 있다. 즉, 만약 제도가 세계를 이해하는 전반적인 감각은 물론 행위와 사회적 관계에 있어 명확하게 규정된 경로들에 대한 기반을 제공함으로써 생물학적으로 인간이 결여하고 있는 것을 보완하는 인간의 구성물이라면, 탈제도화는 이런 기반이 서서히 사라지는 과정이다. 사회생활에서의 담론의 규칙이라든지, 타인의 행동에 대한 기대, 그리고 자신의 행위에 대한 안정된 길잡이들이 모두 사라지기 시작한다. 일상생활에서 공식적으로 당연하게 여겼던 것은 이제 개인 앞에 놓여진 일련의 선택들로 다가온다. 이 과정의 결과로 일상생활의 망들은 느슨해지기 시작한다. 버거와 겔렌은 근대화를 점증하는 탈제도화의 경향으로 특징짓는다.

버거는 탈제도화과정이 근대사회 내에서 동일하게 일어나는 것이 아님을 분명히 한다. 그리고 이는 좀 전에 언급한 공·사 영역의 균열과 긴밀하게 관련되어 있다. 사실상 공적 영역의 거대구조는 개개인들에게 종종 추상적이고, 지나치게 합리적이면서 비인격적인 경험으로 다가오는 이해할 수 없지만 고도로 강제성을 띠는 구조이다. 이런 측면에서 봤을 때 공적 영역의 거대구조들은 과도하게 제도화되었다고도 할 수 있으며, 좀 더 구체적으로 말하자면 '소외적인' 것들이다. 그렇다면 탈제도화는 공적 영역의 문제가 아니라 사적 영역의 문제이다. 그리고 버거가 보여주듯이 대부분의 사적 영역들은 그 정도는 다르지만 이미 어느 정도 탈제도화가 이루어져 있다. 그 대표적인 예는 구혼과 결혼, 자녀양육의 패턴, 성욕의 개념, 일상적 사회관계와 담론의 의례, 취미활동 등이다. 다시 한번 버거의 표현을 빌리자면, 사적 영역의 모든 제도들은 모두 '덜 제도화되어(under-institutionalized)' 있다.

근대성의 상황은 이런 것이다. 즉, 구조적으로나 본질적으로 근대화는 문명화의 양상을 혁신적으로 변화시키는 과정을 말하며, 이는 근대화에 직면하는 세계의 여러 부분들에서 지속적으로 진행된다. 이런 지적 전통의 다른 여러 학자들과는 달리, 버거는 이런 이념형적 과정들이 역사적으로 이 과정이 발생되거나 전파된 문화에 따라 여러 가지 방식으로 나타난다는 사실을 명확히 하고자 한다. 셀 수 없을 정도로 많은 변이들이 존재할 수 있고 또 존재하고 있다. 그러나 사회구조와 문화에 부과된 근대화의 속박은 계속된다. 제도나 상징, 그리고 상징세계와 의식 등의 다양한 형태로서의 문화는 혁신적으로 변형된다.

2) 종교의 특수 사례

지금까지 논의 된 버거의 이론 중에서 좀더 주의 깊게 살펴보아야 할 부분은 특히 고도로 근대화된 단계에서 나타나는, 의미의 탈제도화라고 할 수 있다. 비록 직접적으로 언급한 것은 아니지만 버거는 탈제도화가 다양한 근대화의 구체적인 과정들의 수렴에 의해 이루어진다고 본다. 그리고 공적, 사적 영역 고유의 특징이라고 할 수 있는 다원주의야말로 이런 탈제도화를 가져오는 가장 중요한 요인이다. 다원주의는 공적 영역에서는 서로 분리된 각기 다른 제도적 세계로 그리고 사적 영역에서는 사회·문화적 다원주의로 나타난다. 이런 두 영역의 다원주의는 실제로는 비슷한 세계를 서로 다르게 때로는 상반되게 해석하도록 하며, 시간이 지나면서 점차적으로 각각 상대의 규범에 근거한 주장들을 약화시킨다. 어떤 의미나 관련성 체계도 다른 체계가 존재한다는 것 자체만으로 그 사회적 토대가 손상된다. 다양한 의미적절한 구조들은, 그것들이 보다 큰 사회세계 안에서 병존하고 또 개인의 삶에서 교차되기 때문에, 서로 경쟁상태에 있게 된다. 이와 비슷한 이유로, 사회이동과 이성(rationality) 역시 의미의 탈제도화에 기여한다(1964a). 요컨대, 이런 구체적인 과정 속에서 탈제도화가 일어나며, 당연하게 여겨왔던 일상생활의 확실성 역시 손상된다. 이전에 인간조건을 가능하게 만들었던 실재의 정의는 상당한 정도로 약해진다. 이는 모든 상징세계에서도 마찬가지이지만 특히 종교적 세계관에 있어서 심각한 문제들을 야기한다.

근대성과 종교의 관계에 대한 대부분의 논의는 주로 사회구조적 수준에 초점을 맞추고 있고, 버거도 대체로 이들의 결론에 동의한다. 즉, 서구에서 종교적 권위와 상징은 제도상의 여러 영역들을 넘나들어왔으며, 사적 영역이 그 마지막 보루가 되었다. 이런 현상은 사회과학의 전통적인 용어로는 사회구조의 세속화이며, 버거와 루크만에 따르면 '종교의 사사화(私事化, privatization of religion)'이다. 버거는 이런 현상이 종교적 전통의 '탈독점화(demonopolization)'와, 결과적으로 종교적 다원주의를 초래하며, 더 나아가 종교적 제도가 서로 경쟁을 해야 하는 시장상황을 만든다고 본다. "과거에는 권위적으로 부과될 수 있었던 종교적 전통이, 지금은 더 이상 '사도록' 강요받지 않는 고객에게 ……상품처럼 '팔리는' 상황에 처한 것이다(1967:138)." 버거는 세계교회주의가 바로 이에 대한 대응이며, 이것은 경제적 카르텔화 — "합병을 통해 경쟁업체의 수를 줄이고, 남아 있는 대기업체들이 시장을 나눔으로써" 시장경쟁을 합리화시키는 것 — 와 다르지 않다고 주장한다(1963a:87). 버거는 종교적 세속화를 사회구조적인 수준에서 접근하기보다는 의식과 세계관의 수준에서 논의한다.

버거는 세속화를 "사회와 문화 분야들이 종교적 제도와 상징들의 지배로부터 분리되는 과정"으로 정의내리며(1967:107), 근대성의 고유한 특징으로 간주한다. 문화와 관련된 좁은 의미의 세속화는 예술, 철학, 문학에서 종교적인 내용이 쇠퇴하고, 세계에 대한 자율적이고 자연주의적인 견해로서의 과학이 증가하는 것으로 나타난다. 종교적 믿음에 대한 의미적절한 구조는 사적 영역 내의 '고립된 특정 부분(enclaves)'으로 축소되었다. 따라서, 종교적 개념과 상징들은 오직 그 특정 영역에서만 의미적절하게 나타나고 사적 영역에서조차도 지속되지 않는다. 바로 여기서 근대문화에서 보다 큰 '의미의 위기'의 하위개념으로서의 '신앙의 위기'가 일어나게 된다. 개인에게 의미적절한 대안적 선택이 주어지면 신앙은 다른 모든 것들처럼 선택의 문제 혹은 '소비자선호'의 문제가 된다. 이런 수준에서 세속화는 개개인들이 "종교적 해석에 근거하지 않고" 세계와 그들의 삶을 바라보는 것을 의미한다(1967:108).

그러나 이런 세속화가 유대교-기독교 전통을 토대로 한다는 것은 아이러니이다. 버거는 "'세계의 탈신비화'가 구약성서에서" 시작해, 기독교의 출현과 종교개혁 등을 통해 진행돼왔다고 주장한다. 세속화가 프로테스탄트주의와 역사적으로 연관되어 있다는 베버주의적 명제에 동의하는 것이 일반적인 학계의 의견이었다면, 버거는 그 역사적 연관성을 보다 심층적으로 "현존하는 가장 오래된 고대 유대 종교의 기록"에서 찾고 있다 (1967:113). 이런 전통에서 비롯된 종교의 발달은 근대 세속화된 세계의 형성의 원인이 된다. 이런 이유에서, 버거는 "기독교는 스스로 자신의 무덤을 파왔다"라고 말한다(1967:129).

의미적절함에 대한 문제는 동시에 정당성의 문제이다. 종교개혁 이후 기독교 교회의 역사에 있어서 기독교의 정당성은 끊임없는 공격을 받아왔다. 그 중에서도 교리보다는 개인의 신앙심을 강조하는 경건주의라든지, 계몽주의적 합리주의와 이와 연관된 신교적 자유주의, 그리고 제1차세계대전의 공포야말로 기독교의 정당성을 위협하는 대표적인 것들이었다. 슐라이어마허(Friedrich Ernst Daniel Schleiermacher)이래로 신학은 이런 상황에 대처하기 위한 노력을 해왔으며, 이는 주로 근대적인 정신을 상당부분 받아들이는 "인지적인 홍정"으로 나타났다(1967). 또한 가톨릭과 유대교 역시 유사한 변화를 경험했다(1977b).

문제는 종교의 제도적인 정당성이 아니라 사회의 다른 영역들을 정당화시킬 수 있는 종교의 역량에 있어서의 문제이다. 역사적으로 종교적 상징과 권위는 사회적 배치라든지 제도의 가장 효과적인 정당성의 근거가 돼왔으며, 종교가 사적 영역화 되고 난 후에도 여전히 보다 큰 제도적 질서를 정당화할 수 있는 역량을 가지고 있다. 그러나, 종교가 가지는 우주관에 기반한 전체 사회에 대한 '신성한 장막'으로서의 효과는 크게 감소된다. 버거는 실재의 파편화된 정의들을 상징적 총체로 통합하는 '집단적 의식' 혹은 상징세계에 대한 사회적 필요성을 인정한다는 점에서 뒤르켕주의 전통에 속하는 것으로 보인다(1973:109). 이런 맥락에서, 버거는 세속주의를 "(미국의) 의사종교"라고 말한다(1979a). 그러나 종교적 상징세계와 비교해서 "근대사회의 상징세계는 느슨하게 조립되고 현실에 대해 안정적인 정의를 내리는 것과는 거리가 있다(1963a:109)."

대부분 사회과학적인 공동체에 의해 크게 간과되는 사회심리학적 수준에서의 정당성의 문제, 즉 신정론의 문제에 대해 버거는 관심을 가졌다.

> 근대사회는 종교적 신정론의 의미적절함을 위협해왔지만, 그렇다고 해서 신정론을 요구하는 경험들을 제거한 것은 아니다. 인간은 계속적으로 질병과 죽음에 의해 고통받아왔고, 사회적 불공정과 박탈을 경험해왔다. 그리고 근대의 다양한 세속적 신조와 이데올로기들은 만족할 만한 신정론을 제공하는 데 실패했다 (1973a:185).

『신성한 장막』에서 버거는 세속화를 서구의 사례로부터 기인한 것으로 보고 있다. 결코 명백하게 언급하지는 않았지만, 세속화의 이미지는 근대화의 확산과 증대에 상응하는 보편적이고 역사적으로 필연적인 과정으로 그려지고 있다. 버거는 이런 견해를 다소 수정한 것으로 보인다. 어느 포럼에서 그는 세속화가 "종교적인 경험 자체의 상실이나 감소를 가져온 것인지, 혹은 단지 공식적인 관점에서 이런 경험의 정당성을 상실하게 한 것인지"라는 질문을 제기했다(1978:36). 버거는 세속화가 종교적 신념과 의식이 모두 사라지는 것을 의미하지 않는다고 인정한다. 심지어 세속화가 충분히 진행된 상황에서도, 강력한 종교적 충동은 존재한다. 그는 근대성조차도 일시적인 종교적 부활에 호의적인 조건들을 창출할 수 있다고 가정한다. 예를 들어, 세속화는 다양한 수준에서 일어나는데, (버거의 주요 관심사인) 의식의 수준에서는 대다수의 사람들의 실재에 대한 종교적 인식은 거의 변화하지 않는다. 그리고 이는 세속적인 세계관이 사회의 공식적인 엘리트에 의해 확립될 경우에는 더욱 그러하다. 그렇지만 이 시점에서 벌써 종교적 상징과 권위는 정당성을 상실하기 시작하며 점차적으로 제도의 세속화는 사실로 확립되어간다.

3) 근대성과 자아

근대문화는 역사적으로 독특한 현상이며, 개인과 사회 전체에 미치는 그 영향력은 엄청나다. 그리고, 버거의 관점에서는 근대사회의 일상생활은 그 본질과 형태에서 근대화를 겪지 않은 사회들과 매우 다르다. 그렇기 때문에 개인과 그들의 세계관이라는 측면에서는 이는 위기상황으로 나타나며, 특히 자아의 경험에서 강하게 다가온다.

버거는 자아를 자신이 창조한 사회적 산물로 본다. 자아는 인간구성물이기 때문에 매우 유동적이며 그것이 위치한 다양한 제도적 장치들에 크게 영향을 받는다. 그래서 근대성은 자아에 매우 구체적인 영향을 미친다. 개인은 삶의 다른 영역에서 자신이 인식되는 방식으로 스스로를 경험한다. 공적 영역에서 정체성은 익명성이나 비인격성의 경향을 띠고, 사적 영역에서 정체성은 개인적인 의미나 행위에 근거한다. 이런 맥락에서 '노동자'라는 역할과 관련된 자아정체성은 개인이나 가족구성원으로서의 정체성보다 '덜 현실적'으로 경험될 수 있다. 기능적 합리성의 측면에서 개인정체성과 심리적인 난관들은 해결해야 할 문제로 다루어진다. 그리고 개인정체성에 미치는 근대성의 영향력이야말로 역사적이고 비교문화적인 관점에서 훨씬 더 근본적이라는 버거의 관점은 충분히 언급할 가치가 있다.

근대적 상황에서 탈제도화된 세계관의 다양한 측면들 중, 정체성은 좀 더 중요하게 다루어질 수 있다. 트릴링(Lionel Trilling)의 『정직성과 확실성(*Sincerity and Authenticity*)』(1973)에 대한 논평에서, 버거는 근대 이전 사회는 전형적으로 자아와 사회 사이에 그리고 주관적으로 경험되는 정체성과 제도적으로 부여된 정체성간에 상당한 정도의 대칭성을 가지고 있었다고 지적한다. 대부분 인간의 역사에서, 인간의 정체성은 그들이 하는 일과 직접적으로 연관돼왔다. 보다 구체적으로 말하자면, 오랫동안 노동은 생계의 근원일 뿐 아니라 자아정체성 형성의 바탕이었다. 게다가 근대 이전 대부분의 상황에서, 직업을 포함한 일상의 활동은 신화학적 혹은 종교적 상징들에 의해 직접적 혹은 간접적으로 정당화되었다. 대부분 정체성은 어떤 사람이 그의 아버지가 하는 일을 하고 또 아버지와 같은 방식으로 세대간에 연속적으로 계승되었다. 그렇다고, 이것이 사람들이 그들의 삶의 위치에 대해 항상 행복해했다는 것을 의미하지는 않는다. 그보다는 오히려, 사물이 존재하는 섭리로 당연히 받아들여지는 확고하고 안정적인 정체성을 가졌다는 것을 의미한다.

버거는 안정적인 정체성은 오직 안정된 사회적 상황하에서만 나타날 수 있다고 주장한다. 사적 영역의 태생적 불안정성 때문에, 그 안에서 사람들이 정의되고 또 스스로를 정의하는 방식은 불안정할 수밖에 없다. 『고향 잃은 마음』에서, 버거는 근대적 정체성의 네 가지 특징들을 다음과 같이 정의한다. 첫째, 근대의 정체성은, 비교적 생활세계가 일관성을 가지고 구조화되었던 근대 이전의 사회와는 대조적으로, 근대의 사회세계가 다원화되어 있기 때문에 상대적으로 분화되어 있다. 근대사회세계의 분절적인 실재들이 통합되기 어렵듯이, 이런 제도적 영역으로부터 나온 분절된 정체성도 그러하다. 또한 근대적 정체성은 비교적 개방되어 있다. 영구적인 속성을 가진 정체성들이 존재하는 반면, 그렇지 않은 정체성들도 존재한다. 예를 들어, 이전에는 혈족에 묶여 있던 직업은 이제 탈제도화되었다. 근대의 개인은 '자신이 되고 싶은 사람'이라는 광범위한 가능성 중에서 선택을 해야 했다. 따라서 개인은 자신의 정체성을 계획할 수 있을 뿐만 아니라 전 생애를 통해 수많은 정체성들을 가질 수 있다. 버거가 언급하듯이 "이런 개방된 근대적 정체성은 심리학적 긴장을 유발하며 특히 타자들이 자신을 어떻게 정의하는지에 따라 쉽게 영향을 받는다(1973:77)." 동시에 근대적 상황에서 정체성은 유달리 성찰적이다. 여기에서 버거는 겔렌의 연구를 다시 한번 빌려오면서, 탈제도화의 당연한 결과는 주관화의 과정이라고 말한다. 일상생활의 기본 가정들이 설득력을 잃고 더 이상 당연시되지 않을 때, 행동이라든지 관계, 도덕성과 같은 것은 선택의 영역이 된다. 개인들은 자신이 새로이 발견한 선택을 탐구하고 고려하고 성찰하기 위해서 자신들의 내부의 주관적인 것으로 반드시 눈을 돌려야 한다. 따라서 주관화는 내부로 향하는 과정이며, 정체성 그 자체는 신중하게 주의를 기울여야 하는 대상이 된다. 주관성은 이전에 생각할 수도 없었던 만큼의 깊이를 획득함으로써 복잡해지고 흥미로워진다. 근대적 정체성의 마지막 특징은 매우 개인화된다는 것이다. 이런 상황에서, 개인의 주관성이 현실의 기준이 되고 가치의 위계상에서 중요한 위치를 차지한다고 버거는 주장한다. "개인의 자유, 개인의 자율성 그리고 개인의 권리는 근본적인 중요성을 가진 도덕적 의무로 당연시되게 되었고, 이런 개인의 권리 중에서 가장 중요한 것은 가능한 자유롭게 자신의 삶을 계획하고 그 방식을 정하는 권리이다(1979a:79)."

전근대와 근대적 상황에서 정체성의 문제는 다른 용어로도 설명될 수 있다. (특히 서구에서) 전근대사회에서 근대사회로의 이행은 정체성의 개념에 있어 명예에서 존엄으로의 수평적인 전환을 의미한다(1970). 버거는 명예가 사회적으로 우월한 사람들과 열등한 사람들 간의 경계를 유지하는 기능을 하는 신분(status)을 직접적으로 표현한 것이라고 주장한다. 또한 명예는 다양한 사회관계에 있어서의 행동과 태도에 대한 기준이나 양식을 의미한다. 반면에 존엄은 사회적으로 강요된 모든 역할이나 규범에서 초월한 내재적인 인간성과 관계된 것이다. "인종, 종교, 피부색, 성 등에 관계없이 모든 사람들이 본질적인 존엄을 공유한다." 두 개념은 전통사회에서 근대사회로의 이행의 핵심이 무엇인지를 함축한다. 즉 "명예라는 개념은 정체성이 본질적으로 혹은 적어도 제도적 역할에 중요하게 연관되어 있는 것을 함축하는 반면, 이와는 반대로 근대에서 존엄의 개념은 정체성이 본질적으로 제도적 역할로부터 독립적이라는 것을 암시한다(1973:90)." 버거가 보기에 순결과 같은 명예는 진부한 것이 되었다. "명예와 순결은 기껏해야 장교나 노인과 같은 시대에 뒤진 계급의 의식 속에 있는 사상적 잔여물로 여겨진다(p.83)." 즉, 정체성이 공식적으로 근거를 둔 안정된 제도적 구조들이 분열되면서 자연스럽게 명예는 무의미하게 된다. 이 시점에서 (적어도 서구에서는) 정체성은 고유한 존엄의 측면에서, 제도적인 역할로부터 분리되고 때로는 이에 반하는 것으로 정의된다. 따라서 제도는 더 이상 자아가 놓여지는 장소가 아니며, 오히려 자아를 왜곡하고 소외시키는 실재가 된다.

하지만 자유는 그것에 따른 비용을 수반한다. 사회구조에 확고하게 뿌리박고 있지 못한 정체성과, 종교의 신성성이라는 보호막으로 분리되고 또한 약화된 의미적절함의 구조에 의해 손상받은 세계관, 그리고 거대하고 소외적인 사회구조 모두는 '근대성의 위기'를 구성한다. 사르트르, 카뮈(Albert Camus), 리스먼(David Riesman), 트릴링 그리고 그 외의 학자들의 사상에 동의하면서, 버거는 근대인이 "'고향을 잃은 상실감(homelessness)'의 점점 더 심각해지는 상태로 인해서" 고통받고 있다고 주장한다.

> 사회와 자아의 경험에 있어서의 유동적인 특성은 '고향(home)'에 대한 형이상학적인 상실로 규정될 수 있다. 이는 말할 필요도 없이 심리적으로 매우 견디기 어려운 상황이다. 그러므로 그것은 향수병 – 사회 속에서, 또한 궁극적으로 우주 속에서 '고향에 머무르는 듯한' 편안한 상태를 갈망하는 – 을 생기게 한다(1973:82).

4) 근대성의 한계

버거는 근대성이 인간생애와 삶의 질에 가져온 많은 이점들을 결코 도외시하지 않는다. 대다수의 근대문화분석학자들과는 대조적으로, 그는 근대성을 적극적으로 찬양했다. 그러나 낙관주의자를 제외한 대부분의 사람들은 근대성으로 인해 실질적인 '불만(discontents)'을 가지게 되며, 이런 불만들의 총체는 고향을 잃은 마음이라는 형이상학적인 개념으로 정리될 수 있을 것이다. 근대성은 정확하게 인간의 심리적, 그리고 유기체적인 구조가 필요로 하는 것을 손상시킨다. 버거의 가정에서 제시된 것처럼, 이런 불만들이 사회세계에 매우 실질적인 결과를 초래할 것이라고 예상하는 것은 충분히 합리적인 것이다. 사실상, 근대가 시작되면서부터 이런 불만들은 반(反)근대 이념과 운동의 형태로 강력한 저항을 야기해왔다. 버거는 고도산업사회에서 발생하는 근대화에 대한 저항들을 **탈근대화**(*demodernization*)로, 아직 근대화과정을 겪고 있는 사회들에서 발생되는 것을 **역근대화**(*countermodernization*)로 명명한다. 그러므로 제3세계 동학의 대부분은 역근대화[전통주의·토착주의(nativistic)와 민족주의 이데올로기]의 측면에서 이해될 수 있다. 북미와 서구에서의 정치적, 문화적 불안정성의 상당부분은 탈근대화(기존의 문화이념에 대한 역행, 특정 형태의 종교적 부활, 그리고 예술과 문학에서의 후기낭만주의적 동향)의 측면에서 이해될 수 있다. 그렇다면, 근대화는 태생적인 한계를 지니고 있는 것이다. 왜냐하면, 비록 근대화의 내부동학이 불가피한 것으로 보일지라도, 근대화는 피할 수 없거나 변경할 수 없는 것은 아니기 때문이다.

근대문화에 대한 버거의 연구는 신계급(New Class), 지식인계급, 혹은 지적 엘리트 등으로 다양하게 명명돼온 막대한 양의 사회과학연구에 공헌했다. 버거의 관점에서 보면, 근대성에 대한 불만들, 탈근대화, 그리고 신계급 사이에는 흥미로운 관계가 존재한다. 정치적 우파와 좌파 노선에 있는 다수의 학자들이 신계급 혹은 지식인계급에 대해 저술해왔고, 상당부분에서 일치된 성향을 보인다. 버거 역시 이에 대체로 동의하면서 보다 포괄적인 개념틀을 채택했다. 간단히 말해서, 지식인계급은 제2차세계대전 이후에 등장한 새로운 계급으로, 후기산업사회의 두드러진 특징이며 다른 모든 계급들과 마찬가지로 무정형의 실체이다. 이 계급은 그 구성원들이 지식산업 즉, 지식이나 상징의 생산, 분배, 그리고 관리의 등을 통해 생계를 유지한다는 점에서 다른 계급과 구별된다. 비록 이 계급의 중요한 부분을 구성하고 있는 것은 지식인들이지만, 매스커뮤니케이션, 공공부문 서비스, 그리고 공익집단들과 관련되는 보다 거대한 교육공동체 또한 이를 구성한다. 이 새로운 계급은 내부적으로는 계층화된다고 할지라도, 압도적으로 중간계급, 중상계급, 그리고 대졸자들로 구성된다. 그리고 이 지식인계급의 세계관은 세속적인 인본주의의 경향성을 지닌다. 이들 계급이 가지는 사회의 교육기구, 전문적 기술지식, 매스 미디어 등에 대한 실질적인 통제력과, 이들의 도심지역의 집중적인 거주 그리고 근대적 세계관과의 일반적인 친화력 때문에, 인간역사상 가장 근대적 계급으로 이해될 수도 있다. 하지만 이 새로운 계급은 같은 이유에서 다른 어떤 계급보다 근대성에 의해 야기된 불만에 영향을 받기 쉽다.

버거가 지식인들과 사회주의적 혹은 의사사회주의적(quasi-socialistic) 성격의 좌파자유주의 이데올로기 사이에 밀접한 관계가 존재함을 주목한 최초의 학자는 아니다. 이런 관련성은 불균형적인 방식으로 지식인 집단을 넘어 거대한 지식인계급으로 확대된다. 그 결과, 새로운 계급은 일반적으로 자본주의와 '거대기업'에 적대적이 된다(1981b). 그리고 이런 관련성에 대해 파레토(Vilfredo Pareto), 슘페터(Joseph Alois Schumpeter), 크리스톨(Irving Kristol), 그리고 아롱(Raymond Aron) 등은 이 계급의 정치적 가치와 이데올로기가 그들의 집합적 이해와 일관된 것이라고 설명한다. 버거 역시 이런 견해에 근거해 주장을 전개해왔지만(1978), 그는 이런 일관성에 대해 일반적으로 검토되지 않은 어떤 부가적인 요인을 가정한다. 버거는 근대성의 불만들이 어떤 종류의 해결책을 요구한다고 설명한다. 사회주의 혹은 버거가 규정한 '사회주의적 신화'는 그 핵심에 근대성에 의해 야기된 불만에 반하는 암묵적인 저항을 담고 있다. 뿐만 아니라 신화의 형태에서는 근대화와 역근대화의 논지를 종합할 수 있는 역량을 가진다. 그것은 (진보적 역사, 인간의 완전성, 그리고 어떤 환상으로부터의 해방수단으로서의 과학적 이성을 포함한) 근대성의 지배적인 사상, 가치, 그리고 열망을 충분히 통합하지만, 동시에 인간공동체로서의 세계(적어도 사회)에 대한 유토피아적·의사유토피아적 관점을 포함한다. 버거의 평가에 따르면, 이런 인식의 취약성은 자본주의만을 이런 불만의 근원으로 간주한다는 점과 자본주의의 폐지가 '사회주의국가에서의 소외, 그리고 전체주의적인 정치 형태의 출현 등'의 문제들을 보다 심화시킬 수 있다는 것을 간과하고 있다는 점이다. 그러나 전체주의의 출현은 우연이 아니다. 버거의 견해에 의하면, 우파 혹은 좌파 전체주의의 핵심은 근대적 상황에 의해서 심각하게 도전받아온 대칭성과 통합을 재창조하기 위한 노력이다. 사회주의자들과는 달리, 전체주의자들의 비전은 개인적인, 집합적인 경험의 분절된 세계를 '고향에 있는(at-homeness)' 경험으로 통합시키겠다고 약속함으로써 고향을 잃은 것에 대한 심리적 절망감의 해결책을 제공한다(1972).

버거의 근대문화에 대한 일반이론과 1950년대 대량사회에 대한 비판사이에는 일종의 이론적 연관성이 존재한다. 두 이론들은 전통적 신념과 도덕의 위치가 끊임없이 위협받고 있으며, '고독한 군중'의 일부를 이루고 있는 개인들은 다른 사람들로부터 더더욱 소외되고, 개개인들은 다수의 역할들을 가지게 됨에 따라 자아에 대한 일관된 인식이 상실되어가는 세계를 보여준다. 이 이론들은 또한 세계가 '규격화된 인간' 혹은 '조직화된 인간'이라는 개념이 주는 느낌과 유사하게 삶의 모든 영역이 점차 합리화되어가고 있음을 지적한다. 그러나, 다른 한편으로 버거의 분석은 대량사회 비판이론과 상당부분 다르다. 그는 이질적이고 획일적이 된 사회에서 열렬하게 '지위를 추구'하는 '군중'에 대해서는 전혀 관심을 기울이지 않는다. 고급문화가 개성이 없고, 무비판적이며, 수준 낮은 문화로 쇠퇴하는 것에 대해서도 역시 관심을 기울이지 않는다. 이런 점에서 버거는 대다수는 특권화된 고급문화에 대한 방어를 추구했던 대량사회 비판가들과 어떤 보수적인 입장도 공유하지 않는다. 반대로 공동사회(*Gemeinschaft*)의 목가적 평온을 동경하는 낭만주의적인 입장 역시 공유하지 않는다. 대량사회비판가들은 또한 전통사회에서 대량사회로의 이행을 변화나, 저항, 혁신, 그리고 창조적인 적응 등의 가능성을 수반하지 않는 냉혹한 역사적 진보로서 가정한다. 그러나, 버거의 접근은 역사적인 다양성을 고려하고 있다는 점에서 훨씬 더 사려 깊다고 할 수 있다. 게다가 그의 접근은 근본적으로 '서구중심적'이지 않다. 버거의 이념형이 부분적으로 과학적 조사에 근거하지 않는다고 하더라도 일반적으로 대량사회 비판이론보다는 경험적인 입증과 구별에 더 용이하다.

4. 결론

확실히 문화는 다루기 어려운 현상이다. 어느 곳에나 존재하며, 세부적으로는 복잡하고, 그 총체성과 정교성은 엄청나며 이해할 수 없을 정도이다. 그러므로 분석에 있어 문화의 그 모든 면들을 잡아내려는 시도는 처음부터 끝까지 좌절에 부딪힌다. 사회과학자들은 애초부터 문화의 한가지 혹은 몇몇 측면들을 자세하게 다루거나, 문화전반의 본질적인 요소들을 이해하기 위한 이론적 기반의 구성을 시도할 수밖에 없다. 후자를 시도하는 소수의 사람들이 현명한지 혹은 어리석은지는 명백하지 않다. 확실한 것은 몇몇 사람은 다른 사람들보다 더 설득력을 가진다는 것이며, 그 중에서도 버거는 문화에 대한 일반이론가로서 훌륭하게 작업해온 사람임에 확실하다. 그의 연구는 광범위한 지적 분야를 포괄하고자 한다는 점에서 야심적이기는 하지만, 여기에는 장단점이 있다. 그 중에서도 문화의 몇 가지 차원이 피상적으로 다루어지게 된다는 것은 그의 광범위한 관심에서 기인하는 단점 중 하나이다. 이런 측면에서 볼 때 그의 연구는 완벽한 것은 아니다. 예를 들자면, 그의 연구에서 중요한 영역 중 하나는 사회세계의 미시적 측면과 거시적 측면간의 연결이다. 앞에서 논의한 바와 같이, 버거는 사회생활의 이 두 가지 영역 사이에 연결고리를 제공했다는 공로를 인정받을 수 있다. 비유적으로 말하자면, 이 다리는 적당한 곳에 위치해 있고 튼튼하기는 하지만, 대규모의 차량이동을 가능하게 할 정도는 아니다. 이 연결을 위한 기반을 만들고자 하는 참신한 시도의 이면에는 너무 많은 것들이 해결되지 않은 채로 남아 있다. 그 중에서도 특히 사회구조와 관련한 정체성의 문제를 정교화하는 것이 필요하다. 버거의 이론은 인성의 구조적 토대가 되는 사회화의 내용과 다양한 사회구조적 배열들간의 다양한 경험적 관계에 대한 보다 체계적인 논의가 이루어진다면 훨씬 더 충실해질 수 있을 것으로 보인다.

또 다른 예는 세속화에 대한 그의 분석과 관련된 영역이다. 버거는 종교제도, 더 나아가 정당화하는 모든 체계들은 인지적 차원과 규범적 차원 모두를 지닌다는 것을 인정한다. 여기에서, 규범적 측면이란 상징세계의 도덕적 측면을 대표한다. 하지만 세속화에 관한 연구에서 그는 거의 전적으로 인지적 차원에 초점을 맞추고 있다. 버거의 연구는 근대사회에서의 종교의 예언적, 도덕적 판단의 측면을 간과하고 있다. 그러나 이런 측면은 근대사회와 관련해, 현대종교적 현상의 동학에서 매우 중요한 의미를 가진다(cf. Hammond, 1969). 그의 이론적 패러다임을 도덕의 변화와 전통적 도덕률의 세속화에 대한 이해로 확장시키는 것은 중요하다.

위의 두 예는 전체적인 버거의 연구에서 발전의 여지가 남아 있는 몇몇 영역들 중 일부에 지나지 않는다. 하지만 이렇게 그가 어떤 것을 더 연구했어야 한다고 그를 비난하는 것은 적절하지 않다.

그 외에 버거는 다음의 두 가지 이유로 종종 비판받는다. 하나는 그의 이론적 연구가 (단순하지는 않지만) '기초'단계에 머무르고 있다는 것이다. 체계적인 명제나 가정이 부족하고, 검증할 수 있는 가설과 개념의 조작적 정의 역시 부족하다는 것이다. 진정한 이론이란 버거가 제공하고 있는 종류의 기초작업을 뛰어넘어서, 경험적 세계의 진위를 평가할 수 있는 일련의 체계적인 관계들을 제공한다. 실제로 비판가들은 버거의 연구가 이런 이론의 형식으로 전환가능한지, 가능하다면 어느 정도인지는 분명하지 않다고 주장해왔다.

문화일반, 보다 구체적으로는 종교와 근대화에 대한 버거의 연구에 대한 또 다른 비판은 새로운 것이 없다는 것이다. 버거가 취한 지적 토대는 이미 '잘 다져진' 것이었다. 따라서 그가 선학들의 사상(이론)을 주의를 기울여 조명했음에도 불구하고, 그들을 크게 능가하지는 못했으며 완전히 새로운 개념을 제시한 경우 역시 드물었다. 그렇다면 많은 사람들이 피터 버거에 대해서 그렇게 열광하는 이유는 무엇일까? 여기에서 언급한 비판의 내용들은 사실에 기반하고 있다. 버거 사상에 지적 토대가 된 이론들에 익숙한 사람들에게, 버거의 저술은 전혀 흥미로운 것이 아니다. 그의 전체 작업을 통틀어, 적절하게 형식화된 일련의 가설들은 거의 찾아볼 수 없다. 그는 특정 이론이 아니라 어떤 지향(*orientation*) 즉 사회학 내의 새로운 시각을 제공하고 있다. 그리고 그의 이론은 이미 잘 알려진 이론이나 연구들에서부터 도출되었다는 것이 사실임에도 불구하고, 그의 이론은 이것의 종합이 아니라 문헌들의 증류(distillation: 문헌에서 필요한 부분을 뽑아 내었다는 의미에서)이다(cf. Wilson, 1969). 이와 같은 그의 작업은 문화의 다양한 차원들에 대한 이해를 위해 전혀 다른 이론들의 관련성을 파악하게 함으로써, 일상생활에 관련된 자료들을 바라보는 독특한 방식을 도출한다. 요컨대, 버거의 지적 기반들은 이전에 이미 잘 알려졌던 것이지만, 그는 이들을 흥미롭게 조명함으로서 이에 대한 새로운 통찰을 제공한다.

마지막으로, 문화에 대한 현상학적인 접근, 보다 구체적으로 버거의 접근에 대해 우리는 무엇을 말할 수 있을까? 현상학과 버거에 대한 비판가들은 현상학적 사회학, 현상학을 인간의식 속 허구적인 세계의 공허하고 영적인 영역에 위치해 있는 것으로 바라보는 경향이 있다. 이런 이미지가 완전히 틀린 것은 아니며, '본질'을 강조하는 후설의 선험적이고 초월적인 현상학이라든지, ('선험적 자아' 등의) 실재에 대한 플라톤적인 이데아는 이런 이미지와 일치한다. 분명히 현상학은 독일식 지적 관념론에 기반하고 있으며, 몇몇 경우에는 경험적 실재를 완전히 거부한다. 그러나 후설 이래 특히, 슈츠와 메를로퐁티 이래로 이 전통 내에 많은 변화가 있어왔다는 것 또한 주목할 필요가 있다. 지금 이 글에서 현상학 내에서의 그들의 성찰적 작업의 복잡성이나 그들의 연구가 어떻게 다른지에 대해 자세하게 말하는 것은 적절하지 않다고 여겨진다. 여기에서는 그들 모두가 현상학을 좀 덜 직관적인 것 즉, 더 경험적이고 따라서 보다 경험적인 과학을 하는 데 유용한 것으로 만들도록 기여했다는 것을 밝히는 것으로 족할 것이다.

그렇다면 어떤 부분에서 슈츠와 메를로퐁티, 버거의 현상학이 경험적인가? 그들의 현상학은 일상생활에서의 인간경험과 관련되어 있다는 점에서 경험적이다. 이들의 현상학의 가장 일반적인 목적은 사회실재를 관련된 행위자의 관점에서 설명하기 위해, 인간의 경험을 이론화된 형태가 아니라 생생하게 묘사하는 것이다. 의미의 망으로서의 의식은 주관적인 경험의 현상이다. 그럼에도 불구하고, 버거가 기술한 바와 같이, "의식은 그 의미를 구성하는 중요한 요소들이 사회적으로 다른 사람들과 지속적으로 공유되기 때문에 객관적으로 묘사될 수 있다(1973:14)." 그리고 문화적 대상물들은 "그것을 생산해낸 사람들의 의도를 명백하게 드러낸다(1964a: 202)." 이런 방식으로 인간의 경험 – 주관적 의미라든지, 의도, 의식과 같은 – 에 대한 체계적인 기술(記述)이 가능해진다. 의미는 공유되고 사회과학자들은 이렇게 공유된 의미들에 기초해서 그들의 개념과 이념형을 도출해 낸다. 슈츠의 말을 빌리면 "말하자면 사회과학을 구성하고 있는 개념들은 2차적인 구성물이다. 즉 이것은 사회적 현장에서 행위자들에 의해 구성된 것들(의미)의 구성이다."

현상학은 단지 기술적인 도구임을 상기하는 것은 중요하다. 현상학은 인과관계가 중시되는 다른 모든 경험적인 과학에서와 같이 사회과학의 경우에서도 단지 그 시작이 될 뿐이다. 따라서 버거의 경우에도 그의 문화분석은 현상학이 끝나는 곳에서 시작된다.

버거는 문화이론 자체가 양적인 방법보다 질적인 방법이 더 적절하다는 것을 함의하지는 않는다고 주장했다(1981a:46). 중요한 것은 특정 연구에 필요한 증거를 획득하는 데 있어 가장 좋은 도구가 무엇인가 하는 것이다. 양적 방법 역시 "연구대상이 되는 어떤 상황에서 작용하는 의미들을 명백하게 하기 위해 사용된다면" 의미가 있는 것이라고 버거는 주장한다.

현상학적인 접근방법이 경험적일 수 있다는 버거의 주장에 동의한다고 해서 이 접근법이 전혀 문제점을 가지고 있지 않다고 주장하는 것은 아니다. 그 예로 근대적 인식에 대한 버거의 현상학적인 설명은, 현상학이 그 바탕이 경험적일지라도, 경험적인 검증이 용이하지 않다는 것을 보여준다. 또한 동일한 연구들에서 동일한 결과를 도출할 수 있게 하는 방법 역시 명확하지 않다. 왜냐하면 의미가 일반적으로 공유될지라도, 또 의도가 문화적 산물에서 구체화될지라도, 이들 의미에 대한 사회과학자들의 해석은 매우 다양할 수 있기 때문이다. 더욱이 연구를 가능하게 하는 보편적인 가정들을 넘어서는 확립된 기준이 마련되어 있지 않다. 보편적인 가정은 존재하더라도, 이를 넘어서는 즉 연구대상이 되는 특정의 상황에서 작용하고 있는 의미에 대한 어떤 사람의 해석이 타당성을 가진다는 것을 정확성을 가지고 확인할 수 있는 확립된 기준이 없다는 것이다.

또 다른 문제는, 문화적 산물들이 종종 그것을 생산해낸 사람들이 처음 의도했던 바와는 다른 방식으로 사회세계에서 객관화된다는 것이다. 다시 말해, 주관적이거나 의도된 의미는 문화적인 산물들과 반드시 상응하지는 않는다. 이것은 문화적 생산물을, 주관적인 의미로 환원되거나 그러한 방식으로의 분석을 위해 환원될 수 없는, 구체적으로 관찰가능한 대상으로 보는 구조주의자들의 생각을 상당부분 뒷받침해준다. 실제로, 믿음, 가치 그리고 지식의 전체 체계로서의 '상징세계'라는 버거의 개념과 버거가 받아들인 '의미의 제한된 영역'이라는 슈츠의 개념은 위와 같은 구조주의자들의 생각과 접점을 이룬다. 그럼에도 불구하고, 즉 결과물이 처음의 의도와 항상 상응하는 것은 아니라 할지라도, 버거는 사회적 과정이 진행되는 과정에서 의도는 개인들이 그들의 세계와 관련을 맺고 상호작용하는 과정에서 여전히 그 효력을 가지며, 따라서 현상학적인 접근은 모든 사회실재의 분석에 포함되어야 한다고 주장할 것이다.

그 출발에서부터 현상학적 사회학의 이면에는, 사회적 현상을 물화(物化)하는 특유의 경향성을 가진 다양한 실증주의적 사회학을 교정하고자 하는 열망이 있었다는 것을 기억할 필요가 있다. 실증주의는 수리적 모델화와 같은 방식을 통해 3차, 4차의 구성물들을 구성하고, 사회실재를 전적으로 이들 구성물들과 근거해서 분석한다. 여기에서 남겨진 것은 오직 사회실재와 상당히 분리된 개념적 장치뿐이다. 버거의 관점에서 그리고 모든 현상학적 관점에서 실증주의의 문제점은 인간실재에서 가장 인간적인 것을 이런 방식으로 물화된 구성물들을 통해서는 꿰뚫어보는 것이 불가능하다는 것이다. 이것은 인간실재를, 인간실재가 승인한 대상물로 인식하는 과학에서 보이는 심각한 문제점이다. 버거의 말을 빌리자면, 실증주의 사회학의 난점은 "실증주의가 출발점에서는 그 구성물들을 세계의 법칙을 발견하기 위한 도구의 수준으로 그 위치를 잡는다 하더라도, 결국에는 자신들이 개념화한 것을 세계의 법칙으로 혼동하는 것으로 끝나버린다는 점이다(1966:186f)." 대안으로서, 슈츠의 현상학은 사회과학자들이 사용하는 구성물은 항상 '적합성의 필요조건'을 따라야 한다고 제안한다. 이는 사회과학적 분석과 해석에서 사용되는 개념은 반드시 연구대상이 되는 행위와 관련된 행위자들이 이해할 수 있는 방법으로 구성되어야 한다는 것을 의미한다. 달리 말하면, 개념 혹은 사회학적인 해석은 그것이 실제 일상생활에서의 상식적인 해석과 상응할 때 '의미의 수준에서 적절하다'.

버거가 인식하고 있듯이, 주관적인 의미에 대한 배타적인 강조는 관념론으로 귀결되고, 사회실재에 대한 객관성의 배타적인 강조는 사회학적 물화를 야기한다. 이 모두는 사회실재의 왜곡이다. 버거는 이 둘은 함께 고려되어야 한다고 주장한다. 역사적으로 문화분석에 대한 현상학적 접근이 가지는 가치는 오랫동안 사회학에서 지배적이었던 실증주의적 경향을 균형잡을 수 있는 도구를 제공했다는 것이다. 버거의 연구 자체가 완전히 만족할 만한 수준으로 이런 균형을 달성한 것은 아니며, 그의 연구는 관념론 쪽으로 필요 이상 기울어져 있다. 그러나 개인과 사회 간의 변증법적 견해와 문화분석에 있어서 그의 광범위한 연구가 이런 균형을 달성하는 데 필요한 중요한 실마리를 제공하고 있다는 점은 분명하다.

■ 3장 ■

메리 더글러스의 문화인류학

버거와 같이 메리 더글러스도 주로 일상생활의 측면에서 문화에 접근한다. 모든 일상의 상징, 의례, 사물, 활동의 세계는 사회생활의 구성을 극적으로 표현한 것이다. 그녀는 문화인류학적 훈련을 받았으나 다른 동료들과 달리, 가치나 세계관 등의 추상적 개념에는 그다지 관심을 기울이지 않았다. 그 대신 일상생활에서 보다 관찰가능한 문화적 산물들, 즉 상품이나 깨끗함과 더러움, 사람들이 자신들의 신체를 다루는 방식 등에 초점을 맞추었다. 그리고 이렇게 일상생활의 실재를 연구의 중심에 놓음으로써 버거보다 진일보할 수 있었다. 버거는 보다 추상적인 다른 정당화의 기제들을 고려하기 위한 수단으로 일상생활의 실재를 철학적으로 접근했다. 그러나 그녀에게 일상생활은 관심의 대상 그 자체였으며, 더러움, 음식, 신체, 농담, 소유물, 담론와 같은 일상적인 문제들에 관심을 기울였다.

더글러스는 자신의 모든 연구에서 분류체계들에 관심을 가진다. 분류체계란 구체적인 상징들에 의미를 부여하고 의례나 담론 속에서 재강화 되는 형식이나 문화적 구조이다. 그리고 일탈이나 더러움 등 오염으로 간주되는 것들은 이런 분류체계나 규칙을 드러내기 때문에 중요하다. 그녀는 문화적 분류체계와 사회생활에 있어서 질서의 가장 기본은 각 부문을 경계짓는 상징들의 존재라고 주장한다. 이런 상징들은 한 집단이 다른 집단과 자신들을 구별하고(외재적 경계), 또 한 집단 내에서 하위집단이나 개인들이 서로를 구별하는(내재적 경계) 방식이다. 이런 상징적 경계에 대한 관심은 그녀가 '집단(group)'과 '격자(grid)'로 명명한 외재적, 내재적 경계선의 다양한 조합을 통해 전체 사회와 우주를 설명하고자 했던 더글러스 이론의 기초를 이룬다.

분류체계에 관한 그녀의 관심은 집단생활의 질서에 관한 의문에서 비롯되며, 이 점에서 그녀는 버거와 뚜렷이 구별된다. 문화에 대한 버거의 연구는 제도의 근대화와 같은 거시적인 관심사들을 포함하면서도 의미, 목적, 살고 있는 세계의 안정성, 일관된 자아에 대한 개인의 욕구에 귀 기울인다. 이와 대조적으로 더글러스는 전체 집단이 기능하는 데 중요한 문화적 구분의 종류와 이런 구분을 알 수 있게 하는 매개물을 연구하고자 한다. 이는 지적으로 뒤르켕에게 영향받은 것을 보여주는 것으로, 그녀는 사회적 현상을 독자적(*sui generis*) 사실로 보는 그의 주장을 받아들인다. 동시에 그녀가 그리고 있는 세계는 결코 개인으로부터 분리된 것이 아니다. 이 세계는 자아개념이 구성되는 곳이며 개인이 어렸을 때부터 습득하는 언어적 코드로 각색된다. 그리고 사물이나 행위에 부과되어 있는 감정에 의해 규제되고 강요된다고 느끼는 도덕적 행위자로써의 개인을 수반한다.

구체적이고 일상적인 것에 대한 관심 때문에 더글러스의 연구를 이해하기 위해서는 다소 다른 접근방법이 요구된다. 그녀의 연구는 추상화의 정도가 매우 낮고 많은 부분 귀납법에 의존하고 있으며, 자신의 주장을 설명하는 데 철학적 언명보다는 예시를 사용한다. 버거 역시 귀납법과 예를 많이 사용했지만, 현상학의 철학적이고 이론적인 가정들이 연구의 지침에 되었다는 점에서 명백한 차이를 보인다. 메리 더글러스가 문화를 바라보는 이론적인 토대는 많은 부분 배경적인 지식으로 남아 있을 뿐이다. 그녀는 메타이론적(metatheoretical) 접근을 옹호하기보다는 문화의 일상적인 구성요소들에 대한 '중간 수준'의 관찰을 이끌어내는 것에 더 많은 관심을 기울인다. 이런 점에서 그녀는 하버마스나 푸코와 확실히 다르다. 하버마스와 푸코 두 사람은 사회과학에 깔려 있는 가장 일반적인 가정들에 보다 큰 관심을 보였으며, 이런 가정들을 가장 일반적인 수준에서 재공식화하는 데 심혈을 기울였다. 그렇기 때문에 그들을 이해하기 위해서는 이런 추상적 개념들을 다루는 것이 필수적이다. 특히 푸코의 경우, 그가 구체적인 역사적 문제를 통해 혁신적인 이론을 만들어내고자 했다는 것을 기억해야 한다. 그러나 더글러스의 연구에 대한 이해와 인정은, 그녀가 제시한 예들과 귀납법을 이해하고, 그녀가 음악, 예술, 새벽과 황혼 등 다른 실제적인 예에 확장하여 적용한 개념적 도구의 일반성을 평가할 수 있을 때 가능하다.

1. 지적 가정들

고프먼(Erving Goffman), 에릭슨(Kai Erikson), 벨라(Robert N. Bellah), 스완슨과 더불어 더글러스는 사회과학에서 뒤르켕학파의 전통 내에 위치한다. 이는 다음과 같은 이유에서다. 일단 그녀는 인간존재의 집합적 특성을 강조하며, 도덕질서의 문제에 관심을 가지고, 의례가 도덕질서를 극적으로 표현하는 방식에 주의를 기울인다. 그리고 무엇보다도 그녀는 이런 과정의 일반적인 특성을 밝혀내기 위해 원시적인 문화를 연구하는 뒤르켕학파의 방법론을 따른다. 또한 그녀는 모스(Marcel Mauss) 등과의 공동작업을 통해서, 뒤르켕 연구의 한 축이라고 할 수 있는 분류체계의 특성연구를 한층 진척시켰다. 그러나 뒤르켕과 달리 그녀의 연구에서는 문화가 사회구조로부터 분리되는, 특히 종교연구에서는 단지 사회구조의 기능적 부속물로 평가절하되는 이원론적 성향이 덜 나타난다. 문화인류학자인 더글러스는 문화와 다른 요소와의 궁극적인 인과관계 혹은 다른 요소에 의해 문화가 어떻게 결정되는가 보다는 문화 그 자체, 즉 문화의 내적 양식에 가장 많은 관심을 가져왔다. 따라서 그녀가 레비스트로스 등 구조주의적 전통하에 있는 학자들의 연구에 많은 관심을 기울인 것은 자연스러운 일이다. 그러나 그녀는 이 전통을, 몇몇 일반적인 주장에는 비판적인 태도를 취하면서, 선택적으로 받아들이고 있다.

1) 뒤르켕학파의 유산

뒤르켕은 사실상, 고전사회과학자들 중에서 더글러스의 연구에 명확한 흔적을 남긴 유일한 학자이다. 그리고 바로 이 점이야말로 그녀의 접근법을 두드러지게 하는 특징 중 하나이다. 뒤르켕의 영향력은 사실상 이 책에서 다루는 모든 학자에게서 나타난다. 그 중에서도 특히 푸코에게 가장 많은 영향을 미쳤으며, 그 정도가 덜하기는 하지만 버거와 하버마스에게도 영향을 미쳤다. 그러나 이들 세 학자들은 뒤르켕보다 훨씬 더 많은 영향을 다른 학자나 다른 학파에서 받았다. 버거나 하버마스와는 달리 더글러스의 연구에서는 현상학의 흔적을 거의 찾아볼 수 없으며, 푸코와 하버마스와는 달리 더글러스는 마르크스와 유사성을 가지지 않는다. 또 베버의 영향을 거의 받지 않았다는 점에서 버거와도 다르다.

더글러스는 인간사고의 사회적 기초가 있다는 뒤르켕의 주장을 받아들였으며, 이를 근대사회의 신념체계에 적용하는 데 집중했다. 그러나 그녀는 "뒤르켕은 지식이 사회적으로 결정된다는 그의 생각을 보다 완전하고 급진적인 결론으로 끌고가지 않았으며(1978a:xi)," 이는 다음과 같은 뒤르켕의 가설들 때문이었다고 본다. 첫째, 그는 원시적인 것이 근대적인 것과는 다르다고 생각했다. 그 이유는 원시집단은 유사성에 의해 조직되고 집단구성원들은 공통적 상징생활을 영위하는 반면, 근대의 우리는 다양화된 개인이며 전문화된 서비스의 교환에 의해 결합하기 때문이다(1978a:xi). 둘째, 그는 사회적으로 결정되지 않는 지식 즉, 객관적이고 과학적인 진실을 믿었다. 더글러스는 뒤르켕의 이 두 가지 생각 모두에 동의하지 않는다. 그녀는 뒤르켕의 생각처럼 원시사회가 유사성에 근거하는 기계적 유대에 의해 결속되고 근대사회가 상호의존성에 근거하는 유기체적 유대에 의해 결속된다는 그 차이점은 중요하지만, 이것이 원시사회와 근대사회를 구분하는 것은 아니라고 본다. 사실상 기계적이거나 유기체적 유대를 발생시키는 조건들은 원시사회와 근대사회에서 모두 존재하기 때문에 기계적·유기체적 체계는 동시에 나타날 수 있다. 이런 시각에서 세속화란 단지 특정한 형태의 사회조직으로부터 생겨난 또 하나의 우주론일 뿐이다. 근대사회가 세속적인 것은 근대사회의 사회조직이 '원시적'에 대립되는 개념으로서의 '근대적'이기 때문이 아니라, 어떤 특정 형식의 사회관계들을 가지고 있기 때문이다. 만일 초기원시사회에서 이와 동일한 사회조직의 형태가 보인다면, 그 사회는 원시적 종교형식을 취하고 있을지라도 세속적인 우주론을 가지고 있을 것이다. 따라서 진화론적 움직임이란 기계적 유대에서 유기적 유대로의 변화를 말하는 것도 아니며, 종교에서 과학으로의 변화를 의미하는 것도 아니다. 원시사회인 피그미족 사회에서는 다양한 종교생활은 고사하고 어떤 종교생활도 없다. 더글러스는 이를 사회조직의 수준이 낮기 때문이라고 본다. 이와 비슷한 맥락에서 조금 더 조직화된 원시사회에서는, 다양한 사회적 관계의 기능만큼 풍요로운 종교생활을 영위할 것이다.

더글러스는, 과학에 관한 한 "뒤르켕은 과학적인 행동지침이 형성되는 바로 그 공동체 내에서 존경받을 만한 위치를 차지하려고 노력했으며, 이런 점에서 그가 19세기 과학적 논쟁의 모든 내용들을 의심할 여지없이 내재화해야 했던 것은 전적으로 이해할 만하다"고 말한다(1978a:xvi). 그러나 그녀는 바로 여기에 근대문화를 분석하는 데 있어 그의 핵심적인 문제가 존재한다고 본다. 자연과학계와 같은 한 공동체가 사회적으로 구성한 우주관은 신성하고 위험한 것일 뿐만 아니라, 보다 근본적으로 실재와 선험적(*a priori*) 특성 그 자체라는 진실로 규정됨으로써 보호된다. 이렇게 보면 근대사회에서는, 우리가 가장 실재적이기 때문에 과학적이라고 여기는 것들이 사실상 가장 종교적인 것이라고 주장할 수 있을 것이다.

> 신성함의 두번째 본질적인 특징은 경계를 명확하게 설명할 수 없다는 것이다. 왜냐하면 어떤 것을 신성하다고 규정하는 이유가 사회적 합의 속에 배태되어 있기 때문이다. 신성함에 대한 궁극적인 설명은 세계가 구성되는 방식이라는 것이다. 또한 신성함은 실재와 비슷하기 때문에 위험하다(1978a:xv).

더글러스는 이와 같은 뒤르켕적 개념을 우리 자신의 세계에 적용시켰을 때 함의할 수 있는 상대성을 높이 평가했다. 그녀에게는 그 어느 것도 신성하지 않다. 과학적이고 위생학적인 설명 역시 원시사회에서의 신이나 신령들의 존재와 마찬가지로 사회질서의 정당화를 위한 것이다. 이런 가정에 근거해서 그녀는 위생이나 청결, 더러움, 오염 그리고 더 넓은 범위에서 전체 우주론적 체계에 대한 우리의 관념을 밝혀내고자 한다. 그녀는 일상적인 정화의례에서부터 세계관에 걸쳐, 문화가 일상의 사회관계 속에 기반하고 있다는 기본적인 가정을 구성해낸다.

2) 구조주의

그녀는 구조주의보다는 뒤르켕에게서 더 많은 영향을 받았지만 자신의 접근을 명확하게 하기 위해 구조주의적 가정들을 비판적으로 고찰했다. 푸코의 논의에서 다시 다루게 되겠지만, 인류학을 구조주의적으로 만들고자 했던 레비스트로스의 원대한 계획은 많은 약점들을 내포하고 있기 때문에, 더글러스를 포함한 최근의 많은 문화인류학자들 중에 이를 전폭적으로 받아들이는 사람은 거의 없다. 그러나 그녀는 구조주의적 방식을 부분적으로 받아들인다. 구조주의만의 독특한 것은 아니지만, 그녀는 모든 경험이 구조화된 형태로 받아들여진다는 가정을 받아들인다. 버거와 유사하게 더글러스는 실재가, 우리가 이를 해석하고 그에 관련해 행동을 취하기 위해, 상징적으로 조직되어야 한다고 가정한다. 또한 레비스트로스와 같이, 경험은 종종 남·녀, 흑·백, 선·악, 깨끗함·더러움과 같은 이항대립 체계를 통해 구조화된다는 것을 당연시한다. 이는 우리가 상징적 경계를 인식할 수 있도록 하는 일종의 구분들이다. 그러나 그녀는 그 정도에 있어 모든 분류체계가 이항대립적으로 구성되어 있고 이런 체계를 이해하는 방식은 이들 개념 사이의 공통점을 찾아내는 것이라고 주장하는 레비스트로스 정도까지는 나아가지 않는다. 일반적으로 그녀는 자신의 연구에서 고도로 통합된 유형들을 찾고자 하지 않으며, 주로 신체와 같은 상징의 표면적 내용들과 이들 상징들이 수반하는 함축적 믿음들 사이의 유사성을 지적한다. 그녀에게 있어 상징적 경계가 존재하느냐 아니냐 하는 것은 가장 큰 관심거리였다. 따라서 상징적 경계가 얼마나 명확하게 증명될 수 있는지, 또 그 상징적 경계가 서로 침투가능한 것인지, 그리고 사회적 행위가 이를 어떻게 극적으로 표현하는지를 발견하는 것이야말로 가장 흥미있는 주제였다. 또한 그녀는 이항대립적 상징체계가 인간 뇌 속에서 생리적으로 결정되어 있는 유형들에 상응한다는 구조주의자들의 가정 역시 받아들이지 않는다. 사실 인간의 뇌가 이항대립적 자극에 의해 작동한다 해도 이것이 왜 문화가 실제로 이항대립적 유형으로 구조화 되어있는가를 설명해줄 수는 없다. 대신 그녀는 사회집단의 특성에서 그 답을 찾고 있다. 예를 들어 집단 내 사람들의 관계가 친밀하고 빈번한 상호작용이 일어나는 곳에서는, 집단활동을 조율하는 데 필요한 메시지가 행동 그 자체로 명시되는 경향이 있기 때문에 성문화된 담론이나 의례형식의 메시지는 최소한으로만 필요할 뿐이다. 이와 반대로 사람들의 관계가 느슨하게 연결된 집단에서는 상호작용이 자주 일어나지 않고 또한 다양한 행동들은 보다 복잡하고 정교화된 상징체계로 표현되는 것이 필요하다.

그녀는 신화 혹은 다른 문화체계의 '실재적' 의미를 식별하는 방법으로 규정돼온 구조주의의 기본적 가정에도 이의를 제기한다. 그녀의 주장처럼, 문화인류학자들이 단지 몇몇 문화체계의 이항대립적 개념들의 배치를 살펴봄으로써 무엇이, 그리고 왜, 전달되고 있는지 정확히 이해할 수 있다고 생각하는 것은 확실히 주제넘은 일이다. 그 이유는 상징체계에 의해 전달될 수 있는 것이 결코 오직 하나의 의미만이 아니기 때문이다. 단지 인류학자들은 전달가능한 수많은 의미들 중에서 하나의 의미만을 찾아낸 것이다. 이런 '해석'은 몇몇 목적을 위해서는 어느 정도의 통찰력을 제공할 수 있을지도 모르지만, 사회적 상황 그 자체에 존재하는 풍부한 의미들의 집합보다는 빈약할 수밖에 없다. 간단히 말해서 인류학자들은 모든 형태의 신화에 대해 진정한 한 가지의 해석만을 발견해야 한다고 주장함으로써 일종의 환원주의(*reductionism*)로 빠져들게 된다. 그녀는 의사소통이 발생할 수 있는 모든 방식들에 주의를 기울이면서 사회적 상황 그 자체에 충분하게 빠져드는 것이 보다 나은 접근법이라고 주장한다. 이런 접근법은 적어도 존재하는 의미의 다양성을 잘 인식할 수 있게 한다. 이렇게 그녀는 구조주의의 강한 실증주의적 가정을 거부하고 대신에 의미가 발생하는 보다 넓은 맥락에서의 의미의 상대성을 인정하는 해석학(hermeneutics)을 선호함으로써 구조주의에 결별을 고한다.

그녀는 실제로 그녀가 연구해온 원시적 혹은 근대적 사물들에 대해서도 '2차적 추측'을 하지 않기 위해서 주의를 기울인다. 그녀는 이 사물들에 대해서 이를 만들었던 사람들이 이해했던 것보다 높은 수준의 진실이라든지 깊이 있는 의미들을 발견하고자 하지 않는다. 오히려 그녀는 원래보다 얕은 수준에서 기술하거나 표면적인 의미를 찾아내고자 한다. 그녀는 상징들이 왜 다른 상황에서는 나타나지 않고 몇몇의 특정 상황에서만 나타나는지, 상징들에서 보이는 유형들이 왜 특정 시기에 보다 복잡한 것인지를 밝혀내고자 한다. 이런 질문에 답하기 위해 그녀는 상징들에 숨겨져 있는 특별한 의미보다는 그 유형이나 구조, 관계들에 주의를 기울인다.

2. 문화에 대한 더글러스의 관점

문화에 대한 그녀의 견해는 1950년대 초, 벨기에령 콩고의 레레족(Lele) 사이에서 현지연구에 착수한 이래로 점진적으로 발전했다. 여기에서 그녀는 레레족의 종교적인 상징체계에서의 동물의 역할에 대해 연구했다(1957, 1963). 그녀는 레레족의 제례(cults), 오염에 대한 개념, 위생에 대한 관심 등의 연구를 통해, 분류체계에는 보다 일반적인 과정이 존재한다는 것과 "고차원적인 분류체계에 대한 연구를 통해 종교적인 조직과 다른 형태의 조직이 유사하다는 것을 밝혀낼 수 있다"는 것을 알게 되었다(1978a:204). 『순수와 위험』에서 그녀는 오염에 대한 관념들의 사회적 토대에 대해서 다양한 견해를 제시했으며, 『자연상징들』과 『문화적 편견(*Cultural Bias*)』(1978b)에서 체계화했다. 그리고 이들 저서들과 『암시적 의미들(*Implicit Meanings: Essays in Anthropology*)』(1978a)과 『행위하는 소리(*In the Active Voice*)』(1982a)에 실린 몇몇 소론에서 그녀는 문화와 사회 간의 연계성에 대한 보다 일반적인 견해를 밝히고 있다. 『문화적 편견』에서는 사회조직의 형태와 전체 우주론 사이의 관계에 대한 훨씬 더 체계화된 접근을 완성했다. 이런 일반적 견해들은 새로운 실질적 영역들로 확장되었다. 이셔우드와 함께 저술한 『상품의 세계』에서, 그녀는 경제적 재화의 의사소통적 역할에 대해 탐구했고 윌다프스키와 공동저술한 『위험과 문화』에서는 환경운동을 분리주의자(sectarian)집단에서 기원한 신념체계로 다루었다.

더글러스 사상의 전 영역을 체계적으로 탐구하기 위해서는 더러움과 깨끗함에 관한 그녀의 분석에서 출발하는 것이 유용하다.

1) 오염과 도덕질서

하나의 사물은 종종 전체 사회체계를 담고 있다. 마르크스에게는 자본주의 생산양식의 비밀을 담고 있는 상품이, 그리고 뒤르켕에게는 종교의 본질을 포함하고 있는 오스트레일리아의 토템이 바로 전체 사회체계를 담고 있는 하나의 사물이었다. 특정 상품이 어떻게 생산되고, 교환되며, 가치를 획득하게 되는지를 이해하게 되면 자본주의의 본질이 명확해진다. 조각된 막대나 돌처럼, 겉으로 보기에는 아무 의미없어 보이는 물건들이 신성하게 여겨지는 이유를 이해하는 것은 오스트레일리아 토착민의 종교뿐 아니라, 모든 종교생활의 기본적인 형식들을 이해하는 중요한 열쇠가 된다. 더글러스에게 있어서 이런 사물은 마르크스의 상품이나 뒤르켕의 토템과 같이 단순하고 명백하며 일상적인 것이었다. 그것은 더러움, 그것도 일상적이고 평범한 더러움이다. 특정의 사물을 더럽거나 깨끗하게 규정하는 것이 무엇인가를 이해하는 것은 도덕질서 자체의 기저에 깔려 있는 진정한 의미와 한 사회가 정기적으로 기본적인 사회관계와 집합의식을 갱신하며 재확인하는 방법을 이해하고자 하는 더글러스의 연구의 기본이다.

더러움. 왜 그 더러움은 깨끗해져야 하는가? 첫번째 이유는 사물 그 자체가 가지고 있는 더러움 때문이다. 우리는 더러운 신발을 볼 때, 더럽혀진 손을 볼 때, 카펫에 떨어진 음식물을 볼 때 또는, 흰 셔츠에 묻은 자국을 볼 때 더럽다고 생각하게 된다. 그러나 왜 이것들이 더러운가? 만약 이를 더럽다고 느끼게 하는 것이 그 사물 자체의 더러움이라면, 왜 마루에 떨어져 있는 남은 음식물은 더럽고, 똑같이 마루에 있더라도 쓰레기통에 있는 음식물은 깨끗한 걸까? 또, 왜 식탁 위에 올려진 신발은 더럽고 현관 바닥에 놓인 신발은 더럽지 않은 걸까? 이와 같은 예들을 주의 깊게 살펴보면, '더러움'이라는 반응을 이끌어내는 것은 음식물이나 사물 그 자체가 아니라 그것들의 위치임을 곧 알게 된다.

> 우리는 오래 전부터 더러움을 제 장소에 있지 않은 사물들로 정의해왔다. 이런 접근법은 많은 시사점을 준다. 이는 질서가 있는 일련의 관계들의 존재와 이런 질서의 위배라는 두 가지 조건을 암시한다. 따라서 더러움은 결코 고유한 것도, 고립된 사건도 아니다. 더러움이 있는 곳에 곧 체계가 있다. 더러움은 질서가 그 질서

> 에 적합하지 않은 요소의 배제를 포함하는 한, 체계적인 질서와 사물분류체계의 부산물이라고 할 수 있다(1966:48).

이런 관점에서 더러움은 상대적인 것이다. 흙 자체가 더러운 것이 아니라 카펫 위에 있는 흙이 더러운 것이며, 담뱃재 자체가 더러운 것이 아니라 의자 위에 있는 담뱃재가 더럽다. 무엇이 깨끗하고 더러운가는 분류체계와 그 체계 내의 그 사물의 위치로 결정된다. 이를 그녀는 다음과 같이 말하고 있다.

> 이것은 상대적인 개념이다. 신발은 그 자체로 더럽지 않다. 그러나 식탁 위에 올려져 있으면 더럽다. 즉, 음식은 그 자체로 더럽지 않으나 침실에 조리도구들이 놓여져 있을 때, 옷에 음식이 튀면 더럽다. 마찬가지로 응접실에 있는 욕실용품, 의자에 걸쳐진 옷, 집 바깥에 있어야 할 물건이 집 안에 있을 경우, 아래층에 있어야 할 것이 위층에 있을 경우, 겉으로 드러난 속옷 등은 더럽다. 요약하면, 오염이라고 명명한 것에 대한 우리의 행위는, 우리가 소중하게 여기는 분류체계에 반하거나 그 체계에 혼란을 가져올 것으로 보이는 사물이나 생각에 대해 비난하는 반응이다(1966:48).

이제 위와 같은 더러움에 대한 생각을 일반화해 순수함의 전체적인 구조와 순수함이 신성함과 경건함으로 전환되는 문제에 대해 생각해보자. "더러움에 대한 이와 같은 생각은 우리를 상징의 세계로 이끌며, 또 더러움이 순수함의 상징적인 체계와 확실하게 연결되어 있음을 보여준다(1966:48)." 요약하면, 분류체계는 문화에 대한 더글러스식 접근의 기반을 형성한다.

그러나 여기서 체계라는 것은 무엇일까? 적어도 두 개 정도의 답이 있을 수 있다. 첫째는 사회의 규범적인 규칙들이다. 이 규칙들은 해도 되는 것과 하면 안 되는 것으로 행동을 규제하며, 더 근본적으로는 사회실재를 형식과 구조로 나눈다. 또한 이는 뒤르켐과 모스(1963)의 원시적 분류체계로부터 레비스트로스(1966)의 원시적 사고의 논리적 기초에 이르기까지 계속적으로 언급되었던, 인간사고의 기초를 형성하는 틀이기도 하다. 둘째, 우리는 도덕적인 규칙 그 자체에 초점을 두는 경향이 있지만, 이런 질서가 존재하는 보다 근본적인 수준이 있다. 이는 특정 사물에 대한 도덕적인 평가로부터 독립적이거나 우선하는, 사물 자체에 대한 정의이다. 우리는 피터 버거가 '상징세계' 라고 명명한 곳에 살고 있다. 상징세계는 우리가 당연하다고 여기는 실체가 사실 사회적으로 구성되었다는 것을 보여주고, 우리의 경험을 정당화할 뿐만 아니라 우리 존재의 본질을 정의하는 『신성한 장막』(Berger, 1967)을 구성한다. "정당화는 개인에게 어떤 행동은 해야 하고 또 어떤 행동은 하지 말아야 하는가를 명확한 도덕적 요소로 알려줄 뿐만 아니라 사물들이 왜 그러한 본질을 가지게 되었는지 말해준다. 달리 말하면 '지식'은 '가치'에 선행한다(Berger and Luckmann, 1966:93,94)."

존재는 도덕적인 평가에 선행한다. 그러나 사물을 명명하는 것과 또한 조직화되어 있지 않은 경험의 무의미성을 의미 있는 사회실재로 전환시키는 것에 관련된 수많은 카테고리, 분류, 유형, 정의 등과 같은 가장 사실적인 사회실재는 동시적으로, 즉 도덕적 의미가 주입된 상태로 나타난다는 것 역시 분명하다. 이는 단지 이것은 이것이고 저것은 저것임의 문제가 아니라 어떤 것이 올바르고 정확하고 적절한 장소에 위치되어야 하는가의 문제이다. 이 결과 사회실재는 일련의 더 큰 규칙이나 신화 그리고 공식적으로는 종교적 믿음과 독립적으로, 단지 그것의 존재에 의해 자신을 정당화한다.

더럽거나 깨끗하지 않거나 정상이 아닌 것은 적절한 범주에 부합되지 않는 것이다.

> 만약 더러움이 자신의 위치에서의 이탈의 문제라면 우리는 질서를 통해 더러움에 접근해야 한다. ……오염은 결코 독립적인 사건이 아니다. 그것은 사고의 체계적 질서가 없이는 일어날 수 없다. 따라서 타문화에서의 오염규칙에 대한 어떤 단편적인 해석도 실패할 뿐이다(1966:53,54).

더럽고 깨끗하다는 것은 사실상 실제 위치만의 문제도, 또 순수하게 인지의 문제만도 아니다. 음식 부스러기가 접시 위에 있을 때는 깨끗하고 식탁 위에 있을 때는 더럽다는 것이 아니라, 그것은 접시 위에 있어야만 하고 식탁 위에 있어서는 안 되는 것이다. 현실에는 어떤 것이 제대로 분류되었는지 그렇지 않은지, 그리고 어떤 것이 옳은지 그른지에 대한 질문을 가능하게 하는 도덕적 차원이 존재한다. 도덕질서는 한 사물이 사실적이고 도덕적인 존재성을 동시에 가지고 있는 사회현실과 접해 있다. 우리가 '사물들이 존재하는 방식'이라고 말할 때는 본질의 기계적인 적합성에 대한 사실적 진술을 하고 있을 뿐만 아니라 질서에 대한 도덕적 평가 역시 내리고 있는 것이다.

도덕질서가 우리 현실구조에 배어 있기 때문에 분류하기라든지 정리하기, 청소하기, 사물을 제자리에 놓기 등과 같은 행위들은 사회현실의 구조뿐만 아니라 도덕적 감정의 구조를 강화시키기 위해 행해진다. 현실을 각기 다른 범주들로 배치하는 도덕적 요소는 특히, 사물들이 제자리에서 벗어나게 될 때 더욱 분명해진다. 바로 이럴 때 우리는 사물들의 구조를 재정리하고 이를 통해 사회적, 도덕질서체계를 강화시키도록 사회적으로 강제된다. 전통적인 종교의식은 분명히 사회질서를 재강화하는 것과 관계가 있으며, 사회에 존재하는 축적된 의례의 일부분으로 간주된다. 그러나 우리가 일상적으로 책상을 정리하고 코트의 먼지를 털고, 깨끗하게 정돈하는 것 역시 이와 동일하다. 이런 일상적인 행위들도 의례적인 의미성을 가진다. 의례적 분류체계로서의 사물의 사회적 위치지움이라는 인지적 분류체계는 도덕질서를 주기적으로 갱신하는 데 도움을 주며, 더글러스가 인지한 것이 바로 이 점이다. 질서를 재정립하려는 행동은, 그 자체로는 질서 잡힌 관계에 지나지 않는 사회를 재정립하려는 것이다. 그렇기 때문에 이론적으로 어떤 질서를 가져오기 위한 모든 행위는 일종의 사회적 의례이다.

『순수와 위험』에서 그녀는 깨끗함을 위생학적인 문제로 보려는 경향과 이와 유사하지만 현재는 마술과 종교로 여겨지는 원시시대의 정결의식을 비교함으로써 이를 설명한다. "우리의 행위는 위생학에 근거하고 있지만 그들(원시시대)의 행위는 상징적인 것이다. 우리는 병균을 죽이지만 그들은 망령을 물리친다(1966:44)." 여기서 그녀의 핵심은 현대사회에서 오염에 대해 가지고 있는 두려움의 정도는 원시시대에서의 마술과 종교적 의례에 대한 것만큼 크다는 것이다. 그리고 이렇게 현대의 경향성이라고 할 수 있는 위생학을 오염의례와 동일시하게 되면, 우리가 과학과 의학이라는 근원적인 실재에서 사용되는 개념을 사회질서를 정당화하고 합법화하기 위해 이용하고 있음을 알 수 있다.

만약 더러움이 질서와 분류의 부산물이라면 그리고 사회가 규칙과 범주의 원천이라면, 더러움은 일탈이나 범죄처럼 사회생활의 매우 정상적인 부분일 것이다. 질서가 존재할 때 무질서가 가능하다. 규칙, 경계, 범주 그리고 모든 종류의 인지적이고 도덕적인 분류체계는 서로 교차되면서 예외가 존재하는 범주들을 형성한다. 모든 것이 다 분류체계에 들어맞지 않을 수 있으며, 이런 것들은 일탈적이고 이상하며 낯설고 범죄적인 것이 된다. 이런 관점에서 보면 더러움과 범죄는 같은 현상이며 모두 제자리에서 벗어난 것을 나타낸다. 범죄는 규범적이고 합법적인 질서를 위반하는 것이며 더러움은 올바른 자리에 있지 않음의 문제이다. 사물들이 제자리에서 벗어날 때 규범적이고 합법적인 질서는 도전받게 되고, 사회는 의례적인 행위를 통해 다시 그 질서를 회복한다. 범죄에는 처벌이 따르며, 더러움에는 청소가 따른다(우리는 종종 범죄를 '청소' – 소탕 – 한다고도 한다).

오염에 대한 두려움은 도덕적 일탈에 대한 두려움과 비슷하다. 신발은 부엌 식탁에 있으면 안 되고 부모들은 그들의 자녀와 성관계를 가져서는 안 된다. 두 가지 모두 제자리에서 벗어난 사물과 행위, 그리고 이들의 위치를 파생시킨 보다 큰 도덕적 구조에 대한 위협을 수반한다. 그러나 일탈과 더러움은 정상적이고 기능적인 것이며, 이에 대한 우리의 반응은 사회적 규칙과 경계를 새롭게 하고 재정의하기 위한 기본적인 사회적 메커니즘의 하나이다. 사회적 규칙을 위반하는 것에 대한 우리 자신과 다른 사람들의 반응을 통해 우리는 사물의 본질을 규정하는 일상적 기초를 발견할 수 있다.

이런 생각은 사회는 그 규칙을 깨는 어떤 존재나 사물이 나타나기를 기다릴 필요가 없다고 주장한 에릭슨(1966)에 의해 한 단계 더 발전했다. 사회는 단지 사람들을 도덕질서의 위반자인 것처럼 다루는 것만으로도 도덕적 재활성화 의식과 같은 효과를 가져올 수 있다. 희생양이라든지 마녀 재판 등을 통해서(cf. Bergesen, 1977; 1978) 상상의 적들과 일탈자들이 창조되고, 이들은 자신들이 저지르지 않은 범죄의 명목으로 의례적으로 처벌된다. 에릭슨은 이것이 일반적으로 다음과 같은 두 가지 방법으로 일어난다고 주장한다. 첫째, 다른 상황들이 변함이 없을 때에도 한 사회에서는 많은 수의 사람들이 도덕적 범죄로 체포되고 정치적 전복 역시 자주 일어난다. 그렇지만 일탈의 양은 상대적으로 일정하게 유지된다. 둘째, 도덕질서에 있어 '경계의 위기'라 불리는 상황이 일어날 때 일탈의 양은 극적으로 증가한다. 이와 같은 주장은 더글러스의 논의와 일맥상통한다. 집단적인 경계나 정체성이 위협받는 상황이 발생할 때 사회는 희생양이나 마녀사냥과 같이 의례적인 박해를 하는 방식으로 이에 반응한다. 이는 사회가 위협받은 경계를 재규정하는 수단이다. 사회가 그 대표성이나 집단 정체성에 대해 확신이 없을 때, 그 중심 가치에 반대하는 사람들을 찾아내는 것은 그 집단의 도덕적 목표를 재확인하는 수단으로 이용된다. 체제 전복 기도자들을 만들어내기 위해 이용되는 정치적 공개재판이나 숙청, 국정조사 등은 모두 사회질서의 주기적인 재편을 위한 의례적 메커니즘이다.

이런 과정은 더글러스의 더러움과 오염에 관한 의례를 이해하는 데에도 적용될 수 있다. 우리는 종종 제자리에서 벗어난 사물들을 경험하지만 이에 대해 반응하지는 않는다. 그러나 우리의 사회적 관계에 위기가 닥친다면 우리는 '이곳은 엉망진창'이라고 말하며 청소를 하기 시작할 것이다. 어느 순간 갑작스럽게 방이 지저분하고 더럽게 보이는 것은 사물들이 제자리에서 벗어나 있기 때문이 아니라, 사회적 위기이기 때문이다.

더러움의 경험을 포함한 도덕적 일탈은 보통 두 가지 방식으로 만들어진다. 첫째는 더글러스가 받아들인 뒤르켕학파의 명제처럼 범죄를 저지른 사람이나 테이블 위의 신발과 같이 도덕적 경계를 벗어난 개인이나 제자리에서 벗어난 사물에 중점을 두는 것이다. 이런 경우에 사람들은 지저분한 것을 청소하고 일탈자를 박해함으로써 질서를 재편하고 경계선이나 범주들을 재확인한다. 그리고 사물들은 다시 제자리에 놓이며, 이 때 정리를 위한 노력과 의식은 앞에서 언급되었던 정치적 재판이나 숙청과 매우 비슷하다. 이 모두는 도덕질서의 위반에 대해 주의를 끌고자 하는 의식이다. 둘째는 도덕적 경계의 이동을 포함한다. 이 때는 사람들이 규칙을 위반하는 것이 아니라 규칙들이 사람들을 일탈자나 전복자, 혹은 더러운 자로 재분류하기 위해 이동된다. 이런 방법으로 공동체는 일탈자들을 실질적으로 '제조할 수' 있게 되며, 마녀사냥이야말로 가장 좋은 예이다. 흥분한 공동체는 아무 짓도 하지 않은 사람들을 박해한다. 다시 말해, 공동체는 개인들이 도덕적 경계에서 탈선하기를 기다릴 필요가 없으며, 개인들을 경계선 밖에 있는 것으로 재정의하기 위해 경계선 자체의 위치를 옮긴다. 권위는 어떤 활동이 다른 장소나 다른 시간에서 '합법적'이었음에 관계없이 언제나 이를 불법적이고 비도덕적인 것으로 선언할 수 있으며 또한 박해할 수 있다. 공동체의 규칙은 집단의 정체성이나 존립에 위기가 생길 때, 사회의 단합을 도와줄 적을 만들어내고자 하는 유기체적인 욕구에 의해 변화된다.

더글러스는 성서 레위기의 금기사항에 대한 오랜 질문들을 다룸으로써, 자신들의 자리에서 벗어난 것들이 나타내는 더러움이나 타락에 대한 생각들을 설명한다. 왜 고대 유대인들은 돼지고기 먹는 것을 금했는가는 모든 사람에게 익숙한 질문이다. 그리고 가장 대중적인 답은 돼지고기가 질병과 연관되었기 때문이라는 것이다. 그녀는 위생학적 이유들이 명백한 종교적인 믿음 내에서도 드러난다는 이런 종류의 주장, 즉 제임스(William James)의 용어로 '의학적 유물론'을 거부한다. 대신에 그녀는 레위기의 금기사항은 보다 광대한 우주론적 도식에 적합하지 않은 동물이나 동물의 부류를 반영한다고 주장한다.

> 일반적으로 동물에 있어서 청결한가를 논하는 기본원칙은 동물이 그 종의 특징을 갖추고 있느냐는 것이다. 어떤 종의 특징을 불완전하게 가졌거나 혹은 그 종 자체가 세상의 일반적인 분류도식의 구조를 혼란시키는 것들은 부정하다.
>
> 이 분류도식을 파악하기 위해 창세기의 천지창조로 돌아갈 필요가 있다. 여기에 땅과 바다와 하늘 사이에 나뉘어진 세 단계의 분류법을 전개한다. 레위기는 이 구조 위에서 그 각각에 적절한 종류의 동물을 배치한다. 하늘에는 두 다리를 가진 새들이 날개로 난다. 물에서는 비늘 있는 고기들이 지느러미로 헤엄치고, 땅 위에서는 네 다리의 짐승들이 뛰거나 걷는다. 이들의 활동영역 본래의 운동능력을 갖추지 않은 종들은 성스러움에 반대된다. 그러한 의미에서 지느러미와 비늘 없이 물 속에 사는 그 어떤 것도 부정하다(xi:10-12). 육식을 하거나 썩은 고기를 먹는 습관에 대해서는 아무 말도 하지 않는다. 어류가 청결한가 그렇지 않은가를 구분하는 유일한 방법은 비늘과 지느러미에 의해 균형을 잡고 전진하는가 하는 것이다.
>
> 하늘을 나는 네 발 동물은 부정하다(xi:20-26). 두 다리와 두 손을 가지고 네 발 짐승처럼 네 발로 걷는 모든 생물들은 부정하다(xi:27). 또한 앞발 대신에 손을

가졌으면서도 걸을 때 그 손을 이상하게 사용하는 생물, 즉 그들의 앞발이 손처럼 기분 나쁘게 보이는 족제비, 쥐, 악어, 들쥐, 다양한 종류의 도마뱀, 카멜레온과 두더지 등은 부정하다…….

부정한 동물로서 마지막으로 거론되는 종류는 기어다니거나 구물구물거리거나 무리지어 기어오르는 것들이다. 우리가 그것을 무리지어 다닌다던가 질질 끌거나 기어다닌다던가 꾸물거린다고 부르든 간에, 그것은 비정형적인 움직임이다. 동물 특유의 움직임이 동물의 주된 범주를 결정하기 때문에, 어떤 특정한 요소에 걸맞는 움직임의 양상이 아닌 '기어오르기'는 기본 분류를 방해한다. 기어오르는 것들은 어류도 짐승도 새도 아니다. 뱀장어와 벌레들은 고기는 아니지만 물 속에 산다. 파충류는 네 발 동물은 아니지만 마른 땅에서 살아간다. 어떤 곤충들은 새는 아니지만 하늘을 난다. ……펭귄이 근동에 살았더라면 날개가 없는 새로 불결하다고 취급되었을 것이다(1966:69, 70).

유대식 식이법(dietary law)에 관한 이런 분석은 많은 학자들에 의해 비판받아왔다. 이중 한 명인 벌머(Ralph Bulmer)는 돼지를 금한 데에는 여러 가지 '진짜' 이유가 있다고 말한다. 그는 더글러스의 말을 인용해 "접근가능한 증거가 제한되어 있는 상황에서는 돼지가 깨끗하지 않기 때문에 예외적인 분류체계에 포함된다고 말하는 것이나 그것이 예외적인 분류체계에 포함되어 있기 때문에 깨끗하지 않다고 말하는 것은 다를 바 없다"고 주장한다(Bulmer quoted in Douglas, 1978:272). 이 논리를 주의해서 보면, 이는 뒤르켕이 어떤 행동들이 일탈적 또는 범죄적이라고 명명되고 도덕적으로 깨끗하지 않은 것으로 낙인찍히는지를 이해했던 방식과는 완전히 대비된다. 『분업론(*The Division of Labor in Society*)』(1933)에서 뒤르켕은 "……우리는 어떤 행동이 범죄행동이기 때문에 우리의 일반적인 의식에 충격을 준다라고 말해서는 안 된다. 오히려 우리는 그 행동이 우리의 일반상식에 충격을 주기 때문에 그러한 행동은 범죄적 행동이다라고 해야 할 것이다"라고 말했다. 더글러스식으로는 어떤 물체(돼지와 같이)가 더럽기 때문에 위치를 이탈했다라기보다는 그것이 위치를 이탈했기 때문에 더럽다. 그러나 벌머식으로는 이와 반대로 "돼지는 위치에서 이탈했기 때문에 깨끗하지 못하다기보다는, 깨끗하지 못하기 때문에 예외적으로 분류가 되었다"라고 하면 될 것이다.

2) 환경의 오염

정치학자인 윌다프스키와 함께 쓴 에세이 『위험과 문화』에서 더글러스는 그 당시 미국에서의 거대오염(macro-pollution) 문제로 관심을 돌렸다. 그녀의 관심은 특정의 기술적이고 환경적인 위험들이 선택되는 데 영향을 주는 사회적 상황을 규정하는 것이다. 왜냐하면 "위험에 대한 인지는 사회적 과정이며 ……사회는 자연환경에 대해 그 사회 자체의 선택적인 시각을 만들어낸다. 그리고 이 시각은 사회가 주의를 기울일 만한 위험을 선정하는 데 영향을 주기(1982:6,8)" 때문이다.

그들이 관심을 가진 구체적인 대상은 원자력 발전시설, 산업으로 인한 강과 호수의 오염, 캘리포니아 해안에서의 석유시추 등을 환경에 매우 위험한 것들로 규정했던 1960년대 후반과 70년대 중반의 환경보호 운동이다. 그녀는 자연세계에 대한 자신감이 의문으로 바뀌었다고 주장하며 이에 대해 '왜'라는 질문을 제기한다. 그리고 그녀는 분리주의집단들의 성장과 그들의 가치체계 때문이라고 답하며 분리주의집단들이 다음과 같은 특성을 가지고 있다고 주장한다.

> 인간성, 평등성, 마음과 정신의 순결함이라는 세 가지에 대한 적극적인 헌신이 그것이다. 분리주의자들의 이상에 대한 위험요소는 세속성과 음모이다. 분리주의자들의 말을 빌리자면 세속성은 거대조직, 거대자본, 시장원리에서 나타나며 이는 모두 평등성을 부인하고 인간성과 순수함을 침해한다. 음모에는 악을 본질적인 선의 세계로 가져옴으로써 은밀하게 공격을 계획하려는 파벌들이 포함된다. 악의 세계로부터의 침투는 악마주의, 마력 혹은 그것들의 현대적 형태인 자연과 인간의 본성을 해치는 숨겨진 과학기술적 오염으로 나타난다. 우리는 이런 생각과 이런 위험들은 자발적인 조직체들이 안고 있는 문제점에 대한 대응으로 나온 것이라고 주장한다. 이 조직들은 강압이나 공인된 리더십 없이 자신들의 조직원들을 통합하기 위해 집단 내에서 끊임없이 일상적인 토론거리를 제공해야 한다. 이런 조직들에서 가장 쉽게 나타나는 해결책은 한치의 양보도 없는 철저한 해결책을 지향하면서 악과 협상하는 것을 거부하고 그 근원을 뿌리뽑는 것이다. 그리고 자발성의 원칙에 기반하는 이런 조직들은 부(wealth) 역시 거부하는 경향이 있다. 사회적 음모에 의해 부패되지 않은 원시상태의 자연은 사회적인 구분이 없는 사회와 상응하며 이는 그들이 옹호하는 신앙의 전형이고 천상의 상징이다(1982:10, 11, 강조 첨가).

이 분석에서 환경에 대한 위험과 관련 있는 오염신앙의 기원은 전체 사회의 우주론적 관심에서보다는, 가장 떠들썩하게 이런 위험을 드러내는 집단들에서 찾을 수 있다. 여기서 전체 우주론들은 분리주의 이익집단의 이데올로기적 위치로 격하되었으며 이들의 신념들은 갈등과 경쟁의 결과로 보인다. 이런 분석은 매우 미시지향적이며 그 이전의 더글러스의 거시분석으로부터의 전환을 보여주는 부분이다.

이는 뒤르켕의 논리를 근대사회에 접목시키고, 명확하게 의례적이고 종교적인 모든 신념들은 바로 의례와 종교이며 위생학과는 실질적인 관련이 없다는 것을 밝혀내고자 하는 더글러스의 바람을 다시 보여준다. 그러나 이렇게 뒤르켕의 이론을 접목하려는 시도는 처음보다 더 어려워진 것으로 보인다. 이는 더글러스가 뒤르켕의 개념을 통해 뒤르켕의 이론을 설명했던 것처럼, 자신의 개념을 이용해 자신의 이론을 설명하려 했기 때문이다. 그리고 그녀는 '의학적 물질주의'와 비슷하게 근대의 오염신앙을 설명하고 있다. 첫째로, 근대문화분석은 좀 더 개인주의적인 경향을 띠어야 한다는 일반적인 사회과학적 편견이 존재한다. 믿음은 종종 이데올로기로 여겨지며 따라서 공동체 전체의 우주론이 아니라 특수집단의 물질적 이익의 문화적 발현으로 간주된다.

'여론'이라는 개념이나 환경에 대한 여론의 관심은 국가사회의 공동 실재를 상징하는 뒤르켕학파의 집합표상의 완벽한 예이다. 그러나 여론 자체에 관한 연구를 존재하지도 않는 공중이라는 집합적 실재의 잘못된 구체화로 여기는 근대적 경향성이 존재한다. 이럴 경우 실제로 존재하고, 또 존재할 수 있으며, 연구대상이 되는 것은 구체적인 개개인들의 신념이다. 이는 여론의 문제를 수많은 개인들이 가지고 있는 태도에 관한 연구로, 또는 더글러스의 경우에 있어서는 단일한 집합표상이 아닌 분리주의집단에 관한 연구로 만들어 버린다. 우리가 보다 원시적이고 전통적인 사회들을 연구할 때에는 그들의 사회조직과 문화적 표현 사이의 관계를 분석하는 데 어려움이 없다. 오늘날의 '여론'에 상응하는 신, 영혼, 신성한 힘 등은 모두 사회조직의 근본적인 유형으로, 뒤르켕의 주장을 그대로 보여주고 있다. 그러나 근대사회를 분석하게 되면 신은 사라지거나 개인적 혹은 모든 사람들의 심리적 부속물로, 또 더글러스에게 있어서는 자발적인 단체들의 조직적 문제로 축소돼버린다. "[환경오염과 관련한] 경계이론(border theories)은 선택적 자발성의 사회적 난관에서 나왔다. **자발적 조직의 많은 문제들을 해결하는 과정에서**, 경계이론은 위험과 음모에 관한 관점을 형성하고 밝히게 된다(1982:189, 강조 첨가)." 그렇다면 오염과 금기에 관한 그녀의 초기연구주제들을 매우 훌륭하게 설명해주었던 뒤르켕주의는 어디로 가버렸는가? 이제 오염에 대한 관심은 자발적 결사체의 구성원들을 묶어주는 일종의 사회적 접착제로 평가절하되어버린다.

역사적으로, 분리주의집단들은 대체로 이데올로기적으로는 더글러스가 서술하고 있는 일반적인 성향을 가진다. 그러나 이런 성향은 자발적 결사체의 문제라기보다는 분리주의집단의 사회조직적 형태와 관련이 있다. 혁명적 정당, 종교단체, 유토피아적 공동체 모두는 선한 내부와 악한 외부라는 단순한 이분법적 우주론을 가진다. 그러나 이런 이분법적 우주론이 이들 집단의 명백하게 구분된 사회조직을 반영할 때, 이런 우주론은 그들 조직체가 결속된 통합집단이 될 수 있게 하는 기능을 수행한다. 그럼에도 불구하고 환경에 대한 신념이 이를 가장 옹호하는 집단에게만 한정되는 것은 아니다. 이것은 일반적인 것이며, 전체 사회의 총체적 우주론의 일부분이다.

환경오염에 대한 관심이 특수한 몇몇 이익집단의 관심사라기보다 일반적인 것이라면, 이 즈음에서 그 사회적 기원에 대해 질문을 제기하는 것이 유용하다. 그리고 그 해답은 더글러스의 초기연구에서 보이는 뒤르켕적 분석에서 찾을 수 있다. 오염에 대한 관심은 사회적 경계선이 위협받을 때 나타나는데 이런 환경오염문제는 국가적 차원의 것이기 때문에 이를 국가정체성 위기와 관련해 고찰할 필요가 있다.

일반적으로, 자연에 대한 이미지는 그 사회가 가지고 있는 우주론의 일부로 궁극적 실재에 대한 관념을 나타낸다. 따라서 문화가 사회를 반영하는 것처럼, 갑자기 등장하는 자연계의 문제들은 그 사회의 사회문제들을 반영한다. 이렇게 본다면 1960년대 후반에서 1970년대 중반에 걸쳐 미국과 서구사회의 주요지역에 퍼졌던 '오염공포'로 대변되는 환경의 위험성에 대한 갑작스런 관심을 어느 정도 설명해 줄 수 있다. 이런 오염공포를 조장한 것은 시에라 클럽(Sierra Club), 지구의 친구들(Friends of the Earth) 등과 같은 집단들이었지만, 실제로 환경에 대한 편집증과 관심은 보다 보편적이었다. '환경을 보호'하기 위한 연방법이 제정되었으며, 환경에 대한 사람들의 관심을 강화하기 위해 '지구의 날'과 같은 국가적 차원의 경축의식들이 있었고 이 행사에는 400만 명의 사람들이 참여했다. 이렇듯 환경에 대한 관심은 제도화되었고 주정부의 관할이 되었다. 보통의 시민들에서 주정부 관료기구에 이르기까지 국가적 집단성이 극명하게 드러났다.

여기서 우리는 왜 이런 관심이 갑자기 등장했는가 라는 더글러스의 근원적인 질문으로 돌아간다. 분명히 환경이 갑자기 더러워졌기 때문은 아니다. 환경 쓰레기와 오염은 계속적으로 증가해왔지만, 그렇다고 해서 환경에 대한 관심의 증가를 가져온 것은 아니다. 환경은 1970년대 중반 이전에도 '더러웠고' 그 후에도 더러웠다. 그러나 병적인 관심이 극적으로 표면화되었고 또 이런 관심은 몇 년 안에 사라져버렸다. 왜 그랬을까? 바로 그 해답은 환경문제에 대한 더글러스의 설명에서 찾을 수 있다. "내가 생각한 바와 같이, 의례적인 오염은 정형성과 이를 둘러싸고 있는 무정형성과의 상호작용으로부터 생겨난다. **그리고 그 정형성이 공격받을 때 오염위험이 닥친다**(1970:126, 강조첨가)." 그리고 이런 생각은 에릭슨의 경계위기가설과 유사하다.

1960년대 후반과 70년대 중반에 걸쳐 인종폭동, 학생운동, 베트남전 패배 그리고 최고행정부의 정치적 부패를 폭로한 워터게이트 사건 등 국가적인 차원의 많은 충격이 있었다. 또한 이 시기는 더 큰 세계체계 속에서 미국권력의 전환점이었다는 점에서도 충격적인 시기였다. 1945년 이래로 지배적이었던 미국의 헤게모니는 1970년대 중반 즈음에는 쇠퇴로 치닫는 듯 보였다.

> 뒤돌아보면, 미국쇠퇴기의 정점은 아마도 1973년이었다. 이때 미군은 베트남으로부터 철수하기 시작했으며 미국적인 지배적 금융체제였던 고정환율은 붕괴하기 시작했다. 또한 중동국들이 이끄는 석유담합에 의해 유가는 네 배 상승했다. 이로써 미국의 정치적, 경제적 헤게모니는 큰 도전을 맞게 되었다(Crittenden, 1979:1).

1960년대 후반과 70년대 중반에 발생한 이와 같은 사회위기들은 모두 미국의 자신감에 위기를 가져왔고 이는 다양한 사회제도와 (Bergersen and Warr, 1979) 환경에 대한 신뢰감 상실로 나타났다. 그리고 이런 사회적 위기는 자연이라는 존재에 대한 갑작스런 관심의 형태로 문화영역에서 나타났다. 사회의 위기는 그 집합표상의 위기를 발생시킨다. 미국의 미래에 대한 근심은 환경의 미래에 대한 근심으로 상징화되었다. 1970년대 중반은 국가전반에 걸쳐 충격과 불안의 시기였다. 그리고 환경과 이를 맡고 있는 제도에 대한 신뢰감의 상실은 이런 미국사회 전반에 걸친 '신뢰상실' 의 한 부분이었다고 주장될 수 있다. 마지막으로 이런 국가적 수준의 분석일지라도 분석의 수준이 너무 낮을 수 있다는 것은 주목할 필요가 있다. 환경운동이 같은 시기에 미국뿐만이 아니라 많은 서구국가에서도 일어났다는 점을 고려해볼 때, 단순한 한 국가의 동학이 아니라 세계적인 수준에서의 관계들로 관심을 전환할 필요가 있다는 것이다.

3) 상징적 경계와 주변부 상황

더러움과 오염에 대한 더글러스의 분석의 초점은 분류체계에 부합하지 않는다는 이유로 도덕적으로 비난받는 사물이나 사람이다. 그러나 그녀는 이런 분류체계의 경계들이 두려움, 위험, 잠재력을 야기한다는 것 역시 지적한다. 이를 설명하기 위해 더글러스는 사회의 이미지를 지위범주로 잘 정의된 방과 공포와 위험으로 가득 찬 과도적 지대인 복도들로 이루어져 있는 집으로 비유한 방주네프(Arnold Van Gennep, 1969)의 개념을 확장시킨다. 그러나 그녀는 경계를 따라 잘 구조화된 사회체계 속에도 어떤 힘이 상주한다고 주장한다.

> 사회체계가 권위가 부여되어 있는 지위들을 명백하게 규정하고 있는 곳에서는 이런 지위를 차지하고 있는 사람들이 통제가능하고 의식적이고 외적이고 승인되는 명백한 영적 힘을 가진다. ……사회체계가 위협적일 수 있는 모호한 역할들을 수행하는 사람들을 필요로 하는 곳에서는 이들에게 마술과 악마의 눈 같은 통제되지 않고 무의식적이고 위험하고 승인되지 않은 힘을 부여한다(1966:120).

힘의 종류에 따라 감정적 상태 역시 유사하게 규정된다는 것을 덧붙여야 할 것이다. 기업간부나 군사장교, 일반적인 관료제 내의 지위들에 있는 사람들은 감정을 나타내는 것을 좁은 범위로 제한하거나 분명하게 통제할 수 있다고 여겨진다. 이와 반대로, 예술가와 시인 그리고 모호하게 정의된 역할을 하는 사람들은 보다 폭넓은 감정을 가질 수 있다고 여겨진다.

'지성'이라는 것이 권력이나 감정과 비슷한 성향으로 간주된다면, 통제되지 않고 무의식적인 지성의 힘은 흔히 '천재'라는 지위로 연결된다. 지성이 능력을 반영한다면, 한계가 없고 통제될 수 없는 능력은 천재에 대해 우리가 가지고 있는 생각과 매우 비슷하다. 이처럼 우리는 예술가, 시인, 음악가와 같이 좀 더 애매하게 정의된 역할을 수행하는 사람들이 구속받지 않는 잠재력 즉, 천재성을 발휘한다고 여긴다. 반면, 분명하게 정의된 역할을 수행하는 사람들은 훈련, 경험, 교육 등과 같이 확인가능한 자원들을 통해 그들의 능력을 키우는 것으로 생각된다. 그 사람은 '요령을 안다'는 말처럼 군대의 장관은 전쟁터의 경험 때문에, 교수는 하버드 학위 때문에, 기업간부는 조직경험 때문에 훌륭하다. 그러나 시인은 확실하게 정의될 수 없는 영감을 가졌기 때문에, 작곡가는 선천적인 천재성을 가졌기 때문에 훌륭하다. 모차르트나 베토벤이 고전적인 음악훈련으로, 혹은 피카소가 미술교육으로 인해 훌륭한 예술가가 되었다는 것을 확신하기는 어려운 일이다. 이들은 분명 천재였다. 그리고 나폴레옹이 말한 것처럼 군사적인 천재 역시 군사학교에서 교육받은 것 이상의 능력을 가져야 한다. 여기서의 초점은 행동이 기대된 역할을 능가할 때 우리는 그것을 천재성과 같이 비범한 힘과 능력으로 돌린다는 것이다.

또한 더글러스는 "오염이란 구조, 우주, 사회의 경계가 명확하게 규정되는 곳이 아니고서는 잘 발생하지 않는 위험의 한 형태이다"라고 주장한다(1966:136). 이런 입장은 『신앙생활의 기본형태(*Elementary Forms of Religious Life*)』에서 나온 뒤르켕적 사고로, 강력한 공동의 질서가 존재하는 곳에 권력과 잠재력이라는 개념이 존재한다는 것이다. 여기에서 신은 신성하고 강력하며 위험하다. 그렇지만 더글러스는 정형성과 비정형성이 동일한 사회적 경험을 야기하는 것과 같이, 권력, 잠재력, 위험은 잘 경계지어진 사회질서의 붕괴, 주변상황 그리고 애매하게 정의된 영역 모두에 의해 발생한다고 주장하는 것처럼 보인다. 축전이나 제식과 같은 긍정적인 의례는 통합된 사회실재를 재확인시키고, 오염신앙 같은 부정적 의례는 경계나 애매하게 정의된 영역과 관련된다. 그러나 이런 가설은 지나친 단순화다. 왜냐하면 경계적 영역이 아닌 사회생활에도, 통합된 사회의 집합표상인 신성한 종교적 대상을 만지거나 보거나 오염시키는 것을 금지하는 도덕적 금기가 있기 때문이다.

그렇다면 어떻게 질서와 무질서가 동일한 믿음을 가져올 수 있을까? 강력한 통합적 질서는 집합적 실재를 재확인하는 의례와 오염신앙을 수반한다. 또한 정형성과 비정형성 간의 차이가 매우 두드러지기 때문에, 체계의 주변부들은 잠재성과 위험이라는 이례적인 의미를 가진다. 더욱이 에릭슨의 경계위기라는 개념에 의하면, 강한 경계를 가지고 있는 체계는 보다 약한 경계와 덜 통합된 실재를 가지고 있는 사회보다 일탈과 오염을 생산해내는 많은 의례적 반응을 만들어낸다. 이와 반대로 보다 약하게 통합된 질서는 갱신되어야 할 집합적 실재가 적기 때문에 의례나 오염신앙 역시 적다. 그리고 사회적 관계들이 불명확한 경우에는, 그 경계의 애매성 역시 덜 위협적이기 때문에 이를 통해 나타나는 권력과 위험의 의미 역시 존재하지 않는다. 마지막으로, 경계위기상황에서는 위협을 받거나 의례적으로 재확인되어야 하는 통합된 실재가 보다 적게 존재하기 때문에 이에 대한 반응 역시 적다.

4) 주변부에 존재하는 위험: 새벽과 황혼

더글러스에 의하면, 사회생활의 주변부들은 다양한 경험들을 만들어낸다. 사회실재의 연속성에 있어서 죽음과 같은 거대한 균열은 공포와 전율을 불러일으키게 된다. 비교적 소규모의 단절은 사회적 무질서 혹은 정체성의 위기와 같은 감정을 가져오며, 상호작용조직의 일시적인 와해는 당혹감과 같은 매우 약한 정도의 정체성 위기를 초래한다(Goffman, 1967). 그리고 사회실재의 일시적인 와해를 겪는 동안에 일종의 황홀경(*ecstasy*) 역시 경험하게 되는데, 이는 사회적 무질서라는 심각한 수준의 부정적인 감정을 불러일으킬 정도로 의미 있는 것은 아니지만 위험과 홍분이라는 순간적인 감각을 일으킬 만큼은 충분하게 일상에서 벗어난 것이다. 버거

(1967:43)에 의하면, 황홀경이란 "일반적으로 정의되어진 실재로부터 벗어나 있다"는 인식을 포함한다. 이는 아노미와 비슷하지만 그만큼 심각하지는 않다. 누구든지 조직화된 실재의 주변부에 서게 된다면 불확실성과 혼란이라는 아노미적인 두려움을 느낄 것이다. 그러나 그 정도가 약하다면 아노미보다는 황홀경으로 경험할 수 있다는 것이다. 심각한 수준의 와해는 위협적이다. 정도가 약한 와해 역시 흥미롭고 황홀하지만, 때때로 위험하고 위협적이다.

예를 들자면, 새벽과 황혼에 관한 경험들을 이런 관점에서 볼 수 있을 것이다. 여기에 바로 위기와 신성함, 그리고 황홀경이 존재한다. 사람들은 때때로 새벽녘과 황혼녘에 모여서 경외심을 가지고 조용히 해가 뜨고 지는 것을 바라본다. 이는 일상에서 당연시되는 경험 이상의 것 즉, 우주의 거대한 힘이라는 존재를 느끼는 것이다. 야영하는 동안에 사람들은 조용히, 다른 사람들과 함께 혹은 혼자 언덕 위에 앉아서, 태양이 떠오르는 것을 보기 위해 그들이 하고 있는 행동을 멈출 것이다. 그러나 그들은 태양이 하늘을 가로지르는 것을 보기 위해서 오전 시간 전부를 보내지는 않는다. 마치 해돋이를 관찰하는 데는 정해진 시간이 있고 그러고 나서는 아침식사를 준비하고 텐트를 접고, 침낭을 접는 것 등 일상생활의 필요한 일들로 돌아가야 하는 것처럼 보인다. 밤과 낮 사이의 틈을 가로지르고 나면 낮 동안의 역할, 규칙, 그리고 정체성들이 활성화되고 사람들은 다시 그들의 사회적 의무로 돌아가야 한다. 황혼 역시 일상에서 벗어나는 경험을 가져온다. 여기에서 느끼는 감정은 일종의 두려움이긴 하지만 새벽에서 느끼는 바와 같이 의사종교적(quasi-religious)인 경험이다. 침묵과 존경의 태도를 요구하는 신성한 존재 앞에서와 마찬가지로 사람들은 일몰을 보러 가서, 역시 조용하고 경건하게 이를 바라본다. 여기서 다시 일상생활의 의무와 책임은 보류된다. 전통적으로, 황혼은 중간의 시간으로 인식되어져 왔으며, 새벽과 황혼 모두가 야기하는 두려움 또는 신성함이라는 경험에 대한 사회학적 해결의 실마리를 제공한다. 서부영화의 일반적인 결말은 영웅들이 석양 속으로 말을 타고 사라지는 것이다. 보다 깊이 있게 살펴보면, 왜 석양 속으로 말을 타고 가는 장면이 서부 영화에 적합한 결말인지 그 이유에 대해서 알 수 있다. 석양 속으로 말을 타고 간다는 것은 밤과 낮이라는 사회적 세계들 사이에 존재하는 틈으로 가는 것을 의미하며, 따라서 이 두 세계로부터 부여된 책임에서 벗어나게 된다는 것을 의미한다. 즉, 다시 말해 만약 그들이 밤에 말을 타고 간다면 몇 가지 의문이 생기게 된다. 즉, 그들은 어디에 머물 것인가 혹은 누구와 함께 잘 것인가 등등, 그리고 그들이 환한 대낮에 말을 타고 간다면, 그곳에는 악당들의 존재라든지 주인공들의 역할 등을 다시 언급해야 할 것이다. 석양 속으로 말을 타고 가는 결말은 안정적이다. 이것이 특정 목적지를 향해서 나아가는 것을 의미하지 않기 때문에 플롯을 종결시키는 일련의 완벽한 방법이라는 것이다. 사실상 그들은 현실 그 자체를, 혹은 최소한 영화 속에서 사회적으로 구성된 현실을 떠나버린다.

더글러스가 발전시킨 개념틀에서 새벽과 황혼은 낮과 밤이라는 사회적 세계들 사이에 존재하는 중간적 시간으로 다루어진다. 야기되는 두려움 혹은 황홀경의 경험은 약한 정도의 아노미이며, 이는 사회실재에서 큰 균열상태에 빠지는 것보다는 충격이 덜한 자아의 상실이다. 새벽녘과 황혼녘에, 사람들은 불연속적인 영역으로 정의된, 낮과 밤이라는 사회적으로 구성된 우주 사이의 파괴 또는 균열을 경험하게 된다. 여기에서 중요한 것은 더글러스가 방 사이에 존재하는, 위험과 두려움으로 가득 찬 복도에 대해서 언급했다는 것이다. 낮과 밤은 새벽과 황혼이라는 복도로 연결된 두 개의 방과 같다. 복도를 통과하지 않고는, 다시 말해 중간적 시기의 약한 정도의 공포와 아노미를 경험하지 않고서는 다른 방으로 갈 수 없다. "위험은 이런 과도기적 상태에 존재한다. 이는 단순하게 과도기가 이 상태도 저 상태도 아니어서 규정될 수 없기 때문이다. 그래서 한 곳에서 다른 곳으로 이동해야 하는 사람은 위험에 처하게 되며 다른 사람들에게도 위험을 퍼트리게 된다(1966:116)." 밤과 낮은 분리된 사회적 세계이며, 버거의 용어로는 '신성한 장막'의 일부이다. 그리고 이를 통해 우리는 궁극적인 우주의 실재와 연결된다. 낮과 밤이라는 문화적 구성물들은 불연속적이며, 이들 사이의 틈새는 우리가 일상을 벗어나는 경험, 자아의 순간적인 상실이라는 경험을 만들어낸다.

낮에서 밤으로의 이동은 전원 스위치를 켜고 끄는 것과는 다르다. 왜냐하면 이 변화는 불연속적이고 갑작스럽게 바뀌는 것이 아니라 연속적이고 점진적이기 때문이다. 태양이 지는 데에는 얼마간의 시간이 소요되며 태양이 지평선에 뜨기 전, 날이 환하게 밝아지기 시작하는 데에도 오랜 시간이 걸린다. 밝음 혹은 어둠의 형태가 점진적으로 드러나는 과도기가 존재한다는 것이다. 따라서 아노미적 혼란은 끊임없이 변화하는 균열을 가지고 있는 밤과 낮이라는 사회적 범주들 안에 존재한다. 낮이라는 사회적 영역이 밤과 만나는 곳에서는 필연적인 틈이 생기며, 이 틈의 사회적 막은 매우 얇아서 비조직화되고, 비구조화된 삶의 무질서가 가벼운 정도의 아노미나 황홀경의 형태로 새어나오게 된다.

더글러스는 끈적끈적한 것들이 고체도 액체도 아닌 어중간한 상태이기 때문에 가벼운 정체성의 위기를 초래할 수 있다고 주장한다. 이것들은 매우 중간적인 상태이다. 끈적끈적한 것이 우리 손에 묻었을 때 우리는 매우 비이성적인 반응을 보이게 된다. 이것이 우리 자신과 좀 더 큰 환경들 사이의 경계를 모호하게 만든다는 점에서 매우 위협적으로 보이기 때문이다. 끈적끈적함은 개인과 거대한 세계 사이에 지속적인 연결고리를 제공하지만, 그렇기 때문에 분리된 자아정체성을 위협한다. 새벽과 황혼의 빛깔은 밤의 어두움과 낮의 밝음 사이의 중간 톤의 색채와 유사하다. 그 색채는 불투명한 장밋빛이며, 그 자체로 밤과 낮이라는 뚜렷한 세계간의 차이는 불명확해지게 된다. 둘의 차이가 불분명해지고 구별할 수 있는 단서가 사라짐에 따라, 사람들은 순간적으로 불명확한 중간세계 – 빛과 어둠, 낮과 밤 어느 것으로도 정의될 수 없는 – 로 들어가게 된다. 다시 말해 아노미가 존재한다. 그러나 사람들은 일상적이고 제도적인 경험들로부터 다소 동떨어진 신화적 우주에 균열을 만들어, 새벽녘과 황혼녘에도 자신들의 제도적 역할과 연결된 채로 남아 있을 수 있다. 이런 과도기적인 상태의 불확실성은 다시 신성한 장막의 틈새로 인한 고통으로부터 우리를 감싸주는 직업, 가족, 그리고 공동체라는 잘 구조화된 세계로 넘어가게 된다. 이와 같이 우리는 정체성의 완전한 위기를 경험하는 것이 아니라, 잠시동안 우리가 사회적으로 통합되어 있는 수많은 사회실재의 한 층위로부터 벗어나는 도취적인 경험을 하는 것이다.

5) 의례로서의 언어, 언어로서의 의례

메리 더글러스의 연구는 더러움과 깨끗함의 기원에 관한 질문으로부터 시작해 경계와 경계의 의례적인 재강화에 대한 일반적인 토론으로 끝을 맺는다. 이 도식에서 의례에 관한 일반적인 질문들은 매우 중요하며, 의례는 그녀의 전체 도식에서 하부사회와 상부문화를 매개하는 중요한 역할을 수행한다.

그렇다면, 정확하게 의례란 무엇인가? 이런 질문에 대해, 더글러스는 의례를 가치체계에 대한 개인적인 참여가 결여된 행위로 간주하는 사회학자들의 일반적인 이해에서 시작한다. 그러나 "진정한 합의를 상징하는 어떤 단어도 남겨놓지 않은 채, 의례라는 단어를 합의의 공허한 상징으로 사용하게 되면 종교사회학을 심각할 정도로 무력화시킨다(1970:3)." 대신, 더글러스는 의례가 의사소통의 유용한 수단이라고 보면서 "의례의 형식을 담론의 형식과 같이 문화의 전달물로 다룰 수 있다면, 종교적인 행위를 이해하는 데 도움이 될 수 있을 것(1970:21)"이라고 주장한다. 더글러스에게 의례는 '매우 중요한 의사소통의 한 형식'으로 사회적 정보를 소통하게 하는 언어의 일종이며, 사회의 집합적인 감정들을 보충하는 데 도움을 준다. 이처럼 의례 역시 문화를 전달하고 사회관계들 속에서 발생한다는 점에서 담론과 같이 다루어져야 한다.

의례의 개념을 발전시키기 위해 더글러스는 영국의 언어학자인 번스타인(Basil Bernstein)과 그의 '정교화된' 언어적 코드(elaborated linguistic code)와 '제한된(restricted)' 언어적 코드에 관심을 기울인다.

> 번스타인은 언어학적으로나 사회학적으로 모두, 구분이 가능한 담론의 기본적인 두 가지 범주가 있다는 생각에서 출발한다. 첫번째 것은 작은 단위, 즉 모든 발화자들이 동일한 기본적인 가정들에 접근할 수 있는 매우 지역적인 사회적 상황에서 발생한다. 이 범주에서의 모든 발언은 사회적인 질서를 확인시키는 데 기여하게 된다. 이런 상황에서 담론은 뒤르켕이 원시사회에서 종교가 담당하는 것으로 보았던 기능 즉, 결속을 유지하는 기능을 수행한다. 담론의 두번째 범주는 …… 발화자들이 다른 사람의 기본적인 가정들을 받아들이지 않거나 또는 굳이 알려고 하지도 않는 사회적 상황들에서 받아들여진다. 여기에서 담론은 개인의 고유한 인

> 식들을 뚜렷하게 하고, 초기의 가정들을 연결시키는 기본적인 기능을 가진다(1970:22).

그 실제구성을 보면, 제한된 코드는 좁은 어휘집합(lexical pool)과 더 간략하고 엄격한 통사론(syntax)을 제공하는 반면, 정교화된 코드는 보다 넓은 어휘집합과 보다 광범위하고 복잡한 통사론들을 제공한다. 제한된 코드는 개인이 매우 특정적인 의미로만 의사소통할 수 있게 하며, 말해지는 것들은 보편적인 것으로 집단문화의 한 부분이다. 번스타인과 같이 더글러스는, 사회는 1차적으로 그 사회의 담론을 내재화함으로써 전승된다는 사피어(Edward Sapir)와 미드의 언어사회학적인 전통을 따른다.

> 어린이는 언어를 배우게 되면서, 혹은 우리의 용어로는 그의 언어적 행위를 조정하는 특정한 코드들을 배우게 되면서 자신이 속한 사회구조의 요구사항들을 배우게 된다. 이런 관점에서 어린이가 말을 할 때마다 자신이 속한 사회구조는 자신 안에서 재강화되며 자신의 사회적 정체성은 발달되고 동시에 강제된다. 성장하는 어린이에게 사회구조는 담론행위를 형성시킴으로써 심리적 실재가 된다(Bernstein, quoted in Douglas, 1970:24-5).

따라서 문화의 전승은 담론 안에 사회를 담고 있는 개인을 통해 이루어진다. 그러나 또한 언어는 이런 코드를 사용하는 사람들의 심리적 실재와는 무관하게, 보다 직접적인 방식으로 기능한다. 한 개인이 제한된 코드로 말할 때 그는 언어적 의례를 수행하고 있는 것이다. 그리고 언어적 의례는 개인의 사회적 정체성을 강화시키는 것과는 무관하게, 공유되는 감정들을 갱신한다.

제한된 코드는 그 제한성 때문에, 다른 사람들이 말한 것을 해석하기 위해서는 그 집단의 사람들이 공유하는 가정들을 이용해야 한다. 그리고 그렇기 때문에 이 가정들은 사람들의 삶에 스며들게 되고 결국 그들이 구성한 집단을 재확인시킨다. 만약 집단이 공동문화라는 개인들 사이의 공유된 가정들로 구성된 것이라면, 공동문화의 활성화는 곧 집단의 활성화가 될 것이다. 여기에서 우리는 이런 과정들이 의도와는 무관하게 일어난다는 것을 이해해야 한다. 다시 말해 집단감정을 재확인하려는 개인적 욕구나 의도에 의해서가 아니라는 것이다. 어떤 사람이 제한된 코드로 말할 때는 다른 사람은 그가 말한 것을 이해하기 위해 그들의 공유된 가정들을 사용해야만 하기 때문에, 제한된 코드가 사용되는 바로 그 상황이 집단감정을 자동적으로 재확인시킨다. 제한된 코드는 매우 간단해서 어느 정도의 선행지식이 없이는 누군가가 말한 내용을 해석하는 것은 사실상 불가능하다.

더글러스의 언어와 의례 사이의 유추는 중요하다. 언어처럼 의례는 집단정보를 전달하거나 전승한다. 그러나 언어가 의례와 같은 기능을 하며, 언어의 구조 즉 코드가 사회질서를 정기적으로 재확인하는 의례의 한 부분이라는 것 역시 사실이다. 말한다는 것은 의례를 수행하는 것이며, 의도적이든 그렇지 않든간에 기본적인 사회적 관계와 공유되는 가치의 재생산과 강화에 참여하는 것이다.

언어, 의례, 사회적 연대를 연계시킨 더글러스와 번스타인의 생각은, 집단생활의 변화를 의례적 행위의 정도 변화와 연관해 고찰할 수 있게 한다는 점에서 중요하다. 집단의 연대가 강할수록 의례적인 행위와 제한적인 코드는 보다 많이 존재한다. 또한 집단연대나 통합성이 증가될수록, 정기적으로 재확인되어야 할 사회적 질서 역시 많아지며 따라서 모든 종류의 의례들이 보다 많이 형성되어야 한다. 더글러스의 초점은 개개인 발화자들이 대면하게 되는 직접적인 맥락에 있어서의 변화이다. 그러나 그녀가 언급하고 있듯이, 연대는 집단 자체의 특징이기도 하다. 연대는 단순히 '발화자를 자신의 친족이나 지역적인 공동체에 통합시키는' 기제가 아니라는 것이다. 연대는 강하게 묶인 통합된 집합체라는 의미를 갖는 집단의 특성이며, 따라서 연대는 단순하게 개인에게 가해지는 상이한 형태의 압력이 아니라 상이한 집단간의 비교분석을 위한 개념이다. 그리고 이런 그녀의 강조는 발화자 개인들 사이의 차이점을 분석하는 데는 충분할 수 있지만, 의례 일반을 설명하는 데는 제한점을 가진다.

그녀가 '소규모의, 매우 지역적 상황'을 제한된 코드의 근원으로 정의하면 또 다른 문제점이 발생한다. 사회적인 수준에서 제한된 코드는 일반적으로 원시사회나 근대사회의 특정 지역에 한정되어 나타나기 때문에 비교분석이 어렵다는 점이다. 소규모이고 매우 지역적이라는 것은 절대로 근대국가사회의 집합적 특징이 될 수 없다. 더글러스는 역시 산업사회에 대해 다음과 같이 주장했다.

> 지리적 그리고 사회적 이동은 ……사람들을 그들 본래의 공동체로부터 분리시키며 ……여기에서 사람들은 정교화된 담론을 사용해 존재하는 사고의 범주를 다시 살피고 고치며 살아간다. 받아들어진 관념들에 대해 도전하는 것은 그들의 일상이다. 그들은 (우리라고 해야 하는지도 모르겠다) 경험의 어떤 주어진 유형에 대해서도 전문적인 분리를 수행한다(1970:31).

이와 같은 언어의 근대적 사용은 "담론형식들이 안정적인 사회구조에 견고하게 뿌리내리고 있는, 가장 원시적인 문화에서의 언어와는 대조적이다. 원시적 문화에서 언어의 1차적인 사용은 확고한 형이상학적인 가정에 기반하는 사회구조를 확인하거나 미화하는 데 있다(1970:28)." 담론이 근대사회에서는 '존재하고 있는 사고의 범주를 다시 살피거나 고치기' 위해 사용되어야 하고, 원시사회에서는 단순하게 '형이상학적 가정에 근거한 사회구조를 미화하기 위해서' 사용되어야 한다는 것은 더글러스 자신이 『순수와 위험』에서 비판했던 자민족중심적 넌센스와 다를 바 없다. 즉, 다시 말해 근대사회의 위생학적 행동들이 원시사회의 위생학적인 행동들과 사회학적으로 얼마나 유사한지를 보여준 더글러스의 연구업적은 언어에 대해 언급할 때는 완전히 잊혀진 것으로 보인다. 그렇지 않으려면, 언어는 원시사회의 경우만큼 근대사회에서도 확고한 형이상학적 가정들을 근거로 한 근대의 사회질서를 미화하기 위해 사용되어야만 한다.

이런 문제점이 나오게 된 것은 더글러스가 개인적인 발화자와 그[그녀]가 배태된 사회적 관계를 강조한 언어학자들의 의견에 동의했기 때문이다. 이런 생각은 개인적 발화자의 관점에서 본다면 별 문제가 없지만, 전체 집단의 관점에서 본다면 명확한 한계가 된다. 문제의 해결책은 분석수준을 발화자의 직접적인 사회적 맥락에서 전체 집단, 공동체 또는 국가의 총체적인 결속체나 연대로 옮기는 것이다. 문화의 유형이나 과정으로서 코드는, 집합표상들과 같은 집단의 특징으로 볼 수 있으며, 단순하게 발화자에게 강요되는 직접적인 사회적 압력이 아니라 전체 집합체에 의해 결정되는 것이다. 따라서 코드에 관한 분석을 확장시키기 위해서는 개인적 발화자들의 직접적인 맥락이 아닌 집단조직과 그 집단에서 유력한 코드의 종류들과의 관계를 검토해야 한다.

언어적 코드, 의례, 사회적 연대의 관계에 관한 더글러스의 생각은 다음 두 가지의 간단한 명제로 표현될 수 있다.

> 명제 1:집단의 연대 혹은 통합의 수준이 커질수록, 좀 더 많은 제한된 언어적 코드가 사용된다.
>
> 명제 2:집단의 연대 혹은 통합의 수준이 작아질수록, 좀 더 많은 정교화된 언어적 코드가 사용된다.

이와 같은 언어와 의례 사이의 연관성은 동일한 이론적 논리가 다양한 종류의 언어적 코드에 적용될 수 있다는 점에서 매우 중요하다. 실제로 의미를 소통시킬 수 있는 매우 다양한 상징적 체계들이 존재하며, 이것들은 언어로 간주될 수 있다. 이 언어의 코드들은, 코드들이 만들어진 집단의 전반적인 연대 혹은 통합에 따라 보다 정교화된 코드와 보다 제한된 언어적 코드 사이에서 움직인다. 그리고 이런 관점에서 볼 때, 담론이 해석되는 것처럼 음악, 예술, 음식의 '언어' 역시 해독될 수 있다.

종교의식에 늘 음악 반주가 따르는 것만을 봐도, 음악은 확실히 의례와 관련된다. 그러나 음악은 종교적인 의식에서 연주되든 아니든간에 상관없이 그 자체로 하나의 명백한 의례이다. 음악은 집합적으로 기획된 것이며 확실한 사회적 창조물이다. 음조, 음계의 편곡, 운율의 반복은 단지 자연의 되풀이가 아니다. 심지어 노래를 부를 때 사용되는 자연스러운 사람의 목소리조차 어떤 특정한 음을 내거나 올바른 소리를 내라는 사회적 강제와 연관된다. 음악은 자연의 소리를 포함하지만 이를 조합해 결국 문화적 구성물로 변화시킨다.

담론과 같이, 음악은 언어이다. 소리나 음조는 멜로디, 화음, 리듬, 작곡의 문법에 따라 결합된 음악의 기본요소이다. 단어가 문장을 구성하듯 소리는 결합해 악구, 모티프 그리고 더 큰 전체 음악을 형성한다. 더글러스에 따르면 음악적 코드 역시 언어적 의례들로 기능하고, 집단연대의 변화에 따라 함께 변화한다. 집단연대와 집단의식이 강한 시기에는 보다 제한된 성격의 음악이 나타나고, 집단연대와 집단의식이 약한 시기에는 음악적 코드가 보다 정교화된다.

그 예는 노예시대에서 1960년대까지의 미국 흑인음악의 역사에서 찾을 수 있다. 노예시대는 흑인공동체의 강하고 분명한 집단정체성의 시기로 간주될 수 있으며 따라서 이 시기에는 흑인영가와 같은 제한된 음악적 코드가 만들어졌다. 이 시점에서 정교화된 코드와 제한된 코드가 상대적인 것임을 지적하는 것은 중요하다. 이들은 절대적인 것이 아니라 연속선상의 지점들이다. 따라서 흑인영가가 제한적이라는 것은, 후일에 등장한 재즈나 블루스보다 더 제한적이라는 뜻이다. 흑인영가는 명확한 코드였다. 흑인영가의 제한성은 그 음악구조 자체에 나타나 있다. 흑인영가는 마치 그 그룹 자체가 노래하는 듯이 여러 목소리들이 하나의 목소리로 녹아드는, 규칙적으로 박동하는 리듬을 가지고 있다. 흑인영가는 넓은 음역의 재즈나, 음정이 맞지 않는 블루스보다 그 음역이 좁다. 또한 흑인영가는 재즈보다 매우 단순한 선율과 리듬 구조를 가지며 합창형식으로 불려진다는 점에서 개인적 문제를 다루는 블루스와는 달리 전체 사회의 문제를 다루는 집단음악이다. 여기서는 개개의 음조들이 하나의 음조, 즉 집단 음으로 모아지고 변환되기 때문에 조화가 매우 중요하다.

그러나 20세기 초에는 새로운 음악적 코드들이 등장했다. 흑인들이 남부에서 북부로 이주하기 시작하면서 흑인공동체의 전반적인 연대는 약해졌다. 이는 흑인들이 계속적으로 이동하고 흩어졌기 때문이며 또한 노예 시대보다 훨씬 개인적 바탕에서 개인적인 목표를 보다 많이 추구했기 때문이었다. 연대의 약화와 더불어 전체 집단에 대한 집단적 관심보다는 고유한 개인의 각기 다른 목표들을 강조하게 되면서 음악적 코드는 정교해졌다. 그리고 이런 변화는 20세기 초반의 재즈와 블루스라는 음악형태의 등장으로 나타났다. 재즈는 미리 정해진 문법이 없다는 점에서 아마도 가장 정교화된 코드일 것이다. 재즈에서 즉흥성은 필수적인 것이고 음은 연주자가 원하는 어떤 방식으로든 결합될 수 있다. 음역은 흑인영가보다 훨씬 넓지만 화음에 대한 강조는 더 적다. 큰 재즈 밴드와 보다 작은 규모의 앙상블이 있긴 하지만, 전통적인 재즈 음악가들은 암스트롱(Louis Armstrong), 데

이비스(Miles Dewey Davis), 파커(Charlie Christopher Parker), 콜트레인(John Coltrane)과 같은 솔로 연주자이다. 흑인영가가 합창을 만들기 위해 개인들의 소리를 혼합하는 것에 비해, 재즈는 보다 개인적인 표현이다. 블루스는 재즈보다는 더 구조적이긴 하지만, 개인적인 문제를 다루고 개인 한 사람에 의해 가장 많이 불린다는 점에서 흑인영가보다는 더 정교화된 코드이다. 또한 블루스에서는 광범위한 문법적 대안을 보여주는, 음조에 있어서의 많은 변주가 가능하다. 아마도 가장 유명한 것은 이른바 블루노트(blue note)라고 불리는 것으로, 이는 장음계의 3도와 7도를 반음 내려서 연주하거나 종종 음정에 맞추지 않고 연주하는 것이다.

더글러스의 견해에 따르면 집단연대가 약화되던 이 시기에 재즈와 블루스가 등장한 것은 예측가능한 것이다. 그러나 집단연대가 강화되면 의사소통의 양식도 보다 제한된 코드로 변화되며 이는 공민권 운동(Civil Rights Movement)으로 인한 흑인의식 고조와 연대 강화와 함께 1960년대에 나타났다. 이 시기에 솔 뮤직(soul music)이 등장했다. 솔 뮤직은 가스펠에서 유래되기는 했으나 흑인영가처럼 종교적이지 않았고, 오히려 춤과 오락을 위한 보다 사교적인 성격을 띠었다. 일반적으로 솔 뮤직은 사랑을 찬미한다. 재즈나 블루스와 달리 솔 뮤직은 대개 집단으로 연주되며, 흑인영가와 같이 기본 리듬과 화음이 중요하다. 솔 뮤직의 집단적 성향은 흑인의 자부심, 집단결속력, 공민권을 위한 투쟁과 같은 문제를 다루고 있는 가사들에서 볼 수 있다. 그렇지만 여기에서 주목해야 할 점은 솔 뮤직의 가사가 비록 그 주제들이 블루스의 매우 구체적인 이미지보다 일반적인 것이기는 하지만, 사랑에 대한 문제와 같은 것들을 많이 다루고 있다는 것이다. 흑인영가와 같이 솔 뮤직은 규칙적으로 박동하는 리듬과 반복되는 훅라인(hook line) 그리고 재즈보다는 좁은 음역과 블루스보다는 좁은 영역의 가사나 이미지를 가지고 있다. 간단히 말하면, 솔 뮤직은 보다 제한된 코드를 가지고 있다. 1960년대가 지나자 솔 뮤직 고유의 중요성은 약화되었으며 일부 유명한 그룹들은 해체되었다.

미술은 또 다른 종류의 언어, 즉 의사소통의 수단이자 집단정보의 전달자이다. 단어가 담론을 이루는 것이고 음조가 음악을 위한 것이라면, 색채와 모양은 미술을 위한 것이다. 미술의 문법은 구도, 원근법, 색의 조화와 부조화 등의 규칙을 포함한다. 미술은 색채들과 모양들이 결합함으로써 '말을 하고', 담론이나 음악처럼 정교화되거나 제한된 코드로 해독될 수 있다.

미술양식(art styles)이란 많은 작가들에게 공통적인 것을 나타내는 것이다. 하나의 양식은 하나의 코드와 같으며, 따라서 미술양식이 변화한다는 것은 코드가 변화한다는 것을 의미한다. 일반적으로, 추상미술은 어휘나 문법을 축소하거나 간소화해 표현한다는 점에서 보다 제한된 코드이다. 추상이란 원칙적으로 전체 의미를 나타낼 수 있는 하나의 청사진이나 개요로, 이는 정확하게 제한된 코드가 의미하는 의사소통의 축소된 형태다. 반면 현실주의는 사물들의 좀 더 구체적인 세부까지 나타내기 위해 광범위한 미술재료들을 사용했다는 점에서 보다 정교화된 코드다. 또한 현실주의 미술은 현존하는 구조화된 색채나 형태로 여러 의미들이 담겨 있다는 점에서 의사소통의 보다 뚜렷한 형태이다. 추상미술은 보다 맥락의존적이며, 해석이나 코드에 대한 해독이 필요하다. 제한된 제스처들에 대해 여러 가지 대안적 해석들이 가능하기 때문이다. 추상미술을 삼류 그림이나 아이들의 놀이 작품이 아닌 예술작품으로 만드는 것은, 이를 의사소통의 코드들로 이해하기로 합의한 집단 내에서 이 대상들이 가지는 위치이다.

그러므로 일반적으로 추상미술은 보다 많은 가정들을 서로 공유하고 유대감이 강한 공동체 사회에서 나타난다고 볼 수 있고, 현실주의 미술은 유대가 약하고, 더 느슨하고 덜 규정적인 공동체에서 나타난다고 볼 수 있다.

더글러스의 유대(紐帶)적 공동체 사회와 엄격하게 제한된 코드 사이의 가설적 관계는 1945년 이후의 근대미술양식의 변화에서 그 예를 찾아볼 수 있다. 더글러스와 번스타인은 뉴욕 미술계가 번스타인이 담론에 있어서의 제한된 코드를 발견했던, 밀접하게 조직된 영국의 노동자계급과 비슷하다고 보았다. 미술계의 화가들, 후원자, 박물관, 비평가들은 모두 시공간적 근접성을 가지고 살았으며, 또한 공통된 사회생활을 공유했다. 그리고 이는 추상적 표현주의(Abstract Expressionism)라는 매우 추상적인 미술 형식 내에서 '예술적 의사소통(artistic communication)'이라는 배타적 소집단 형태를 만들어냈다. 1960년대 들어 뉴욕학파의 인기와 명성이 높아짐에 따라 이들 집단의 가설들은 널리 알려지게 되었고, 이에 따라 사물을 명확하게 나타낼 필요성은 점점 줄어들었다. 미술공동체의 배타성이 보다 커질수록, 예술적 의사소통은 보다 더 제한되어갔다. 1940년대와 1950년대의 추상적 표현주의는 1960년대의 미니멀리즘(Minimallism)*과 더불어 점점 제한적이 되어갔고, 마침내 너무 추상적이고 단순화되어 1960년대 후반과 1970년대에 나타난 개념주의 미술(Conceptual Art)에서는 작품의 대상 자체가 사실상 사라져 버렸다. 개념주의 작가들은 그림을 그리거나 조각을 하는 대신에 단지 그들의 이론을 설명할 수 있는 '자료(documentation)'를 제공했으며, 바로 이 자료가 예술생산의 실제 대상이 되었다. 이렇게 됨으로써 미술생산자는 동시에 자신의 생산물에 대한 이론을 만드는 사람이 되었으며, 비평가와 예술가의 역할이 합쳐지게 되었다. 사실, 그들의 예술과 이론은 하나이자 동일한 것이며 이런 상황은 실제로 개념주의 미술이 미술인가, 철학인가, 비평인가 아니면 문학인가라는 것에 대해 엄청난 논쟁을 야기했다.

그러나 근대미술은 더 이상 개념주의 미술가들의 매우 제한된 형태의, 대상이 없는 미술로 남아 있지 않다. 양식(코드)에서 변화가 있었고, 1970년대 후반과 1980년대 초반에 포토리얼리즘(photo-realism), 네오리얼리즘(neo-realism) 또는 슈퍼리얼리즘(super-realism)이라 명명된 극사실주의가 재탄생했다. 이는 훨씬 더 명확한 성격의 미술로, 사물은 더 이상 힌트를 주는 것에 그치는 것이 아니라 완전한 형태로 나타났다. 그렇다면 왜 추상미술이라는 제한된 코드에서 극사실주의라는 정교화된 코드로 갑작스럽게 변화했을까? 첫째로, 미술의 대상 자체가 사실상 사라짐으로 인해 언어로서의 미술의 의미구성이 불균형의 상태에 도달하게 되었으며, 이로써 사실주의라는 보다 정교화된 코드로의 전환이 요구되었기 때문이다. 둘째로는 이런 코드들이 사용되었던 사회적 맥락의 변화에서 그 답을 찾을 수 있다. 즉, 많은 연구자들이 주장하듯이 뉴욕학파 자체의 중심성과 중요성이 흔들리고 감소했기 때문에 추상미술의 제한된 미술적 코드들과 같은 배타적 소그룹의 의사소통에 대한 확신으로부터 극사실주의의 정교한 사실주의와 같이 보다 명백한 코드로의 변화가 일어났다는 것이다. 공동체

---

*최소한의 조형수단으로 회화나 조각을 하는 주의.

사회의 중요성과 중심성이 손상될 때, 그들이 공통으로 가지고 있던 가정들은 흐트러지고 또 수많은 의미들은 기호체계로 전락한다. 더 이상 추상적인 실마리나 제스처는 예술적인 영감을 주거나 활성화시킬 수 없게 되었다. 그리고 이는 뉴욕 미술계에서의 사실주의의 재등장과 추상주의의 쇠퇴로 종결되었다.

6) 식사에 대한 해독(decoding a meal)

"먹는 것은 말하는 것과 마찬가지로 유형화된 행위이다. 그리고 일상적인 메뉴는 언어학적 형식들과 유사하다고 할 수 있을 것이다(1978:251)."

담론이나 음악, 미술 등은 모두 언어의 일종으로 볼 수 있다. 그렇다면 음식과 구조화된 표상은 어떻게 생각할 수 있는가? 더글러스는 음식과 메뉴의 조직은 사회적 정보를 코드화하기 위한 수단이라고 주장한다. 말하는 것과 마찬가지로 먹는 것은 의사소통의 수단이며, 사회적으로 조직화되어 있고, 또한 고도로 구조화되어 있다. 개인들은 자신들이 원할 때가 아니라 문화적으로 지정된 시간에 아침, 점심, 저녁식사를 한다. 어떻게 생각하면 먹는다는 것은 일상적인 의례이며, 다른 의례들과 마찬가지로 그것이 발생하는 보다 큰 사회적 맥락과 연관되어 있다. 음식물의 섭취는 생물학적 욕구이고, 높은 칼로리의 음식물과 다양한 종류의 음식 역시도 생물학적 욕구와 연관되어 있다. 그러나 단백질이나 탄수화물의 공급원으로서 어떤 음식이 선택되며 또한 음식이 어떻게 준비되고 차려지는가는 문화적인 문제이지 생물학적 문제가 아니다.

> 여우는 한 번도 식탁에 올려진 적이 없다. 개도 마찬가지이다. ……그러나 러시아의 어느 지방에서는 여우가, 중국에서는 개가 하나의 진미로 간주되었다. ……곤충이나 새들을 먹는 것을 생각하면 소름이 끼칠지도 모르지만, 우리는 딱정벌레, 메뚜기, 찌르레기새나 종달새가 어디선가는 음식으로 식탁에 오른다는 것을 알고 있다(1978a:55).

음식은 사회적으로 선택되는 것일 뿐만 아니라, 우리가 어떤 동식물을 먹을 것인지 선택하는 것부터 어떻게 그것들을 준비하고 차리는가에 이르기까지 사회적으로 구조화된다. 매순간 문화는 무엇을, 어떻게 먹을 것인가에 대해 깊이 관여한다. 이와 같이 먹는 것에는 순서나 구조가 존재한다. 음식물의 이런 구조는 앞서 말한 음악과 미술의 경우처럼 해독될 수 있다. 더글러스는 메뉴가 구조주의자들의 범주와 이항대립의 개념으로 설명될 수 있다고 주장한다. 고체가 액체와 대비되는 것처럼 음식은 술과 대비된다. 이렇게 신화구조를 바라보는 것과 유사한 방식으로 식사의 분류적 구조를 살펴볼 수 있다.

식사의 사회조직 역시 의례적 의식이다. 식사시간은 가족들이 다 함께 모이는 시간이고, 아빠는 여기에 앉고 엄마는 저기에 앉고 아이들은 저 멀리 앉아야 하는 자리의 배치는 가족의 위계질서를 드러낸다. 함께 모인 가족은 마치 집단감정을 정기적으로 재확인하는 공동체와 같으며, 식사의 구성은 담론의 구성과 같다. 일상적 담론이 정교화되고 제한된 코드의 의례적인 면을 가지고 있는 것처럼 일상적인 식사습관도 그러하다. 아침은 가장 많은 요소들로 이루어진 식사이다. 아침식사 때 사람들은 마음대로 주방에 가서 자신의 음식을 만들기도 하고, 신문을 읽거나 또는 아무 말도 하지 않고 음식만 먹는 등 개인의 관심과 욕구에 따라 행동할 수 있다. 이런 행동은 공식적인 사회적 행사로서의 식사와는 거리가 멀다. 아침 시간 식탁에서의 자리배열은 가족의 위계를 그다지 반영하지 않는다. '가족과의 아침식사'는 드물며 사람들은 식탁 주위 아무 곳에나 앉는다. 그리고 아이들이 식사가 끝난 후에라도 자리를 뜰 때는 허락을 구해야 하는 저녁식사와는 달리 아침식사 때는 아무 때나 주방에 들어오고 나가는 것에 대해 그 누구도 신경쓰지 않는다. 가족은 식사를 통해 응집성 있는 실체를 유지하고, 그 의례적 중요성은 아침보다는 저녁에 더 많이 부여되어 있다. 아침식사 때에는 테이블에 대한 의례적인 준비 역시 덜하다. 그 예로는 식탁에 테이블보나 냅킨이 없다던가, 식탁이 오래 써서 낡고 손상된 목재 테이블이라는 것 외에도 식사 외에 다른 용도로 테이블을 쓰는 것에서 찾을 수 있다. 이와 반대로 저녁식사 의례에서 그 토템 대상인 식탁은 깨끗하며, 고급스러운 목재로 만들어지고 의례적인 하얀 천으로 잘 마무리되어 있다. 간단히 말해, 아침식사는 보다 덜 사회적인 조직으로 이루어지며 보다 덜 의례적이고 훨씬 더 개인적이다. 아침은 통합된 전체라기보다는 각각의 개인들의 집합이다. 이런 개인주의는 '우리는 저녁식사 때 고기를 먹을 거다' 라는 말과 대조적인 '아침에 뭘 먹을래' 라는 익숙한 말에 잘 드러나 있다. 이와 같이 저녁식사 때와는 달리 아침식사 때에는 개인에게 의견을 묻는다.

점심식사는 아침과 저녁식사 사이에 있으며, 아침식사보다는 더 의례적이고 저녁식사보다는 덜 의례적이다. 아침식사 때보다 점심식사 때에는 사교성이 더 높아지는데 이런 경향은 다른 사람들과 점심을 같이 먹고 싶어하는 것에서 알 수 있다. 사람들은 점심을 혼자 먹기보다는 점심 약속을 하려는 데 많은 노력을 들인다. 이와 비슷하게, 음식이라든지 그 이외의 준비에서도 아침식사보다 더 의례적이다. 그러나 저녁이야말로 가장 의례적인 식사이다. 여기서 가족은 정식으로 모이고 여기에는 질서와 구조가 있다. 사람에게는 각각의 자리가 정해져 있으며 유리잔이며 접시, 나이프, 포크의 정확한 위치 역시 중요하다. 냅킨은 의례적인 청결을 위한 또 하나의 도구이다. 오염의례는 저녁식사에서 더욱 두드러진다. 부모들은 아이들이 식탁에 앉기 전에 손을 씻도록 한다. 그리고 사람들은 저녁식사를 위해 옷을 차려입거나 적어도 셔츠를 단정하게 넣어 입거나 머리를 빗거나 얼굴을 씻는 등 매무새를 가다듬는다. 또한 저녁식사 동안에는 불화나 분열을 초래할 수 있는 주제, 그 중에서도 특히 개개인의 의견을 강조해 통합적인 가족집단의 구성원보다는 개인의 독립적인 실재가 더 우선되는 주제에 대해 토론하는 것은 일반적으로 금지되어 있다. 저녁식사 동안의 가벼운 대화는 가족집단구성원이라는 일종의 기호이다.

의례로서의 코드와 의사소통수단으로서의 의례라는 더글러스식 이해는 음식이 차려지는 방식에도 적용될 수 있다. 음식은 단어, 소리, 색깔, 형태와 유사한 것으로 볼 수 있다. 그리고 이런 기본적인 단위들을 통해 정보들이 전달된다. 문법은 음식을 차리는 규칙에 내재하며, 여기서 핵심은 사람들이 마음대로 음식을 먹지 않는다는 것이다. 어떤 음식은 다른 것보다 먼저 먹어야 하고 어떤 것은 다른 음식과 함께 먹어야 한다. 음식을 차리는 방식은 담론과 같이 개개인들이 참여하는 하나의 언어이다. 자주는 아니지만 때때로 우리는 공식적인 식사가 발화와 같은 것이라고 의식하며, 그에 따른 규칙을 당연시한다.

이는 일반적으로 두 가지 유형을 생각할 수 있다. 격식을 갖춘 자리에서의 음식은 샐러드가 나오고 그것을 치운 후에 앙트레와 디저트가 나오는 것처럼 코스의 순서에 따라 제공된다. 이렇게 음식이 정식 코스로 차려질 때 그 코드는 보다 제한적이며 음식들의 순서도 보다 형식적으로 구조화되어 있다. 즉 어떤 음식은 처음으로 나와야 하고, 다음으로는 또 다른 음식이 순서대로 나와야 한다. 이런 규칙들은 개개인의 목소리들을 조절하는 웅장한 리듬과 화음구조나 화가가 자신의 다양한 색채들을 특정한 양식으로만 표현하도록 제한하는 예술양식과 같이, 음식이 섭취되는 방식을 엄격하게 통제하고 구조화한다. 이런 형식적인 구조는, 보다 많이 제한된 담론 코드의 엄격한 문법이 발화되는 단어의 범위를 제한할 수 있는 것과 같이, 사람들이 어느 정도로 무엇을 먹고 싶어하는지를 정확하게 짚어냄으로써 개인판단의 자유를 제한한다. 먹는 것과 말하는 것은 비슷하다. 둘 다 구조화되어 있으며 사회적 정보를 전달한다. 제한된 코드는 어휘집합을 제한하고, 개인이 식사를 위한 음식들을 조합할 수 있는 방식들을 좁힌다. 개별적인 음식물들은 단어와 같고 그 차림은 문법과 같다. 제한된 코드일수록 선택은 더 제한되고 질서는 더 강제된다. 이는 문장에서뿐만 아니라 식사의 경우에도 그러하다.

보다 정교화된 음식 코드는 일단 식탁에 음식들이 다 놓이고 사람들이 자신이 원하는 음식을 원하는 만큼 선택할 수 있는 경우에 볼 수 있다. 이때 식사의 문법은 음식의 종류를 선택하고, 순서를 정하고, 적당한 양을 정하는 데 있어 개인에게 더 많은 선택의 자유를 허락한다. 정교화된 코드는 보다 유연하며, 개인이 접시에 놓을 음식이나 그 양을 정할 때 좀 더 개인적인 의사를 잘 표현할 수 있게 한다.

음식 코드의 구조화 정도 역시 집단의 연대나 통합에 따라 다양할 것이다. 모든 코드에서는 집단의 연대가 높을수록 코드의 제한성이 높다. 이를 전통과 근대의 차이가 아니라 특정 사회조직체의 특성으로 보는 더글러스의 견해에 비추어보면, 우리는 강한 집단연대를 가진 문화에서 의례를 행할 때 자주 음식을 이용하리라고 예상할 수 있다. 이런 예는 다양한 종류의 음식물들을 먹거나 만지는 데 있어 카스트적인 금기사항들을 가지고 있는 인도에서 찾아볼 수 있다. 또한 우리는 매우 낮은 수준의 집단연대를 가진 문화에서는 음식물의 구조화 정도가 낮으며 음식의 정결한 차림새나 음식의 순서에 관심이 덜 할 것이라고 예상할 수 있다.

3. 문화와 사회변동

더글러스는 더러움에 대한 세부적인 논의에서 오염과 순수라는 보다 일반적인 논의로 옮겨간 것처럼, 상대적으로 정적이고 지엽적이라고 할 수 있는 음식물과 식사 그리고 그 외의 코드들에 대한 관심과 논의에서 근대사회에서의 상품의 역할을 보여주는 문화적 분류체계에 대한 광범위한 연구라는 일반적인 논의로 옮겨간다. 그녀 연구의 이런 양상은 그녀가 근대과학기술, 사회운동, 종교의 문화적 특색에 대한 비판은 물론, 선행연구들과는 아주 다른 방식으로 근대문화를 바라보고 또 그 전개과정까지도 논의할 수 있는 자신만의 이론적 도식을 구성하고자 했음을 보여준다.

1) 근대문화에서의 상품들

『상품의 세계』에서 그녀는 경제학자들의 외로운 소비자(lonely consumer)라는 개인주의에 대해 인류학적 비판을 가한다.

> 경제학적 이론화에 있어서의 문제점은 합리적 개인이라는 개념이 사회생활로부터는 도출 될 수 없는 추상적 개념이라는 것이다. 함께 소비를 하기 때문에 개개인에게 일어나는 변화를 고려하지 않은 채, 소비자들을 단지 상품을 사고 사용하는 수많은 개개들의 집합체로 생각하는 것은 분명히 어리석은 일이다. ……인간은 사회적 존재이다. 단순히 상품의 물리적인 특성만을 통해서는 수요를 설명할 수 없다. 인간은 다른 사람들과 의사소통하기 위해서, 그리고 그 주변에서 일어나고 있는 일들을 이해하기 위해서 상품을 필요로 한다. 하지만 의사소통은 의미들의 구조화된 체계를 토대로 해서만 가능하기 때문에 상품들을 필요로 하는 두 가지 목적은 본질적으로 하나이다(Douglas and Isherwood, 1979:5,95).

경제적 상품들은 보다 큰 문화체계의 일부이며, 문화의 다른 측면들처럼 의미를 전달하고 특정한 사회적 기능을 지닌다. 상품을 주고받는 것은 사회생활에 있어서 의미를 고정시키기 위한 수단이다. "상품은 중립적이다. 그러나 개인을 막아주는 울타리나 개인을 이어주는 다리의 역할을 할 수 있다는 점에서 사회적이다(1979:12)." 여기에서 중요한 것은 상품들이 사회실재를 구성하고 구분하는 사회적인 표시물로 사용된다는 것이다. 그러나 이는 사회적 위치를 극대화시키기 위한 과시적인 표현이라는 베블런(Thorstein Bunde Veblen)적인 생각과는 다르다. 다시 말해 우리는 단순히 물질적 욕구를 충족하기 위해서 상품을 필요로 하는 것이 아니라, 우리의 사회적 상황을 보다 명확하게 밝히고 우리의 사회적 자아를 위치시키고, 그리고 우리에 대한 정보를 전달하기 위해 상품을 필요로 한다는 것이다. 사회과학자들은 이와 관련된 패커드(Vance Packard)의 의견을 그다지 인정하지 않았지만, 그는 이미 더글러스가 주장하고자 한 핵심을 다루었다. 그는 자동차의 특정 모델을 구매하는 데 있어서의 성적 함축성에 대해서 연구에서, 의미가 획득되고 변형되는 방식에 있어 중요한 부분은 그 광고가(설령 설득력을 가진다 할지라도) 어떻게 구매자들을 설득하느냐가 아니라, 우리가 그 상품으로부터 도출해내는 의미라고 주장했다.

더글러스는 상품의 문화적 역할에 대한 그녀의 분석을 발전시키기 위해 『자연상징들』에서 사용한 도식인 소위 '집단과 격자'분석을 가지고 경제 상품에 관한 막스 베버의 프로테스탄트 윤리를 재해석한다. 그녀는 종교적인 요인들을 설명변수로 연구하기보다는 프로테스탄트 윤리를 발생시킨 사회적 관계들에 대해서 연구해야 한다고 주장함으로써 논의를 시작한다. "그 시대정신이 어떻게 발생했는가야말로 바로 우리가 밝혀내고자 하는 것이다(1979:31)." 그녀의 전략은 프로테스탄트 윤리를 보다 원시적인 사람들의 우주론과 다를 바 없는 또 하나의 우주론으로 다루는 것이며, 그렇기 때문에 프로테스탄트 윤리는 이것이 나타난 사회적 관계들에 의해 발생된 것으로 본다. 예를 들면, 프로테스탄트의 세속성에 대비되는 영예로운 내세에 대한 가톨릭적 믿음은 특별한 것이 아니며, 이는 현세에서의 업적에 대한 보상으로 천국을 약속하는 많은 문화들에서 발견된다. 바이킹들에게는 발할라(Valhalla)*가 있었고, 그리고 북미 인디언들에게는 사냥터가 있었다. 이와 반대로 "가톨릭 교회 영향력하의 궁정과 귀족들의 정원에서 보이는 무절제한 사치는 내세에 대한 강렬한 신앙을 보여주기 위한 것이기보다는 합리적이고 이해타산적으로 행동한 의도적인 과소비로, 다시 말해 행운과 함께 상당한 정도의 이익을 가져다줄지도 모르는 하나님에 대한 과시적인 충성심을 보이기 위한 투자였다(1979:33).”

이는 옳은 설명일지도 모르지만 그녀 자신이 비판했었던 경제학자들과 같은 논리를 사용하고 있다는 점은 지적해야만 한다. 문제는 모든 것은 특정인의 관점에 기초해 만들어질 수 있는 것임에도 불구하고, 그녀가 보다 순수하게 상징적이거나 의례적인 행위로 보일 수 있는 것들에 대한 진정한 이유를 찾으려고 한다는 점이다. 베버학파 학자들은 이런 과시적인 소비를 비합리적인 것으로 보려고 하지 않을지도 모른다. 하지만 그 대안으로 숨겨진 합리성에 대해 탐구할 필요는 없다. 확실히 어느 정도의 이해타산성과 합리성을 포함하고 있기는 하지만 명확하게 의례적으로 볼 수 있는 것에서 합리성을 찾음으로써, 그녀는 과시적인 소비에 경제학자들과 그 추종자들의 공리주의적인 견해를 부여하고 있다. 종교개혁 이전 유럽사회는 사회적 경계와 구분을 고착화시키기 위한 메커니즘으로 상품의 과시적 치장을 수반하는 광범위한 사회적 층위와 경계들을 가지고 있었던 것으로 보인다. 그리고 이는 분류표(markers)로서의 상품의 사회적 역할에 대한 그녀의 주장의 핵심이다. 힌두교의 인도이든 중세 유럽이든 간에, 구분돼야 할 사회적 층위가 많으면 많을수록 이런 분류표는 많이 존재한다.

그렇지만 어쨌든 그녀의 기본적인 관찰은 탁월하다. 종교개혁 이전의

---

*정확히는 발할(valhall), 즉 ‘전사자(戰死者)의 큰 집’ 또는 ‘기쁨의 집’이라는 뜻이다. 서사시 <에다>에 의하면 신들의 세계인 아스가르드(Asgard)에서 가장 아름다운 궁전으로, 540개의 문이 있는데, 문마다 800명의 전사(戰士)가 나란히 한꺼번에 들어갈 수 있을 만큼 넓다. 끝없이 높은 천장은 금빛으로 빛나는 방패로, 대들보는 무수한 창(槍)으로 되어 있다. 이곳에서는 매일 잔치가 벌어지는데, 산해진미와 명주가 나온다. 또한 주신(主神) 오딘은 날마다 죽여도 되살아난다는 큰 멧돼지인 세프림니르를 요리하게 하고, 발할라의 지붕을 덮고 있는 나무 이그드라실의 가지에 있는 헤이드른이라는 암산양이 한없이 짜내는 꿀술로 손님을 접대한다. 그러나 오딘 자신은 포도주만 마시고 다른 음식은 발 밑에 있는 두 마리의 이리에게 던져 준다. 싸움의 처녀들인 발키리가 명예롭게 전사한 군인들을 이곳으로 데려와 낮에는 세계 종말에 내린 결전에 대비, 전투훈련을 하고 밤에는 모두 되살아나서 산해진미를 즐기며 어울리는 귀족적인 생활을 한다. 병이 나거나 늙어서 죽은 사람들은 이 곳에 들어올 수 없고, 안개 덮인 지하세계로 가야 한다. 말하자면 발할라는 북유럽인이 생각해낸 일종의 이상향인 듯하다(『두산세계대백과 엔싸이버』에서 발췌).

유럽에 대해 언급하면서 다음과 같이 기록하고 있다. "그 당시 저축을 한 것은 개개인들이 아니라, 공동집단이었다. 그리고 프로테스탄트 윤리는 공동집단이 개인들의 요구에 밀려 그 힘의 균형이 역전되었을 때, 종교개혁 이전의 내세성을 인계받았다(1979:35)." 16세기는 중세의 길드, 교회, 귀족의 집합적 세계로부터 경쟁적 자본주의의 개인주의와 근대국가의 시민으로의 전환이 시작되는 시기로 특징지어진다. 그녀는 프로테스탄티즘의 발흥은 적어도 이를 하나의 우주론으로 보았을 때, 완전한 형태의 전환은 아니더라도 어느 정도 변화된 집단생활을 반영하고 있다고 주장한다. 여기서의 그녀의 주장은 보다 근본적으로는 뒤르켕주의적 입장을 취하고 있지만, 공동집단보다 계급관계에 초점을 맞추고 있다는 점에서 마르크스와 유사하다.

그녀는 종교개혁 이전 유럽에서의 집합적 질서의 지배를 독립변수로 그들 행위의 내세성과 이론적으로 연결짓는다. 다시 말해, 공동집단 즉 그들만의 목적과 목표를 가진 집합체들은

> 가장 오래 지속된 견해뿐만 아니라 공적인 관심을 나타낸다고 주장할 수 있다. ……[더욱이]…… 만약 우리가 약한 정도에서 강한 정도로 가는 가상적인 척도가 있다고 가정하고, 각각의 사회들을 이 척도 위에 위치시킨다면, 강한 집단일수록 그 집단의 이름으로 자산을 축적하는 능력이 클 것이며 약한 집단일수록 그 힘은 약할 것이다(1979:36).

그녀는 다음과 같이 결론짓는다. "교리상의 내세성이라는 내용은 집단의 힘에 따라 다르게 발현된다(1979:38)." 흥미롭게도, 20세기에 국가의 힘의 증대는 이타적 희생을 요구하고 또 그 구성원 개개인들의 희생을 바탕으로 자본을 축적하는 또 다른 공동집단을 만들어냈다.

강한 공동집단에는 또 하나의 중요한 측면이 존재한다.

> 그 법률적 존재성이 영원하기 때문에 이 집단은 아직 태어나지 않은 세대들의 이름으로 그 집단의 요구를 만들 수 있다. ……단지 자신의 이익에만 기초해서 행동하는 어떤 개인도 이렇게 긴 미래에 대한 이상을 간직할 수 없다. 오직 이런 집단만이 그 구성원들보다 오래 지속되기 때문에 훌륭한 내세에 대한 도덕을 발전시

킬 수 있다(1979:37).

이것은 뒤르켕주의적 전통에서 신성하고 성스럽고 영적인 경험들과 관련되는 집단의 초월적인 특질이다. 종교적인 영원성의 개념은 통합된 집단에서 경험하는 '영원한' 사회관계에서 발생한다(Swanson, 1964). 이런 관점에서 보면, 각 집단들은 통합정도와 그들의 종교 교리의 초월적인 주장들에 따라 연속선상에 위치시킬 수 있다. 집단이 통합되면 통합될수록 개인들의 행동은 초월적인 실재에 더 많이 연결된다.

보다 잘 통합된 정치체는 자신의 초월적인 주장을 훨씬 오랫동안 지속시킬 수 있는 정치적 이데올로기(시민종교)를 가진다. 예를 들어, 일당체제의 사회주의 정부들은 당과 국가의 일상적인 행위들을 역사의 진화라는 초월적인 힘과 연결시키는 이데올로기를 사용한다. 현재는 역사적인 힘들 사이에서 미리 정해져 있는 투쟁의 결과물로 간주된다. 이는 많은 서구국가들에서 보이는 덜 통합된 정치체와 대비될 수 있다. 예를 들어 미국의 정당화 신화는 "인간 역사의 과정에서 필요하다면……" 이라고 말하는 독립선언문에서 찾아볼 수 있다. 일반적으로, 가장 잘 통합되어 있는 정치체들은 역사와 제도가 가장 직접적으로 연결되어 있는 정치적인 신화를 가지고 있으며, 더 나아가 역사는 이를 진행시키는 초월적인 힘에 의해 생명력을 가진다. 반면, 통합이 덜 되어 있는 정치체는 자신들의 현재 정치적 존재와 역사 사이의 연계를 거의 찾아볼 수 없으며, 역사는 시공간을 관통하는 '힘'이 아니라, 우연 혹은 순간의(*ad hoc*) 사건으로 더 많이 나타난다. 미국독립선언문에서 자주 언급되는 '과정에서'라는 구절은 역사의 초월성이라는 개념을 받아들이기는 하지만, 역사적인 진보와 어떤 특정 시점에서 미국정치체가 출현했는가에 대한 어떤 기본적인 논리도 제공하지 않는 중간적인 위치를 차지한다.

2) '집단'과 '격자'

집단에 대한 더글러스의 관점은 사람들이 말하는 코드 유형들에 영향을 미치는 사회적 맥락에 대한 번스타인의 이해에서 유래한다. 그리고 그녀의 관심은 개인이 어떤 방식으로 사회에 의해 통제되는가 하는 것이다. 이를 위해 그녀는 번스타인의 생각에 근거해 집단과 격자라는 두 가지 구분을 만들어낸다.

> 집단은 사람들이 그들 자신들과 외부세계 사이에 만든 외부적인 경계선을 의미한다. 격자는 사람들이 서로의 행동방식을 통제하기 위해 사용하는 (외부적 경계와는) 다른 모든 종류의 사회적 구별들과 권위들을 의미한다(1982a:138).

이와 같은 두 가지 차원으로부터 그녀는 강한 격자와 강한 집단, 강한 격자와 약한 집단, 약한 격자와 약한 집단, 약한 격자와 강한 집단이라는 네 가지의 조합을 만들어낸다. 강한 격자는 개인적인 상호작용을 제한하거나 강하게 구조화하는 도덕이나 규범적인 금기들을 포함한다. 격자가 약해지면,

> 개인들은 서로를 대하는 데 있어 대안적 여지들을 보다 많이 가질 수 있다. 아주 강한 격자가 약화된다고 해서 비조직화나 규칙의 부재로 반드시 옮겨가는 것은 아니다. 이 경우에는 가능한 최대의 접촉이 공정하게 이루어지도록 개개인들의 상황은 알려져야 하고, 또 업적은 접근이 가능해야 한다는 새로운 형태의 통제 즉, 공정한 비교의 규칙이라는 보이지 않는 형태의 통제가 생겨난다(1979:39).

이런 규칙은 중세 기사들의 경기장에서 주식이나 가축시장에 이르기까지 적용된다. 역사적 시기와 관계없이, 이런 규칙들의 목적은 '경쟁을 조절'하고 '공정한 경쟁'을 보장하는 것이다.

> 약한 격자와 약한 집단의 사회에서 개인의 책임은, 개인에게 부과되는 집단가치 대신, 명예, 비난, 운이라는 세 가지 요소로 구체화된다. ……이미 주어진 도식 속에서의 자신들의 정해진 위치를 받아들이는 격자가 강한 사회와는 달리, 각 가족 단위들은 자신들의 생존을 위해 이익이 되는 동맹 즉, 군사적이거나 재정적인 동맹을 맺기 위해 노력한다(1979:40).

개인주의사회에서 "통제의 메커니즘은 보복에서 운이나 비난, 명예로 대치되며, 동시에 내세에 근거해 통제되는 사회에서 실제 현실세계에 직

접적으로 관심을 갖는 사회로 옮겨가게 된다(1971:41).” 이는 프로테스탄트 윤리와 매우 비슷하다고 생각될 수 있으며, 또한 그녀는 자신의 집단-격자 도식에 근거해 베버가 분류한 네 가지 형태의 경제적 지향을 재분류한다.

농민사회의 질서는 강한 격자의 전형이라 할 수 있으며, 농민들은 사회 내의 다른 집단으로부터 고립되어 있다. “체제는 이들을 강력하게 사회의 주변부로 분류한다. 그렇기 때문에 그들은 서로서로 경쟁할 수도 없고, 억압에 대해 저항하기 위해 연합할 수도 없다. 그들은 저축하고자 하지만 낮은 산출량으로 인해 저축은 힘들다(1979:42).” 반대로 집단이 강한 곳은 “개인적 자산은 계속적으로 집단의 목적을 위해 희생되며(1979:42),” 전통사회는 강한 격자와 강한 집단을 함께 가지고 있다. 이 경우 “개인은 거의 저축하지 못하지만 집단은 부를 축적한다. 길드의 강당과 대성당을 위해 기부금이 모이고, 또 축조된다. 그리고 내세에 관한 교리야말로 이런 행위양식을 이해하고 받아들이게 하는 방식 중 하나이다(1979:42).” 이는 베버가 프로테스탄트의 윤리적 우주론과 대비시킨 종교개혁 이전의 교리라고 할 수 있다. 마지막으로 약한 집단과 약한 격자에서 가장 개인적인 부의 축적이 가능하다. “상호작용의 규칙을 유지하는 정직, 근면, 자력의 가치가 격찬되는 개인적 자본주의 경제에서는 ……격자의 정도는 상당히 낮은 편이다. 만약 상업에서 통용되는 일반규칙들이, 강한 집단적 합의를 가지는 상황이라면 격자는 중간 정도까지 될 수 있다(Douglas and Isherwood, 1979:42,43).” 가장 규제가 적은, 약한 집단과 약한 격자는 전통적 사업관례의 규칙과 윤리로부터 거의 영향을 받지 않는 모험가들이다. 이런 예로는 그 당시의 사업윤리를 강하게 거부했던 해적이나 스페인 정복자, 그리고 사채나 조직범죄, 투기적인 사업과 같은 현대경제의 주변적인 영역들을 들 수 있다. 결론적으로 더글러스는 베버의 각기 다른 경제적 지향들은 각기 다른 집단-격자 관계들에 의해 형성된 또 다른 우주론으로 볼 수 있다고 주장한다.

더러움에 대한 간단한 논의에서 시작해서 점차로 획득지향성으로 확장된 그녀의 관심은 전체 문화체계의 중심적 형태를 사회조직체의 다양한 변형들과 연결시키는 일반적 도식으로 귀착된다. 『문화적 편견』에서 더글러스는 집단-격자 도식을 다음과 같은 일반적인 우주론에 연결한다. ① 자연이 문화와 대비되는 방식 ② 공간, 원예, 요리법, 약, 시간에 관한 질문 ③ 젊은이와 노인에 대한 태도 ④ 인간의 일반적인 본성 ⑤ 질병, 건강 그리고 죽음 ⑥ 개인적인 비정상과 장애 ⑦ 인간관계 ⑧ 처벌 ⑨ 분배적 정의에 대한 개념정의 등이다.

이제 그녀는 단순히 개인적인 오염신앙, 의례의 언어적 토대, 혹은 경제적 재화에 대한 지향성이 아닌, 전체 사회체계를 설명하고자 한다. 가장 일반적으로, "사회집단이 강한 공동적 유대로 구성원들을 묶어줄 때 종교는 의례적이며, 유대가 느슨해지면 의례주의 역시 감소한다. 그리고 형식에 있어서의 이런 전환과 함께, 교의상의 전환도 나타난다(1970:14)." 그리고 그녀에게 집단과 격자는 사회가 그 구성원들을 '묶는' 상이한 두 가지의 방법을 나타낸다.

> 집단은 명확하다. 이는 경계 지워진 사회적 단위를 경험하는 것이다. 격자는 자기중심적인 토대 위에서 한 사람이 다른 사람과 관계맺는 규칙을 의미한다. 집단과 격자는 함께 나타날 수도 있다. 이런 경우 관계들은 명확하게 경계지어지고 질서정연한 특성을 가진다(1970:viii).

앞에서 언급한 것처럼, 그녀는 집단과 격자를 교차해 네 가지의 유형을 만들어낸다.

> 세 영역은 ……가장 주술적이고 응축된 의미에서 의례에 가까운 경향성을 보인다. 격자가 강하고 집단이 약한 곳에서는 주술(magic)이 경쟁적인 사회 속에서 그 구성원들에게 즉각적인 도움을 줄 수 있다. ……집단과 격자가 모두 강한 곳에서는 주술적 힘이 사회구조와 도덕적 코드를 뒷받침해준다. 집단이 강하고 격자가 약한 곳에서는 주술이 사회적 단위의 경계를 보호해준다. 의례나 주술에 아주 무관심한 경우는 아무런 조직도 없는 지역뿐이다(1970:144).

이론적으로 볼 때 집단과 격자에 관한 이런 생각은 일반적이지만, 사실상 이는 소규모의 원시사회조직들에게 가장 적절한 것으로 보인다. 예를 들어 주술적 우주론(witchcraft cosmologies)의 기원에 관한 그녀의 다음과 같은 주장을 생각해보자. "적극적인 주술적 유형의 우주론은 외부경계선은 뚜렷하나 내부관계는 혼란스러우며, 낮은 수준의 조직체가 계속 소규모로 유지되는 사회적 단위에서 찾을 수 있다(1970:113)." 여기서 그녀는 대규모 산업사회의 사회조직이 아니라 원시사회나 전통사회만을 고려하고 있는 것으로 보인다. 이런 생각은 만약 주술적 우주론이 '내부관계는 혼란스럽고' '낮은 수준의 조직체가 계속 소규모로 유지되는' 사회들에서만 발견된다면 문제가 되지는 않겠지만, 실제로는 그렇지가 않다. 조직이 매우 발달되고 역할관계가 잘 정의된 대규모 근대사회도 정치적 마녀사냥형태의 주술에 시달려왔다. 그 예는 프랑스 혁명 시기의 공포정치에서 1930년대 스탈린주의자의 공개재판, 1950년대 매카시즘과 1960년대 중국문화혁명에 이르기까지 매우 빈번하게 나타났다. "악한 외부와 선한 내부라는 개념, 공격받고 있기 때문에 보호가 필요한 내부, 악한 인간성, 정치적 조작을 위한 이와 같은 개념들의 이용"이라는 더글러스의 주술적 우주론의 네 가지 특성은 근대 정치적 마녀사냥의 특성들이기도 하다(1970:144). 국민, 국가, 민주주의, 사회주의에 대한 이미지는 근대정치공동체의 집합표상을 구성한다. 집합표상은 '악한 외부'와 '약한 인간성'을 나타내는 모든 형태의 전복 계획자나 스파이, 이질적인 관념들로부터 "공격받고 있으며 또한 보호가 필요한 ……선한 내부"이다. 그리고 이는 사회주의와 자본주의 사이의 갈등이라는 역사적인 맥락에서 명확하게 나타났다. 1930년대 소비에트 연방의 공개재판에서 제국주의자의 앞잡이, 파괴자, 방해자의 색출이라든지, 중국문화혁명에서 '자본주의 노선을 따르는 자들'의 색출은 하나의 의례로써 행해졌으며, 이런 색출은 단지 개인들이 잘못에 대한 것이 아니라 개인을 통한 우주적이고 역사적인 힘의 발현이었다. 마지막으로 어떤 전복적인 행위이라든지 위험한 사상 등으로 형이 선고되었던 사람들은 확실하게 '정치적인 조작'에 이용돼왔다. 그 예는 스탈린의 반대자에 대한 숙청, 마오쩌둥(毛澤東)의 혁명적 비전을 지속시키고자 했던 노력과 류사오치(柳少奇)와의 갈등, 또 매카시(Joseph Raymond McCarthy) 상원의원의 경력 등에서 찾을 수 있다.

주술적 우주론에 대한 더글러스의 설명의 가장 핵심적인 문제는 가장 활발한 주술행위들을 가지고 있는 것으로 보이는 국가가(Bergesen, 1977)

실제로는 가장 강력하고 잘 규정된 국가관료제를 가지고 있다는 점이다. 강력하고 잘 규정된 국가관료제는 일상생활의 상당히 많은 부분들을 조직화하고 구조화해 내부관계가 혼란스러운 상황이 거의 없도록 만든다. 즉 더글러스의 설명과 정반대의 경우라는 것이다. 또한 단일정당국가 역시 소규모이지도 탈중앙화되어 있지도 않다는 점에서 반대의 경우이다.

더글러스는 혼란스럽거나 모호한 사회관계가 의례를 발생시킨다고 생각한 것으로 보이며, 이는 에릭슨의 경계위기가정(boundary crisis hypothesis)처럼 많은 경우에 사실이다. 그러나 그녀는 연대가 강한 집단 역시 주술의 전제조건으로서 꼽았다. 따라서 혼란스러운 내부관계라든지 소규모이며 낮은 수준의 조직이라는 특성들이 원시사회에만 한정된 반면, 연대가 강한 집단은 원시사회와 근대사회 모두에서 발견된다는 점에서 강한 집단이 주술을 설명하는 핵심적인 변수이다. 또한 사회관계의 중요한 본질이 의례를 생산하는 것이라면, 가장 많은 사회관계를 통제하는 강한 집단과 강한 격자의 범주에서 가장 적극적인 주술적 우주론이 나타나야 하는데, 실제로는 그렇지가 않다. 근대적 마녀사냥은 국가의 권력이 개인들간의 강한 사회관계를 저해하는 단일정당국가에 가장 널리 퍼져있다. 사실상 강한 격자와 강한 집단은 사회조직의 상반된 차원이며 동일한 사회구조에서는 발견되지 않는다. 연대감이 매우 강한 집단에 대한 연구에서 알 수 있듯이, 강한 집단은 원자화된 개인과 모든 강력한 집단 사이의 일대일관계를 형성하는 과정에서 개인들을 연결시키는 제도적 구조의 권력과 합법성(격자)을 전복시켜버리는 성향을 가진다. 종교적인 교단, 혁명적 정당(Coser, 1974), 유토피아적 공동체(Kanter, 1968)와 같은 강한 연대감을 가진 집단들에 대한 연구에서도 이와 유사한 적대성이 집단의 이익과 개인 간의 보다 확장된 관계와 의무 사이에서 나타난다. 결과적으로, 강한 집단과 약한 격자 혹은 약한 집단과 강한 격자는 존재할 수 있으나 아마도 강한 집단과 강한 격자는 존재할 수 없을 것이다.

집단-격자 도식의 중요한 한계점은 그것이 자아중심적 본성을 가졌다는 데 있으며, 이는 개별적인 언어사용자들에 대한 사회적 압력이라는 번스타인의 사고에서 유래한다. 여기에서 집단과 격자는 집단 자체의 제도적이거나 집합적인 조직이 아니라, 대면상황의 즉각적인 상황들의 특징들을

의미한다. 더글러스는 이를 명백히 밝히고 있는데,

> 내가 말하는 집단이란, 모든 구성원들이 서로 잘 알지 못할 정도로 집단이 매우 클 경우라도, 그 모든 부분에서 대면상황에 있어 동일한 경계선을 규정하고 내부자와 외부자의 구분을 받아들여야 하는 어떤 압력이 존재해야 한다. 이런 의미에서, '영국'이나 '가톨릭 교회' 같은 단위는 '집단'이라고 할 수 없다(1982a:201).

의례의 기원과 기능은 무엇일까? 언어와의 유추를 통해 의례를 연구하는 것은 다음과 같은 두 가지 이유에서 중요하다. 의례는 언어와 같이 의미를 가지고 있으며, 또한 언어적 코드를 발생시키는 것과 동일한 조건하에서 발생한다. 그러나 번스타인은 개인발화자와 발화자가 당면하는 상황에 초점을 맞추고 있으며, 이는 의례와 전체 우주론을 연구하는 데 한계를 만든다. 이 점에서 단지 개인들의 대면상황이 아니라 전체 집합체의 사회조직을 잡아내고 보다 광범위한 문화체계를 다룰 수 있는 이론의 정립이 필요하다.

언어와 비교를 하는 데는 또 하나의 중요한 점이 있다. 여기에서 의례가 언어와 같은 역할을 한다는 것보다 언어가 의례와 같은 역할을 한다는 것을 이해하는 것이 더 의미 있다는 것이다. 다시 말해 의례를 언어로 간주해 발화의 유형들을 만들어내는 상황에 대한 사회언어학적 연구에만 의존할 것이 아니라, 언어를 의례로 보고 의례를 발생시키는 사회조직의 상이한 유형을 찾아내야 한다는 것이다. 예를 들자면, 언어적 코드를 연구할 때는 발화자의 사회적 조건에 대해 연구하는 것이 이치에 맞는다. 이 때 우리는 개인에게 관심을 가져야 하며 그들의 조건을 다양하게 구분지어야 한다. 그러나 공식적인 제식, 종교적 행사, 대관식, 국경일과 같은 보다 큰 범주의 의례는 참여자 개인들과는 독립적으로 의례 그 자체에 초점을 맞추는 것이 더 옳을 것이다. 우리는 왜 개인들이 거기에 참여하는지에 대해서 의문을 가질 수는 있지만, 이보다는 왜 마녀사냥이나 축제기간, 제물 같은 것들이 존재하는지를 이해해야 한다. 독립체로 존재하고 있는 대규모의 의례들은 좀더 그 자체로 생명력을 가진 것처럼 보이며, 언어적 코드만큼 이를 실행하는 개인들과 밀접하게 연관되어 있지 않다. 코드 역시,

자체적인 구조와 조직을 가졌으며 말을 함으로써 코드를 생활로 가지고 오는 개인들과 독립적인 사회적 사실로 존재한다는 점에서, 그 자체로 생명력을 가진다. 보다 중요한 코드들은 개인에 대한 압력만이 아니라 특정 종류의 사회조직에 의해 생성된다. 그리고 바로 이것이 사회적 기원을 갖는 사회실재에 대한 뒤르켕의 견해이다. 의례가 다양한 종류의 언어적 코드이든, 보다 분명한 종교적 형태의 대규모 공식적인 제식이든간에, 사회조직은 의례를 발생시킨다.

그러면 집단과 격자는 어떤가? 한 가지 해결책은 이를 집합체의 총체적인 연대성의 발전의 한 측면으로 보는 것이다. 스완슨은 뒤르켕이 사회를 독자적(*sui generis*)라고 말할 때는 개인 구성원이나 구성 집단들과는 독립적인 삶을 가진 집합체를 의미한다고 보았다(Swanson, 1964). 집합체가 일체가 된 행위자(corporate actor)가 된다는 것은, 구성원들의 단순한 집합에서 단일한 전체로의 전환을 의미한다. 스완슨에 따르면, 이런 일체성은 하나의 연속체로 간주될 수 있으며, 자신들의 집단의 특수한 이익과 목적을 실현시킬 수 있는 조직화의 정도가 다양한 집합체들 역시 마찬가지이다. 집단과 격자의 개념이 똑같이 개인을 '묶는다' 할지라도, 사회조직의 동등한 차원은 아니다. 집단생활의 분명한 경계성(well-boundedness)을 강조하는 집단은 격자보다 훨씬 더 일체적인 질서를 보여주는 것 같지만, 집합체는 하나로 통일된 전체라기보다는 함께 결합되어 있는 부분들의 이익의 집합에 더 가깝다. 격자는 집합체가 일체가 된 행위자라기보다는 개인들의 구조화된 상태로 존재하는 곳에서, 일체성을 띤 조직의 중간단계에서 나타나는 것으로 보여진다.

이는 일체성과 의례적인 우주론에 대해 의문을 제기한다. 의례는 집합적 정보를 전달하고 집단생활의 집합적 실재를 재확인한다. 뒤르켕에 따르면, 의례는 하나의 일체적인 전체로써 집합체를 상징하고 반영하는 신, 영혼, 다른 집합표상과 같은 역할을 수행하는 것으로 이해된다. 집합체가 일체적인 실체로 존재하면 할수록, 집합적 실재는 더욱 더 주기적으로 재확인되며 의례적이 된다. 일체성과 의례는 정적인 상관관계가 있을 뿐 아니라 인과적으로 연관되어 있다. 작은 집단이든, 공식적인 조직체든, 혹은 국가사회이든 간에 집단이 일체적일수록 집합감정을 재확인하는 데 있어

보다 더 의례적이다. 또한 이는 말, 음악, 미술, 음식이든 간에 상관없이 보다 제한된 언어적 코드를 의미한다. 별개의 이익들의 단순한 집합인 집단들은 덜 의례적이지만, 집단이 점점 일체적인 실체가 되어감에 따라 의례의 양 역시 증가하게 된다.

첫째로, 매우 적은 조직을 가진 사회적 제도를 동반하는 약한 집단과 약한 격자가 존재한다. 그 경계는 막연하며, 구성원들 사이에는 약한 유대가 존재한다. 외적인 사회실재는 거의 존재하지 않기 때문에 재확인되어야 할 것도 거의 없으며 따라서 의례에 대한 요구 역시 거의 없다. 약한 집단과 약한 격자는 의례적 우주론을 가장 적게 가지고 있다. 둘째로, 약한 집단과 강한 격자가 존재한다. 여기에서 집합체는 이를 구성하는 하위집단이나 개인들을 이어주고 묶어주기 위해 존재한다. 그리고 집합체는 다양한 상호관계와 강력한 규칙들에 의해 경계지어지는 부분들의 집합이다.

> 격자가 강하고, 집단이 약한 경쟁적인 사회 속에서 주술은 그 구성원들에게 즉각적인 도움을 줄 수 있다. 그는 암묵적으로 자신의 전문적 기술, 개인적 운명을 믿으며, 규칙의 힘 안에서 ……우주는 도덕적으로 중립적이고 기본적으로 낙관적이며 ……그가 하는 일은 독자적인 유령, 마녀, 사악한 사람에 의해 지배받지 않는다. 죄악은 존재하지 않는다. 다만 어리석음만 존재할 뿐이다(1970:144,137).

이는 서구사회의 우주론과 매우 유사한 것으로 보이며, 여기에서 개인과 그 제도들은 강하지만(강한 격자) 국가에 전적으로 종속(강한 집단)되지 않는다. 유령, 마녀, 혹은 사악한 사람의 존재는 원시적이고 전통적인 사회들과 더 많이 연관되어 있는 것으로 보인다. 그러나 이와 같은 현상은 신과 우주적 힘이 보다 세속적인 형태를 띠고 있는 현대 국가에도 존재한다. 보다 일체적인 국가들에서, 역사와 자연의 성스러운 힘과 같은 정치적 이데올로기들은 적군, 간첩, 반역자, 이방인, 외국인과 같은 위험인물이라는 형태로 나타나는 '유령, 마녀, 혹은 사악한 사람'에 의해 주기적으로 위협받는 우주적인 힘으로 나타난다.

앞에서 언급한 바와 같이, 강한 집단과 강한 격자라는 세번째 카테고리가 실제적으로 존재하지 않는다고 믿는 것도 무리가 아니다. 끝으로, 강한 집단, 약한 격자라는 네번째 카테고리가 존재하는데 이는 경계가 확실한, 고도로 일체화된 사회이다. 근대사회에서는 단일정당국가와 권위주의적 정권에서 가장 잘 나타난다. 여기에서 국가권력은 최상이며, 구성집단과 개인에게 국가적 목적을 강제하기 위한 광범한 국가기구가 존재한다. 이런 국가들은 가장 일체적인 실재를 지니고, 또한 가장 의례적인 우주론을 가진다. 이를테면, 단일정당국가들은 경계와 순수성에 대한 관심에 의해 끊임없이 시달린다. 또한 침투자와 적에 대한 우려를 공통적으로 가지고 있으며, 이를 의례적으로 제거하기 위한 국가기구의 주기적 동원이 존재한다.

3) 근대성과 종교

마지막으로, 더글러스는 일반적으로 주장되던 의례와 종교에 미친 근대성의 효과를 검토하기 위해 자신의 이론틀을 가져왔다. 사회과학계에는 근대성이 의례와 종교에 부정적인 영향을 미쳐왔다는 데에 일련의 합의가 존재한다. 어떤 사람들은 근대성을 전통적인 신에 대한 찬양뿐만 아니라 신, 영혼, 초자연적 존재에 대한 개념까지를 무력화시키는 용해제(solvent)라고 부른다. 근대문화는 세속적인 세계이다. 여기에서는 과학은 종교를 대신하고, 최신의 경험적 연구결과와 이론적 견해에 따라 계속적으로 변화하고 갱신되는 일련의 우주론을 제공한다. 종교와 의례에 있어 남겨진 것은 기껏해야 근대성에 의해 불안정해진 사람들에게 위안의 원천을 제공하는 것이며, 최악의 경우 일종의 허위의식을 제공하는 것이다. 종교와 의례에 대한 이런 심한 비판은 일찌기부터, 적어도 계몽주의 이래로 존재해 왔다.

하지만 더글러스는 이런 관점과는 거리가 멀다. 그녀의 입장에서는 집합생활이 존재하는 한 의례와 종교, 신화, 집합표상, 제전, 의식은 존재한다. 근대성이 사회의 형태를 변화시키기는 하지만 여전히 사회적 관계와 이를 재생하기 위한 의례가 존재한다. 따라서 사회변동이 종교의 소멸을 의미하는 것은 아니다. 사회적 관계들이 모두 없어질 때까지 종교와 의례는 그 역할을 수행할 것이다. 핵심은 사회적 관계에서 발생하는 종교는 근대화과정에서 변화하지만 소멸되지는 않는다는 것이다.

근대성은 종교에 있어 세 가지 부정적인 영향을 미친다고 추정되는데, 그녀는 이 모두를 간단히 처리해버린다. 첫째로, "과학의 위신과 권위는 ……종교가 가지고 있던 설명력을 감소시켜온 것으로 생각(1982b:8)"되는데, 그녀는 이와 같은 과학과 종교 사이의 상반성을 19세기의 잔재로써 처리해버린다. 대신 그녀는 현재 사람들은 종교와 과학이 다른 종류의 문제들에 적용되는 것으로 이해하고 있기 때문에 둘 사이에는 긴장관계가 존재하지 않는다고 주장한다. 둘째로, 일상의 관료제화는 미지의 것이나 신성한 것에 대한 지각을 감소시켜온 것으로 생각된다. 하지만 그녀는 관료제가 종교가 가장 융성했던 고대 비잔틴 제국이나 15세기 바티칸에서 융성했었음을 주장한다. 종교와 관료화된 세계가 함께 병존할 수 없는 것은 아니며, 적어도 과거에는 병존해왔다. 셋째로, 현재 우리는 적어도 과거와 비교해볼 때, 자연을 직접적으로 경험할 수 없다고 가정한다. 여기에서 그녀는 과학이 새로운 경외감을 대신해왔다고 주장한다. "자연에 대한 경이감은 과학의 발견에 의해서 더욱 심화되었고, 비인간적인 힘들로부터 삶을 지켜내기 위해 자연에 대항하는 게임이라는 느낌은 여전히 관료제로 인해 가지게 된다(1982a:11)"는 것이다.

더글러스에게 세속화는 새로운 것이 아니지만 특정의 사회적 관계에 의해서 발생된 우주론이다. 그리고 앞에서 언급했던 대로, 세속적인 우주론의 특징을 가지고 있는 원시사회들이 존재해왔다. 앞으로도 사회변화는 이전에 존재한 적이 없었던 새로운 사회형태를 가져올 것이며, 종교 역시 변화할 것이다. 그러나 최근의 사회이든 과거의 사회이든, 대규모의 사회이든 소규모의 사회이든, 전통사회이든 근대사회이든 간에 집단 혹은 격자의 문제를 다루고 있다는 점에서, 일련의 우주론이 요구될 것이다.

그녀는 더 나아가 근대사회에서 문제의 상당부분을 차지하는 것은 문화 즉 종교가 사회적 관계로부터 자율성을 가지고 있다는 믿음이라고 주장한다. "학자들이 근대화로 자연은 그 신비성이 제거되었다고 주장할 때, 나는 내가 문화의 신비화에 대한 증인이 되리라는 것을 알았다(1982b:12)." 이를 위해서,

> 문화적 범주들은 사회적 관심사들이 정의되고, 분류되고, 토론되고, 교섭되고, 싸우는 인식의 장으로 취급되어야 한다. 이런 규칙을 따르면 문화와 사회가 절교할 이유도 없으며 하나가 또 다른 하나를 지배해야 할 이유도 없다(1982b:12).

근대화가 종교의 쇠락을 가져오지 않았다면, 사회적 변화가 의례와 사회적 관계들의 대안적인 상징에서의 변화와 연결된다는 사례를 여전히 찾을 수 있을 것이다. 사회적 형태의 변화는 집단의 집합적 상징의 변화를 수반한다. 그리고 더글러스는 사회적 관계가 상징화되는 다양한 방식을 제안한다. 예를 들어 그녀는 신체적인 통제가 웃기, 허튼 소리 하기, 내뱉기, 공개적으로 하품하기 등등과 같은 행위들의 타당성에 대한 관심만큼이나 사회관계가 상징화되는 방식이라는 핵심적인 주장을 펴면서, 사회체의 상징으로서 생물학적인 신체(body)에 관심을 기울인다. 만약 사회적인 통제가 약하다면 그 체제는, 헐렁한 옷을 입고 있거나 헝클어진 머리를 한 것처럼 이완되고 형식이 없어질 것이며 긴장되지 않고 너절해질 것이다. 더글러스는, 학자나 예술가들은 "자신들이 수행하고 있는 임무에 따라, 주의 깊게 조절된 흐트러짐을 과시함"으로써 자신들의 역할이 보다 덜 형식적인 것임을 상징화한다(1970:72). 그녀는 또한 개인에 대해 명백한 사회적 통제가 있는 곳에서는 긍정적인 가치가 의식수준에 존재하게 될 것이라고 주장한다. 보다 고도로 구조화된 상황에서는 열중이나 황홀 등의 신체에 대한 통제가 상실되는 여타의 상황들이 환영받지 못할 것이다.

또한 신체는 집단경계에 대한 관심의 상징으로 다루어질 수 있다. 사회체로 들어가고 나가는 것에 관심을 기울이는 곳에서는 신체적 통로들에도 관심을 기울인다. 즉 신체의 경계들을 관통하는 침, 피, 유액, 오줌, 똥, 눈물 등은 사회체 떠나기나 들어가기에 대한 상징들로 다루어질 수 있다. 이와 비슷하게, 가슴, 머리, 생식기관들의 관계에 대한 관념은 사회적인 위계나 집단과 제도들 사이의 관계들을 상징할 수 있다. 요약하면, 생물학적인 신체는 사회의 구조나 형식을 써넣을 수 있는 완벽한 백지(*tabula rasa*)이다.

더글러스는 또한 모든 도덕적 재활성화 운동은 외부적인 상징으로부터 내부적인 상징으로의 전환과 연결된다고 주장한다.

> 아마도 종교적인 갱신을 목적으로 하는 모든 운동들은 일반적으로 외부적인 형식에 반대했을 것이다. 유럽의 마니교주의, 프로테스탄티즘 그리고 현재 신좌파 운동들은 모두 역사적으로 추종자가 갖는 내적 가치들과 모든 추종자들 내부의 가치를 강화한다. 그리고 동시에 그 운동의 외부적인 모든 것들이 가지는 해악성을 함께 주장한다. 신체의 내부적인 부분과 외부적인 부분에 위치한 가치들에서 우리는 항상 실재와 외연, 내용과 형식, 자발적인 행동과 계획된 제도들에 적용된 신체적인 상징성을 발견한다(1970:52).

사회적 변화는 구질서의 의례적 지지대가 탈정당화되고, 그 상징적인 대안으로 내부적인 상태가 강화되는 것과 연결되는 듯하다.

4. 결론

메리 더글러스의 복잡한 생각을 간단하게 요약하는 것은 불가능하지만, 어느 정도의 일반화는 가능할 것이다. 더글러스의 연구의 중심은 사회적인 생산과 재생산에 있어서의 의례와 상징의 역할이라는 뒤르켕학파의 기본적인 믿음이다. 그러나 종교적이라고는 여겨지지 않는 일상적 의례가 그녀 연구의 상당부분을 차지한다. 발화에서 음식까지의 모든 것들의 언어학적인 구조와 더불어 세탁하기, 정돈하기, 제자리에 놓기 등은 일상적인 존재에 배어들어 있는 의례적 윤활유를 구성한다. 그러나 우리는 이 모든 것들을 신성성을 가진 '종교적'인 것으로 생각해오지 않았다. 우리자신과 다른 사람들의 삶 속에서 종교적이고 상징적인 것을 찾아내는 것은 쉽다. 그러나 우리 자신의 사회적 관계에 대해서는, 우리 역시 원시사회 사람들과 마찬가지로 종교적이고 상징적인 것을 신화로 덮어씌워 버리기 때문이다. 더글러스의 관점에서 사회적 관계는 점토와 같다. 그리고 우리는 이 점토를 이렇게 저렇게 빚어 우리의 사회, 사회적 질서, 계급구조, 국가장치, 생산양식을 만들고 형성한다. 그러나 어떤 형태를 만들든지, 또 어떤 방법으로 사회적 권리, 권력 그리고 나머지 가치들을 재분배하든지간에 여전히 어느 정도의 사회적 질서 – 어느 정도의 점토 – 가 존재한다. 그리고 이 점토는 어떤 형태인지에 상관없이 의례에 의해 재강화되고 재생산된다. 종교는 근대화와 함께 사라진 것이 아니다. 단지 일상생활에서의 청결의례에서부터 현대시민종교의 정치적인 제례에 이르는 넓은 범위에서 새로운 형식으로 다시 나타날 뿐이다.

의례, 상징, 신화는 변한다. 이 변화를 체계적이고 이론적인 방법으로 설명하기 위해 더글러스는 집단-격자라는 분류도식을 고안해냈으며, 이 도식은 그녀가 어떤 사회적인 맥락의 사회적인 관계도 분석적으로 바라볼 수 있게 해주었다. 가장 중요한 것은 이런 분석적 차원들이 우주론에서의 차이점과 연결되어 있기 때문에 문화와 믿음에 대한 비교연구가 가능하다는 것이다. 그녀는 의례를 구성하는 것이 무엇인가에 대한 우리의 생각을 확장시켰을 뿐만 아니라 의례와 언어학적 코드의 연결을 통해 모든 종류의 상징체계를 이해할 수 있는 새로운 방법을 제공했다.

▌4장▐

미셸 푸코의 후기구조주의

미셸 푸코의 본질적인 관심은 서구문화이다. 그렇지만 그는 이를 설명하는 데 있어 일반적으로 사용되는 범주들을 받아들이지 않았다. 푸코의 연구는 전적으로 인간의 모든 사고와 이를 영속시키기도 하고 제한하기도 하는 제도에 관한 것이며, 푸코의 주제는 모든 역사다. 그러나 여기에서의 역사란 근대문화의 형성과 권력과 지식이라는 지배적인 힘의 측면에서 바라본 역사이다. 또한 지배계급만이 아니라 동시대의 모든 개인들에게 영향을 미치는 사건들을 포괄하는 것이다. 푸코의 번역자이자 연구자였던 셰리든(Alan Sheridan)이 언급한 바와 같이, 푸코의 '본질적 관심'은 "현재를 과거 역사의 산물이자 새로운 시대를 향한 묘판(seedbed)으로 이해하는 것이었다(Sheridan, 1980:82)." 이는 문화를 "인간에 의해서 지속적으로 생산되고 재생산되는" 것으로 본 버거의 견해와 일치한다. 그러나 푸코는 버거나 더글러스, 하버마스와는 달리, 결코 문화를 분석적이거나 경험적 범주로 다루거나 집단의사소통의 관점에서 보지 않는다. 그에게 있어 문화란 그 자체로써 분석의 대상이다. 그렇지만 푸코 역시 이들처럼 실재가 사회적으로 구성된다는 가정에서 출발한다.

지금까지 푸코에 대한 관심은 급격하게 증폭돼왔으며, 그 결과 그의 사상의 일부는 더 이상 푸코 자신만의 것이 아니게 되었다. 이는 그의 연구가 학제간 성격을 강하게 가지고 있어, 학문영역 전반은 물론 대중매체까지도 그의 생각의 일부를 받아들일 수 있을 정도였기 때문이다. 그 결과 그의 저서에 대한 수천 편의 서평들은 지식인들의 매우 학문적인 학술지에서 대중일간지까지 다양한 출판물들에 실려왔다. 그의 저서인 『광기의 역사』는 심리학자와 정신의학자 그리고 사회복지사에게, 『임상의학의 탄생』은 의사와 보건행정가에게, 『감시와 처벌』은 범죄학자와 형벌학자에게, 그리고 언어와 담론이라는 개념을 중심적으로 다루고 있는 『지식의 고고학』과 『말과 사물』과 같은 이론적 저작은 인문학자들에게 많은 관심을 끌어왔다. 마지막으로, 『성의 역사』는 성 자체라기보다는 권력과 지식에 대한 푸코의 사상을 다루고 있지만, 그 제목 때문에 앞에서 언급된 모든 분야의 저널에서 다루어졌다. 그러나 이는 꼭 그 주제 때문만은 아니었다. 이 책이 발간된 1976년에는 푸코의 책들은 이미 거의 모든 언어로 변역될 정도로 많은 인기를 누리고 있었고, 그는 파리의 유명인사였다는 점에서 이런 관심은 당연했다(cf. Cooper, 1981; Dreyfus and Rabinow, 1982).

1. 지적 가정들

푸코의 지적 가정들은 매우 광범위한 영역을 포함하고 있다. 이 중 일부는 자신의 독창적인 것이며 또 다른 일부는 그의 동료들에 의해 논의된 사상들로부터 나온 것이다. 그러나 그 대부분은 지식의 근원을 발견하고자 하는 그의 기획이 가지는 포괄적인 특징들과 관련되어 있다. 『광기의 역사』 초판 서문에서, 그리고 콜레주 드 프랑스(College de France) 교수 취임연설에서, 푸코는 다음 세 명의 스승들에게 특별한 감사를 표시했다. 그 세 학자는 헤겔의 철학을 현재를 이해하기 위한 수단으로 사용하고 근대성을 헤겔주의(Hegelianism)에 비추어 살펴보고자 했던 철학자 이폴리트와 사상사 연구에서 불연속성을 강조했던 캉길렘, 마지막으로 문화의 전체성이란 측면에서 고대 유럽 사회들의 신화, 예술, 종교, 법, 제도를 분석했던 뒤메질이었다. 그 당시, 푸코는 이미 또 다른 스승인 알튀세와 1940년대 후반에 잠시 참여했던 공산당으로부터 멀어져 있었다. 그러나 그의 지적 계보와 사상에는 마르크스주의의 영향이 지속적으로 스며들어 있었고, 뒤르켕학파의 가정 역시 포함되어 있었다. 그리고 점차적으로 구조주의와 해체주의의 영향력이 증가되었다.

1) 실존주의적 현상학에서 구조주의로

제2차세계대전 이후, 당시의 사건들을 이해하고자 했던 프랑스의 지식인들은 후설과 하이데거의 현상학을 처음으로 접하게 되었다. 그리고 이 두 사람의 사상적 관점에서 자유와 억압을 둘러싼 많은 문제들을 제기하기 시작했다. 그리고 그 당시 고등사범학교의 학생이었던 푸코 역시 이런 학문적 논쟁들에 대해 방관자일 수는 없었다. 그는 경험의 중요성에 관련한 많은 의문점들과 문헌들과 그 영향력 간의 연계에 대한 논쟁 그리고 카뮈, 메를로퐁티, 사르트르 사이의 논쟁에 참여했다. 그 중에서도 특히 카뮈, 메를로퐁티, 사르트르 이 세 사람간의 정치적인 불일치는 처음에는 단순히 이론적인 문제들로 제기되었으나, 그 후 소비에트 연방 사회와 그 의도 그리고 프랑스가 나아가야 할 정치적인 방향성에 대한 신념들을 포함하는 모든 주요쟁점들로 확장되었다. 실존주의의 타당성에 대해서는 끊임없는 논쟁들이 이어졌지만 어쨌든 이 당시에는 사르트르의 주장이 가장 설득력을 지닌 것으로 여겨졌으며, 그의 실존주의는 프랑스 지성계의 지배적인 이데올로기가 되었다. 그의 이론은 그의 정치적 성향과 매우 밀접하게 연계되어 있었다. 1956년 제20차 정당대회에서 흐루시초프(Nikita Sergeevich Khrushchyov)가 개인성의 숭배를 강하게 비판하는 등 공산사회의 억압이 더 이상 부정될 수 없는 상황이 되었을 때 사르트르는 자기 자신의 정치적 성향의 타당성에 의문을 제기했던 이들과 뜻을 같이 해 소비에트 연방의 악습을 비난했다. 그러나 푸코는 이미 그 이전에 공산당을 떠나 있었고, 실존주의자들의 움직임과는 한번도 직접적으로 연관된 적이 없었다. 그러나 어쨌든 사르트르의 정치적인 성향은 그 자신의 이론적인 관심사와 거의 동일시돼왔기 때문에, 사르트르의 정치적 변절은 그의 이론에 대한 정당성에 상당한 손실을 입혔다. 이런 상황에서 레비스트로스가 존재성의 문제에 대한 새로운 해결책으로 구조주의를 제시했다. 그리고 언제나 많은 사람들이 지식인의 사상들을 잘 수용하는 문화적 풍토 속에서, 이는 광범위하게 받아들여졌다(cf. Kurzweil, 1980). 그렇다고 실존주의의 쇠락과 구조주의의 융성간에 직접적인 연관이 있었다는 것은 아니며, 단지 구조주의적 견해들이 그 이론 고유의 특성들뿐만 아니라 외부적인 이유에서도 환영받았다는 것을 의미한다. 사실상 푸코가 직접적으로 구조주의적 언어학과 인류학을 논한 것도, 또한 마르크스주의적 인문학이나 공산주의의 실행가능성을 논한 것도 아니다. 그러나 그는 마르크스주의라는 철학에 싫증을 느꼈으며, 점점 철학자들보다는 화가나 작가, 음악가들로 교우관계가 바뀌어갔고, 인문학, 보다 구체적으로는 심리학으로 관심을 전환하게 되었다고 주장한다.

물론 푸코가 받은 문화적 영향, 그 중에서도 푸코의 사상의 '급진성을 완화시킨' 사르트르와 레비스트로스의 영향력이 과장되어서는 안 된다. 그렇지만 푸코가 지적으로나 사회적으로 격동의 시기를 통해 자신의 사상을 성숙시켰으며, 또한 서로의 사상을 비옥하게 만든 수많은 뛰어난 개인들의 영향을 받았다는 사실 역시 간과되어서는 안될 것이다. 푸코가 마르크스주의자로 간주되든지 그렇지 않든 간에, 프랑스의 모든 지성계에 미친 마르크스의 영향력은 뒤르켕이나 니체만큼이나 부정할 수 없는 것이다. 푸코는 마르크스의 사상, 최소한 마르크스의 사회비판의 도구를 자기 자신의 것으로 받아들였다. 푸코는 버거가 말한 것처럼 모든 인정받은 지식과 믿음들을 평가절하한다. 이는 그가 기술적이거나 이론적인 차원에서가 아니라 실천적인 차원에서 허위의식에 대해 관심을 가지고 있음을 보여준다. 또한 다양한 자본주의의 위기들을 종결시키는 혁명을 예측하는 인본주의적 마르크스주의자들과는 달리, 푸코의 예측은 보다 미묘하고 간접적이다. 그는 혁명을 기다리고 있지 않았을 뿐만 아니라 그의 사상 자체가 우리의 역사에 대한 관념에 거의 혁명을 일으켰다고 할 수 있다. 그렇지만 그의 연구는 특정 시기나 국가에 기반을 두고 있는 사건과 발전, 그리고 인구학적 변화 등을 연구하는 기존의 역사학자들에게는 받아들여질 수 없는 것이었으며, 그래서 그의 책들은 역사학자들의 전문적인 저널에서는 거의 다루어지지 않았다.

또한 푸코는 아날(Annales)학파, 보다 구체적으로는 브로델(Fernand Braudel)에게 많은 영향을 받았다. 브로델은 그가 '장기지속의 역사(Submerged history)'라고 명명한 것을 강조하는데, 이는 어떤 사건들에 대해 관습적으로 이야기되는 것들의 이면에 감추어져 있는 역사를 말한다. 그는 아주 오랜 시간 동안(*longue durée*)의 변화를 추적했으며, 지정학적 중요성을 강조하고 중·단기 사건들의 영향을 서로 비교했다. 『지중해(*La Mediterranée*)』(1966)의 출판은 제2차세계대전 후 프랑스 역사학자들 사이에서 많은 논쟁을 야기시켰다. 그는 전통적으로 기술된 역사에 의문을 제기했고, 이 때문에 역사를 한 시대로부터 다른 시대로의 진보의 측면에서 연구한 마르크스주의자들의 지지를 받았다. 하지만 푸코는 엘리트 문화와 이런 엘리트 문화에 의해 지배되는 대중문화의 기록이라는 브로델의 두 가지 범주를 중재하고, 또한 근대문화를 역사적으로 생성하게 한 메커니즘인 배제와 금지 그리고 제한에 대한 관심을 끌어냄으로써 브로델을 넘어섰다.

푸코를 포함한 푸코의 스승과 그 동시대인 모두에 대한 뒤르켕의 영향력은 더 이상 말할 필요가 없을 정도이다. 구체적으로, 레비스트로스의 『슬픈 열대(*Tristes Tropique*)』(1968)에서 직접적으로 인용된, 인간은 사고를 분류하고 또한 연결시키려는 경향을 가지며 그 결과 그들 문화 특유의 관계들을 생성한다는 생각은 뒤르켕과 모스의 『원시적 분류(*Primitive Classification*)』(1963)로부터 나온 것이다. 이런 사고들간의 연계성이라든지 세계를 이해하기 위해 지식을 통합하고자 하는 인간욕구에 대한 강조는 레비스트로스의 구조주의의 가장 기본적인 목표였으며 또한 푸코의 모든 연구의 근원적인 목적이기도 하다. 그에게 부여된 명성이 이해될 만큼 뒤르켕의 사상은 프랑스 사회학과 사회사상 전반에서 발견된다. 푸코는 법이 집합 감정들 더 나아가 연대성까지를 표현하는 사회의 도덕적 코드를 제도화한 것이라는 뒤르켕의 입장에 대해 그 연대성의 기초에 대한 의문을 던지고 있다. 그렇다 해도 어쨌든 푸코가 증대되는 과학적 지식의 중요성과 함께 시작된 규율의 분화에 초점을 두고 있다는 점에서 뒤르켕의 영향하에 있다고 할 수 있을 것이다.

2) 구조주의적 유산

아주 다른 각도에서 시작했지만, 문화의 근원과 그 문화를 구성하고 있는 양자대립적 관계들의 근원을 찾아내고자 한 레비스트로스의 시도 역시 푸코의 연구에 좋은 도구를 제공했다. 레비스트로스(1963, 1968)는 소쉬르로부터 많은 영향을 받았다. 그는 서로 다른 브라질 인디언 부족들의 친족체계에서 구조적인 유사성을 발견했다. 그리고 여기에서 그가 발견한 원주민들의 언어체계와 태도 사이의, 그리고 그들의 명명체계와 사회조직 체계 사이의 몇몇 모순점들을 설명하기 위해 소쉬르의 언어학 이론을 적용했다. 레비스트로스는 특히 구조주의적 언어학의 기술적인 요인들과 과학적인 접근방식에 많은 영감을 받았다. 그는 인류학에서 사용되는 경험적인 관찰과 같은 방법론은 상징적 관계들을 거시적 수준에서 부족사회를 충분하게 설명할 수 없다고 평가했다. 구조주의적 언어학을 인류학에 접목시키려는 이런 시도는 다른 영역의 구조주의자들을 고무시켰다. 또한 그 당시에는 많은 학자들이 점차적으로 학문의 각 영역에서 지식의 단편화와 객관성과 주관성 각각에 근거한 이론들간의 간극의 심화에 문제점을 제기하고 있었으며, 레비스트로스의 이런 창조적인 사고는 학계에 많은 반향을 일으켰다.

무의식의 구조에 대한 탐구가 좋은 결과를 얻지 못하자, 소쉬르의 언어학은 또 다른 이론들에 의해 활성화되기 시작했다. 많은 연구자들은 제이콥슨(Roman Jacobson, 1971)의 소리의 가장 작은 단위인 음소(phonemes)와 의미의 가장 작은 단위인 형태소(morphemes)간의 양자관계라는 개념을 적용하는 데 몰두하기 시작했다. 이후 바르트(Roland Barthes)는 랑그(la langue)와 파롤(la parole)이라는 모든 언어적 경험을 개념화시키고자, 『기호학의 요소(*Elements of Semiology*)』(1968)에서 마르티네(André Martinet, 1960)와 옐름슬레우(Louis Hjelmslev, 1959)의 언어학을 받아들임으로써 여기에서 한 걸음 더 나아갔다. 이 접근법은 구어(口語)와 문어(文語)에 관련된 모든 기호를 해석하고자 했다. 푸코는 언어의 특정 부분을 강조하는 아티큘리(*articuli*)를 가정하면서, 언어를 구성과 규칙과 용법으로 세분화하고, 아이디올렉트(*ideolects*)를 통해 문맥적 특이성을 고려하려고 시도하는 바르트에게 관심을 가졌다. 사실상 바르트의 연구는 푸코의 것과 별로 다르지 않다. 그래서 바르트가 소리에서뿐만 아니라 글에서도 코드와 메시지의 이중적 속성과 이중적 의미들을 고려해야 한다고 주장했을 때, 푸코는 어떻게 이것이 지식의 기원이라는 문제와 연결될 수 있는지 검토했다. 그리고 이런 의문은 『말과 사물』과 『지식의 고고학』의 중심주제가 되었다.

그러나 구조주의를 발전시킨 사람들은 구조주의에 대한 논의를 그들 자신의 모순과 모호한 사고구조에 대한 실망에 초점을 맞추어 진행했으며, 또한 그후에 예상했던 구조가 계속 발견되지 않자 점차적으로 이에 대한 관심을 상실했다. 구조주의는 자신들의 방법론이 옳다는 것을 전제로 한 일련의 방법론이자 이론이기 때문에 이를 정의하는 데 있어서조차 어려움이 있다. 이런 태생적인 문제점들은 가장 잘 정의된 것으로 여겨지는 바르트의 정의에서조차 명확하게 드러난다.

> 구조주의란 무엇인가? 이것은 하나의 사상학파도 운동도 아니다. 왜냐하면, 일반적으로 이 단어와 관련되는 많은 저술가들이 어떤 식으로든 공통의 원칙이나 요인으로 묶여 있다고 전혀 느끼지 않기 때문이다. ……사상과 문학 모든 영역에서 구조주의의 모든 활동의 목적은 대상을 재구조화하는 것이며, 그리고 이 과정을 통해 이 대상의 작동의 규칙 혹은 '기능'을 밝히는 것이다. 따라서, 구조는 사실상 ……여전히 보이지 않는 무언가로부터, 혹은 본래의 대상물의 알 수 없는 부분으로부터 도출된 ……그 대상의 환영(*simulacrum*)이다. ……환영은 그 대상에 첨가된 지성이다(1964:213).

만약 지성이 모든 구조를 구성하는 무의식적 관계와 규칙들을 드러내는 데 도움이 되는 구성요소라면, 구조주의는 성공적이어야 했다. 왜냐하면 구조주의에 몸담은 개인들이 뛰어난 재능들을 가지고 있었다는 것은 확실하기 때문이다. 그러나, 바르트는 『기호학의 요소』를 쓰는 데 10년을 보낸 후에 글의 기원이 발견되지 않았음을 인정했고, 레비스트로스는 인류학으로 되돌아갔으며, 푸코가 『말과 사물』과 『지식의 고고학』에서 보인 관심은 권력과 성에 대한 연구들로 대치되어버렸다. 그후 푸코는 점차적으로 니체의 사상을 받아들였으며 데리다(Jacques Derrida)가 문학 텍스트들을 해체시킨 것과 유사한 방식으로 사회적 텍스트들을 '해체시켰다'.

『미셸 푸코: 진실에의 의지(*Michel Foucault: The Will to Truth*)』(1980:37)에서 셰리든은 다음과 같은 푸코의 주장을 강조한다. 푸코는 자신의 관심은 구조주의적 언어학에서 완전히 벗어나 있었으며, 구조주의의 언어는 자신이

거의 인식하지 못한 상태에서 흡수한 것으로, 『임상의학의 탄생』 수정판에서는 언어라는 용어를 담론으로 대체하고 기표(signifier)·기의(signified)와 같은 용어들을 대부분 삭제했다고 주장했다. 또한 셰리든은 푸코가 "구조주의적 분석을 특징짓는 방법론이나, 개념, 핵심용어들을 사용하지 않았다는 것"과 함께 푸코(1970:xiv)가 "영어권 독자들에게 자신을 구조주의와 연결짓지 말아달라고 요구한 것"을 덧붙여 제시하고 있다. 물론, 푸코의 연구는 다른 구조주의자들의 연구와는 다르다. 하지만 그럼에도 불구하고, 구조주의적 언어학에 대한 집착이라든지 구조주의의 원칙의 일부를 다른 연구영역의 방법론에 접목하려고 한 그의 시도는 『구조주의의 시대(*The Age of Structuralism: Lévi-Strauss to Foucault*)』(Kurzweil, 1980)라고 불렸던 시기의 명백한 징후를 보여준다. 『임상의학의 탄생』에서 푸코가 의사의 진단과 치료는 의학적인 방법하에서 '기호와 증상을 구별하는 것'에 포함된다고 한 것이라든지 "기표(기호와 증상)를 ……그것의 핵심 – 질병의 핵심 – 인 기표의 인식가능한 배열방법에서 완전히 규명된 기의와 명백한 관계를 이루는 것"으로 언급한 것이라든지, "……증상이 그 수동성을 포기하고 ……질병의 기표가 되었다는 점에서"라고 언급한 것 등에서 봤을 때, 그를 구조주의와 연관시키는 것은 적절해보인다.

2. 문화에 대한 푸코의 관점

푸코의 저서 중 색인에 문화라는 단어가 제시되어 있는 책은 『지식의 고고학』이 유일하지만 그의 모든 연구는 가장 광범위한 의미에서의 문화를 다루고 있다. 그에게 있어서 문화의 핵심은 지식의 전파이며, 이 과정은 절대 단선적이지 않다. 그리고 이는 의식적이거나 또는 무의식적인 방식으로 권력과 연관되어 있으며, 교활하고 산발적이며 동시에 어디에나 존재한다. 또한 이는 국경이나 문화적 경계를 초월한다. 한편, 그는 문화간 전파에 대한 인류학적 이론들을, '단선적'일 수 있다는 이유에서 받아들이지 않는다. 앞에서 요약한 것과 같이, 푸코가 레비스트로스의 인류학과 (실질적인 부분에서라기보다는) 방법론적인 측면에서 관련성을 가지고 있기는 하지만, 어쨌든 푸코의 인류학은 레비스트로스의 인류학에 보다 가까운 편이다. 그러나 푸코의 관심의 초점은 부족의 신화를 통해 알 수 있는 지식이 아니라, 전(前)산업-산업-탈산업사회라고 불리는 곳에서의 지식이다. 지식과 사고체계의 역사에 대한 푸코의 많은 연구들은 서구의 문화, 그 중에서도 중세 말에 등장한 서구문화들이 어떻게 현재를 결정지었는가를 다루고 있기는 하다. 그렇지만 푸코가 지식을 하나의 범주로서 문화보다 더 강조했다는 사실을 기억해야 한다.

푸코 저작의 핵심은 담론이며, 이에 근거해 상이한 담론들간의 관계, 이론과 실천과의 관계, 앎의 의지와 지식을 소유한 사람들이 가지는 이익의 관계와 관련한 다양한 통찰이 이루어진다. 푸코는 역사적 기록에 대한 연구를 통해, 그 당시 당연시되는 진실을 수용하는 것을 거부하고 그 전에 무시되고 간과되었던 믿음들과 이로 인한 실천적 결과들을 밝히고자 한다. 푸코 연구의 이런 깊이와 추론적인 속성 때문에 그의 연구는 경험주의를 근거로 하는 사회학적 연구들과는 정반대의 위치에 설 수밖에 없다. 그의 체계는 그 자체의 속성에 의해 반드시 열려져 있어야 한다. 이런 체계는 증명(verification)이나 반증(falsification)의 대상이 되지 않는다는 점에서, 푸코와 경험주의 사회학자들 사이의 공통적 근거는 사라져 버린다.

1) 광기와 임상의학

푸코는 『광기의 역사』에서 아직 그 요점이 명확해진 것은 아니었지만, 그의 후속 연구를 위한 기반을 준비했다. 수많은 기록에 근거한 역사조사를 통해 푸코는 중세 말에 새롭게 등장한 광기와 정신의학간의 관련성을 기술하고 있다. 이 시기는 13세기와 17세기 사이에 2,000개가 넘는 나병환자 수용소를 건설했을 만큼 유행했던 나병이 사라졌던 시기이다. 또 광인들이 아직 바보들의 배(*Narrenschiffe*)* 에 실려 이 마을, 저 마을을 돌아다니며 방랑하던 시기였다. 일단 푸코는 나병환자들을 시야에서 사라지게 하

*16세기 르네상스 시대에 도시에서 추방된 광인들을 태우고 라인 강을 따라 도시에서 도시로 떠돌아다니던 배를 일컫는 말로, 보쉬(Hieronymus Bosch, 1450~1516), 브뢰겔(Jan Brueghel, 1568~1625) 등의 화가나 브란트(Sebastian Brant, ?1457~1521) 등의 문학가와 같은 예술가들이 여기에서 모티브를 받아 많은 작품을 남겼다.

기 위해서 사회가 그들을 격리시키고, 광인들에게는 배라는 한정된 공간 안에서의 자유를 허락했다는 측면에서 그 당시 사회가 어떻게 이 두 유형의 일탈자들을 다루고 있는지를 생생하게 보여준다. 그들은 세계를 볼 수 있었으나, 교회에는 참석할 수 없었다. 그랬다가는 내쫓기거나 놀림감이 되었다. 선원들에 의해 통제되는 배 안에 있다는 것 또한 "그들을 그 항해의 포로로 만들었다(1965:10-11)." 푸코는 이런 일탈자들을 다루는 데 있어서 나타나는 모순들에 초점을 맞추어 상세하게 설명하고 있다. 동시에 그는 일탈자들을 다루는 방식의 변화는 사회적 조건이 변화한 결과라고 주장한다. 즉, 광인들을 바보들의 배가 아니라 격리된 시설에 수용하는 것이 더 낫다고 판단하게 된 것은 점진적으로 축적돼온 광기에 대한 새로운 지식만큼, 비어버리게 된 나병환자 수용소*의 상황과도 연관된다는 것이다. 푸코는 심지어 광기에 대한 정의조차도 언제나 일탈자를 필요로 하는 엘리트와 또 이들 엘리트의 구성에 따라 좌우되었다고 주장한다. 광기는 하나의 사실이라기보다는 하나의 판단이다. 일탈을 다루는 데 있어 푸코의 독창적인 부분은, 이를 도덕의 문제와 연결시켰다는 점이며, 모든 후속 저작에서 이 주제를 확장시켜나갔다. 그는 이 주제를 다루는 데 있어, 광인이나 범죄자, 그 밖의 다른 부랑자의 운명보다는 그들을 배제하기 위한 행위를 더 중요하게 다루었으며, 배제 그 자체가 사회를 어떻게 상징적으로 정화하는지에 대해 반복적으로 말하고 있다.

푸코의 역사적 재구성은 마을의 기록과 자서전, 국가공문서, 다락방에서 발견된 알려지지 않은 편지, 소설, 시 등 가능한 모든 자료에 근거한다. 여기에서 아날학파와의 연계성이 명백하게 드러난다. 그러나 푸코는 아날학파보다 많은 일반화를 했으며, 사건보다는 언어에 의존했다는 점에서 차이점을 가진다. 또한 아날학파의 학자들에 비해 문헌들에 더 의존한다. 부분적으는 그가 특정 시대나 개인들 그 자체보다는 특정 시대 내의 개인

---

*여기에는 사회에서 배척을 당하는 한 집단을 설정함으로써 내부의 결속을 다지는 역할을 수행하게 하는 사회적인 기능을 가지기 때문에 광인들의 격리가 일어난 것이라는 시각이 담겨 있다. 즉 나병환자들의 수용소가 비게 되자 이들 나병 환자들이 사회에서 담당했던 역할을 대신해야 할 또 다른 집단이 필요해진 상황이었다는 것을 말하고자 한 것이다. 이 역할은 광인들의 몫이 되었다.

들에 초점을 맞추었기 때문이다. 이런 그의 강조점은 중세 말 모든 사람들이 광기와, 광기의 모호성과, 그리고 경험의 주변부에 있는 광기의 존재성에 매혹되었다는 그의 주장을 가능하게 한다. 푸코는 고전시대의 문헌들에서 광기에 대한 이런 편견들이 죽음에 대한 공포에 관련해 집중적으로 나타나며, 또한 공포의 해결에 도움을 주는 것으로 나타나고 있다는 것을 발견했다. 푸코는 죽음에 대한 공포심을 점차적인 종교의 상실과 연결시키는 일반적인 사회과학적 설명을 거부한다. 대신에 그는 작가와 예술가들이 광인들을, 일반인보다 죽음에 대해 더 많은 통찰력을 가지고 있는 것으로 그렸다고 주장한다. 16세기에 이르러서 광기는 이미 공포의 근원이었던 죽음을 대체했고, 광인은 미래를 예견할 수 있는 존재로 여겨지게 되었다. 그리고 그 결과, 그들에게는 흔히 예언자의 역할이 주어지게 되었다.

푸코는 광인을 상징적이고 완전히 도덕적인 우주에 접근하는 특권을 가지고 있는 것으로 보았던 시각이 중세 말에 어떻게 변화했는지를 보여준다. 이 변화는 광인들을 감금하기로 한 결정과 동시에 일어났다. 또한 푸코는 이런 결정 자체가 1656년 "모든 질병의 근원으로서의 구걸과 게으름(1965:57)"을 예방할 임무를 부여받은 파리 종합병원(Hôspital Général)의 설립과 어떤 관계를 가지는가를 상세히 기술한다. 보다 상업지향적이고 산업지향적인 사회가 되어갈수록 점차적으로 게으름과 나태에 대한 비판이 커져갔다. 그리고 이 상황에서 값싼 노동력을 생산해내기 위해 감금(監禁)을 어떻게 사용했는가는 그가 후속 저작에서 발전시킨 주제이기도 하다. 그러나, 그는 어쨌든 여기에서 처음으로 광인이 가난한 사람들과 마찬가지로 강제노동의 적용대상이 되었으며, 다른 모든 노동을 하지 않거나 할 수 없는 사람들과 마찬가지로 도덕적으로 결함이 있는 것으로 간주되기 시작했다고 얘기한다.

거지, 방랑자, 범죄자, 병자 등 사회에 부합되지 않는 다른 범주의 사람들과 같이 광인은 이제 권력자들의 논의의 대상이 되었다. 광인들은 그들이 불필요하기 때문에 감금되어야 했다. 여기에서 푸코는 왜 처음에는 이 '불필요한' 사람들이 함께 격리되었다가, 노동을 시키기 위해 그들을 재활시키는 방법을 전문가들이 구체적으로 논의하기 시작했을 때에야 비로소 그들간의 분류가 이루어졌는지를 설명한다. 그는 결과적으로 정신의학자나 의사, 변호사, 정치가 등 다양한 전문가들 사이에는 어떤 공통된 목적이 있었음을 『광기의 역사』에 상세하게 기술하고 있다. 푸코는 광인들이 병원의 관리자들에 의해 지배당하게 된 것을 다음과 같은 공포스러운 상황과 연관시킨다. 이들 관리자들은 "자신들이 가진 권위와 지령, 행정과 상업, 치안유지와 재판권, 교정과 처벌"이라는 권력을 통해 "죄인을 묶는 기둥과 족쇄, 감옥과 지하감옥"을 마음대로 사용할 수 있었다(1965:59). 그리고 쥐들이 들끓는 습하고 하수구도 없는 독방에 묶인 채로 갇혀, 그 환경 때문이라도 제정신일 수 없는 상황에서 광인들이 마치 자신들이 그러한 감금과 잔혹한 대우를 당해도 마땅하다는 듯 행동했다는 것을 보여준다.

이때까지 푸코는 그의 언어학 이론구성에 착수하지 않았다. 하지만, 그는 의사들에 의해 사용된 새로운 언어 — 그들이 새롭게 발견된 질병과 치료, 그 밖의 생물학적 사실을 가리키기 위해 구성한 언어 — 를 분명하게 지적하고 있다. 그것은 "광기에 대한 최초의 그리고 최후의 구조이자, 그것의 구성적 형태(1965:91)"였다. 정상과 비정상, 정신착란의 언어와 몽상의 언어, 그리고 의사와 환자 사이의 푸코의 중재는 고전주의시대에 시작된 새로운 과학적인 시대정신(*Zeitgeist*)에 관한 것이었다. 이런 과학의 지배는 지식의 진보만을 가져온 것이 아니라 그 지식을 소유한 사람들에게 권력을 부여했고, 그 결과 그들은 자신들의 지위를 강화시킬 수 있는 위치에 있을 수 있었다. 그러나, 1977년에 그가 이야기한 바에서 알 수 있듯이, 그 당시 그는 이에 대해 확신을 가지지 못하고 있었다.

> 지금 돌아보자면, 나는 스스로 『광기의 역사』나 『임상의학의 탄생』에서 권력에 대해 이야기한 것 외에 다른 것이 있었나 하는 질문을 하게 된다. 그러나 나는 내가 권력이라는 단어를 거의 사용하지 않았으며, 그러한 분석영역을 가지고 있지 않았다는 것을 잘 알고 있다. 나는 이것이 의심할 여지없이 우리가 속해 있는 정치적 상황과 연관되어 있는 무능력이라고 이야기할 수 있다. 좌파나 우파든, 권력을 어떻게 위치시킬 수 있는지 알기는 어렵다(1980a:115).

푸코는 그 후에 우파는 헌법과 주권 등의 측면에서, 좌파는 국가기구의 측면에서, 중요한 정치적 문제가 공식화되는 방식과 권력이 어떤 관련을 가지는지 설명했다. 그리고 그는 소비에트 연방의 전체주의와 서구의 자본주의를 이런 '공식화'의 방식으로 보고, 이런 이데올로기적인 공식화는 권력을 전술, 기술 또는 역학의 측면에서 분석할 수 없게 한다고 비난했다. 그렇기 때문에 권력의 그물망의 '정교한 그물코들'이 가시화되기 시작하고 또, "그 전까지 정치적 분석 분야의 주변에 머물렀던 사람들(1980a: 116)"에 의해 분석이 가능하게 된 1968년 이후에 이르러서야 권력에 대한 분석이 시작될 수 있었다고 진술했다.

푸코는 『광기의 역사』를 통해 후속 연구들의 원재료들과 역사에 대한 간학문적이고, 시간에 영향을 받지 않으며, 전지구적인 독특하고도 새로운 접근방식을 수립할 수 있었다. 그리고 이 접근법은 그에게 많은 찬사를 안겨주었지만 동시에 공격의 대상이 되게 했다. 많은 시간을 투자한 이 연구를 통해 그는 계몽주의 사상에 있어 필연적이지만 동시에 파괴적이며 무의식적인 요소로 알려진 '감금의 문화'를 밝혀내었으며, '고고학적' 방법론을 구성했다. 푸코는 현존하는 지식 코드의 기원을 밝혀냄으로써 어떻게 근대문명 전체가 그 부분들의 합 이상인지를 그리고 어떻게 이성이 언제나 '비이성'을 수반하는지를 보여주는 작업에 착수했다.

『임상의학의 탄생』은 보다 더 전문화된 책이었다. 『광기의 역사』가 몇 백 년의 기간을 다루는 반면, 이 책은 '고전주의 시대'인 18세기 후반부터 19세기 초반의 50년을 다루었다. 그러나 푸코는 서문에서 이 책이 단지 임상의학의 역사만을 다루고 있는 것이 아니라는 것을 밝히고 있다:

> 이 책은 공간과 언어, 그리고 죽음에 관한 것이며, 응시(gaze)라는 보는 행위에 관한 것이다. 18세기 중반, 폼므(Pomme)는 히스테리 환자를 치료하기 위해 '10달 동안 하루에 10시간에서 12시간의 목욕'을 하게 했다(1975a:ix).

이 책의 부제 의학적 인식의 고고학(An Archeology of Medical Perception)이 말해주듯 이 책의 중심주제는 1816년에 이르기까지, 푸코가 **응시**(일시에 모든 것을 파악한다는 의미)라고 명명한 것을 바탕으로 의사들이 새롭게 **보는 방식**(*way to see*)을 익히고, 아픈 유기체를 질병과 분리하고 또한, 그들이 쓰고 논의한 새로운 과학적 지식들을 사용하기 위해 언어와 담론을 어떻게 사용해왔는가 이다. 이전의 분류의학(classificatory medicine)은 오늘날 우리에게 '과학'으로 알려져 있는 해부학적 임상방법론(anatomo-clinical method)으로 대체되었으며, 이는 의사의 담론과 다른 제도들간의 다양한 상호관계의 결과였다. 푸코는 의사들이 무엇을 새롭게 보기 시작했으며, 어떻게 이런 새로운 통찰들을 해석했는지, 그리고 또 어떻게 이런 통찰들을 사회적으로 인정받게 했는지 하는 것들간의 변화하는 관계에 초점을 맞추었다. 그는 모든 사람들에게 평등한 의료혜택을 가능하게 한다는 프랑스 혁명의 원칙에 의한 개혁과, 그에 뒤따른 공적 부조에 대한 기대 즉, 종합병원과 대학병원, 의료진과 간호사들에 대한 기대를 지적한다. 그 결과, 의사들은 질병에 관한 많은 것들을 보다 빠르게 알게 되었으며, 전염병을 방지하기 위한 방법들을 고안해냈다. 여기에서 무엇보다 푸코가 보여주고자 했던 것은, 생명을 연장시키고 죽음을 예방하기 위한 수단이었던 것들이 어떻게 의사들을 그 사회에서 가장 힘있는 존재로 만들었는가이다. 그가 『감시와 처벌』에서 다룬, 근대사회의 이면권력자로서의 의사와 변호사라는 주제는 이미 이 책에서 명료하게 설명되어 있다.

푸코가 실증주의와 일반인에 대한 의사의 '우월성', 그리고 의사의 인류애적 본성에 대한 신화들을 직접적으로 언급하고 있지는 않지만, 그가 밝히고자 했던 것은 바로 이 부분이었다. 그렇지만 그는 이런 악의적 의도들을 개별의사들의 탓으로 돌리지 않았다. 대신에, 그는 어떻게 과학적인 연구라는 그 자체가 의사들로 하여금 다른 사람들이 자신들의 주장과 모순되는 것을 발견하더라도, 그들이 자신들의 주장이 잘못되었다는 것을 입증하지 않는 한, 자신들의 생각을 옳다고 주장하도록 만들었는지를 지적한다. 예를 들자면, 병원이 사람들로 인해 붐비게 되면서 환자들을 돌보는 데 드는 비용이 상승하고, 비인간화되었으며, 불결한 환경 때문에 환자들이 전염병에 걸릴 수 있게 되었다. 이런 상황에서 의사들은 경험적인 관찰들을 바탕으로 해 자택치료(home care)를 주장했다. 자택치료는 환자들이 건강한 친지들(이들 역시 가난했다)의 도움을 받을 수 있다는 측면에서 국가의 입장에서도 유리한 선택이었다는 것은 그가 다양한 기록들을 분석함으로써 밝혀낸 사실 중 하나이다. 푸코는 환자들이 자택에서 요양을 하게 됨과 동시에 의사들이 왕진을 시작했다고 주장한다. 이를 통해 의사들은 가난과 다양한 질병 사이의 관계들을 관찰할 수 있게 되었을 뿐만 아니라, 의료영역의 변화 역시 꾀할 수 있게 되었다. 병원에서 질병은 사라졌고, 병원은 연구중심으로 변화했으며, 국가는 병원과 '연구를 위한 환경'을 위한 법규들과 연구비를 제공하기 시작했다. 이는 연구중심병원을 탄생시켰으며, 여기에서 가난한 사람들은 보호시설에서와 마찬가지로 실험재료가 되었다. 푸코에 따르면, 이런 행위들은 부자들이 그들의 치료에 필요한 자금을 제공했고, 이는 의사들이 인간과 질병 사이의 관계에 대해 더 많은 것을 배울 수 있다는 이유에서 정당화되었다. 의학의 진보는 모든 사람에게 혜택을 줄 것으로 믿어졌다.

이 과정에서 의사들은 자신들의 특권적인 위치를 더욱 강화했다. 푸코는 서로 분리시켜 생각할 수 없는 이런 변화들이 합쳐져 어떻게 의학에 유리한 지식의 새로운 약호와 법칙을 만들었는지를 보여준다. 의사들의 요구로 인해 부검이 합법화되었으며, 이제 의사들은 해부를 함으로써 죽은 자들을 '응시'할 수 있게 되었다(1975a:96). 시체의 절단은 죽은 조직들을 연구하고, 그 조직으로부터 질병을 '재구성'하기 위해 허용되었으며, 그 결과 병리학이라는 새로운 과학의 발달과 새로운 전문영역을 만들어냈다. 푸코의 괴상하고도 가끔씩은 잔인하기까지 한 연구들은 특이하고 별난 것들만을 집어내는 것처럼 보이지만, 또 동시에 이 모든 것이 불가피한 것이며 사실인 것처럼 여기게 만드는 힘을 가지고 있다. 청진기의 발명은 시각에 청각과 촉각을 더하는 효과를 가져왔다. 그 전에 의사들은 옷을 입고 앉아 있는 환자들을 단지 보기만 했다. 그러나 이제 환자들이 옷을 벗게 됨에 따라, 성에 대한 종교적이고 도덕적인 교리 또한 변화하기 시작했다. 결과적으로, 청진기는 의사들 앞에 놓여 있던 도덕적인 그리고 기술적인 방해물들을 제거했으며, 또한 의사들을 죽을 수밖에 없는 일반적인 사람들과 다시 한번 구분지었다.

앞에서 언급했듯이, 푸코는 1964년에 구조주의적 언어학의 영향을 받았으며, 이의 전체적인 맥락하에서 역사적인 자료를 분석하기 위한 그 자신만의 방법을 구성하고자 했다. 또한 다른 파리 지식인들과 마찬가지로, 그는 특히 의식적인 현상과 무의식적인 현상 간의 라캉(Jaques Lacan)의 중재에 관심을 두었다. 이 시기 푸코가 구조주의의 영향을 받은 것은 사실이지만, 얼마 지나지 않아 그는 자신이 다른 모든 구조주의자나, 후기구조주의자, 또는 해체주의자와 매우 다르다고 주장했다.

2) 지식의 고고학

『지식의 고고학』에서, 푸코는 그 전에 자신이 맹목적으로 연구했던 것들을 보다 통제되고 조직화된 방식으로 재구성하고자 했다(1972:17). 푸코는 『말과 사물』에서의 '자연사(自然史)'와 '재화의 분석', '정치적 경제'는 일반적인 용어로 검토되었다고 지적한다. 그러나 푸코는 저자들을 개인화시키거나 그들의 이름을 사용하지 말았어야 했음에도 불구하고, 자신이 저자들의 이름을 단순화하고 심지어는 미숙한 방식으로 사용했다고 실토한다. 저자들 역시 그들이 속한 문화, 즉 그들의 시간과 공간의 부속물로 개념화되어야 한다는 것이다. 베케트(Samuel Beckett)의 '누가 이야기하는가가 무슨 상관인가?'는 이런 방향성을 보여준다(1977:115). 저자는 '저자의 역할'이라는 자신의 임무를 수행하는, 담론의 하나의 기능이다. 이 탈주관화는 시대구분의 문제와 마찬가지로 복잡한 방법을 필요로 한다. 푸코는 기존의 전통적인 사상사(思想史)는 연속성이나 불연속성을 강조하지만, 특정한 기간 즉 하나의 문화 속에서는, 같은 형태의 역사가 경제, 정치, 사회, 종교적인 모든 영역에서 작동된다고 주장했다. 그리고 푸코가 관심을 가졌던 것은 바로 역사를 움직이는 하나의 작동방식에서 다른 작동방식으로의 변화였다.

결과적으로, 그는 모든 지식의 새로운 시대를 예고하는 인식상의 단절을 보다 직접적으로 고찰했다. 그는 지식이 언어를 통해 표현된다는 점에서, 새로운 지식의 등장을 밝혀내기 위해 드러나는 언어와 드러나지 않는 언어 각각의 측면을 체계적으로 살펴보았다. 푸코는 연속성의 연구로서의 역사학과 문화적 전체성으로부터 벗어나고자 하는 구조적 불연속성의 연구로서의 역사학 모두를 반박한다. 그는 "역사 자체에 대해 구조주의적 분석형식을 적용"시켜, 그 결과 역사분석이 "인류학에서 자유로워"질 수 있기를 바랬다. 푸코는 "근접한 것들의 외형에 의해 규정되는 특정 위치"에 새로운 의미를 부여하고자 한다(1972:17). 그리고 전지구적 역사란 연속과 단절, 한계, 연대기적 특이성, 그리고 관계의 유형을 연구하는 일반 역사를 위한 공간을 만드는 것을 의미한다. 대체로 일반 역사란 반(反)인류학적이고, 반(反)인본주의적이며, 반(反)구조주의적인 전제하에 이루어진다. 포괄적으로 말하자면, 푸코는 "혁명, 정부, 기근 등의 이면에 존재하는 역사적 연속성을 가로질러서, 그 내부적 일관성이 구성하고 지속시키는 위계와 관계망이라는 또 다른 과거들"에까지 모든 지적 세계의 범위를 넓힌다(1972). 이런 방법은 지식 코드를 따라 진화하는 것이기 때문에, 푸코는 사상과 지식, 그리고 철학과 문학의 역사를 아우르기 위해서는 '전(前)체계적 체계(presystematic system)'가 필요하다고 주장한다. 이 과정에서, 그는 '계층화된 전체'와 '담론적 질서'를 축적하고, 대상과 개념간의, 그리고 선택과 언명간의 질서를 세우기 위해 '담론적 전술'을 결합한다. 여기에서 분석의 가장 작은 단위는 언표(énoncé)로, 이 개념은 레비스트로스의 신화의 구성단위와 상당부분 유사하다.

이런 언명적인 단위들은 관계들과 그 관계들간의 작용을 생산하는 것으로, 그 근거에 대한 언급 없이 정의되며 담론의 실천규칙에 의해서 지배된다. 예를 들자면 의사는 그의 '제도적인 장소'에 위치하며, 그의 언명적 영역 내부의 대상중심적 담론의 일부이다. 언명적 영역은 그 자체의 개념과 이를 이상화시킬 수 있는 능력을 가진 전략을 전제로 하며, 이 전략은 많은 언어적인 규칙들로 이루어진다. 이는 의사들이 기표인 증상과 기의인 질병을 분리함으로써, 그들 자신들만의 신비하고 과학적인, 즉 일반인들이 알 수 없는 말들을 구성했다는 점을 통해 잘 나타난다.

푸코가 그의 언명적 단위가 어떻게 '발화행위'와 '자연적이거나 인위적인 언어들에 의해 생성된 기호들의 전체'의 일부가 되었는지를 보여주려고 할수록, 이 이론의 구성은 더욱더 어려워진다. 또한 그가 구어와 문어 모두를 설명하고, 모든 기호와 다른 모든 기호와의 관계를 해석하려고 한다는 점에서 문제는 더욱 복잡해진다. 더욱이 그는 이를 이론적으로 접근해, 미래의 모든 기호들을 이 틀을 통해 설명할 수 있기를 바란다. 따라서 기호의 총체를 인식하기는 어려우며, 이는 '언어와 관련된 모든 분석에 반대하는 담론형식의 종말'을 초래한다. 그러나 푸코는 의식과 '생각되지 않은 사고'의 깊이와, 또 모든 사고의 관계들과 그 기원들에 관심을 가지면서, 언어구조의 한계로부터 해방되어야 한다고 주장한다.

문화에 대한 기록이 단편적으로 나타나기 때문에, 푸코는 이들 전체에 대한 일반적인 지평인 자신의 '고고학'을 주장한다. 이는 '기원에 대한 탐구'도 담론 그 자체를 정의하려하는 지질학도 아니다. 고고학은 주로 고고학이 아닌 것에 의해 표현된다. 이는 해석적이지 않다는 점에서 사상사도 아니며, 변화를 추구하지도 점진적인 진보를 하고자 하지도 않는다. 또한 지평 위의 한 순간들을 잡아내려고도, 스스로를 사회학이나, 인류학, 심리학, 창작에 결부시키려고도 하지 않는다. 절대 무엇이 사고되었고, 요구되었으며, 증명되었는지를 재구성하려하지 않고, 담론 그 자체를 체계적으로 기술한다.

푸코는 다윈(Charles Robert Darwin), 소쉬르, 케인스(John Maynard Keynes)의 체계들은, 비록 그들이 같은 문법과 논리를 사용했다 할지라도, 다른 영역의 '언명적인 형식을 특징짓는 언명적인 질서' 위에서 작동한다고 설명한다. 이는 동시대에 작용하는 세 가지 체계들간의 언명적 동질성을 명백하게 보여준다. 그렇다고 해서 이것이 고고학적 관찰이 '연역적인 도식(deductive schema)'을 가진다거나, 어떤 식으로든 '전체주의적인 시대구분'을 시도한다는 것을 의미하지는 않는다.

푸코는 다양한 수준에서 많은 언어의 불규칙성과 모순들의 예를 제시하면서 이를 『광기의 역사』, 『임상의학의 탄생』 등에서의 연대기적 담론과 『말과 사물』 등에서의 횡적인 담론 간의 유사성과 연결짓는다. 그러나 그는 전체적으로 모든 것을 재구성하고자 했다기보다는 단지 잘 규정된 다양한 담론의 유형들 사이의 관계들을 '밝히고자' 했다. 그 결과 그는 고전주의정신을 부정하면서도 고전주의시대에 대해 말할 수 있었다. 그의 고고학은 상징적인 투영이라든지 표현 등을 반박하고, 인과성을 강조하는 정통적인 역사를 거부함으로써 고고학적 분석을 옹호한다.

> 고고학이 의학적 담론들을 일련의 실천들과 보다 밀접하게 관련짓는 것은 발화주체의 의식을 통해 전달되는 인과성보다 더욱 직접적인 관계를 ……발견하기 위한 것이다. 고고학은 정치적인 실천이 어떻게 의학적 담론에 의미와 유형들을 결정해왔는지를 보여주려고 하는 것이 아니라, 의학적 담론이 출현하고, 삽입되고,

> 기능하는 조건들에 정치적 실천이 어떻게 그리고 어떤 형태로 참여하는지를 보여주고자 한다. 그리고 이 관계는 다양한 수준에 걸쳐있다(1972:163).

의학적 훈련과 의료진, 그들의 영역에 대한 자신의 통찰에 근거해 푸코는 언어의 가장 숨겨진 의미까지 다루고 있다. 그러면서 그는 고고학이 "단절에 대한 공시적인 연구를 해체"하지만, 시대라든지 지평 또는 대상들을 기본적인 단위로서가 아니라 "오직 담론적인 실천으로만" 사용한다는 주장을 반복한다. 어떤 사회적 사건도 그의 고고학에 기초해서 분석될 수 있다. 예를 들어 프랑스 혁명은,

> 담론에 외재하는 하나의 사건(우리가 필연적으로 모든 담론들 속에서 그 분할의 효과를 찾아야 할)의 역할을 하지 않는다. 프랑스 혁명은 수많은 확신들을 변하지 않게 남겨두고, 현재까지도 존재하는 수많은 규칙들을 세우고, 또 최근에 사라지거나 사라지고 있는 확신들을 만들어낸 일군의 복합적이고 분절적이며 기술가능한 변화로 기능한다(1972:177).

분명히 이것들은 현상과 사건, 그리고 과학적이고 사회적인 변화들이 어떻게 이해돼왔고 이해되고 있는지를 고찰함으로써 이를 설명하고자 하는, 거시이론가적 입장에서의 관찰이다.

푸코는 『지식의 고고학』의 마지막 장에서만 이데올로기에서의 과학과 지식의 관계를 직접적으로 강조하고 있다. 그의 고고학은 일종의 무의식적인 격자로서 존재하기 때문에 이는 과학과 비과학 사이의 관례적인 구분을 탈피하지 못한다. 이런 '문화들'은 모두 그것들의 가치보다는 기능에 의해 구분된다. 푸코의 고고학은 과학적인 텍스트뿐만 아니라 문학적 텍스트와 철학적인 텍스트도 포함한다. 이것은 과학이 다른 많은 담론적 형식 중 하나에 지나지 않으며, 그것이 지니는 이데올로기적 역할 또한 연구의 대상이 된다는 것을 의미한다. 그러나 그는 비과학적 지식을 판단하는 것이 과학적 지식을 판단하는 것과는 같아서는 안 된다고 덧붙인다. 그리고 푸코는 자신의 '시대들(epochs)'이라는 개념이 과학적 마르크스주의와 인본적 마르크스주의 사이, 즉 '전기'와 '후기' 마르크스주의 사이의 알튀세의 이론적 단절이라는 개념과 다소 관련되어 있다고 믿는 지식인들

을 반박하고 있다. 사실상, 우리가 알고 있듯이 새로운 시대의 지식은 이미 그 전 시대의 끝에 그 시작을 두고 있다는 푸코의 설명은 마르크스로부터 직접적으로 가져온 것이며, 알튀세적인 단절과 확실한 차이점을 가지고 있다.

하지만, 그렇다고 푸코를 마르크스주의자라고 할 수 있을까? 그리고 만약 마르크스주의자라면, 그는 어떤 종류의 마르크스주의자일까? 『지식의 고고학』에서 그는 이런 문제를 회피한다. 그는 그로 하여금 "서구의 역사 — 초월적인 운명은 정치적 문제에 근원을 두고 있다"는 것을 추구하도록 한 두려움에 대해 이야기한 후 곧 주제를 바꿔버렸다. 하지만 그리 오래 가지는 않았다.

3) 권력에 초점을 맞추며

1968년 5월의 사건*은 푸코의 초점을 철저하게 변화시켰다. 1972년에 이루어진 들뢰즈(Gilles Deleuze)와의 대담에서 이를 회상하면서 푸코는 다음과 같이 말했다.

> 지식인들은 대중들이 지식을 축적하는 데 있어서 더 이상 그들을 필요로 하지 않는다는 것을 알게 되었다. 대중들은 지식을 착각하는 일이 없다. 그들은 지식인들보다 훨씬 더 잘 알고 있으며, 그들 스스로 표현할 힘을 분명히 가지고 있다. 그러나 이 담론과 지식을 차단하고, 금지하고, 무효로 만들어버리는 권력의 체계가 있다. 이 권력은 검열이라는 명백한 권위에만 존재하는 것이 아니라, 사회 전체의 관계망을 깊숙하게 그리고 은밀하게 관통하고 있다. 지식인들 자체는 권력의 대리인(agent)이다. '의식'과 담론에 대한 그들의 책임에 대한 관념은 이 체계의 일부이다(1977:207).

푸코에게 있어 소위 구조주의자나 '마르크스주의자', 다른 지식인들 모두가 이런 혁명에 가까운 사건을 예견하지 못했다는 사실은, 지식인들이 더 이상 선구자로 생각될 수 없다는 것을 '증명'하는 것이었다. 그러나 푸

---

*5월혁명. 1968년 5월 프랑스에서 사회와 교육의 모순과 관리사회에서의 인간소외에 항의해 파리대학의 학생과 근로자들이 연합해 벌인 대규모의 사회변혁운동.

코 자신의 관심분야를 고려할 때, 그가 새로운 권력중심의 등장을 그다지 고려하지 않았다는 사실과 그가 의료진과 법률적 권위자들이 높은 지위에 앉기 위해 어떻게 협력했는가를 논의하는 동안, 정작 권력 그 자체에는 초점을 맞추지 않았다는 사실은 더욱 충격적인 것이었다. 푸코의 추종자 중 하나인 셰리든(1980:116)은 고고학에서 권력역할의 누락은 푸코가 "다른 일련의 용어와 함께" 권력이라는 용어 자체를 버리고 '계보학'이라는 니체적인 개념을 채택하도록 했다고 말한다. 그러나 그의 후속 저작들에서 푸코는 이를 충분하게 보충하고 있다. 그는 중세 말에서 19세기에 이르는 기간을 여러 주제를 가지고 재고찰하면서, 권력·지식의 지배와, 권력을 사용하기 위한 지식의 의식적·무의식적 사용을 강조하고 있다. 『감시와 처벌』이라는 그의 저술과 관련된 감옥개혁에 대한 그의 관심사는 그를 정치적 논쟁에 휘말리게 했다. 여러 분파와 많은 추종자들을 이끌 만큼 마르크스주의와 공산주의가 팽배해 있던 프랑스 상황에서, 그의 좌익성은 종종 의심을 받았다.

푸코가 마르크스주의자로 불릴 수 있다면, 이것은 가장 일반적이고 이상적인 방식일 것이다. 그러나 그는 소비에트 연방에서의 억압에 대해서도 역시 비판적이었다. 게다가, 그는 항상 마르크스의 분석도구를 사용하고, 경험적인 사실에 초점을 맞추기는 하지만, 역사의 진보나 예정된 혁명에 대한 것은 무시하면서 마르크스주의적 수사학을 피한다. 그러나, 일부 사람들이 우리 시대의 종말에 대한 푸코의 예견을 '곧 일어날' 마르크스주의 혁명과 어렴풋하게 일치하는 것으로 해석하는 것은 가능한 일이다. 아무튼, 고고학을 공산주의 사회를 포함해서 진보된 산업사회의 모든 모순들을 설명할 수 있는 준거틀로 사용하려고 했던 푸코의 시도는 권력을 다루는 그의 후속 저작들에서 계속적으로 이루어졌다.

3. 문화와 사회변동

살펴본 바와 같이, 푸코는 문화 자체(*per se*)나, 사회변동을 다루지 않는다. 대신, 그는 발생한 변화들을 연구함으로써, 무엇이 변화를 일으켰는지 밝히고, 어떻게 이 변화들이 모든 계층의 개인들의 삶에 영향을 미쳤는지, 또 어떻게 특정한 사람들이 권력을 갖거나 잃게 되었는지를 설명하고자 한다. 또한 고전주의로부터 근대문화로의 변화, 그리고 어떻게 문화가 지식의 창출이나, 경제, 정치, 역사 등의 하위문화의 등장과 연관되어 생산되는지에 대한 관심은 그가 사회변동에 관심을 가졌다는 것을 증명한다. 사실상 그는 자신이 『광기의 역사』, 『임상의학의 탄생』, 『감시와 처벌』과 같은 연구를 통해 점차적으로 보다 명확하게 관찰한 역사적 경향의 결과로서 '인간의 시대(age of man)'의 종언을 예견했다는 점에서, 대부분의 사회학자와 역사학보다 한층 더 나아갔다고도 할 수 있다. 또한 자신의 특유한 연구방법을 다른 모든 학자들과 구별하는 방식이라든지, 개인들의 견해가 사회변동을 반영하는 방식인 인식의 동학과 관련지어 문화적 동학을 강조하는 방식이라든지, 또 이런 모든 변화들을 그 사회에서 주도권을 가지고 있는 지식과 연관시키는 방식도 역시 매우 훌륭하다. 푸코는 특정 개인들에 의해 의도되거나 구체화된 것이 아님에도 불구하고 사실로 자리잡은 의미구조를 관찰한다. 예를 들어 버거와 비교하자면, 버거(1967:18)는 "어떻게 주관적인 의미구조가 객관적인 실제가 될 수 있었나"에 관심을 가진다. 그러나 푸코는 제도, 기술, 변화하는 사회적 요구와 갖는 관련성 내에서 주관성들의 상호작용을 통해 발생하는 의미에 관심을 가진다. 이 이론은 자아에 대한 어떤 '일반적인' 이론과도 다를 수밖에 없다. '자아'에 부여되는 어떤 중요성도 푸코의 주요한 가정과 모순되며 푸코의 연구기획에 반하는 것이기 때문이다. 즉 자아에 대한 강조는 작가조차도 그의 작업과, 그의 시대, 그리고 그 자신의 재능 사이의 관계성의 표현에 지나지 않는다는 푸코의 주장과도, 그리고 일탈이 개별적인 행위라기보다는 대부분 사회적 정의에 의해 정해진다는 주장에도 모순된다. 다시 한번 말하지만, 그의 지적인 기원은 마르크스의 허위의식(*false consciousness*), 뒤르켕의 아노미(*anomie*) 개념까지도 거슬러올라갈 수 있다.

1) 인문학의 전개

가장 직접적으로 문화변동을 다루고 있는 연구는 언어와 담론의 근원에 대해 고찰하고 있는 『말과 사물』이다. 초기에, 푸코는 일반적인 생각과는 달리, 주관성, 인간의 미신, 편견적인 태도에 많은 영향을 받는 사회과학자들보다 과학을 연구하는 사학자들이 객관적인 진실을 보다 잘 전달할 수 있다고 주장했다. 그러나 과학자들이 다른 사람들과 마찬가지로 동료들에게 쉽게 영향받을 수 있다는 것을 인식하고, 그는 특정 시대의 지적 활동은 그 당시의 믿음, 기술, 사회구조에 근거하는 지식의 특정 양식(code)에 의해 지배된다는 가설을 세웠다. 따라서, 르네상스 후반에서 19세기 후반에 이르는 기간을 연구하면서, 그는 인간과 언어와 부에 대한 특정 담론들을 위치시키고자 시도했다. 이와 더불어 그는 『임상의학의 탄생』과 『광기의 역사』에서 도출한 시대구분을 이 세 가지 유형의 담론에 어느 정도 연관지을 수 있는가를 생각했다. 그는 특정 시기동안 그 사회에서 주도권을 가지고 있었던 이 세 가지 영역의 담론들에 있어서 그 전 시기와 그 후 시기의 담론들과는 전혀 다른 공통의 '심층'구조를 발견한다면, 이런 담론들을 유행시킨 기본규칙 역시 발견하는 것이라고 가정했다. 푸코는 애초에 담론을 가능하게 했던 공통적이고 감추어진 구조는 고고학적인 수준에서 발견된다고 보았다. 이 수준을 해독함으로써, 다시 말해 모든 담론을 추적해 올라가면 푸코는 자신의 고고학적 체계를 밝혀낼 수 있을 것이라고 예상했다. 하지만, 이 감추어져 있는 체계는 무의식적인 구조이기 때문에, 분절되어 있다.

이런 분절화는 하나의 특정 방식에 대한 고찰을 통해 찾아 볼 수 있다. 푸코는 『말과 사물』의 서문에서 다음과 같이 설명하고 있다.

> 이 책의 발상은 보르헤스(Jorge Luis Borges)의 책에 나오는 한 구절을 읽었을 때 터져나온 나의 웃음에서 시작되었다. 그 웃음은 그때까지 내게 익숙했던 사고, 즉 우리의 시대와 풍토가 각인된 우리 자신의 사고의 전 지평을 산산이 부숴버렸다. 그 웃음과 더불어, 우리가 현존하는 사물들의 자생적인 번성을 통제하는 데 사용해온 모든 정렬된 표층과 모든 평면이 해체되고, 오래 전부터 용인되어온 동일자와 타자 간의 관행적인 구별 역시 계속해서 혼란과 붕괴의 위협을 받는 느낌을 받았다. 그 부분은 다음과 같은 '중국의 한 백과사전'의 인용이었다. '동물은 다음과 같이 분류된다. ⓐ 황제에 속하는 동물 ⓑ 향료로 처리되어 박제된 동물, ⓒ 사육동물, ⓓ 젖을 빠는 돼지, ⓔ 인어, ⓕ 전설상의 동물, ⓖ 주인 없는 개, ⓗ 이 분

> 류에 포함되는 동물, ⓘ 광폭한 동물, ⓙ 셀 수 없는 동물, ⓚ 낙타털과 같이 미세한 모필로 그려질 수 있는 동물, ⓛ 기타, ⓜ 물주전자를 깨뜨리는 동물, ⓝ 멀리서 볼 때 파리같이 보이는 동물.' 이와 같은 분류법에 대해 경탄하는 가운데 우리는 이 우화를 통해 또 다른 사고체계의 이국적인 매력과 저것을 절대 생각해낼 수 없는 우리 사고의 한계를 단번에 인식할 수 있을 것이다. 그러나 사고가 불가능하다는 것은 무엇을 의미하며, 우리는 어떤 종류의 불가능성에 직면하고 있는 것일까?(1970:xv)

정리하자면, 푸코는 우리에게 다음과 같이 말하고자 하는 것이다. 문화적 요인은 우리의 사고를 제한하며, 가장 상상력이 풍부한 개인조차도 자신의 언어의 한계 내에서 기능할 뿐만 아니라 개인의 상상력 자체는 그 개인이 살고 있는 시대에 의해 자극을 받는 것이고, 각 시대는 자체의 지식의 양식(code)을 가진다고 말이다. 시간과 공간은 개인의 사고와 행위의 범위를 미리 결정지으며, 푸코의 분석에서 중요하게 다루어진다.

푸코의 이론적 연구는 불가피하게 광기와 임상의학에 대한 그의 경험적인 조사와 연결되어 있다. 그러나, 새로운 발명에 이름을 붙이기 위해, 새로운 치료와 증상을 묘사하기 위해, 또 의사와 전문가들이 다른 평범한 개인들은 알 수 없는 어떤 것을 알고 있다는 것을 '증명'하기 위해 만들어진 언어들을 보다 직접적으로 고찰한다. 새로운 과학적 학문영역들의 언어와 담론들은, 경제학과 사회학에서 법과 행정에 이르기까지 새롭게 형성되고 있던 전문가들과 의사들의 전문영역의 중요성뿐만 아니라 새로운 시대정신을 반영한다. 그러나, 푸코는 새롭게 등장한 모든 요건들이 의식적으로 제기된 것만은 아니라고 주장한다. 이것들은 제도 내의, 그리고 제도와 개인 간의 수많은 관계들로부터 점차적으로 전개되어갔으며, 모든 새로운 기술과 발명, 묘사, 반응과 더불어 변화되었다. 다시 말해, 이런 요건들에 대한 요구와 반응은 또 다른 요구와 반응을 가져왔으며, 이는 또 다시 더 많은 연구조사와 다른 사회적이고 과학적인 사실의 수정, 그리고 보다 더 광범위한 반향을 가져왔다. 이것은 과학사의 일부분이지만, 푸코의 접근법은 일반적이지 않다. 일반적인 접근방법은,

> 발견의 진보, 문제들의 공식화, 논쟁의 대립과 충돌을 추적한다. (그리고) 과학

> 적 의식의 과정과 결과물을 ……분석한다. ……그러나 다른 한편으로 그 의식에서 벗어난 것을 복원하려고 한다. 의식에 미친 영향들, 토대가 되는 잠재된 철학, 공식화되지 않은 주제들, 눈에 보이지 않는 장벽들은 과학의 무의식을 설명한다. 이 무의식은 언제나 과학의 부정적인 측면이다. 이것은 과학에 저항하거나 과학을 편향시키거나, 방해한다. 그러나, 나는 지식의 긍정적인 무의식을 밝히고자 한다. 이런 무의식의 수준은 과학자의 의식에서는 벗어나 있는 것이지만, 과학적 담론의 타당성을 훼손시키고 그 과학적 특성을 상실하게 하는 것이 아닌 과학적 담론 자체의 일부이다. 고전주의시대의 자연사, 경제학, 문법의 공통성이 과학자들의 의식 속에 존재했던 것은 분명히 아니었다. 오히려 의식의 부분은 피상적이고, 제한되고, 거의 변덕스럽기까지 했다. 그들 자신은 모른 채로, 자연사학자와, 경제학자, 문법학자들은 그들의 연구에 적합한 대상을 정의하기 위해서, 그리고 그들의 개념을 형성하기 위해서, 또 이론들을 정립시키기 위해서 같은 규칙들을 이용했던 것이다(1970:xi).

푸코는『임상의학의 탄생』에서 다룬 50년의 기간인 고전주의시대 동안 표상(representation)이론이 전개되었다고 이야기한다. 특정 과학은 갑자기 그리고 철저하게 재구성되었고, "생물학, 정치·경제, 철학, 수많은 인문학, 그리고 새로운 형태의 철학의 외양"에서도 이에 상응하는 전환들이 일어났다(1970:xii). 푸코는 우리에게 뿐만 아니라 고전주의시대와도 대조적인 사고의 예인 보르헤스로 그의 논의를 시작해 돈키호테 – 그의 "모험은 유사성(resemblance)과 기호들 간의 오래된 상호작용의 종말을 표시하는 경계들과, 새로운 관계의 시작을 포함하는 경계들을 형성한다" – 로 논의를 이어가면서, 과학적인 것에 상응하는 문학적인 사례들을 제공한다(1970:46). 사실, 푸코는『돈키호테(*Don Quixote*)』를 르네상스 시대를 하나로 묶었던 유사성과 기호들 간의 오래된 상호작용을 구체화하는 동시에 이미 새로운 시대의 씨앗을 포함하는 문학적 걸작이라고 본다. 푸코는『돈키호테』에서는 쓰여진 단어들은 더 이상 표상이 아니며, 언어는 단어와 분리되고, 돈키호테는 현자인 동시에 미치광이로 나타나고 있다고 주장한다. 따라서, 자연현상과, 마술, 성경, 그리고 고대에 대한 발견 등이 신이 창조한 기호라고 해석될 때는, 돈키호테는 여전히 16세기에 속해 있다. 그리고 기호 그 자체와 그것들이 나타내는 것과, 이를 연결시키는 유사성 사이의 구분이 시작되었을 때는, 그는 이미 르네상스의 일부이다. 그때까지도 유사성은 기호의 형태와 내용을 구성했고, 하나의 부분으로 작동했다. 그러나, 17세기에 분리가 생겨났다. 언어는 그것이 나타내는 사물로부터 분리되어 존재하기 시작했고, 그 결과 그 자체의 존재를 인정받았다.

> 극단적인 관점에서 보면, 고전주의시대에 언어는 존재하지 않았다고 말할 수도 있을 것이다. 그러나 언어는 기능하고 있었다. 모든 존재는 표상적 역할 안에 위치하고, 그 역할에만 한정되어 있으며, 결국에는 소진된다. 언어는 표상 이외에 다른 궤적이나 가치를 가지지 않는다(1970:79).

이 표상을 발화와 일반적인 문법, 표현, 동사이론, 명칭, 어원과 연결시켜 분석하면서, 푸코(1970:115)는 명제(proposition)이론, 분절화(articulation)이론, 지시작용(designation)이론, 전이(derivation)이론이라는 네 가지의 기본 이론들이 존재하며 이 이론들이 사각형의 네 변을 형성하고 있다고 결론짓는다. 그는 본질적으로 어떤 것도 당연한 것으로 가정하지 않으면서, 언어적인 표상과 게임을 밝혀내고, 담론의 기저와 지식의 구조를 파악하기 위해 언어를 분석한다. 그는 무의식적인 규칙을 찾을 수 있기를 기대하며 '의례들의 개념화'를 인정하는 전략의 '정체를 드러낸다'. 이를 위해 푸코는 중심에서 만나는 두 개의 축을 가진 언어의 사각형을 가정한다. 하나의 축은 전체 사각형을 가로지르고, 이 선을 통해 언어의 위치가 표시된다. 언어의 분절화 정도는 전이의 변을 따라 이동한 거리에 의해 결정되며, 이는 언어의 역사적인 위상과 구분하는 힘 모두를 정의한다. 다른 하나의 대각선은 명제로부터 기원으로, 다시 말해 판단의 모든 행위의 본질에 대한 확언으로부터 지명의 행위가 암시하는 지시로 거슬러 올라간다(1970:116). 푸코는 이 축들의 기능을 다양한 지점에서 설명하고, 명칭들(*names*)을 중심에 위치시킨다. 명칭을 부여한다는 것은 사물과 사고를 언어

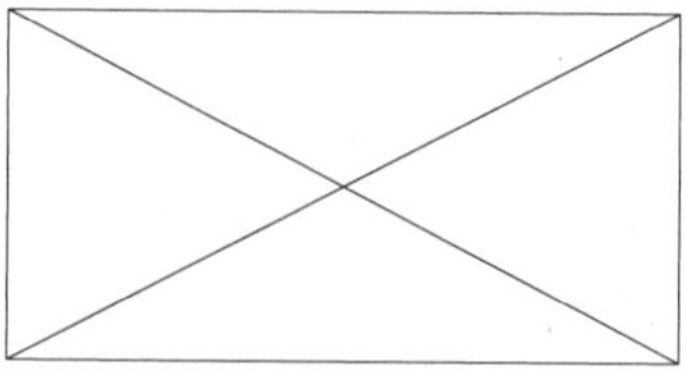

안에 위치시키며, 일반적인 분류의 표 안에서 표상과 연결시킨다. 이 도식과 레비스트로스의 '인류학적 사각형'의 유사성을 지적한 해설자들에 대해, 푸코는 레비스트로스가 인류학을 사회에 대한 몰역사적인 연구로 정의한 것은 데카르트와 칸트의 사고의 범주 안에 머물러 있는 것이라고 반박한다. 또한 레비스트로스의 도식은 미개한 사회들에 근거하기 때문에, 이 사회들에서 과학이 발전하지 못한 것 같이 이 역시 발전되어 있지 않다고 주장한다.

푸코의 언어사용의 묘미와 그의 이론의 복잡성을 보여주기 위해 많은 구절들을 인용했다. 또한 "어떤 조건에서 언어가 한 시대의 지식의 대상이 될 수 있는가, 그리고 이런 인식론적 영역의 발전을 제한하는 것은 무엇인가(1980:119)"를 찾아내기 위해 이용한 대조, 전환, 인접, 유추 등의 강조는 그가 구조주의적 언어학에서 많은 영향을 받았음을 보여준다. 이 도식에서 분석의 가장 기본요소는 푸코의 인식체계(*épistémè*)이다. 서로 다른 인식체계가 각각의 인식론적 시대를 지배하며, 이는 그 전 시대와 그 다음 시대의 것과는 매우 다르다. 고전주의시대는 과학의 융성, 질서와 측정의 문제에 의해 지배되었으며, 셰리든은 이를 잘 요약하고 있다.

> 17세기 중반 일어난 서구 인식체계의 변이를 기호의 일반이론과 기호와 표상에 근거한 유사성을 이용해 분석하면서, 푸코는 언어, 분류, 돈에 대한 고전주의 이론들을 상세하게 분석하기 시작한다. 어떤 문화도 지식의 보다 가시적인 형태를 산출하고 동시에 억제하는 지식의 일반체계를 일관성 있게 파악할 수 없다. 그러나, 이런 관점에서 고전주의시대는 경험적인 지식의 다양한 분파들을 파악하는 데 있어서 특별한 통찰력이 있었다. 종종, 한 분야의 저술가는 동등한 권위를 가지고 다른 분야에 대해서 저술했다(1980:54).

푸코는 그 기원이 초기고전주의시대까지 거슬러 올라갈 수 있는 단편화는 반드시 중단되어야 하며 많은 단편들은 전체의 일부로서 재인식되어야 한다고 주장했으며, 주장대로 자신 역시 모든 전문영역에 걸쳐 저술했다. 한 예로, 그는 상품과 부에 대한 연구가 금융체계의 연구로 대체된 결과 경제학적인 지식은 그 점유하는 위치가 변화했으며 과거와 단절되고 불연속적인 것이 되었다고 밝힌다. 푸코는 점점 더 경제적 요인의 중요성을 강조해나갔지만, 이렇게 경제적 상황보다는 경제학적 지식에 불연속성을 위치시킴으로써 마르크스의 잠재적인 혁명의 불가피성이라든지 알튀세의 마르크스주의를 빗겨간다. 또한 푸코는 경제적인 상황과 사람들이 새롭게 자신들의 상황을 이해한 방식을, 그리고 자본과 노동력, 생산시간과 임금이 새로운 생산수단과 관련된 방식을 연관짓는다. 그리고 그는 소외 등을 직접 언급하고 있지는 않지만, 소외 역시 후기고전주의시대에 '표면화된' 지식으로 여겨진다.

『말과 사물』에서, 언어는 변화를 파악하는 데 핵심적인 수단이다. 푸코는 언어 그 자체가 이데올로기와 편견에 따라 만들어진다고 보며, 그래서 언어의 발달을 억양과 외침에 대한 고대의 분석에서 기본문법까지 추적한다. 푸코는 그 시대의 철학적인 논의를 언급하면서, 다음과 같이 주장한다. 그 시대 자체의 한계성에 대한 칸트주의적 비판은 근대의 시작이었으며, 실증주의는 근대의 인식체계가 되었다. 그리고 피히테(Johann Gottlieb Fichte) 이후, 헤겔의 현상학은 우리를 의식의 내부로 돌아가게 했으며, 주관성에 관한 후설과 그 이후의 모든 현상학적 성찰을 가능하게 했다.

그러나, 푸코는 확실하게 주관성을 부인했다. 작가와 저작들은 모두 언어와 마찬가지로 문법, 어휘, 구문론적 형태, 단어와는 독립적으로 그가 기저에 깔려 있는 근본논리를 찾기 위한 대상이다. 인간은 지식의 대상이자 이를 알고 있는 주체로써, 자신의 담론의 주체가 된다. 이 주제는 일례로 왕이 어떻게 노예인 동시에 통치자일 수 있는가를 보여주는 벨라스케스(Diego Rodríguez de Silva Velázquez)의 그림*에서 잘 나타나 있다. 거울을 통해 보여지는 이 그림에서 왕의 실제적인 존재는 배제되어 있다. 그림은 왕을 영원히 남겨주기는 하지만, 한편으로는 이 그림이 그의 죽음을 예기한 결과이기도 하다는 사실을 왕이 알고 있는 한 그의 "유한함을 알려주기도 한다(1970:313-14)." 그리고 푸코는 이를 이른바 근대성의 시작이라고 본다. "인간이 자신의 유기체 내에서, 머릿속에서, 수족 내부에서, 자신의 신체의 전체구조 속에서 존재하기 시작할 때이며, 그가 자신의 노동의 중심이 될 때, ……그리고 자신보다 훨씬 더 오래된 언어 ……속에서 사고

---

*http://mean.netian.com/story3.htm

할 때이다(1970:318).”

여기에서부터, 푸코는 사고가 이론적인 것만이 아니며, 그 자체의 결과를 가지고 있다는 것을 보여주기 위해 바타유(Georges Bataille)와 아르토(Antonin Artaud) 등의 철학자들을 차용한다. 우리 세계에 대한 궁극적인 설명을 향한 그의 탐구는 수학과 물리학, 인간·언어·부의 생산과 분배에 대한 과학, 철학적인 성찰이라는 '지식의 세 가지 면들'로 끝을 맺는다. 인문학은 다른 것에 타당성을 부여하고 세 가지 구성적인 모델을 따르기 때문에, 모든 것의 틈새에 존재한다. 여기에서 세 가지 구성적 모델은 생물학, 언어, 경제학에 기반하며 기능과 형태, 갈등과 규칙, 의미화와 체계와 같이 쌍으로 맞물려서 작동한다. 역사는 개인들과 인문학을 위한 환경이며, 이 환경은 지배적인 지식과의 관계 속에서 고찰되어야 한다. 다시 말해 연대기적인 사건들보다는 오히려 시대와의 관계 속에서 연구되어야 하는 것이다. 이 역사의 중심성이라는 개념은 많은 비판의 대상이 되었다. '기존' 역사가들은 자신들의 연구들을 무효화시키는 이 새로운 개념화에 대해 매우 비판적이었으며, 심지어 푸코의 진가를 인정하고 그 일부를 사용하는 철학자, 문학비평가, 혹은 인류학자들 역시 자신들의 접근법에 그 우위를 두었다.

푸코에게 언어는 서구의 사상과 사회의 발전을 이해하는 핵심적 열쇠이다. 언어는 의미화(*signification*)와 체계를 토대로 기호들에 질서를 부여하는 수단을 제공한다. 이것이 바로 그가 문화를 이해하는 방식이다. 인류학자들과 마찬가지로, 푸코는 언어를 상징의 창조와 연결시킨다. 하지만, 그는 상징들이 추상적 연계성을 나타낸다고 생각하지 않는다. 대신에, 이미 지적한대로, 언어는 이미 존재하는 상징들을 가로지르기 위해서, 그리고 기호들을 가장 순수한 형태로 재검토하기 위해서 분석된다. 신화는 이런 방식으로 잘 분석되지 않으며, 심지어 특정 사회에서 신화가 수행하는 기능과 관련지어서도 잘 분석되지 않는다. 오히려 신화는 언어의 관점에서 보면, 특정한 시대의 산출물에 가까운 것으로 간주된다. 모든 말해진 것들과 쓰여진 것들은 잠재적으로 신화적이며, 따라서 신화는 전체의 일부로 설명될 필요가 있다. 이는 종교의 경우도 마찬가지다. 개인과 집단에서 종교의 가치는 다른 것들과의 관계 속에서 변화한다. 그러나 종교는 푸코의 이론에서 특별한 위치를 차지하지 않는다.

2) 감금의 전개

살펴본 대로 그 당시 전반적으로 큰 세력을 형성하고 있었던 구조주의적 언어학의 영향으로 형성되어, 『지식의 고고학』에서 보다 강하게 추구되었던 언어에 대한 푸코의 관심은 후퇴했다. 이는 예상했었던 지식의 무의식적인 구조가 여전히 잡히지 않은 채로 남겨졌기 때문이기도 했고, 또 1968년 5월혁명이 지식인들로 하여금 그 사회 안의 갑작스러운 변화들을 다루도록 '압박'했기 때문이었다. 우리가 예측할 수 있듯이 푸코는 계속해서 과거를 통해 현재를 보려고 했으며, 이런 과업을 일탈자들에게 초점을 맞추고, 『광기의 역사』라는 주제를 선택해 수행해나갔다. 그러나, 『감시와 처벌』에서는 범죄자들에 대한 처우와 그들에 대한 처벌 등을 옳고 그름에 대한 그 사회의 지배적인 믿음과, 권력을 자진 자와, 그리고 그 권력이 공공연한 것이었는지 아니면 은밀했는지와 관련지어 고찰했다.

『감시와 처벌』의 서문은 매우 충격적이어서, 거의 모든 비평가들은 이 부분을 푸코의 탁월함을 말하고자 할 때나 그의 대단한 쇼맨십을 말하고자 할 때 모두 언급한다.

> 1757년 3월, 국왕시해를 기도한 다미앵*에 대해서 다음과 같은 '자비로운 형벌'이 내려졌다. ……손에 2파운드의 뜨거운 밀랍으로 만든 횃불을 들고, 속옷 차림으로 파리의 노트르담 대성당의 정문 앞에 사형수 호송차로 실려와, 공개적으로 사죄를 할 것. 다음으로, 상기한 호송차로 그레브 광장에 옮겨간 다음, 그곳에 설치될 처형대 위에서 가슴, 팔, 넓적다리, 장딴지를 뜨겁게 달군 쇠집게로 고문하고, 그 오른손은 국왕을 살해하려 한 단도를 잡게 한 채, 유황불로 태워야 한다. 계속해서 쇠집게로 지진 곳에 불로 녹인 납, 펄펄 끓는 기름, 지글지글 끓는 송진, 밀랍과 유황을 녹인 것을 붓고, 몸은 네 마리의 말이 잡아끌어 사지를 절단하게 한 뒤, 손발과 몸은 불태워 없애고 그 재는 바람에 날려버린다(1979:3).

*Robert-François Damien, 1715～1757. 병사였다가 시종무관이 되어 베르사유 궁전에서 루이 15세를 살해하려 했으나 실패했다. 곧 체포되어 시역죄(弑逆罪)로 사지가 절단되는 극형을 받았다. 미셸 푸코, 오생근 역, 『감시와 처벌』, 나남출판, 1994, 23쪽 역자주 참고.

이 소름끼치게 인상적인 구절은 [푸코는 계속해서 어떻게 이런 명령이 실행되었고, 어째서 거열형(車裂刑)이 순조롭게 진행되지 않았으며, 어떻게 군중들이 그것을 지켜보았는지를 상세하게 묘사한다] 18세기의 범죄자들이 육체적으로 처벌받은 반면, 이후에 주로 정신적인 처벌로 변화되었다는 것을 보여주기 위해 선택되었다. 푸코의 용어로 표현하면 이는 "육체의 처벌로부터 정신의 처벌로"의 이동이다. 풍부한 역사적인 증거에 근거해, 또한 이 증거를 사용해 인식론적 단절에 대한 그의 개념을 보다 예리하게 하면서, 그는 범죄와 범죄자 그리고 그들의 '감시자'의 위치와 대우 그리고 중요성에 초점을 맞춘다. 이를 통해 처벌이 공개적이라기보다는 은밀하게, 육체적이라기보다는 정신적으로, 폭력적이라기보다는 '문명화'되는 방향으로 변화되어왔다는 것을 증명한다. 범죄는 사회내부의 결속력을 증진시키는 또 하나의 요소이며, 산업화와 연관된 다른 모든 변화들 그리고 이로 인해 생성된 사상과 관련해 나타난 판사와, 변호사, 경찰, 대중을 위해서 필요하며 이들에 의해 생산된다. 즉 범죄는 일탈자를 필요로 하고 생산하는 새로운 체계의 한 부분이다.

18세기까지는 범죄에 대한 처벌은 육체를 파멸시키는 고문과 고통의 현장이었으며, 이것이 사회통제로 기능했다고 푸코는 밝히고 있다. 그러나 태도가 변했다. 위선적인 관대함이 잔혹함을 대체했고, 처벌기관의 관원과 전문가들은 심리학적인 관점에서 판단하게 되었으며, 죄수의 발목에 채웠던 쇠사슬과 쇠뭉치는 보다 은밀하고 교활한 통제의 도구들로 대체되었다. 기존에는 범죄가 사회에 입힌 손실 정도에 따라 처벌을 받은 것에 비해서, 권위자들은 이제 징벌을 위해 정신의학적인 지식을 사용한다. 이것은 판사들의 자질이 더 향상되었다는 것을 의미하는 것이 아니라, 단지 그들이 참여해서 만든 법을 적용함으로써 그들의 판결을 정당화할 수 있게 되었다는 것을 의미할 뿐이다. 법의 적용은 그들의 책임을 면제해주고 그들의 권력을 감춰준다(하지만, 감옥 안에서는 여전히 노골적인 권력이 지배하고 있다). 권력자들은 정신의학적 지식의 뒤에 숨음으로써 그들의 감추어진 권력을 정당화하고 강화시킬 수 있다. 이것은 그들이 만들어낸 법적 규칙들을 이용해 자신들의 권력을 은폐함으로써 가능하다. 푸코는 이것이 권력의 새로운 기술이며, 새로운 사회·정치·경제적 목적을 위해 작동한다고 설명한다. 광인, 실업자, 방랑자, 그리고 다른 모든 일탈자들과 마찬가지로 범죄자 역시 부가적인 노동력을 제공해야 하는 시민노예(civil slavery)의 한 부분이 되었다. 푸코는 이를 새로운 초기산업사회가 어떻게 값싼 노동을 이용했는지 지적하기 위해 언급한다(이것은 그의 저작에서 지속적으로 나타나면서도 잘 눈에 띄지 않는 마르크스주의적 주제의 하나이다).

정신분석학적인 견해들은 그의 후속작인 『성의 역사』에서 보다 명확하게 다루어지고 있다. 그러나 『감시와 처벌』에서도 푸코는 심리학적인 처벌이 새로운 법체계를 유지하는 데 중요한 요소라는 것을 보여주기 위해 정신분석학적이고 심리학적인 이론을 상당히 많이 사용하고 있다(새로운 법체계 자체는 그것의 법적 권력의 정당성을 인정받기 위해 정신의학적, 임상의학적 지식을 포함한다). 심리학적인 지식을 수용함으로써 범죄를 재구성하고, 심리학적 증거를 만들어내고, 사실상 진실일 수도 있고 그렇지 않을 수도 있는 '진실'을 고백하기 위한 무대를 준비할 수 있다. 다시 말해, 푸코는 진실이 '적절한' 처벌을 제공하거나 또는 회피하기 위해 어떻게 만들어지는지에 대해 강조한다. 즉, 진실이란 실제로는 어떤 사실들을 끼워 맞추기 위해 거짓말들로 구성된 것이지만, 이는 범죄자들이 '고백'을 할 수 있도록 해준다는 것이다. 그렇지만, 범죄의 고백은 최소한 참회를 향한 하나의 진보라고 여겨지고, 참회는 모든 '전문가들'의 범죄자들의 사회복귀에 대한 가정에 정당성을 부여하는 것으로 여겨져왔다.

감옥을 방문하고는 있었지만 아직 『감시와 처벌』을 쓰지는 않았던 1972년의 한 인터뷰에서 푸코(1977:206)는 이런 견해를 보다 간결하게 나타내고 있다. 그는 자신이 모든 전문가들의 기존지식과 상관없이 감옥 안에서 무엇이 실제로 행해지는지를 밝히고자 하며, 범죄자들에 대해 말해진 것과 받아들여진 것이 아니라 범죄자들이 실제로 말한 것에 기반을 둔 이론을 형성하고자 한다고 했다. 그리고 이런 자료들을 범죄학, 법학, 심리학, 정신분석학, 정신의학, 형벌학 등에서 제공하는 기존의 정보에 첨가해, 그는 보다 큰 '범죄의 층위'를 구성하는 데 착수했다. 새로운 의례는 구식 의례와, 새로운 '평등주의' 법규들은 자의적이고 독단적인 규칙들과, 효율적인 익명의 전기의자는 옛날의 망나니들과 비교되었다. 그는 사람들이 어떻게 중범죄에 대항해 결속력을 지니게 되었는지에 대해서까지도 많은 지면을 할애한다. 이는 사람들이 어떻게 범죄의 위계를 판단했고, 혁명 후 나타난 탐정과 경찰이라는 새로운 계급에 의해 규명된 범죄들과 그것들을 어떻게 구분했는지에 관한 것이다. 푸코는 재산범죄가 증가함에 따라 상해범죄와 구별되어야 했으며, 대중의 눈에는 상해범죄가 훨씬 더 매혹적이었다고 지적한다. 사람들은 범죄자와 판결들에 대한 서정시를 만들기 시작했다. 그는 또한 평등의 적용이라는 처벌의 보편화가 어떻게 성문화되게 되었는지, 그리고 그 결과 같은 방식으로 처벌될 수 있는 비슷한 범죄를 묶기 위해 범죄들이 어떻게 구별되게 되었는지에 대해 설명한다. 이것이 바로 처벌체계구성의 필요성이었다. 가해자의 의도는 범죄에 따라 판단되었고, '고통의 정도는 고통의 경제학으로 통합되었다'. 과거에는 며칠의 형틀형, 몇 년의 추방형, 죄수를 묶고 능지처참하는 고문기구에서 몇 시간 등의 고문형이 부과되었던 것과는 달리, 이제 범죄자들은 자신들의 범죄를 일을 통해 속죄하기 시작했다. 푸코는 '조작가능한 죄의식과 연결된 지식'이 된 범죄와 처벌의 생산에 대해 다룬다. 죄의식은 단지 범죄와 처벌의 '질'만을 바꾸었을 뿐이다.

더 많은 사람들을 처벌해야 했기 때문에, 감옥들을 새로 지어야 했다. 푸코는 필라델피아의 월넛 스트리트 교도소(Walnut Street Prison)를 본떠서 만들어 진 이들 감옥들이 어떤 방식으로 합리적으로 배치되어 있었는지를 설명한다(1979:127). 여기에서 그는 팬옵티콘(Panopticon)*의 기능과 배치에 대해 아주 상세하게 묘사한다. 과학적인 합리성이 공간의 할당에 적용되었고(범죄자들은 위계에 따라 배치되었다), 이런 공간의 배열은 수형자들의 죄의식과 노동을 통제하고, 그들의 행동을 수정하는 데 도움을 주기 위한 것이었다. 푸코는 감옥에서의 이런 통제와 배열을 학교와 군대, 공장과 비교한다. 이 모든 장소에서 시간은 엄격하게 조직화되며, 감시는 효율적이고 아무런 방해 없이 이루어진다. 그러나, 감옥에서의 이런 규율과 의무

---

*1791년 영국의 제러미 벤담(Jeremy Bentham, 1748～1832)이 설계한 교도소 건물로, 효율적인 감시체계가 가능한 원형의 구조를 가지고 있다. 이 구조에서 간수는 교도소 중앙의 망루에서 방사형으로 퍼져 있는 감방을 모두 감시할 수 있는 반면, 감방에서는 망루가 보이지 않기 때문에 죄수들은 간수가 망루에 있는지 없는지조차 모르는 채 24시간 자신의 행동을 조심해야 한다.

는, 그 의도와는 상반되게 범죄자들을 관리하기만 할 뿐 결코 범죄를 그만두게 하지 않았으며, 단지 지식의 새로운 장치의 한 부분이 되었다.

푸코는 이런 기술들이 어떻게 해 처벌 그 자체가 아니라 사회를 완전하게 만들었는가에 대해 훌륭하게 보여준다. 그는 인간을 점차적으로 사례로 환원시켜버린 처벌장치와 이에 수반되는 강제성과 온순함, 그리고 통제성을 기술한다. 위계적인 감시는 규범이 되었고, 권력은 기능적이고 익명적인 것이 되었다. 아이와, 일탈자, 광인, 범죄자들은 일반인과의 차이점, 결함, 나약한 성향, 미련함 등이 강조되면서 각각의 개별화가 진행되었으며, 새로운 처벌체계는 이렇게 개별화된 이들을 '세상에 공표했다'. 이 모든 것은 정치적인 권력에 중앙집권화된 치안권이 부가되어 있는 규율적 사회를 은닉하기 위한 공모였다. 물론, 푸코가 절대적인 제도나 고립화된 감금체계, 이에 수반되는 징계와 강제처분, 이데올로기, 혹은 간수의 절대권력을 설명한 최초의 사람도, 유일한 사람도 아니다. 그러나 그는 다른 모든 이론들에 감금이 사회질서의 핵심적인 추진제라는 언명을 덧붙이고 있다. 그의 관점이 행동에서 고립으로, 고통에서 노동으로, 교육에서 '전문가들'에 의한 통제로, 단어에서 언어로, 언어와 사고간의 변증법에서 의식과 무의식간의 변증법으로 옮겨가면서, 그의 '생성의 상호작용'은 새로운 관점에서 사회체계를 재구성한다. 그리고 또한 푸코는 교도소의 규칙들을 교도소 밖 사회의 다른 많은 규칙들과 비교하면서, 읽는 독자들이 '감금의 문화'라는 현시대 문화에 대한 그의 진단을 받아들일 수 있을 만큼 충분히 설득력 있는 주장을 펼친다.

경찰의 매춘통제가 어떻게 은밀한 성적 쾌락으로부터 재정적인 이익을 만들어내고, 다시 사회에 합법적이고 통제된 방식으로 받아들어지게 되는가에 대한 푸코의 설명은 특히 아이러니컬하다. 고발자와 관련자들의 관계를 지적하면서, 그는 도덕화가 증진되었던 바로 그때, 사실상 도덕은 상실되었고 "비행(卑行)의 분위기는 이익이 개입된 프로테스탄트주의와" 쾌락의 댓가를 설정하고 억압된 성으로부터 이익을 창출하기 위해 "공모했다"고 지적한다. 또한 그는 불법과 범죄가 어떻게 부르주아적 허식의 위선에 의해 유지되었는지를 분명하게 설명한다. 이런 허식은 정치적인 편의주의와 권력과 함께, "지속적으로 조정의 기술(art of rectifying)을 처벌의 권리와 결합한다(1979:310).” 법률전문가와 의학전문가들은 모두 합법성과 본성을 혼동하고 자신들이 ‘정상적’이라고 판단할 수 있는 지식과 규범을 만들어내는 존재로 간주된다(1979:310). 이런 상황에서, 판사들은 “의학과 정신의학에 대한 그들의 거대한 욕망을 만족시키고 ……이를 통해 자신들이 판단하는 것을 잊고 있던 범죄학에 대해 지껄이며(1979:310),” 범죄와 더불어 타락한 권력의 규범을 영속시키도록 돕는 치료를 위한 결정과 재적응을 위한 형량을 선고하는 의무를 부여받는다.

그는 이 체계가 어떻게 확립되었는지를 예증하기 위해 『나의 어머니와 나의 누이동생, 나의 동생을 살해한 나, 피에르 리비에르: 19세기의 존속살해사건』이라는 하나의 살인사건을 선택해 연구했다. 이 편집된 책은 리비에르 자신의 범죄에 대한 서술을 포함한 1835년 6월 3일부터 1840년 10월 22일까지의 기록에 기반하고 있으며, 이런 점에서 훌륭한 사회사이기도 하다. 근친살해는 그 시대에 드문 것이 아니었으나, 리비에르의 사례가 독특했기 때문에 푸코는 이 사례를 연구하기로 결정했다. 리비에르는 그가 구금된 후에 자신의 범죄에 대해, 왜 그리고 어떻게 그것을 저질렀는지를 기술했다는 점에서 특히 흥미로웠다. 6명의 변호사와 6명의 의사들로 구성된 전문가들 중 절반은 이 무지하고 이상한 시골사람을 정신착란자라고 보았으며, 또 다른 절반은 그를 살인자로 보았다. 판결에 있어 변호사와 의사들이 같은 수로 분열되었다는 사실은, 정신착란에 대해 새롭게 제도화된 코드들이 그들이 주장하는 것만큼 합리적이고 이성적인 것이 아니었다는 푸코의 주장을 뒷받침한다.

리비에르는 ‘아버지를 그의 모든 고난으로부터 해방시키기’ 위해, 다시 말해 그의 어머니가 아버지에게 계속 요구해온 것들로부터 해방시키기 위해, 가지치기용 낫으로 그의 어머니와 여동생, 남동생을 죽였다. 그는 이를 세심하게 계획했고, 교회에 갈 때 입는 옷을 입고 정오에 이를 실행했다. 범죄를 저지른 후 그는 마을을 돌아다녔으며, 구속되자 자신의 행위를 인정했다. 재판 전 감옥에서 그는 자신의 범죄에 대한 기록을 남겼다. 계획된 살인은 충동적인 범죄(*crime passionel*)에 비해 더 가혹하게 처벌받는다는 것을 알았을텐데, 왜 그는 자신에게 불리한 증거를 제공했을까? 일부는 오직 정신착란자만이 이럴 것이라고 주장했다. 그렇지만 그 기록은 일관성이 있었다. 문맹이고 쓰는 것에 익숙하지 않은 정신착란자가 일관성 있는 설명을 할 수 있었을까? 배심원들은 결심이 서지 않았다. 리비에르는 처형되지 않고 무기형을 선고받았다. 그러나, 그는 몇 년 후에 자살했다.

물론, 푸코의 관심은 이 이야기 자체가 아니었으며, 이를 보다 넓은 맥락에서 보는 데서 얻을 수 있는 통찰이었다. 리비에르는 권력구조와 사회제도를 검토하고, 18세기에 이르러 의사와 변호사들이 어떻게 오늘날까지도 여전히 가치와 믿음 간의 혼동을 야기하는 협력을 시작하게 되었는지를 설명해야 하는 '이유'를 제공했다. 리비에르의 회고록이 너무도 독특했고, 그래서 이것이 한편으로는 '증거서류'로 사용되기도 한 동시에 "그 살인자와 그의 이야기를 동질적으로" 만들었기 때문에(1975b:20), 푸코는 이를 혁명 후 프랑스 시골 사람들 사이에서 어떤 일이 일어나고 있었는지와 연관지을 수 있었다. 예를 들어, 그는 그 전에 땅을 소유하지 못한 사람들에 대한 땅의 분배가 어떻게 탐욕을 만들어내고, 가족문제를 복잡하게 했으며, 재정적인 독립을 제한했는지를 보여준다. 리비에르의 아버지는 그의 땅뿐만 아니라 다른 마을에 있는 아내의 땅도 경작해야 했으며, 그의 땅이 그의 어머니와 가깝게 위치해 있었기 때문에 그는 어머니와 가깝게 지냈다. 다시 말해, 그는 전문영역들을 넘나들면서, '텍스트'를 해석하듯이 전체적인 사회구조를 '읽어냈다'.

1967년에 푸코는 「니체, 프로이트, 마르크스(Nietzsche, Freud, Marx)」를, 1971년에는 「니체, 계보학, 역사(Nietzsche, la généalogie, l'historie)」를 출판했다(1977). 사실 1960년대 말부터 1970년대 초까지의 시기 동안 이들 세 지적 거두들의 중요성과, 그들의 공헌을 서로 관련지어 검토한 것은 푸코만이 아니었다. 이들의 사상은 재유행했고, 파리 시민들의 지적인 삶을 여전히 지배하고 있었다. 그러나 그 중에서도 푸코는 권력과 권력·지식의 매트릭스를 점차적으로 강조했으며, 여기에서 세 명의 학자들 가운데 니체로의 방향전환이 특히나 명백하게 드러난다. 그는 다음과 같이 분명하게 말하고 있다.

> 발전이 자유로운 주체의 구성이나 확신과 연관되어 있는 것은 아니며, 오히려 주체를 점차적으로 본능적인 폭력의 노예로 만든다. 한때 종교가 신체를 희생하기

를 요구했다면, 지식은 이제 우리 자신에 대한 실험을 요구하며, 또 우리를 그 희생양으로 요구한다(1977:163).

종교의 상실, 과학에 대한 믿음, 지식, 개인주의와 그 제도화 사이의 연계성을 이보다 잘 설명한 것이 있을까? 그러나, 푸코를 니체주의자라고 부르는 것은 그를 마르크스주의자라고 부르는 것만큼이나 잘못된 일일 것이다. 1975년에 이르러, 그는 이미 주석을 달기 위해 니체나 다른 저술가들을 연구하는 것에 흥미를 잃었다고 말한다.

개인적으로, 나는 내가 좋아하는 저술가들을 활용하는 것을 선호한다. 니체 등의 사상에 대한 합당한 감사의 표시는 오직 그것을 사용하고, 변형시키고, 그것이 신음하며 항의하게 만드는 것이다. 만약 주석가들이 내가 니체를 배신했다고 해도, 그것은 내 관심 밖의 일이다(1975c:33).

그러나, 니체의 사상은 『나, 피에르 리비에르 ……』와 『감시와 처벌』에서 사회질서의 근원에 대한 푸코의 이해를 명확하게 하는 데 분명히 도움을 주었다.

리비에르의 시대에 정신분석학적인 지식은 윤곽이 아직 잡히지 않은 상태였고, 따라서 그의 행위는 억제된 오이디푸스적 발달의 발현이라는 하나의 정신착란행위로 해석될 수 없었다. 그러나, 리비에르가 자라는 것을 지켜본 몇몇 이웃과 동네사람들, 몇몇의 대중작가들은 오직 미친 사람만이 그러한 짐승 같은 행동을 할 수 있다는 결론에 도달했다. 변호사들은 존속살해를 국왕시해만큼 엄하게 처벌할 법을 만들고 있었으며, 그가 정상이라는 것이 증명만 된다면 그 살인은 엄연한 존속살해이며 일반적인 살인보다 더 혹독한 처벌을 해야 했다. 이런 믿음들은 의사들의 권고에 기초해 성문화되었다. 핵심적으로, 푸코는 우리의 '과학적인' 법을 구성한 비과학적인 믿음들을 재구성하기를 기대했다. 따라서, 그는 광인 대 동물, 의학권력 대 법권력, 정상참작사유 대 합리성을, 또 그 밖의 많은 것들을 대결시킨 힘에 주목하며, 과학성의 권위를 조롱했다. 어쨌든 리비에르의 운명은 새로운 '전문가'의 손에 맡겨졌고, 푸코가 보여주는 것과 같이 전문가들의 모든 '리비에르들', 즉 리비에르와 같은 대상들에 대한 열중은 더 많은 전문적 지식을 창출해냈다.

3) 억압의 전개

일탈의 활용에 대해 연구하면서, 성에 대한 푸코의 관심이 커져갔다. 감금의 잠재적인 결과를 밝히고, 감금을 행하는 사람들에게 미치는 감금의 문화의 영향력을 정교화한 범죄와 감옥에 대한 책 두 권을 출간한 후, 푸코는 억압으로 관심을 돌렸다. 그리고 푸코답게 그 억압의 시작을 17세기에서 찾았다

> 17세기 초에는 아직 어느 정도의 솔직함이 널리 퍼져 있었던 것으로 보인다. 성적 관행에서 비밀이 추구되지 않았고, 말로 표현하는 것을 지나치게 망설이거나 상황을 유난스럽게 꾸며대는 일이 없었으며, 부정(불의)에 대한 관용적이고 스스럼없는 태도가 유지되고 있었다. 상스러운 것, 음란한 것, 추잡한 것에 대한 규범은 19세기에 비해 매우 느슨했다. 직접적인 몸짓, 뻔뻔스러운 담론, 뚜렷이 눈에 보이는 위반, 노골적으로 노출되고 쉽게 뒤섞이는 인체, 큰 소리로 웃으며 즐기기만 할 뿐 아무도 계면쩍어하거나 부끄러워하지 않는 어른들과 그들의 주의를 어슬렁거리는 영악한 아이들, 한마디로 육체들이 '날개를 활짝 편' 시대였다(1978:3).

육체의 전시는 『임상의학의 탄생』의 핵심주제였으며, 다른 저작들에서도 개개인의 신체적 기능에 대한 감독이 핵심주제였다. 그러나, 무엇보다도 성과 행동의 관련성은 『광기의 역사』에서 언급되었다. 여성들은 '더 강건하고, 적나라하며, 일로 다져졌다'고 여겨졌던 남성들에 비해 신경질환에 더 걸리기 쉽고, 자궁 때문에 우울증이나 히스테리에 시달리거나 성질이 고약하기 쉽다고 생각되었다. 그러나, 이런 믿음들을 여성에 대한 차별의 증거로 지적하는 페미니스트들과는 달리, 푸코는 이런 생각이 다른 변화들과 연관되어 있음을 보여준다. 무엇보다도, 이는 새로운 과학적 엘리트들, 즉 그들의 목적을 충족시키기 위해 성을 채용한 의사와 변호사들로부터 퍼져나왔다. 푸코에 따르면, 빅토리아 시대 부르주아들의 관습은 기존의 성적 자유를 결혼관계 내에서만, 부부침실에만 제한하고, 이에 대해 말하거나 생각하는 것을 금지했다. 그리고, 이를 지키지 않은 사람들은

부정하다고 비판받고, 매춘굴이나 정신요양소로 추방되었다.

성교에 대한 이런 제한은 다른 감금의 제도들과 비교된다. 푸코가 우리 시대에 이르러 감금의 경향을 역전시키려는 시도가 있어왔다는 것을 지적하기는 한다. 그러나 많은 행동규정은 억압을 가져왔고, 프로이트가 보여주었듯이 이런 억압은 히스테리와 노이로제를 야기할 수 있다. 성교는 몰래 숨어서, 출산을 위해서나 하는 금기의 대상이 되었다. 그리고 정신분석학조차도 이런 성의 '사악함'에 대한 믿음 때문에 발생한 고통을 완화시킬 수 없었다. 세심함, 의학적 신중함, 그리고, "무해성에 대한 과학적 보장"은 성교를 정신분석학자의 분석대상이 되게 했으며, "침대에서의 또 다른 속삭임의 대상"이 되게 했다(1978:5). 이에 맞춘 정신요법의 조류조차도 20세기 담론의 억압적인 요소들을 제거할 수 없었다. 성을 억압하는 조항들이나 엄격한 규칙은 자본주의적 착취에 꼭 필요한 부속물로 밝혀졌다. 재생산의 목적이 아닌, 즐거움을 위한 성교의 추구가 생산활동에 방해가 되어서는 안 되었다. 성교에 대한 언급과 억압적인 권력구조는, 심지어 그것이 좌파의 혁명적인 제안의 일부가 되었을 때나 성적 자유가 '임박한' 혁명의 도래에 기여한다고 여겨졌을 때조차도, 그 억압적인 요소를 여전히 유지했다.

그렇기 때문에 푸코는, 성에 대한 긍정 그리고 (법적 양식과 동성애에서부터 수간, 아이들의 성에 이르는 '일탈적인' 성에 대한 대처에서 보여지는) 성과 권력구조 간의 의존적인 관계의 폭로는 우리의 제도와 우리가 체화한 행위의 양식에 뿌리를 둔 억압과 분리될 수 없다고 주장한다. 우리가 속해 있는 담론 그 자체도 중세 말로부터 세대를 거쳐 이어져 내려온, 서구문화에 만연해 있는 위선에 반대하는 훈화의 일부로 간주된다. 그리고 이 '대단한 성적 훈화'는 우리의 '앎의 의지'에 포함된다. 이렇게 우리는 성의 과학을 수용하고 건설해왔으며, 우리의 언어에 이를 받아들여 왔다. '권력의 행위체(agencies)는 이에 대해 말하고, 말해진 것을 들으며, 이를 명백한 명료성과 끝없이 축적된 세부사항을 통해 이야기하도록 이미 결정되어 있다(1978:18)'.

정신분석은 의사와 환자의 관계를 통해 진실을 생산해냈으며, 성은 정신의학자들에 의해 과학적으로 확증되면 나을 수 있는 것이었다. 따라서,

성교는 기록되고, 법적으로 밝혀지고, 규범에 따라 논의되는 '임무를 부여받았다'. 이는 국가를 사적이고 은밀한 침실로 끌어들였고, 성은 사적인 동시에 공적인 것이 되었다. 국가의 규제는 이들 성적 관습들이 학교와, 감옥, 병원, 그리고 개인들을 통제사회에 맞게 사회화시키기 위해 준비된 모든 다른 제도들 내에서 건설되고 있었던 교실과 기숙사들에서 재강화될 수 있도록 주의를 기울였다.

푸코는 성을 성에 대한 담론으로 변화시킴으로써 이루어진 성적 문제의 지속적인 논의가, 그 시대의 질서가 된 성에 대한 수많은 말들을 선동하고, 끄집어내고, 배분하고, 제도화했다고 주장한다. 우리의 문명은 성적 담론들을 필요로 했고 또 이에 질서를 부여했다. 성적 담론들은 성의 은밀함을 공개적으로 이용했다. 성은 관리되어야 하는 것이 되었다. 아이들의 성은 자위행위에 대한 규율이라든지 교정을 위한 담론 그리고 죄의식의 주입을 통해 근절되어야 하는 것이었다. 성적 도착과 타락은 성문화(成文化)되었다. 병원, 감옥, 학교, 그리고 집에서 이루어지는 감시와 관찰은 이제 부모, 어린이, 아내, 범죄자, 그밖의 모든 범주의 개인들에게 적용되는 성적 쾌락에까지 그 경계를 넓혔다. 그리고 성은 성을 억압하는 권력이 확대됨에 따라, 그리고 이 권력이 집요하게 성적 쾌락의 보다 많은 장소와 보다 많은 성교에 대해 확산되어나감에 따라 급속도로 증가했다.

하지만 프로이트의 설명대로, 이 모든 진술과 발화는 단지 하나의 차단막일 뿐이었다. 푸코는 프로이트가 무의식 혹은 유년기의 성에 대한 그의 이론을 구성했을 때는 이미 성교에 대한 담론들이 재생산의 생물학과 성의학이라는 두 개의 분리된 지식의 영역을 편입했을 때라고 주장한다. 또한 그는 이 분리가 확고하게 확립되어 있었고 과학적인 주장으로 받아들여지고 있었기 때문에, 프로이트가 추구했던 진실에 대한 접근이 막혀 있었다고 주장한다. 일례로, 샤르코(Jean Martin Charcot)가 살페트리에르 병원(La Salpêtrière)에서 실시한 실험에서 관찰된 세부사항들이 공식기록에는 상당부분 빠져 있었다. 기록에 포함되지 않은 부분은 의사 자신들이 생각해내고 만들어낸 반응들이었으며, 이는 진실의 '생산'을 위해 그들이 구성한 장치의 토대를 약화시키는 일이었다. 대신, 그들은 자신들의 과학을 위해 자신들이 발견한 진실의 일부를 감추었다. 이런 역사적인 증거로부터,

푸코는 "프로이트의 발견은 진실과 성교의 상호작용의 점진적인 형성에 대항해 만들어진 것이며," 이런 상황은 많은 오해와 회피를 야기했다고 추론한다.

본질적으로, 푸코는 중국, 일본, 인도와는 달리, 서구사회가 관능의 기술(*ars erotica*)을 가지고 있지 못한 것을 비통해 한다. 관능의 기술이란 쾌락 그 자체로부터 진실이 유래하고, 쾌락이 그 강도와, 그것의 구체적인 특질, 지속성, 육체와 정신에 미치는 반향의 측면에서 평가되고, 다시 이것을 실천에 반영하는 기술이다. 서구에는 이 대신에 지금은 '정신의학자의 상담의자'로 옮겨진, 가톨릭 교회의 고해의식에 그 기원을 두고 있는 권력·지식의 형태인 성과학(*scientia sexualis*)을 실천한다.

통제의 수단, 우리가 태어나 살고 있는 통제의 체계의 일부로서 푸코의 성의 '폭로'는 성적 자유에 대한 모든 견해를 타파하는 것을 의도한다. 『성의 역사』는 이런 계획에 예정되었던 여섯 권 중 첫번째일 뿐이었다. 문헌자료조사를 계속해서 진행하면서, 그는 일반화된 규범의 변화에 외삽(外揷)할 특이한 사례들에 초점을 맞추어 중세부터 현재까지의 성적 실천을 살펴본다. 앞에서 논의된 인식론적 시대구분을 당연시하며, 그는 양성을 가진 사람에 대한 치료를 문제삼았다. 그 중에서도 『에르큘린 바르뱅(*Herculine Barbin*)』의 사례에 매혹당해 리비에르의 경우보다는 적은 분석을 첨가해 1980년 출판했다. 에르큘린의 자서전과 그녀에 대한 서류들 그리고 그녀의 사연에 대한 그의 서문에서 푸코는 진짜 성별(true sex)에 대한 지나친 편견을 다루고 있다. 그는 다음 내용을 발견했다.

> 양성을 가진 사람이 반드시 하나의 성별 그것도 진짜 성별을 가져야 한다고 가정하게 된 것은 비교적 최근의 일이다. 수세기 동안, 양성을 가진 사람들은 두 개의 성별을 ……가졌다고 상당히 확실하게 인정받았다. ……중세에는, 교회법과 시민법 모두가 이 점을 분명히 하고 있었다. 어지자지(hermaphrodite)라는 명칭은, 그 정도는 각각 다를지라도 양성 모두를 가지고 있는 사람들에게 붙여졌다. 이 경우에 어떤 성별을 유지할 것인지는 세례를 받을 시기에 아버지나 대부가 결정했다. ……그러나 후에 그들이 결혼할 시기가 되면, 양성을 가진 사람들은 자신에게 부과된 성별을 유지할 것인지 아니면 다른 성별을 선택할 것인지를 스스로 자유롭게 결정했다(1980b:vii-viii).

푸코의 독자들은 아마도 에르큘린의 사랑, 한 소녀와의 밀회와 발각, 그녀의 '확대된' 음핵(clitoris)의 발각을 포함한 가톨릭 기숙학교의 교사로서의 회고록에 대한 자세한 설명에 대해서는 쉽게 이해할 수 있을 것이다. 그러나, 많은 세부사항들의 묘사와 에르큘린 자신의 정신적인 통찰은 이해하기가 쉽지 않을 것이다. 서류뭉치들은 상황과 장소, 사건들을 제시한다. 1838년에 태어난 에르큘린의 삶은 그녀가 한 신부에게 자신의 '고뇌'와 행위를 털어놓은 후에 극적으로 변화했다. 이 신부가 곧 의사에게 이 사실을 털어놓았기 때문이다. 이 책에서 푸코는 성의 언어를, 그리고 어떻게 의사들과 그들의 과학자적 태도가 사건에 영향을 미쳤는지를 다시 한번 강조한다. 그녀가 의학검진을 받은 후에 서류들이 작성되었으며, 그 의학적 결과는 법적 권위자들에게 알려졌다. 그들은 그녀에게 성전환 수술을 받으라고 권유했고, 그 결과를 에르큘린은 나중에 다음과 같이 적고 있다.

> 파리에 도착한 것은 이중적이고 기괴한 내 존재가 새로운 국면으로 접어들었음을 의미한다. 20년 간을 여자들 사이에서 자란 나는 처음 2년 간은 하녀(*lady's maid*)로 일했다. 16살에 나는 평범한 학교에 ……교생으로 들어갔다. 19살에는 교사자격증을 땄다. 몇 달 후에 나는 꽤 알려진 기숙학교에서 가르치게 되었다. …… 나는 21살 때 그곳을 떠났다. ……그해 연말에 나는 파리에 있었다(1980b:98).

그 성전환수술은 고독과 불안, 가난, 그리고 정신적 고통을 초래했고, 결국 그녀는 25살의 나이로 자살했다. 그러나 의사와 변호사들의 보고서는 신체적이고 생물학적인 요인들에만 집중하면서 이를 한 개인의 삶이라기보다는 일련의 사례로서 다루고 있다. 그리고 그 '사례'가 언론의 센세이션을 유발시키게 됨에 따라 에르큘린의 정신적 고통과 고립 또한 잊혀지게 된다. 수술 후에 그녀는 아벨(Abel)이라고 불렸다. 이것이 바로 푸코적인 역사와 통찰력을 구성하는 요소이다. 의학과 다른 과학의 비합리성과 기존의 역사학자들이 통상적으로 무시해왔던 동인들에 대한 푸코의 지속적인 탐색은 그의 연구에 대한 거센 반발을 초래할 수밖에 없었다. 왜냐하면 그의 모든 연구가 가지는 전복성은 권력·지식 엘리트들의 모든 것과 서구의 문화에 대한 전제와 근거에 대한 도전이었기 때문이다.

4. 결론

구태여 프랑스에서의 마르크스주의 사상의 세분화와 마르크스 사상과 지적 전통, 강하고 정치적인 노동운동, 반미사상과의 연관성을 언급하지 않더라도, 프랑스인들이 일반적으로 고도산업사회와 관련되어있다고 여겨지는 많은 폐해들을 자본주의의 탓으로 돌리는 것이 사실이다. 그리고 이런 전제가 푸코의 저작에 어느 정도는 구체화되어 있다는 것을 지적하기 위해서가 아니라면, 이런 관점의 타당성을 논할 필요는 없다. 뒤르켕과 마르크스가 푸코의 가정들에서 주요한 위치를 차지한다는 사실 그 자체는 프랑스 문화의 전통적인 특성 – 그 문화에 속하는 지식인에게 가치를 부여하는 문화 – 을 강조한다. 푸코에 대한 찬사와 비판은 모두 이 맥락 안에서 이루어져야 한다. 광범위하고 포괄적인 국가적·지적 편견 – 이 편견의 형성은 '문화적 무의식(cultural unconscious)'에 기인하는 것이다 – 역시 고려돼야만 한다. 과도한 일반화일 수 있지만, 이런 문화적 무의식은 프랑스에서는 철인(*philosophes*) 전통 안에서의 인간성에 대한 광범위하고 포괄적인 진술들에서 분명히 드러난다. 프랑스와는 달리, 미국에서는 학문영역의 세분화에서 나타난다. 이 넓은 '지평'을 고려하면, 전문화된 지식형성에 대한 그의 신랄한 공격은 미국의 과학주의에 대한 공격인 동시에 프랑스 철학 전통의 부산물이기도 하다. 따라서, 과학주의시대의 근원에 대한 푸코의 관심이 처음 형성되었던 시기가, 미국의 과학적 방법들이 급속도로 파리에서 퍼져나가며 인문주의적 전통을 위협했던 1950년대 후반과 1960년대 초반이었다는 사실은 전적으로 우연은 아닐 것이다.

푸코는 그 연관성을 부인하지 않는데, 이는 지역적 수준에서 국제적 수준에 이르기까지의 문화적 관념과 그 상호침투성에 대한 조사라는 그의 연구과제의 일부분이기 때문이다. 권력에 대한 그의 관심은, 사적인 관계에서 권력의 제도적인 중심에 이르는 광범위한 범위에서 문화적 실천을 통해 개인에게 통제력을 발휘하는 권력·지식의 매트릭스에 초점을 두고 있다. 푸코의 철학적 전제들이 마르크스와 니체와 함께 엮여 있다는 사실은 파리의 지적 환경의 결과라고 볼 수 있다. 마르크스주의적 실천의 가능성에 대한 환멸과 1968년 5월혁명의 결과에 대한 환멸 또한 니체의 허무주의의 일부를 다양한 형태로 차용한 '신(新)철학자들'을 매력적으로 보이게 했다. 따라서, 푸코에게 「프로이트, 마르크스, 니체」가 공인된 정신적 지도자라는 점이나, 푸코가 니체를 명백한 방식으로 '흡수하는 것'을 거부하고 니체와의 연관성을 질문받을 때마다 잘못된 해석을 막기 위해 침묵한 사실은 당연한 것이다.

푸코에 대한 일련의 논평들은 구조주의와의 연계성을 과장하는 경향이 있다. 그러나 그의 관심사의 변화라든지, 구조주의 방법론의 일정부분만을 이용하고 마르크스주의의 몇몇 가정들과 함께 구조주의의 이데올로기적 내용을 거부하고자 했던 그의 의도는 충분히 고려하지 않는다. 니체에 대한 일시적인 관심은 푸코에게 새로운 방향성뿐만 아니라 자신을 차별화할 수 있는 수단을 제공했다. 그는 「진실과 권력(Truth and Power)」에서 다음과 같이 결론짓는다. "개괄적으로 말해서, 정치적인 문제제기는 실수도, 환영도, 소외된 의식도, 이데올로기도 아니다; 그것은 진실 그 자체이다. 그러므로 니체는 중요성을 지닌다(1980a:113)."

그러나, 푸코에게는 인간과 사회를 연결시키는 그 자신만의 방식이 있다. 감금이 너무나 지배적인 사회에서의 권력과 정치는 그것이 작용되는 인간의 신체를 파고들기 때문에, 권력은 신체적인 활동, 즉 생산력의 동인이 된다. 그리고 생산력은 다시 권력을 생산한다. 셰리든은 다음과 같이 설명한다.

> 생산적인 목적을 위한 신체의 훈련이라는 개념은 푸코가 '정신(soul)'이라고 부르는 것과 함께 제기된다. 정치적인 해부학은 또 하나의 근대 도덕의 계보학이다. 여기에서도, 니체는 그 출발점을 제공한다. 권력이 신체를 더욱 생산적으로 만들면 만들수록, 통제하고 지배하려는 힘 또한 커지기 때문에, 권력이 신체에 작용하는 지배력은 '정신'에 대해서도 작용한다. ……인간이 정신을 가지고 있는 한, 권력은 외부에서부터 작용할 필요가 없다. 그것은 신체를 관통하고, 점유하고, 굶주리게 만들며, '의미'를 부여한다. 정신은 신체를 동원하고, 신체에 의식과 양심을 부여한다(1980:219).

푸코가 니체로부터 벗어났다고 해도, 역사와 계보학에 대한 니체의 사상 또한 버렸다고 가정하는 것은 옳지 않다. 오히려 푸코의 초기개념들이 후기에 변형된 형태로 나타나고 있는 것과 마찬가지로, 푸코가 니체로부터 끌어냈던 개념들 역시 후기의 성에 대한 연구, 그리고 쾌락과 그 '전개'에 대한 담론들에 대한 연구에서 변형된 형태로 나타나고 있다고 보는 것이 타당할 것이다.

푸코의 담론들은 멋진 철학적 수사학 뒤에 감춰져 있음에도 불구하고, 궁극적으로 정치적 신념과 연관되어 있다. 프랑스의 지적 정황을 이해하는 미국과 영국의 학자들은 이런 문화적 의미를 지적할 수 있다. 그러나, 다른 비 프랑스 학자들은 언어적인 화려함에 감동할 뿐, 미묘한 뉘앙스와 정치적인 진의를 지적하기는 어렵다. 이런 정치적 신념은 암시와 의미들로 꽉 찬 프랑스의 문화사에 배태되어 있다.

최근까지, 영미(Anglo-Sexon)권에서의 푸코에 대한 연구는 설명적이었다고 할 수 있다. 푸코의 사상은 문화사회학 또는 지식사회학적 관점에서 검토되었으며, 그리고 문학 이론가들은 텍스트 분석(e.g., Lamert, 1979; Kurzweil, 1980)을 해왔다. 그러나, 근래에 들어서는 보다 '실질적인' 적용들이 시도되고 있다. 이런 적용들은 푸코의 개방성을 희생시키지 않고, 그의 해체주의를 '동결시키지' 않는, 즉 푸코의 기본적인 전제들을 왜곡하지 않는 한에서 이루어져야 할 것이다. 사실상 푸코의 과도한 명석함은 동시에 그의 약점이기도 하다. 종종 그의 상상력은 너무 과하다. 이 점은 성의 역사에서 잘 나타나 있으며, 어느 정도 '구조주의적' 텍스트 해석과 추상화를 받아들이지 않는 한 이해하기가 쉽지 않다. 또한 푸코의 두운법과 은유는 종종 논리에 맞는 것이라기보다는 그럴듯하게 들리기만 하는 것처럼 생각되며, 그의 대단한 통찰력은 신비화와 혼재되어 나타난다. 중요한 논점들이 말장난들 사이에서 가장 잘 나타날 수도 있고, 따라서 독자들은 그가 논지를 잘 설명하고 있는지 아니면 논지에서 벗어난 것인지 혼란스러울 수 있다. 푸코는 우리 과학주의시대의 억압과 담론을 공격하면서 범죄, 질병, 일탈, 광기, 연애 그리고 성에 대한 언어를 듣는 데 익숙해지도록 함으로써, 그 동안 그들 스스로 무엇인가를 주장하는 것을 망각하고 있었던 프랑스 지식인들에게 다가설 수 있는 상상력이 풍부한 담론을 만들어냈다. 권력·지식에 관한 이 도발적인 텍스트들은, 비록 푸코가 지난 20여 년 간 약속해온 지식의 고고학을 밝히지는 못했지만, 우리에게 매력적인 많은 지식의 단편들과 기억에 남을만한 많은 명언들을 남겼음에 틀림없다.

▌5장▐

위르겐 하버마스의 비판이론

하버마스의 사상적 계보는 밝혀내기가 특히 어렵다. 그의 연구가 모든 점에서 절충주의적일 뿐 아니라, 정교한 이론적 체계를 구성해낸 많은 학자들의 통찰력을 새롭게 구분하고 또 동시에 이를 통합하고자 했기 때문이다. 문화의 본질에 관한 하버마스의 근본적인 관심과 가정은 부분적으로 칸트와 헤겔에 그 뿌리를 두고 있다. 또한 일부분은 하이데거의 연구와 후설의 현상학과 관련되어 있고 해석학적 방법과 관련한 가다머와의 논쟁도 반영하고 있다. 문화에 관한 연구에서 하버마스는 미드와 고프먼의 사회심리학, 파슨스의 사회학, 피아제(Jean Piaget)와 콜버그(Lawrence Kohlberg)의 심리학을 도입한다. 그는 구조주의의 한계를 비판적으로 언급하면서 버거를 광범위하게 인용했고 푸코의 연구에 대해서도 논평했다. 또한 그는 큰 거부감 없이 받아들일 수 있었던 신학적 견해들을 인용했고 경제적, 정치적, 문화적 상황을 특징짓는 경험적 연구들을 광범위하게 이용했다(cf. Bernstein, 1967; Geuss, 1981; Giddens, 1977b; Held, 1980; McCarthy, 1978; Skinner, 1982).

하버마스의 지적 영역은 정말 백과사전만큼이나 해박하다. 그는 유럽과 미국의 광범위한 사회철학, 정치이론, 사회과학에 정통했으며, 이런 연구의 상당부분을 출판된 자신의 논문들에서 비판적으로 다루고 있다. 그는 또한 이런 사상 모두를 아울러서 헤겔이나 마르크스의 사상만큼이나 거대한 규모로 통합하고자 했다. 그의 박식함과 분석능력과 결부된 이런 새로운 이론틀은 그의 연구를 보다 흥미롭게 만든다.

1. 지적 가정들

하버마스가 마르크스, 베버, 프로이트에 대해 동의한 부분과 반대한 부분 그리고 비판이론과 구조주의적 언어학을 받아들인 정도를 이해하는 것은 매우 중요하다. 각각의 지적 전통들은 문화에 대한 그의 지향에 중요한 영향을 주었다.

1) 고전적 유산

하버마스는 마르크스주의 전통과 자본주의의 발달과 모순, 그리고 사회적, 개인적 생활에서의 자본주의의 결과에 대한 관심을 공유한다. 과학과 기술에 대한 그의 비판과 후기자본주의의 위기에 대한 분석은 마르크스주의자들로 하여금 그의 연구에 관심을 가지게 했다. 마르크스주의와의 유사성과, 그보다는 덜 직접적이긴 하지만 마르크스 전통하의 프랑크푸르트학파와의 연관성 때문에 하버마스는 마르크스주의자로 간주돼왔다. 그러나 그는 마르크스의 기본전제들을 거부하고 역사유물론을 재구성할 것을 주장했다.

『이론과 실천(*Theory and Practice*)』에서 하버마스는 "마르크스주의를 이론적으로 수용하는 데 있어 극복하기 힘든 장애가 되는" 네 가지 역사적 전개양상들을 설명한다(p.198). 첫째로, 국가는 더 이상 자유방임적 자본주의(laissez-faire capitalism)하에 있을 때와 같이 경제로부터 분리되지 않고, 오히려 경제와 융합되어 있으며 경제를 규제하고 관리하는 데 중요한 역할을 한다는 것이다. 따라서 경제를 국가의 유일한 결정요소로 본다거나, 사회의 상부구조와 유물론적 하부구조를 철저하게 구분하는 것은 더 이상 의미가 없다. 오히려 국가 그 자체의 기능에 주목해야 하며, 이렇게 되면 필연적으로 국가의 정당화에 대한 의문이 생기게 된다. 그리고 국가의 정당화에 영향을 미치는 문화적 힘에 대한 관심 역시 요구된다. 또한 국가와 경제 사이의 새로운 모순은 마르크스에 의해 형성되었던 자본주의체계 작동원리에 대한 재고를 필요로 하게 된다. 둘째, 선진사회의 생활수준향상은 마르크스가 전혀 예견하지 못한 방식으로 억압의 성격을 변화시켰다. 억압은 경제적 궁핍보다는 점점 심리적이고 윤리적인 압박으로 구성된다. 이런 전개양상은 노동자계급의 삶의 상황을, 특히 노동자계급이 만족스러운 자아정체감과 의미를 찾고자 시도하는 문화적 환경을 제고할 필요성을 제기한다. 한때 혁명적 힘의 원동력이 되었던 빈곤을 프롤레타리아가 더 이상 경험하지 않는다는 점에서, 하버마스는 혁명적 사회변화를 야기하는 대안적 메커니즘을 밝히고자 한다. 이는 프롤레타리아의 종속의 본질을 명확히 하고 그들이 '혁명적' 행동을 하도록 고무하는 방식으로 프롤레타리아의 욕구 또는 필요를 재개념화하는 것이다. 인간해방을 위한 대안적 힘이 발견되어야 한다는 하버마스의 신념은 정치적, 경제적 관심사가 개인들의 자연생활세계에 침투하는 방식을 명확히 밝히려는 그의 노력과, 보다 효과적인 성찰과 의사소통 메커니즘을 발전시키려는 그의 시도를 낳았다. 마지막으로, 마르크스주의에 대한 그의 양면적 태도는 부분적으로 소비에트 연방에 대한 마르크스주의의 적용을 유보한 것에서 기인한다. 마르크스주의의 이론적인 원칙들이 가지고 있던 설득력이 소비에트 연방 그 자체에 의해 상실된 것은 아니었지만, 어쨌든 하버마스는 이 원칙들이 바람직한 사회변화를 가져오기 위해 적절한 것인지에 대한 의문을 제기한다. 그는 소비에트 연방이 마르크스가 그렸던 이상적 계급사회의 원형이 아니라, 농업경제에서 선진산업경제로의 이행을 단축하는 것을 목표로 하는 관료적 독점이라고 간주한다. 그는 일종의 복지국가를 지향하는 후기자본주의 국가와 소비에트 체계 사이의 수렴이 일어날 것이지만, 이런 수렴이 국제전쟁, 핵에 의한 전멸, 비인간적인 관료지배의 위험들을 해결하지 못할 것이라고 믿는다. 확실히 국제적 규모의 복지국가체계의 출현은 인간해방의 성취를 보다 어렵게 만들면서, 삶의 새로운 영역들로 자본주의의 왜곡된 원리와 도구적 사고를 주입시키고 있다. 이런 전망은 어떤 조건하에서 가치와 사회적 목표 자체가 토론의 주제가 될 수 있는가를 규명하기 위해 대안적 문화이론을 개발하려는 그의 시도를 더욱 긴급하게 만든다.

마르크스주의에 대해 유보적인 입장을 취하면서, 하버마스는 그의 이론적 저작에서 종종 베버적인 입장을 취한다(특히 1971b; 1977b). 베버는 합리성의 본질에 대한 하버마스의 저작들의 주요한 원천중의 하나이고, 문화진보에 관한 베버의 견해 역시 하버마스의 진보적 관점에 큰 영향력을 행사했다. 또한 하버마스는 사회과학에 의해 생산된 지식은 역사적으로 한정되어 있고, 인간의 삶에는 사회과학이 주의를 기울여야하는 주관적인 차원이 있다고 가정함으로써 방법론적으로 어느 정도 베버주의의 전통을 취한다. 그러나 그는 베버의 관점 중 두 가지 근본적인 전제를 거부한다.

베버는 사람들이 목표를 추구하며, 그 목표를 효과적이고 효율적으로 이룰 수 있는 행동의 과정을 합리적으로 선택한다고 가정한다. 이런 가정은 베버가 세계종교에 대해 비교분석한 저작 『종교의 사회학(*The Sociology of Religion*)』(1963)에 많은 영향을 주었다. 이 책에서 그는 비교의 초점을 대안적 '구제론(Soteriologies)', 즉 구원에 대한 이론들에 맞추었다. 그리고 구원에 대한 대안적 믿음들에 근거해 개인들에게 기대되는 행동의 구체적인 유형을 예측할 수 있었다. 잘 알려진 은유로, 베버는 종교적 체계가 서로 다른 철로에 따라 행동을 하도록 유도하는 '전철수(switchman)*'와 같은 기능을 한다고 말했다. 하버마스에게 베버의 이런 견해는 너무 원자론적이었다. 그것은 가치선택과 관련된 집합적 과정을 설명하지 못하고 고립된 개인에게만 초점을 맞추었으며, 개인적 목표를 달성하기 위해 부족한 자원을 두고 벌어지는 개인들의 경쟁적 투쟁을 지나치게 강조함으로써 협력과 합의를 촉진시킬 수 있는 상호관계의 중요성을 설명하지 못한다.

또한 인간행위에 대한 베버의 합리적 목적적 모델(rational-purposive model)은 사회과학이 행위의 대안적 과정이 이미 결정된 가치를 얼마나 잘 달성하는가에 초점을 맞추도록 한다. 베버는 이런 접근은 사회과학을 '가치중립'적일 수 있게 하기 때문에 유익하다고 주장한다. 이와 반대로 하버마스는 이런 베버의 접근은 전혀 가치중립적이지 않으며, 오히려 그 자신의 합리성에 대한 견해를 최고의 가치로 주장하는 것이라고 반박한다. 하

---

*철도에서 차량이나 열차를 다른 선로로 이동시키기 위해 두 선로의 분기점에 장치한 전철기를 조정하는 사람.

버마스는 베버가 그 자신이 '철칙(iron cage)'이 될 것이라고 예견했던 바로 그 합리성들을 대표하는 사회과학을 창조했다고 비판한다. 하버마스는 가치에 대한 합의를 도출하는 의사소통과정을 고려하는 이론적 견해를 구성하고자 한다. 그는 가치라는 부분을 사회과학연구의 영역으로 가져오고 싶어하며, 이 때의 가치란 절대적 진리라는 이름으로 판단되는 것이 아니라, 가치를 향한 협상의 과정을 고찰하는 것을 목표로 한다.

베버와 같이 하버마스는 사람들이 서로 상호작용할 때 그들 사이에 공유된 '간주관적' 이해의 중요성을 인식한다. 베버에게 이런 이해 또는 암묵적 동의의 존재는 사회과학자들과 그들에 의해 관찰되는 사람들 간의 이해(*versteben*)나 감정이입적 이해를 강조하기 위한 근거였다. 그러나 하버마스는 베버가 간주관성의 영역을 그의 이론틀에 적절하게 통합하는 데 실패했다고 본다. 베버가 말한 이해 개념은 우선적으로 이런 간주관적인 영역을 개인의 직관 혹은 순수한 주관성의 수준으로 남겨둔다. 이와는 대조적으로 하버마스는 암묵적인 동의를 검증하고 비판할 수 있도록 이를 의식적인 수준으로 끌어올리려고 시도했다. 이런 이유로 그는 암묵적인 이해에 행동적 내용을 제공하는 의사소통과정에 깊은 관심을 두었다.

하버마스는 의사소통을 통한 암묵적 이해를 의식적 수준에서 밝히기 위해 프로이트의 연구를 도입하고자 했다(1970a, 1971a; McIntosh, 1977). 프로이트의 연구는 실질적이고 해방적인 목표를 추구했고, 이는 하버마스에게 어떤 영감을 주었다. 더욱이 프로이트는 자신이 내부의 주관적 영역의 본성에 대한 경험적으로 타당한 근거를 둔, 즉 과학적인 법칙을 만들어낼 수 있는 이론을 성립시켰다고 주장했다. 그러나 프로이트에 대한 하버마스의 관심은 정신분석을 통해 이런 법칙들을 실제로 만들어낸다는 프로이트의 능력에 대한 신뢰에서 나온 것은 아니다. 하버마스에게 정신분석은 의사소통과정에서 더 큰 자의식을 지향한 심적 기제의 한 실례가 될 수 있다는 점에서 호소력을 가진다. 다시 말해 치료사와 환자의 관계는 의사소통의 장애를 극복하는 것에 관심을 두며, 정신분석의 목적은 의미 있는 사건에 대한 해석을 통해 치료사와 환자가 어떤 합의에 도달하는 데 있다. 그렇기 때문에 치료사가 의사소통에 사용하는 정신분석이론은 경험적인 관찰에 근거한 일련의 추상적인 법칙보다는 선험적인 측면을 중시하며,

그 목적은 합의를 이끌어내는 것을 도와줄 수 있는 의사소통의 본질에 대한 단서를 제공하는 것이다.

하버마스가 프로이트와 의견을 달리하는 지점은 인간조건의 개선이 의사소통분석을 통해 어느 정도로 가능한가에 대한 문제에 있다. 프로이트는 자연의 근본법칙이 개선을 위한 가능성을 제한한다고 본다. 환자가 치료과정을 통해 개인적인 어려움을 극복할 수는 있지만, 그럼에도 불구하고 자연법칙에 의해 결정된 생물학적인 한계 내에서 살아갈 수밖에 없다는 것이다. 그 반면 하버마스는 인간상황에 중요한 발전을 가져올 수 있는 인지적인 진화에 보다 강조점을 둔다. 그리고 이 점에서 프로이트보다 문화에 대해 상당히 많은 중요성을 부여한다. 하버마스는 의사소통과정에 대한 성찰을 통해 인간상호작용에 대한 일시적인 장애를 피할 수 있을 뿐 아니라 인간진화에 있어서 영속적인 진보도 이룰 수 있다고 믿는다.

2) 구조주의적 언어학

하버마스는 의사소통에 대한 그의 관심 때문에, 언어학분야의 연구들을 상당부분 차용한다. 특히 촘스키(Avram Noam Chomsky)의 공헌이 크다(1957, 1965; Leiber, 1975). 촘스키는 언어의 사용을 조직화하는 보편적인 규칙을 발견할 수 있으며, 이 규칙들은 인간 정신 내의 생물학적 구조와 상응하는 것이라고 가정한다. 이런 가정은 많은 논쟁을 불러일으켰고 태생적으로 검증할 수 없는 성질의 것으로 보이지만, 문화연구와 관련한 촘스키의 중요한 공헌은 언어규칙이나 유형을 연구하는 것이 중요하다는 주장이다. 언어에 대한 전통적인 접근은 단어의 의미를 발견하는 것이었다. 그리고 의미는 개인의 내적인 사고에 놓여있고 단어들은 개인의 경험에 따라 필연적으로 각기 다른 함축적 의미를 지녔기 때문에 주관적인 영역에 속한다. 이런 접근은 일반적으로 공유된 단어의 의미분류는 만들어낼 수 있으나 언어에 대한 일반화된 원칙을 만들어내지는 못했다. 촘스키의 대안은 단어의 의미로부터, 특별한 단어의 사용을 의미 있게 그리고 가능하게 만드는 언어의 규칙, 패턴, 구조로 연구의 초점을 이동하게 했다. 이런 견해는 언어연구가 꼭 단어에 대해 말해야 한다는 당위성을 부정했으며,

관찰가능한 언어의 내용과 그 사용에 초점을 두는 것을 가능하게 했다.

어쨌든 하버마스는 촘스키와 유사한 사상을 도입하기는 했으나, 문법생성의 규칙이 미리 결정되어있다는 촘스키의 가정을 못마땅하게 여겼다(1979a:20). 그래서 그는 특히 언어철학에 관해서는 촘스키보다 설의 연구를 주로 이용한다(1969). 설은 '발화행위'를 분석의 기본단위로 여기는데, 발화행위는 진술, 명령, 요청, 약속을 모두 포함한다. 그는 발화행위의 사용을 지배하는 규칙이 있으며, 이 규칙은 발화행위 자체를 연구함으로써 발견될 수 있다고 가정한다. 또한 그는 발화행위와 화자가 말하고자 하는 것이 무엇을 의미하는가 간의 연결은 결코 완벽하지 않다고 주장한다. 즉 화자는 고의적이든 고의적이지 않든 의미하는 것을 완전히 드러내는 데 실패한다. 그러므로 화자의 주관적인 의도, 느낌, 의미는 궁극적으로 알려지지 않은 채로 남게 되기 때문에 그 자체로는 연구의 적절한 대상이 될 수 없다. 그럼에도 불구하고 말해진 것이 바로 의미하는 바임을 소통하고자 하는 행위자의 시도는 발화행위의 특징의 하나이며, 이 시도는 관찰가능한 일련의 단서들을 제공한다. 다시 말해 발화행위는 주관적인 의미에 대한 단서를 제공하며, 이런 단서는 연구대상이 될 수 있다는 것이다. 이런 단서를 연구하는 주된 목적은 주관적인 의미의 본질을 추측하는 것이 아니라 의미 있게 의사소통을 하는 데 필요한 조건들을 발견하는 것이다. 이런 생각은 말해진 것의 '명제적 내용' 또는 본질을, 발화자와 청자의 관계에 대한 암묵적인 메시지를 뜻하는 발화행위의 '비발화적 힘(illocutionary force)'과 구별하고자 한 설의 노력에서 분명히 나타난다. 이런 메시지는 명시적으로 의사소통되는 실제 내용과는 다르다. 예로 한 사람이 아들에게 "네가 잊어버리기 전에 나에게 신문을 가져와라"라고 명령한다면 그 말의 명제적 내용은 아버지가 신문을 받게 되는 사실로 한정되지만 그 말은 또한 아버지와 아들의 관계에 대한 어떤 메시지를 지니고 있다. 말해진 사실이 명령조로 간단하고 퉁명스럽게 구성되어 있다는 사실과 어조는 아이의 기억력이 약하다는 것을 함축할 뿐 아니라 아들에 대한 아버지의 권위를 잘 표현해주고 있다. 이것이 바로 말의 비발화적 힘이며 이런 메시지들은 발화상황과 화자의 특성을 극적으로 표현함으로써 말의 유의미성(*meaningfulness*)에 기여한다.

하버마스는 발화행위가 언어의 형식적 구조뿐 아니라 사고와 사회적 상호작용을 조직하는 문화유형에 대한 메시지 역시 전달한다고 주장하면서(1979a:1-68), 설의 논의를 문화 일반까지 확장시킨다. 설과 더불어 하버마스는 개인이 가지는 주관적인 의미를 정밀하게 조사하기보다는, 발화가 제공하는 단서와 같이 관찰가능한 사실에 근거해야 한다고 주장한다. 그리고 그는 설의 비발화적 힘에 대한 논의를 직접적으로 차용한다. 하버마스가 보다 효과적인 사회적 상호작용으로 이끄는 의사소통의 원칙들을 발견하는 데 희망을 준 것은 바로 이런 화자의 의도에 대한 그리고 화자와 청자의 관계에 대한 암묵적인 메시지가 존재한다는 사실이다.

3) 비판이론

하버마스는 문화에 대한 그의 연구에서 프랑크푸르트학파의 비판이론 가정들을 비중 있게 다룬다(cf. Held, 1980; Jay, 1973; Slater, 1977). 호르크하이머와 아도르노와 같이, 그는 사회과학과 정치적 실천간의 근대적 분리를 불가능한 것이라고 본다. 프랑크푸르트학파에 의해 공식화된 비판이론의 목적은 과학적인 연구와 이런 연구가 제공하는 정치적인 함축을 통합시킬 수 있는 단일한 이론틀을 발전시키는 것이었다. 비판이론은 연구자에게 그 자신의 위치와 사회와의 관계를, 보편적인 과학적 법칙을 발견한다는 미명하에 억누르기보다는, 오히려 적극적으로 고려할 것을 요구한다. 그러나 학문과 정치 간의 적절한 연결고리에 대한 하버마스의 개념이 1960년대 이래로 사회과학에서 일반화되었던 응용사회과학이나 정부지원 정책연구라는 개념은 아니다. 이런 연구유형은 기본적으로 기술적 세계를 보다 효과적으로 조작할 것을 지향하는 것으로, 어떻게 삶의 표준을 향상시킬 것인가, 어떻게 도시와 운송체계를 계획할 것인가, 어떻게 노인들에게 의료지원을 제공할 것인가 등이 이에 속한다. 이런 연구활동들이 가치를 지니기는 하지만, 한 문화시대 전체에 대한 광범위한 비판을 가능하게 하는 사회과학 내의 보다 일반적인 견해를 대신할 수는 없다. 비판이론의 목적은, 이런 프로그램들이 선택되는 바로 그 과정을 알리는 것이며 이는 사회적 우위를 최초로 결정하기 위한 유용한 지식에 공헌하는 것이다. 하버마스는 사회적 우위에 대한 선택이 지배적인 정치체계에 근거한 암묵적 가정들에 의해 규정되기보다는, 가치들이 보다 합리적이고 합의적이며 평등한 토대에 기초해 논의되고 선택되도록 하는 일련의 지식체를 만들기를 바란다. 이런 목표는 근본적으로 그가 프랑크푸르트학파로부터 받은 영향을 반영하며, 그의 보다 구체적인 문화분석의 많은 가정들의 기초가 된다.

문화분석에 있어서의 하버마스의 계획은 근대사상구조 안에 존재하는 방해물을 제거하고 이를 초월하고자 하는 바램으로부터 나온 것이다. 그는 아도르노와 호르크하이머, 루카치, 마르크스와 같은 다른 학자들의 연구들을 기반으로 해 자신의 근대문화비판을 발전시키고자 시도했다. 이런 시도는 철학적 측면과 사회학적인 측면에서 동시에 수행돼왔다. 여기에서 철학적 측면은 괴팅겐에서 받은 초기교육의 영향을, 그리고 사회학적 측면은 마르크스의 영향과 그리고 문화형태에 대한 비판을 경제적·정치적 영역에서의 구체적인 발전과 연결시키고자 하는 그의 관심을 반영하고 있다. 철학적인 측면에서, 그의 연구는 헤겔, 하이데거, 프랑크푸르트학파, 보다 광범위하게는 현상학적이고 해석학적인 전통을 따른다. 그리고 이를 통해 그는 표준이 되는 사회과학적 견해에 대해 비판적으로 분석함과 동시에 그의 이론적 견해에 대한 철학적 토대를 명쾌하게 설명하고자 한다. 사회학적인 측면에서, 그의 연구는 문화진화에 관한 일반이론과 그 시대의 정치·경제적 위기라는 측면에서 옹호될 수 있는 문화에 관한 접근법을 발전시키는 데 초점을 맞추었다.

하버마스 본인에 의하면(Honneth et al., 1981), 그가 가장 관심을 둔 문제는 의사소통에 대한 합리적 이론을 발달시키는 것과 이런 의사소통이론을 사회상황에 연관시키는 것이었다. 전자는 그가 행위와 지식의 유형을 명확하게 하고, 경험적 기초 위에서 문화에 관한 연구를 발전시킬 방법을 찾기 위해 노력하게 했으며, 후자는 그가 문화진화이론에 관심을 가지도록 했다.

문화에 대한 하버마스의 연구에서 기본적인 개념은 '합리적·목적적 행위(rational-purposive action)'와 '의사소통행위'로 구별될 수 있다. 합리적·목적적 행위는 물질적 환경을 향한 도구적 지향으로 특징지어지며 또한 물질적 환경을 변화시키는 것과 교묘하게 연관된다(1979a:116-23). 합리적·목적적 행위는 일반적으로 '일' 혹은 '노동'으로 알려진 것을 지칭한다. 만약 어떤 활동이 물질세계를 향하고 있고, 물질세계 그 자체를 목적으로 두기보다는 오히려 목적을 향한 수단 – 어떤 목표를 달성하기 위해 조작되는 하나의 대상물 – 으로 다루고 있다면, 그 활동은 일로써 간주될 수 있다. 또한 하버마스는 도구적 방식으로 물질세계와의 관계를 조직하는 데 그 1차적인 관심을 둔, 타인에 대한 모든 유형의 행동들을 이런 범주의 행위 안에 포함시킨다. 그러므로 석탄광부집단을 관리하는 것은 석탄을 캐는 행위 그 자체만큼이나 합리적·목적적 행위의 예가 된다. 이런 종류의 행위를 합리적·목적적 행위로 설명하는 이유는 특정한 형태의 기준에 따라 조직되고, 평가되기 때문이다. 그러한 행동의 목적은 물질세계에 대한 조작이므로, 가장 명확한 평가기준 중의 하나는 선택된 특정 수단이 이런 목적을 성취하는 데 가장 효율적인 수단이 되느냐 아니냐의 여부이다. 두 번째 기준은 선택된 수단이 서로 일관성을 가지느냐의 여부이다. 이 기준은 목적을 달성하기 위해서 반드시 필요한 다양한 활동들이 서로 양립할 수 있는지 아닌지의 여부와, 이런 활동들을 조직하는 과정에서 야기되는 특정 원리들이 존재하는지 그렇지 않은지의 여부를 가리킨다. 만약 이런 두 개의 기준에 따라 행위들이 합리적으로 조직된다면, 이는 목표를 달성하는 데 있어서 유용한 행위와 지식이 되는 것이다.

근대사회의 수많은 지식들은 물질세계에 대한 사실적 지식, 세계를 다루는 대안적 기술의 효율성과 효과성에 관한 기술적인 정보, 도구적 목표 달성을 위해 사람들을 조직화하고 최고의 결정을 내리기 위한 행정상의 견해들로 이루어진 합리적·목적적 지식이다. 이런 유형의 지식은 실제로 물질세계를 조정하도록 '기능'하면, '사실'적인 것으로 여겨진다. 그리고 이는 자연과학적 지식, 과학기술정보, 그리고 의사결정, 행정적 상황, 국가경영의 상황에 적용되는 대부분의 사회과학적 지식을 판단하는 데 이용되는, 사실의 기준이 된다.

하버마스는 합리적·목적적 지식이 근대문명의 발달을 이룩해왔다는 중대한 공헌을 인정한다. 그리고 그는 이런 유형의 지식을 비판하면서도, 이미 이루어진 진보를 되돌릴 가능성은 전혀 없다고 보았을 뿐만 아니라, 또한 일어나길 바라지도 않았다. 이런 점에서 그는 철저하게 근대적인 사람이었다. 그럼에도 불구하고 그는 근대사회에는 합리적·목적적 지식만으로 이루어진 토대 위에서는 다루어질 수 없는 심각한 문제들이 존재한다고 믿는다. 실제로 이와 같은 토대에서 이런 문제들을 다루려는 시도는 오직 그 심각성을 영속화시키고 심화시킬 뿐이다. 하버마스의 연구의 원동력은 "부패된 근대성의 부분들"을 다시 본래대로 결합하는 어떤 방법들을 찾으려는 노력이다(Honneth et al., 1981:28). 다시 말해, 개인의 자율성이 존중되는 한편 근대과학기술의 진보 역시 희생시키지 않으면서, 조화롭게 그리고 상호의존적으로 함께 살아가는 방법을 재발견하는 것이다.

여러 면에 있어, 하버마스의 연구의 원동력은 19세기의 위대한 사회학 이론가들에게 영감을 불러일으켰던 것들과 크게 다르지 않다. 합리적·목적적 행위의 한계성에 관한 하버마스의 관심과 마르크스가 강조한 노동의 소외양상에는 유사성이 존재한다. 그리고 하버마스의 합리적·목적적 행위 개념이 베버의 기능적 합리성에 대한 견해와 매우 비슷하기 때문에, 베버와는 더욱 밀접한 관계를 가진다. 사실, 합리적·목적적 행위의 특징인 효율성, 일관성, 조작적인 유용성이라는 기준들은 합리성의 '철칙(iron cage)'을 심화시킨다는 베버의 논의에서도 발견된다. 그리고 자신도 명시해왔듯이, 하버마스의 연구는 뒤르켕의 연구와도 유사성을 가진다. 특히, 만연하는 개인주의에 직면해 도덕적 공동체를 지탱하는 메커니즘을 발견하기 위한 뒤르켕의 투쟁은 하버마스 스스로 자신의 근대문화분석과 직접적으로 관련된다고 인정하는 부분이다. 이런 하버마스가 고전사회학자들로부터 이탈하는 부분은 그가 초점을 두고 있는 이론적 연구의 적합한 방향을 진단하는 부분이다. 그의 '직관'에 따르면 합리적·목적적 지식의 한계를 넘기 위한 해결의 실마리는 의사소통에 초점을 맞추는 데 있다. 그의 관점에서 의사소통이란 사람들 사이의 '간주관적 관계의 연결망'으로, 자유와 상호의존을 가능하게 한다. 그리고 이런 관계의 연결망은 가치들이 생겨나고 내재화되는 토대와 집합적 목표에 대한 합의에 도달하기 위한 필수적인 조건들을 제공할 뿐 아니라, 노동의 산물을 분배하는 것과도 필연적으로 연관되어 있다. 그리고 합리적·목적적 행위와 '의사소통행위' 사이의 구분을 강조하는 그의 주장의 기반은 이러한 의사소통에 대한 관심이다.

의사소통행위는 합리적·목적적 행위와 동일한 기준으로 평가되지 않는다. 즉, 의사소통행위의 타당성은 물질세계가 성공적으로 조정되고 있는지 조사함으로써 평가될 수 없다. 오히려 사회구성원들이 정직하게 그리고 진실로 자신들의 의도를 다른 사람들에게 표현할 수 있는지, 또 의도된 의사소통행위가 의사소통의 규범과 관련해 행위자들 사이에 존재하는 경험적(암묵적) 합의를 정확하게 표현하고 있는지 여부에 따라 평가된다. 의사소통행위는 갈등의 명확한 표현을 제어하는 암묵적인 규칙, '세계관' 혹은 사고방식, 집단과 개인들의 자아개념에 의해 지배된다. 그리고 이것이야말로 문화를 구성하는 주된 재료이며, 하버마스의 연구의 대부분은 인간의사소통의 원리를 보다 완전히 이해하기 위한 노력의 일환으로 이런 현상의 특징과 기능을 설명하는 것과 관련되어 있다. 그러므로 의사소통행위는 하버마스의 연구 전체를 아우르는 개념이라 할 수 있다.

하버마스의 문화비판이론에 심대한 영향을 미친 두번째 지적 구성물은 진화에 대한 사상이다(1979b). 그는 최초이자 아마도 최소한으로 분화된 인간문화의 형태들을 보다 발전되었지만 여전히 전통적인 문명들과 구분함으로써, 자신의 주제를 장기적인 사회적·문화적 변화에 관한 일반적 관점이라는 맥락 속에 상정한다. 그는 더 나아가 근대를 선행하는 모든 시대와 구분한다. 그리고 이 광범위한 비교틀을 통해 하버마스는 현재의 문화적 상황의 특수한 점을 결정하는 토대를 가질 수 있었으며, 또한 가장 시급하게 논의돼야 할 문제를 선택할 수 있었다. 이 틀은 그의 연구에 시기적절성과 중요성을 부여했다. 더욱이 이 기본도식은 근대문화가 한편으로는 극심한 위기에 놓여있으나 또 한편으로는 진화과정의 더 높은 단계로 나갈 수 있는 가능성 역시 발전시켜왔다는 하버마스의 확신을 지지하는 기반이기도 하다.

하버마스는 비판이론의 기능을 의사소통행위를 이해하는 데 기여하고 따라서 문화가 더 높은 단계로 발전하는 진보를 용이하게 하는 것이라고 본다. 비판이론에 대한 그의 생각이 아도르노, 호르크하이머, 그리고 그 이전에 프랑크푸르트학파에 있었던 다른 학자들의 연구와 분명한 연관성을 가지지만, 그럼에도 불구하고 그는 이런 이전의 연구들에 다소 양가적(兩價的)인 입장을 취했다. 즉 한편으로, 그는 대부분의 일반적인 지향들은 그의 선배들에 의해 이미 잘 성립되었으며 따라서 자신의 연구는 비판이론 자체를 확장시키거나 재구조화하기보다는 의사소통이론을 체계적으로 발전시키는 것이라고 주장한다. 반면, 그는 1950년대 중반까지도 비판이론의 자의식적이고 체계적인 구조는 거의 이루어지지 않았으며, 현재 비판이론이라 여겨지는 대부분은 이전 학자들의 사상들을 재구성한 것이라고 주장한다.

문화분석에 대한 하버마스의 비판적 접근은 과학적 전통에 깊이 기반을 두고 있다. 그는 관찰가능한 사회적 사건들에 명백히 근거를 두지 않는 이론에 대해 회의적이었다. 그의 관심은 현상을 성찰과 비판의 초점이 될 수 있는 관찰가능한 대상의 수준으로 올려놓는 것이었다. 이를 위해서 관찰불가능한 것을 가정하는 것은 필요하지만, 그는 이렇게 관찰할 수 없는 것들을 그 이론의 초점으로 삼거나 단순히 믿음만을 기반으로 그 존재를 받아들이는 것을 거부한다. 그는 또한 자신의 기본틀의 개념들을 정교화하고 체계적으로 관련시키는 데 많은 노력을 기울였다. 그는 서로 다른 이론들이 각각 다른 상황에서 가치 있을 수 있다는 것을 인정하기보다는 인간문화에 대한 하나의 통합된 이론을 만드는 것에 더 큰 가치를 둔다.

동시대 많은 학자들의 연구와 비교해볼 때, 문화에 대한 그의 접근은 합리주의적 가치들을 옹호한다. 그렇다고 그가 실증주의 철학이나 포퍼(Karl Raimund Popper)의 과학적 방법론의 특징인 합리주의를 주창한 것은 아니다. 실제로 그는 이런 종류의 합리성에 대해 매우 비판적이었다. 그의 관점에 입각했을 때, 지난 150여 년 동안 과학의 발전에 의해 이성의 개념은 심각하게 왜곡되었다. 이성은 단지 경험적 수단의 주관적인 부속물로 여겨지게 되었고, 지금은 경험적으로 검증가능한 가설들을 공식화하는 역량 그 이상이 아닌 것으로 여겨진다. 현재 이성은 주어진 목표의 가장 효율적인 성취를 위해 필요한 수단들을 실용적으로 선택하는 것을 돕는 사고의 한 유형이다. 계몽주의시대의 철인들에게 영감을 주었던 보다 넓은 의미의 합리주의는 이제 사라지고 없다. 이런 넓은 의미의 합리주의는 그 시대에 지배적이던 가정들에 대한 철학적인 비판, 즉 경험주의에 바탕을 두면서도 인간의 자유를 더 높은 수준에 이르게 할 수 있는 비판을 발전시켰다. 이런 생각은 하버마스에게 영감을 주었고, 그래서 그는 이성과 인간가치의 관계가 재발견될 수 있다고 믿었다. 그리고 이런 관계를 명료하게 표현하는 것이 하버마스의 비판이론의 목표이다.

2. 문화에 대한 하버마스의 관점

하버마스는 보다 최근의 저작에서 '문화'라는 용어를 더욱 두드러지게 사용하고 있다. 1960년대 동안 그는 문화를 자연과학으로부터 분리된 하나의 연구영역으로 만들고자 애썼다. 이런 노력에 만족할 만한 성과를 이루고 나서, 그는 문화의 진화, 문화의 내재화, 그리고 문화수준에서의 위기를 포함한 문화분석과 연결되어 있는 다양한 문제에 대한 보다 구체적인 논의에 관심을 기울인다. 그 중에서도 어떤 주제들은 그가 문화를 다루는 데 있어 일관되게 등장하는데, 특히 언어와 의사소통에 대한 강조가 그러하다. 그러나 다른 한편으로 문화에 대한 그의 생각은 상당한 수정을 거치게 된다. 이런 발전과정을 따라가는 것은 하버마스의 문화에 대한 접근방법의 특징들을 이해하는 데 유용하다.

1) 의미와 언어

『지식과 관심(*Knowledge and Human Interests*)』의 「문화과학의 자기성찰(The Self-Reflection of the Cultural Sciences)」이라는 장에서(1971a:161-86) 하버마스는 문화과학의 임무는 구체적인 역사적 환경에서 개인들이 사물과 사건들에 부과하는 의미를 이해하는 것이라고 주장한다. 그는 자연과학과 문화과학을 다음과 같이 명확하게 구분한다. 자연과학은 모든 시공간에 적용될 수 있는 법과 같은 질서를 구성하고자 하는 반면, 문화과학은 특정한 역사적인 상황들에서의 지식에 초점을 둔다. 이런 구분은 하버마스가 그의 이론을 발전시키는 과정 가운데, 이 시점에서 문화를 어떻게 이해하고 있었는지에 대한 중요한 실마리를 제공한다. 그는 베버주의와 현상학적인 전통을 모두 따르면서, 개인들이 그들 자신과 그들을 둘러싼 세계에 대해 가지고 있는 일련의 주관적인 의미들이라고 문화를 정의한다.

분석자는 개인들이 사물과 사건에 대해 부여하는 의미를 이해하기 위해서 특정 상황에 있는 개인들의 주관적인 인지를 재구성해야 하고, 특정한 상황에서 개인들이 서로 공유하고 당연한 것으로 여기는 일반적인 의미와 이해를 밝혀내야 한다. 이런 연구는 어려울 뿐만 아니라, 그 본질상 각각의 상황들이 서로 다르기 때문에 축적되지도 않는다. 하버마스는 의미와 의미를 구성하는 규칙이 각각의 상황에 따라 다르다고 가정한다. 따라서 의미의 구성을 설명하는 보편적인 법칙을 만드는 것은 불가능하다.

각각의 상황에 따라 달라지는 의미의 상황적 다양성을 강조하면서 하버마스는 사회과학에서의 해석학이라든지 반실증주의 전통을 상당부분 차용한다. 그는 실증성과 확실성의 기준들을 포함한 과학적인 기준을 가지고 접근하기에는 의미가 너무 특이한 성질을 가지고 있다고 주장한다. 대신에 관찰자는 실제적이거나 간접적인 참여자로서의 역할을 수행하는 방법으로 그 상황에 함축되어 있는 의미들을 발견해야 한다. 더 나아가 관찰자는 관찰하려는 상황에 해석상의 예상 모델을 적용시킨다. 따라서 관찰자가 의미를 '발견한다'기보다는 이런 의미들이 '재구성되었다'는 것을 인지한다는 것이 더 정확한 표현일 것이다.

이 단계에서 하버마스는 언어구성에 있어서의 규칙과 같은 일반적인 규칙을 의미구성에서도 발견할 수 있다는 어떤 가능성도 거부한다. 그는 문화적 의미에 대한 연구와 언어학의 연구를 구별한다. 그럼에도 불구하고 언어는 이런 단계에서조차 특별한 관심의 대상이 된다. 그는 언어가 문화분석의 열쇠를 제공한다고 생각했다. 개인이 사물과 사건에 자신의 독특한 개인적인 의미들을 부여할지라도, 다른 모든 사람들에게 이런 의미들을 표현하기 위해 언어를 사용해야 한다. 더욱이 개인은 자기성찰을 위해 이런 의미들을 성문화하려는 목적에서 언어를 사용한다. 따라서 언어 내부의 일반화되고 보편적인 특성을 분석함으로써, 문화분석 이론가들은 특정 상황과 관련된 의미를 어느 정도 이해할 수 있게 된다.

하버마스는 또한 언어가 의미에 부과하는 제한들을 인식한다. 언어를 통해서는 어떤 구체적 실제 상황에 존재하는 많은 내포적인 의미와 암묵적인 이해를 절대로 완전하게 포착할 수도 없고 적절하게 표현할 수도 없다. 이런 이유에서 언어를 검증의 1차적 자료나 결과를 표현하는 매개물로 간주하는 분석가들은 불가피하게 해석을 하게 된다. 따라서 이들은 개인들이 자신들의 환경에 부과하는 의미들을 단순히 관찰하거나 보고하는 것에 그치지 않고, 이런 의미들을 언어 그 자체에 내재되어 있는 어떤 규칙에 따라 재구성한다. 그렇지만 다른 사람들에 비해 하버마스는 언어에 내재되어 있는 편향성에 대해서 상대적으로 관심을 덜 가지는 편이다. 예를 들어 언어의 추론적이고 서사적인 형태 그 자체를 의미의 심각한 왜곡으로 간주하는 랑거(Susanne Knauth Langer, 1951)와 비교해볼 때, 하버마스는 문화를 이해하기 위해 언어에 초점을 맞추는 것에 비교적 긍정적인 편이다. 확실히 그는 랑거와는 달리 의사소통에 있어서의 신화적 형식 혹은 예술적 형식과 같은 대안적 형태의 상징적 표현들에 별다른 관심을 기울이지 않는다.

하버마스가 언어에 대해 지속적으로 관심을 기울이는 이유 중 한 가지는 문화과학에 대한 그의 관심이 기본적으로 합리적인 인식에 기반한 지식을 확장시키고자 하는 욕구에서 출발했기 때문이다. 그는 상황 자체의 행위자가 아니라, 관찰하고 해석하는 사람으로써 문화에 접근한다. 관찰자에게 언어는 어떤 상황에 대해 알 수 있게 하고, 또 이 정보를 다른 상황에 전달하는 데 있어 유일하게 접근가능한 매개체이다. 이 주제에 접근할 때 하버마스는 문화에 관해 저술한 다른 많은 사람들과 달리, 개인의 의미나 목적에 대한 직관적인 감각을 풍부하게 하려는 의도를 가지고 있지 않다. 오히려 그의 관심은 공유된 관심사와 문제들에 관해 보다 효과적인 의사소통 메커니즘을 발견하는 것이다.

그가 언어에 관심을 가지는 두번째 이유는 그의 학문에 대한 입장과 관련이 있다. 그는 학문의 목적이 고양된 성찰능력을 통한 인간해방이라고 정의하며, 이는 오직 언어를 통해서만 가능하다고 믿는다. 어떤 사건, 경험, 주관적인 인지는 언어를 통해서만 충분하게 객관화되어 비판적으로 성찰할 수 있게 된다. 그는 개인들이 일상생활을 살아가면서 구성한 의미들을 직관적으로 느끼는 것과 언어상에서 가능한 이런 의미들의 보다 일반화된 표현 사이에는 차이가 있다는 것을 인식한다. 그러나 그는 이 차이 때문에 분석자가 언어를 연구하는 것을 그만두어서는 안 된다고 주장한다. 분석가는 이 차이를 좁혀야 하며, 이 임무는 한편으로는 언어의 본성을, 다른 한편으로는 개인들이 행하는 행위를 연구함으로써 성취될 수 있다. 이런 과정에서 대상과 사건에 부여된 주관적인 의미는 여전히 숨겨져 있을지라도 관찰자는 관찰가능한 말과 행위들을 고찰함으로써 의미 있는 의사소통이 일어나는 데 필요한 규칙과 조건을 알아갈 수 있다.

물론 어떤 구체적인 실제 상황에서 한 개인이 가지게 되는 주관적 '이해'는 의식적인 수준에서 이루어지지 않는다. 따라서 이런 이해는 개인에 대한 지속적인 질문을 통해서도 확인할 수 없다. 그러나 이 부분에 있어 하버마스는 암묵적 이해가 개인의 말과 행위의 한 부분으로 나타나는 경향이 있다고 가정한다. 개인이 이를 드러내려고 의도하든 아니든 간에 언어가 구성되고 사용되는 방식에서 단서들이 만들어진다. 따라서 하버마스의 연구에서 개인의 말이란 "어떤 것을 얼마나 진지하게 의미했는지, 의사소통하는 주체가 그 자신이나 다른 이들을 기만하는지 어떤지, 자신의 삶에 대한 실제적인 표현과 자신을 어느 정도로 동일시하고 싶어하는지, 그리고 함축(connotation), 은닉(concealment), 혹은 반대의도(contrary intentions)라는 스펙트럼이 얼마나 다양한지에 대한 표시로" 여겨진다(1971a:167).

만약 문화과학이 특정 상황에 초점을 맞추도록 운명지어졌다면, 그리고 자연과학처럼 보편타당한 법칙을 구성할 수 없다면, 문화과학의 결과들을 어떤 방법으로 평가할 수 있을까? 이 질문에 대한 답에서 하버마스는 언어와 의사소통의 역할을 또 한번 강조한다. 그는 문화과학에서의 타당한 지식은 오직 자연과학을 모방함으로서만 성취할 수 있다고 주장하는 실증주의 철학자들의 논의와, 문화과학에서 얻을 수 있는 유일한 것은 단순히 특정 사건에 대한 흥미로운 해석일 뿐이라고 주장하는 역사가들의 논의 모두를 거부한다. 그는 이런 논의 대신에 그의 비판이론의 일반적 견해로부터 직접 도출된 대안을 제안한다. 그는 문화과학의 결과는 '실천'과의 관계 속에서 평가되어야 한다고 주장한다. 이는 개개인이 자아성찰과 효과적인 의사소통에 참여할 수 있는 능력을 얼마만큼 향상시키느냐의 측면이다. 문화분석이 이런 능력을 향상시키는 만큼, 그 결과들은 '타당성(validity)'을 가진다고 주장할 수 있다. 물론 이런 종류의 타당성은 상황적으로 그리고 역사적으로 특수성을 가진다. 따라서 문화분석은 어떤 대상이나 사건의 의미에 대해 정확한 하나의 해석을 요구할 수 없다. 실제적으로 상당수의 유용한 해석들이 가능하지만, 그렇다고 해서 이 가능한 해석이 무한히 많은 것은 아니다. 의사소통 자체의 과정에서 대안적인 해석을 시험해보면서 분석가와 참여자들은 의사소통과 문화의 본질에 대해 점진적으로 알아가게 된다.

의사소통과 문화에 대한 보다 효과적인 모델의 발전은 확실하게 상호반복적인 과정을 통해 이루어진다. 모델들은 사회적 상호작용의 맥락 속에서 반복적으로 만들어지고, 적용되고, 평가받는다. 이 과정은 항상 점진적으로 일어나지만, 사실상 자연과학에서의 실험방법과 다르지 않다. 또한 이 과정에서 모델과 자료의 병렬을 통해 지식이 점차적으로 축적된다. 그러나 문화과학에서 완전히 일반화된 의사소통에 대한 설명이 이루어지리라는 전망을 제시하기는 어렵다. 왜냐하면 의사소통에 대해 제약을 가하는 사회적 긴급상황 역시 시대에 따라 다양하게 나타나기 때문이다. 그러므로 실제로 문화이론을 시험해보는 과정에는 문화적 해석을 구성하는 적극적인 참여자인 분석가가 포함된다. 이 과정은 그럼에도 불구하고 모든 해석이 똑같이 타당하다는 악순환을 되풀이하지는 않는다. 이런 악순환은 실제적인 사회적 상호작용의 예들에 근거하지 않고, 언어 그 자체만을 조사와 해석의 대상으로 삼고 또 이 해석을 보다 심층적인 해석의 대상으로 삼는 경우에 일어난다. 이렇게 되면 이 과정에서 얻을 수 있는 것은 아무것도 없으며, 같은 이유에서 상호작용상황에 대한 귀납적 연구의 반복 역시 의미가 없다. 따라서 문화연구를 발전시키는 데 있어 순수한 철학적 추론이나 경험주의적 귀납은 적절한 방법이 아니다. 문화의 작용을 이해하는 데 발전이 이루어지기 위해서는 상황을 해석하는 데 언어가 사용되어야 한다.

사회과학 저작들에 담긴 경험적 관찰과 이론적 성찰을 연결시키려는 절실한 바램과 유사한, 타당한 지식에 도달하기 위한 이런 방식은 매우 단순하다. 태도나 신념이 사회적 상황의 경험적 증거들과 연관된다는 연구와 유사하기 때문에, 어떤 수준에서 하버마스의 제안은 문화에 대한 표준적인 사회과학적 연구처럼 보인다. 그러나 실질적으로 그의 제안은 문화에 대한 사회과학적 연구에 있어서 충분히 적용되지 못했다. 상징주의와 신념체계는 사회구조와 관계없이 연구되는 경향이 있고, 또 사회구조는 상징적 표현의 차원에 주목하지 않고 연구된다. 또 언어와 사회적 경험간의 관계를 진지하게 고려하는 연구는 거의 없다.

2) 수정된 견해

보다 최근의 저작들에서 하버마스는 초기연구에서 윤곽이 잡혔던 문화에 대한 견해를 상당히 발전시켰다. 초기의 연구에서 문화과학은 주로 자아성찰이 문화에 대한 지식의 중요한 요소라는 점에 근거해 자연과학과 구별되었다. 따라서 문화의 특징은 주관성이 존재한다는 것이었다. 비록 주관적 의미들 대부분은 숨겨져 있어 직접적으로 관찰하기는 힘들지라도, 문화연구의 중심적인 측면이었으며, 문화연구를 하는 이유였다. 주관적 의미를 의식의 수준으로 끌어올림으로서 주관적 의미는 더욱 효과적으로 의사소통될 수 있었고, 비판적 성찰의 대상이 될 수 있었다. 하버마스는 이것이 지배로부터의 더 큰 자유를 가져올 것이라고 가정했다. 그러나 이런 접근은 문화과학을 위한 확고한 경험적 발판을 제공하지는 못했다. 주관적인 의미들이 관찰자에게 불투명한 상태로 남아 있는 채로는, 객관적인 지식에 도달할 수 있는 어떤 가능성도 존재하지 않았다. 이 문제는 그가 언어와 의사소통에 점점 더 많은 관심을 가지게 된 이유였다. 관찰자에게 주관적 의미에 대한 증거는 오직 언어를 통해서만 획득할 수 있는 것이었다. 그러나 두 가지 중요한 문제가 여전히 해결되지 않은 채 남아 있었는데, 첫째는 언어가 주관적 의미의 표현으로 여겨지지만, 이 관계는 이론적으로 옹호되거나 경험적으로 검증되기보다는 그저 단순히 가정에 불과하다는 것이다. 둘째는 언어의 개념 그 자체가 모호하고, 언어의 구성요소와 언어가 연구되는 방법이 명확하게 제시되고 있지 않다는 것이다.

하버마스는 주관적 의미와 언어의 관계를 보다 철저히 구별함으로써 이 둘의 관계에 있어서의 문제를 해결했다. 넓은 의미의 인식론적 관점에서 보면, 주관적 의미는 문화과학을 자연과학과 구별하는 토대로써 기능하며, 주관성은 자아성찰에 사용되는 지식을 생산하고자 하는 요구의 합리적 근거로 남아 있다. 그러나 더 이상 그는 언어를 주관적 의미의 근본적인 지표로 생각하지 않는 것 같다. 보다 최근의 저작에서 언어는 주관적 의도를 표현하는 매개체로서의 역할에 대한 중요성이 감소되면서, 오히려 그 자체로서의 지위를 더 확고하게 인정받고 있다(1979a). 매개체적인 기능과 더불어 언어는 사회적 기준을 정당화하고, 세계에 대한 사실을 전달하고, 그리고 무엇보다도 의사소통을 가능하게 하는 등 다른 목적들도 수행한다. 하버마스는 언어를 개인들의 생각을 초월하고 앞서가는 보다 태생적인 사회적 현상으로 간주하게 되었다. 따라서 언어는 사회적 삶의 사실로서 그 객관적인 지위를 가지며, 단지 주관적 의미의 지표로서가 아니라 그 자체로서 연구와 검증의 대상이 될 수 있다. 또한 언어가 하버마스가 보편적이라고 생각했던 것으로 여겨지는 특정 제약적 관계 안에서 규칙에 따라 작동한다는 것 역시 중요하다. 언어를 연구함으로써 일반화가 가능한 지식을 얻을 수 있는데, 이런 지식이 제한적이라는 것은 분명하다. 즉, 개개인이 속한 자신들의 상황에 대한 구체적인 해석을 포함시키지 않는다. 대신에 문화분석의 산물은 충분히 만족할만한 의사소통을 위해서 어떤 상황에서도 만족되어야 하는 조건에 대한 지식이다. 간단히 말해, 문화분석은 의사소통행위가 전달하는 구체적인 의미에 몰두하는 것이 아니라 이 행위를 의미 있게 하는 상황과 규칙에 관심을 둔다.

하버마스는 또한 '언어'가 과연 무엇인지에 대해 보다 세부적으로 설명하기 시작했다. 그는 언어를 광범위한 일반적인 현상으로 단순하게 다루지 않고, 의사소통에 있어 음성화된(verbal) 양식뿐 아니라 문자화된(written) 것, 그리고 아마도 행동에 관한 것 역시 포함하는 구체적인 발화 혹은 발화행위에 관심을 가지는 것이 중요하다고 강조한다. 발화행위는 문화의 실체적인 단위를 제공하는데, 이는 발화행위의 사용을 의미 있게 하는 조건을 판별하기 위해 객관적으로 검증될 수 있는 것이다. 발화행위 그 자체는 비교적 단순한 것에서부터 더 복잡한 것까지 다양하다. 한 문장이나 어구 그 자체가 특정 목적을 위한 발화행위로 여겨질 수도 있으며, 또 다른 경우에는 전체적인 대화, 책, 또는 에피소드 모두를 검토하는 것이 더 적절할 수도 있다. 중요한 것은 발화행위가 얼마나 복잡하고 구체적인 수준에서 연구되느냐가 아니라 발화행위 자체가 문화분석의 단위로 여겨진다는 사실이다.

발화행위가 관찰가능한 형태의 행동이기 때문에, 문화는 행동적인 현상이 된다. 폭동, 자살율, 인종집단, 사회운동이 행동의 유형들인 것과 마찬가지로 문화 역시 한 유형의 행동이며, 다른 유형의 행동들과 마찬가지로 객관적으로 연구될 수 있다. 그래서 하버마스의 문화개념은 이 용어의 일반적인 의미와는 크게 다르다. 문화는 사회과학에서 흔히 통용되듯이 태도, 믿음, 생각, 의미 그리고 가치로 이루어진 주관적인 현상이 아니라, 의사소통적 행동으로 이루어진 것이다.

이전에도 그랬지만, 무언가가 발화행위로 여겨지기 위해 반드시 충족시켜야 하는 기준들은 여전히 모호한 상태로 남아 있다. 그러나 하버마스가 사용하고 있는 예를 통해 우리는 그의 이론이 성문화된 언어를 사용하는 음성화되거나 문자화된 발화에 우선적인 초점을 맞추고 있다는 것을 분명히 알 수 있다. 이런 형태의 발화행위에 대한 그의 우선적인 관심은 언어가 존재할 때 의사소통의 일반화된 규칙이 가장 잘 관찰될 것이라는 사실과 언어사용을 포함한 합리적인 의사소통이 사회적 위기를 해결하는 데 필수적이라는 그의 확신에 기반하고 있다(cf. Alford, 1979). 이와 같이 방법론적이고 실제적인 두 가지 측면의 이유에서 언어를 포함한 발화행위에 1차적인 초점을 두고 있다. 그렇지만 의사소통의 다른 양식들 역시 유용하게 고려될 수 있는 것으로 여겨진다. 육체적인 제스처, 극화(劇化), 회화, 음악, 조각, 심지어 먹는 것, 투표하는 것, 파업에 동참하는 것과 같은 일상적 행동의 상징적인 표현양상에 이르기까지 모든 것이 의사소통행위로 여겨질 수 있다.

발화행위에 초점을 맞추면서, 하버마스는 발화행위의 내용 그 자체보다는 발화행위를 문화의 보다 심층적 유형을 밝히기 위해 이용하는 데 더 큰 관심을 가진다. 그는 말에 의해 전달되는 상호작용의 암묵적인 규칙과 말의 명제적인 내용을 구별한다. 그리고 이런 규칙이 대개 암묵적이기 때문에 보편적인 유형들을 가장 드러내기 쉽고, 또한 이를 이해하기 위한 실용적 가치를 더 많이 지닌다고 가정한다.

하버마스가 세계관, 자아개념, 도덕적 추론의 양상, 합법성의 규범, 정당성의 유형에 대해 논의할 때, 기본적으로 이런 것들을 의사소통의 본질에 영향을 주는 일련의 규칙이나 '구조'로 간주한다. 이 구조의 존재는 의사소통적 행위에서 나타나는 암묵적인 메시지에 의해 확인된다. 그리고 하버마스의 견해에 입각해 볼 때, 이 구조는 개인의 주관적인 의식 속에 필연적으로 존재하는 것이 아니라, 관찰자가 상징적 표현의 행동을 관찰하면서 구성하는 추상적 개념이라는 것을 다시 한번 강조해야 할 것이다.

3) 문화의 내재화

하버마스는 문화를 개인에 외재하는 객관적 현상이라고 여기지만, 또한 그는 개인이 문화를 내재화하는 것이 중요하다고 주장한다. 오직 문화의 주관적인 내재화를 통해서만 개인은 사회에 효율적인 구성원이 되는 법을 배우게 된다. 그렇다면 이런 내재화의 과정은 어떻게 일어나는가?

하버마스는 내재화의 문제를 완전하고 체계적으로 다루지 않는다. 예를 들어 피터 버거와 비교해 볼 때, 그는 아이들에게 상징세계를 전수하는 것을 포함한 사회화과정을 논의하는 데 관심을 거의 기울이지 않으며, 개인이 주관적 실재를 구성하는 방식을 연구하지도 않는다. 하버마스가 우선적으로 강조하는 것은 그가 내재화에 대한 관점의 토대로 삼는 아동심리학의 연구에서 수렴되는 개념들이다(1979a:69-94).

그는 학습이 역행할 수 없고 불가피하며 분리되고 복잡한 일련의 발달단계에서 일어난다고 주장한다. 각 단계는 개인에게 다음 단계로 나아가는 데 필요한 합리성의 양식을 제공한다. 한 단계에서 다른 단계로의 이동은 순탄하게 일어나지 않으며 각각의 변화 단계에서 위기가 발생한다. 다음단계를 성취하기 전에 이전의 단계에서 학습된 유형들은 부분적으로 파괴될 수 있고, 이는 어느 정도의 개인적인 역행을 낳는다. 결과적으로 보다 높은 발달 단계를 성취할 때, 개인은 보다 자율적이 되고 인격적인 독립성을 획득한다. 그리고 문제 해결능력이 향상되고, 다른 여러 가지의 외부세계에 대한 견해들을 가질 수 있으며, 인격적인 통일성과 심리적인 일관성을 더 많이 느끼게 된다. 그와 동시에 개인은 문화적 환경을 조직화하고 조작하는 규칙들을 포함해 더 복잡하고 추상적인 차원의 문화적 환경을 주관적인 의식 속에 내재화한다. 그 결과, 개인은 '화자' 혹은 사회적 행위자로써 더 철저한 역량을 갖추게 된다.

이런 가정들은 문화의 내재화를 합리적인 과정으로 특징짓는다는 점에서 하버마스에게 매력적이다. 질서정연한 발달의 위계적 순서는 더 높은 단계에 도달한 개인이 더 많은 역량을 가지고 있다는 것을 의미한다. 이런 진전은 일반적인 인간의 욕구에 대한 보다 나은 의사소통을 이끄는 체계를 발견하고자 하는 바램을 가지고 있는 하버마스에게 중요하다. 확인가능한 발달 순서의 존재는 그에게 이런 체계를 발견할 수 있고 개인이 이를 배우도록 파급될 수 있다는 자신감을 주었다.

하버마스의 접근은 내재화과정의 특징으로 합리성과 역량을 강조한다는 점에서 다른 견해들과 구분된다. 특히 현상학 전통하에서 연구하는 이론가들과는 대조적으로 그는 문화의 내재화에 대한 합리적이고 자의식적인 성찰을 높이고자 하는 욕구에 관심을 가진다. 이런 관심은 그가 일상의 당연시되는 실재의 안정성에 대해 현상학자들보다 덜 확신한다는 사실에서 나오는 것이다. (버거를 포함한) 현상학자들이 일상의 실재가 대부분의 개인의 대부분의 시간에 있어 의미 있는 존재를 포함하고 유지한다고 주장하는 반면, 하버마스는 이런 일상세계가 파괴되면 어떤 일이 발생하는가라는 질문을 한다. 사실 그는 일상생활세계가 근대경제에서 유래되는 위기와 근대적 상황에 의해 침해됨으로써 점차 불확실해지고 있다고 주장한다. 그러므로 하버마스는 자신들의 생활세계에 대해 합리적으로 의사소통할 수 있는 개인들의 역량을 연구하는 것이 필수적이라고 본다.

현상학과는 더욱 대조적으로, 하버마스는 개인의 주관적인 욕구보다 사회집단의 상호작용의 욕구에 더 많은 관심을 기울인다. 보다 구체적으로, 동시대의 많은 사상들이 몰두하고 있는 문화에 대한 문제인 개인적 의미의 문제에 대해 사실상 전혀 관심이 없다. 그러나 표면상으로는 단순히 개인적 의미의 문제를 다른 방식으로 논의하는 것으로 보일 수도 있는 문제에 세심한 주의를 기울인다. 바로 동기부여의 문제이다(1975:75-91). 동기부여의 위기는 현대의 사회적, 경제적, 정치적 조건들을 타당한 것으로 만들어주는 문화적 가치들의 부식으로부터 발생한다. 마찬가지로, 개인에게는 무기력이나 우유부단이라는 결과를 낳는 일종의 심리적 침체상태를 가져온다. 이런 침체상태는 다른 이론가들이 아노미, 무의미성, 혹은 목적상실이라고 명명했던 문제와 유사하다. 그러나 하버마스는 이런 주관적인 상태가 존재한다는 것과 개인에게 경험적인 관련성을 가진다는 것을 인정할 뿐, 이런 주관적 상태를 구성하는 태도와 감정을 배열하는 것에는 전혀 관심이 없다. 오히려 그의 관심사는 이런 주관적 상태의 행동적으로 나타난 것이다.

특히 두 가지 명시가 중요하다. 하나는 현대문화에 있어 대다수의 개인들이 가족관심사, 여가시간, 소비에 압도적으로 사로잡혀 있다는 것이다. 또 다른 하나는 하버마스가 '시민적 개인주의(civil privatism)'라고 정의한 개념인데, 이는 국가제도들의 합법화과정에 대한 관심과 참여의 부재를 의미한다. 그러므로, 동기부여 위기에 관한 논의의 결론에서 그는 또다시 의사소통과 상호작용을 지적한다. 동기부여 위기가 가져온 가장 심각한 결과는 주관적인 개인적 의미의 부재가 아니라 공적 영역에 대한 실제 참여에 있어 무능력함 혹은 거리낌을 느낀다는 점이다.

내재화에 관한 하버마스의 논의 중에서 가장 명확한 측면은 내재화과정의 특성을 나타내는 인지적 그리고 도덕적 발달의 실제 단계들을 서술하려는 시도이다(1979a:100-2). 이런 것들은 대부분 피아제의 학설로부터 파생된 것이기는 하지만 하버마스의 이론적 지향들과 조화를 이루면서 재개념화된다. 그는 문화양식의 내재화와 말하고 행동하는 능력의 달성을 포함한 전형적인 발달과정을 특징짓는 **공생적**(*symbiotic*), **자기중심적**(*egocentric*), **사회중심적-객관적**(*sociocentric-objectivistic*), **보편적**(*universalistic*)이라는 네 가지 단계를 설명한다.

공생적 단계는 먼저 유아기의 첫 1년 동안 나타난다. 이 기간 동안에 유아는 명확히 자신의 신체 혹은 내면적 상태들을 주변의 대상세계로부터 뚜렷하게 구별할 수 없다. 아동은 전적으로 자신과 관계된 사람과 물리적 환경에 의존한다. **자기중심적** 단계는 전형적인 2~3세의 아동에게 나타난다. 이 단계에서 아동은 자신의 신체를 인식하게 되면서 자아와 환경을 구별할 수 있는 능력을 획득하고, 물질세계와 사회세계의 복잡성에 대해 정교화할 수 있는 능력은 없을지라도 외부세계의 대상물을 확인할 수 있게 된다. 하지만 아동은 아직 자신의 관점에서 벗어나는 환경을 인식할 수 없고, 실제로 외부대상들과의 관련성을 오로지 개인적인 욕구와 감정으로 판단하게 된다. **사회중심적-객관적** 단계는 4~5세부터 사춘기가 시작될 때까지 지속된다. 이 단계 동안에 아동은 보다 완전하게 복잡하고 추상적인 다양한 범주들을 구별하는 능력을 습득한다. 특히 아동은 상징들,

의미들, 그리고 이를 나타내는 대상들, 물질세계 대 사고세계, 그리고 자신의 인식과 타인의 시각을 구분할 수 있는 능력을 습득한다. 이런 발달 단계는 의사소통과 사회적 상호작용에 더 많이 숙달되는 것에 보조를 맞추어 진행된다. 끝으로, 보편적 단계는 대부분의 개인들에게 사춘기 동안 나타난다. 이 시기에 개인은 가설을 세워 사고하고 자아정체성과 가정들에 대해 비판적으로 성찰할 수 있는 능력을 획득한다. 이 단계 동안에 개인은 소속된 특정 하위집단의 독단적인 생각으로부터 상대적 자율성을 얻게 된다. 이런 자율성은 매우 다양한 사회적 상황들에 대한 개인적이거나 대리적 참여, 비판적 성찰, 보편적인 가치들을 지향하는 학습과정에서 발생한다.

하버마스는 이 단계들에 대한 논의를 거의 정교화시키지 못했고, 구체적인 문화적 논점들과 가지는 관련성 역시 지적하지 못했다. 하지만 이 단계들이 주로 인지적 정교화에 있어서의 차이, 특히 물리적, 사회적 그리고 문화적 세계의 범주 속에서 보다 정확한 구별을 할 수 있는 능력에 따라 구분된다는 점에 주목할 만하다. 여기에는 특정 집단 혹은 계급의 문화적 양식의 다양성이 주로 구성원들의 인지적 기능의 차이에 있다는 생각이 함축되어있다. 달리 말하면, 이런 차이는 사회구조적 측면들과 문화적 진화의 광범위한 단계에 따라 추적될 수 있다.

4) 문화와 사회구조

문화와 사회구조 간의 관계는 하버마스의 연구에서 중요한 위치를 차지하며, 문화관련 문헌에서 격렬한 논쟁의 대상이 돼왔다. 한편으로, 이론가들은 문화적 유형들은 결정적으로 이 유형들이 만들어지는 사회적 구조에 의해서 형성된다고 주장했다. 다른 한편으로, 사회과학자들은 문화적 유형들의 본질적인 구조들을 그 고유의 측면에서 이해하려고 시도하지 않고 사회적 배열에 귀속시켜 설명하는 것을 환원주의라고 비난해왔다. 하버마스 역시 이런 논쟁에 말려들었지만 그의 관점은 잠재적으로 이 논쟁에 있어 중요한 해결점을 제공한다.

그의 문화에 대한 이론은 그가 차용했던 마르크스주의 전통의 환원주의적 가정의 일부를 공유한다. 마르크스주의 전통에서 문화요소들은 사회세계의 보다 근본적인 양상들의 단순한 투영으로 간주되는 경향이 있다. 따라서 하버마스 역시 후기자본주의 고유의 위기성에 대한 논의(1975)에서 정당화와 동기부여 같은 문화와 가장 밀접하게 관계가 있는 위기들을, 독점자본주의가 발전하고 국가에 대한 의존성이 증대함에 따라 경제 및 정치적 수준에서 생겨난 보다 근본적인 위기들의 2차적인 징후들로 간주하는 것처럼 보인다. 이런 견해는 그의 정당화에 대한 연구에서도 분명하게 드러난다. 그의 문화에 대한 관심이 정당화의 특성을 이해하기 위한 바램에서 나온 것임에도, 이런 문화적 측면은 국가와 밀접하게 연관되며, 주로 선진자본주의사회에서 국가에 의해 수행되는 기능 때문에 문제시된다. 이 수준에서 그는 흥미로운 현상 그 자체로서 문화에 대해 관심을 두는 것이 아니라 오히려 국가의 의사결정역량에 영향을 미치는 문화의 실체적 산물로써 정당화에 대해 관심을 가진다.

사회구조와의 보다 밀접한 관련성 아래에서 문화를 바라보면, 문화를 규범과 가치의 순수한 추상적 집합체로써 물화시키지 않는 이점을 가지게 된다. 하버마스에게 정당화의 문제는 가치와 규범만을 가지고는 결코 해결할 수 없으며, 사회계급, 계급분파, 예언적이고 구세주적인 운동, 국가기관의 역동적인 상호작용 등을 포함한다. 이런 다양한 행위자들에 의해서 지지되는 가치와 규범은 이를 명확하게 표현하고, 또 집합적 행동으로 전환하는 제도들과의 관련 속에서 다루어져야 한다.

그럼에도 불구하고 하버마스가 문화를 다루는 방식은 마르크스주의에 견지(堅持)한 다른 학자들과 다르다. 그는 문화를 그 고유한 측면에서 중요한 현상으로 다루지는 않았지만, 문화를 사회적 행위의 단순한 반영으로써 인식하거나 설명해버리는 위험을 확실하게 방지할 수 있는 개념틀을 제안한다. 이 개념틀은 '보편적 화용론(universal pragmatics)'에 대한 그의 논문(1979a:1-68)에서 가장 분명하게 설명되어 있다. 이 논문에서 그는 시도된 의사소통의 행위가 실제로 효과적인 의사소통을 할 수 있는 가능성에 영향을 주는 조건들에 대해 의문을 제기한다. 이런 질문은 마르크스주의 전통에서 다루어온 이데올로기와 관련된 보다 구체적인 논쟁점과 매우 비슷하다. 마르크스의 공식에서 무엇이 이데올로기를 만들어내는가라는 질문은 우선적으로 계급투쟁과 관련해 설명된다. 이데올로기는 지배를 위해 투쟁하는 지배계급에 의해 만들어지는 것으로, 지배계급의 이해를 가장하고 지배계급 그리고 피지배계급 모두에게 허위의식을 조장한다. 그러므로 이데올로기에 대한 진정한 이해를 도모하기 위해서는 이데올로기의 내용 그 자체가 아니라 계급갈등구조에 초점을 맞추어야 한다. 그러나 이와 비교했을 때 하버마스의 효과적인 의사소통에 대한 설명은 더 복잡하다. 그는 의사소통의 유효성에 영향을 주는 네 가지 유형의 조건들을 구분하고 있는데 이 각각의 유형은 실재의 각기 다른 영역들을 나타낸다.

첫번째 영역은 감각지각으로 확인가능한 생물과 무생물을 포함하는 모든 사물들로 구성된 외부의 자연세계(*world of external nature*)이며, 조작될 수 있는 사물들의 세계이다. 모든 의사소통행위는 이 영역과의 상징적 관계에 의해 영향을 받으며, 정확하게 사실을 나타내면 의미 있거나 효과적인 것으로 판단된다. 따라서 화자들과 행위자들은 자신들의 주장이 '진실'이란 것을 이 영역과 관련지어 주장한다. 그 밖의 것들이 같은 조건이라면, 그들의 주장과 외부세계에서 관찰가능한 사실 사이의 상응성의 수준이 높을수록, 이런 주장과 관련된 의사소통의 특정 행위는 보다 의미 있는 것으로 여겨질 것이다.

두번째 영역은 사회세계(*world of society*)이다. 이 영역은 사회과학자들이 일반적으로 생각하는 사회라는 것과 관련된 대인관계, 제도, 전통, 가치의 통상적인 배열을 포함한다. 행위자는 이를 외부의 대상으로 인식할 수도 있으며 단순하게 행위자의 견해에 구체화된 생활의 특징들로서 당연시할 수도 있다. 어떤 경우든지, 이 영역은 국가라는 개념, 자유의 가치, 사랑의 감정과 같은 사회적 동일시와 상호작용의 과정을 통해서 창조되는 대상물인 이미 존재하는 규범이나 상징적 유형들로 구성된다. 의사소통의 모든 행위가 외부의 자연세계와 더불어 사회세계영역과 관련된다는 사실은 의사소통의 유효성이나 유의미성이 사회규범과의 관련성에 의해 영향을 받는다는 것을 뜻한다. 의사소통은 이런 기존의 규범들과의 관계 내에서 정당한 것인지 아니면 정당하지 않은 것인지 판단될 수 있다.

세번째는 실제로 의사소통을 하는 사람의 주관성의 영역인 내부세계(*internal world*)이다. 이 영역은 감정, 소망, 의도 등을 포함한다. 오직 그 사람만이 이 영역에 접근할 수 있지만 이 영역은 의사소통의 효율성에 영향을 줄 수 있다. 의사소통을 판단할 때의 가정들은 말해진 것과 발화자가 실제로 생각하고 내부에서 느꼈던 것 사이의 관계에 대한 것들이 많다. 다른 조건들이 동등하다면, 발화자의 의도를 정확하게 표현했을 때 의사소통은 보다 효과적일 것이다. 그러므로 발화자는 '사실적인', 즉 진실한 말을 담고 있다고 판단될 수 있는 방식으로 의사소통을 형성하고자 한다.

마지막으로 의사소통은 언어라는 영역 내에서 발생한다. 결과적으로 의사소통의 효과는 의사소통이 형성되는 언어학적인 매개물에 부분적으로 의존한다. 의사소통행위는 의사소통이 표현되는 언어의 문법적이고 의미론적이며 통사론적인 규칙을 얼마나 잘 지키고 있는가에 따라, '이해하기 쉬운' 것으로 여겨질 것이며 더 나아가 의도된 결과를 보다 잘 달성할 수 있을 것이다.

의사소통에 영향을 주는 조건들에 대한 충분한 평가를 위해서는 이 영역의 모든 것들을(<그림 1>) 고려해야 한다. 서로 다른 학문분야들은 이런 조건들 중 일부에 대해 더 자세한 설명을 제공하기도 하며, 각 학문분야들이 강조하는 조건 또한 서로 다르다. 따라서 다른 영역들을 배제하고 언어학적인 구성요소나 사회적 구성요소에 초점을 맞추는 특정 연구가 유용할 수도 있다. 그러나 연구들이 이런 개념틀 안에서 설명된다면, 이런

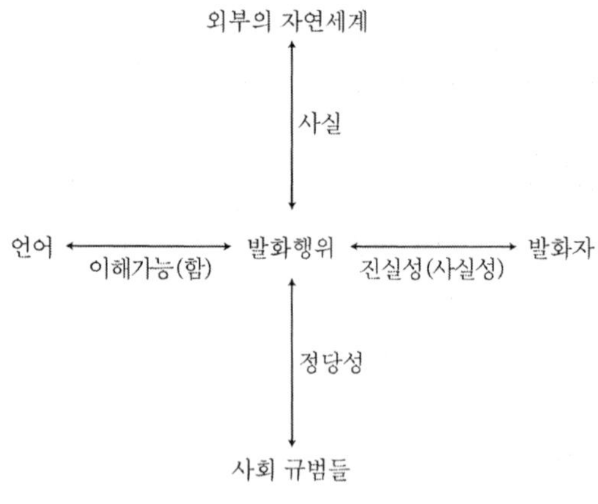

〈그림 1〉

접근방법 중 어떤 것도 문화형태에 대한 완벽한 설명을 제공한다고 주장할 수 없고, 환원주의라는 비난에서도 벗어날 수 없다고 이 도식은 설명하고 있다.

마르크스주의자들의 관점과는 대조적으로, 하버마스의 개념틀 안에서 문화의 사회결정론에 기반한 연구는 그 주장의 한계를 인정해야 한다. 이런 연구는 다양한 문화적 유형들의 정당성에 영향을 주는 사회적 상황들을 가치 있는 것으로 다룬다. 그러나 그 결과들은 문화적 유형들의 객관적인 사실이나 이를 책임지고 있는 사람들의 진실성 또는 이를 이해가능하도록 만드는 언어의 역할에 대해서 전혀 알려주지 않는다. 요약하자면, 하버마스의 접근은 사회구조와 문화유형의 연관성을 제공하고 있기는 하지만, 문화유형을 사회구조에 입각해 '잘 해명하는' 것을 사전에 차단하고 있다.

문화에 대한 이런 견해는 문화와 사회구조의 관계에 대한 고전적인 논의와는 명확하게 구별되는 것이다. 고전적인 논의들은 사물의 본질에 대한 개념과 이 본질과 사회적 행위자의 주관적인 세계와의 관계에 바탕을 둔 실증주의적 성향에서 나왔다. 사회과학에 있어서 실증주의적 지식의 추구는 외부대상물들에 대한 강조로 이어졌는데 이는 외부대상물들이 경험적 관찰에 더 적합한 것으로 생각됐기 때문이다. 따라서, 사회과학은 상호작용의 유형, 직업, 자살율, 수입, 집단구성원들의 친밀감과 같은 '객관적' 현상에 대한 연구를 강조했다. 그러나 이런 연구는 문화영역을 그다지 강조하지 않았다. 문화영역은 믿음, 태도, 감정, 가치 등으로 생각됐으며, 이는 개인의 주관적인 상태를 나타내는 것으로 경험적 관찰에는 적당하지 않은 것으로 여겨졌다. 전체적으로, 문화는 사회구조라는 객관적인 세계와 비교해볼 때, 객관적이지 않은 분위기와 정신적 구조물의 애매한 영역으로 남았다. 그러므로 사회과학적인 문화연구에 관심을 가진 사람들은 문화유형이 보다 객관적인 사회구조의 유형에 의해 좌우된다는 것을 밝혀, 문화유형에 대한 과학적인 중요성을 부여할 수 있는 '설명'들을 발전시키고자 하는 경향이 강했다. 그리고 이런 접근의 대부분은 문화란 사회적 사실인 현실세계와는 달리 주관적이라는 개념을 받아들였다.

이와 같은 고전적 관점과는 대조적으로, 하버마스는 사회세계를 마치 완전히 조작될 수 있는 일련의 외부사물들인 것처럼 접근하는 것은 바람직하지 않다고 본다. 따라서 하버마스의 문화에 대한 관점에서 의사소통과 사고, 감정, 가치들을 공유하는 것은 최우선적인 중요성을 가진다. 그는 사고와 믿음을 보다 객관적인 사회현상의 측면에서 설명해내는 것을 무가치한 것이라고 생각하며, 문화 자체의 본질을 이해하는 것이 중요하다고 본다. 그러나 그가 의사소통을 문화에서 가장 중요한 특징으로 개념화하는 것은, 태도나 믿음과 같은 문화의 주관적인 측면에 관심을 두지 않는다는 것 또한 의미한다. 본질적으로 문화의 단위는 발화행위이며, 이는 문화가 객관적이고 사회적인 특징을 띤다는 것을 의미한다. 더욱이 그의 접근에서는 문화와 사회구조 사이의 명확한 구분이 존재하지 않는다. 사회영역 그 자체는 상징적으로 구성된 사건과 기대의 유형들로 정의된다. 따라서 더 이상 문화연구는 문화를 사회구조와 연결짓지 않으며, 특정한 상징적 행위들을 이 행위들이 발생하는 보다 넓은 상징환경에 연결한다.

문화와 사회구조의 관계에 대한 하버마스의 생각은 마르크스주의의 역사유물론을 재구성하는 그의 노력에서 가장 명확하게 드러난다(1979a:130-77). 주로 마르크스의 개념들을 근대상황에 적용시키기 위해 추상적인 용어로 되어 있는 그의 개념을 새롭게 고치는 시도이다. 그렇게 함으로써, 의사소통과 문화는 역사적 과정에서 마르크스의 이론에서보다 훨씬 중요한 위치를 차지하게 된다. 마르크스 이론의 기본은 사람들이 생존을 위해 생산적인 노동에 종사한다는 것이다. 하버마스는 생산을 '도구적 행위'로 특징짓는데, 다시 말해 행위는 물질적(물리적, 객관적) 세계의 조작과 관련되어 있다. 행위의 이런 양식은 의도성과 효율성의 규범에 의해 지배된다. 마르크스의 입장에서 보면 생산 역시 사회적 활동으로 특징지어진다. 왜냐하면 노동 그 자체는 전형적으로 집합형태로 조직화되고 노동의 생산물은 분배를 위해 사회적 상호작용을 필요로 하기 때문이다. 이런 생산의 특징들은 생산의 사회적 관계에 대한 마르크스의 논의와, 사회적으로 생산된 이윤과 개인적으로 축적된 부 사이의 불균형을 사회조직의 자본주의 양식의 기본적인 모순으로 보는 마르크스 시각의 바탕이 된다.

마르크스를 재구성함에 있어 하버마스는 생산의 사회적 관계는 상품의 분배 그리고 이익과 기대에 대한 개념의 진행과 관련된 규칙에 의해 지배되는 특수한 유형의 행동, 즉 '의사소통행위'로 간주되어야 한다고 주장한다. 의사소통행위는 의사소통의 발화적이고 행동적인 면 둘 모두를 포함하면서, 의미와 기대에 대한 상징적 표현과 관련된다고 정의한다. 또한 그는 문화와 사회구조 사이의 관계에 대한 전통적인 마르크스주의자들의 생각은 본래 사회가 새로운 발전단계로 진행되어가는 시기에만 적용되는 것이라고 주장한다. 문화를 경제영역과 정치영역에 의존하는 '상부구조'로 바라보는 마르크스의 생각 역시 모든 시간과 공간에서 적용될 수 있는 일반적인 원리가 아니라고 주장한다(1979a:143). 대신에 사회의 경제적이고 정치적인 토대는 사회가 더 높은 단계로 발전하는 시기에 해결책을 요구하는 문제들을 주기적으로 내놓는다. 따라서 사회의 토대는 사회가 새로운 발전의 단계로 전환하는 국면에 있는 동안에만 문화적 사건들의 본질을 결정한다.

하버마스는 사회발전의 모든 단계에서 사회적 토대가 경제일 필요는 없다고 주장함으로써 마르크스주의적 주장을 더욱 복잡하게 만든다. 실제로 경제는 자본주의로 변화하는 동안에는 사회의 기본적인 결정요인으로 기능했다. 이 단계에서 마르크스가 종교와 정치적 이데올로기와 같은 문화형태들의 결정요인으로 경제조건과 계급에 초점을 맞추는 것은 옳았다. 그러나 원시사회에서는 혈족관계가, 그리고 자본주의 이전의 문명사회에서는 정치체계가 이런 기능을 충분히 수행했다. 하버마스는 또한 과학과 교육이 점차적으로 지배적인 사회제도로 기능할 것이라고 주장하기 위해 '후기자본주의사회'에 대한 논의를 인용한다(1979a:144). 이 두 제도는 우선적으로 문화의 생산과 연관되며, 향후 사회진화에 있어서 상징적 표현영역의 역할이 더욱 증대될 것이라는 하버마스의 믿음의 근원이 된다.

3. 문화와 사회변동

콩트(Auguste Comte), 스펜서(Herbert Spencer), 마르크스, 뒤르켕을 포함한 보다 저명한 고전사회이론가의 저작들과 같이 강력한 진화론적 시각은 하버마스의 문화이론을 관통한다. 그의 이론은 여러 측면에서 벨라, 렌스키

(Gerhard Lenski), 윌슨(Edward O. Wilson)과 같은 사회진화에 대한 동시대 학자들의 이론들과 비슷하지만, 하버마스의 전반적인 철학적 견해와의 관련성에 인해 차이점을 가진다. 비록 그가 여러 측면에서 문화진화에 대한 자신의 가정들을 보여주고 있지만, 이를 하나의 일관된 구상으로 자세하게 제시하지는 않았다. 그러므로 그의 문화진화이론을 살펴보기 위해서는 그의 간단하지만 수많은 생각들을 가져오는 것이 필요하다.

1) 문화의 진화

진화이론은 역사적 사건들의 유형과 시대에 걸쳐 나타나는 유형들의 변화에 관한 서술적 일반화로서 여겨지는 경향이 있다. 예를 들어 많은 진화이론에서 밝혀진 진화의 단계들은 중세, 종교개혁기, 절대왕정시대와 같은 특정 시대나 사건들과 동등하게 다루어질 수 있다. 이 수준에서는 시대구분, 특정 사건들과 역사단계의 관계, 구체적인 역사발전을 이해하기 위한 경쟁적인 이론들간의 상대적 적절성에 대한 의문들이 우선된다. 그러나 하버마스는 그가 '역사적 서술(historical narratives)'이라고 부르는 것과 진화이론을 구분하는 데 신중을 기한다(1979b).

역사적 서술은 구체적인 경험적 사건들을 서술하고, 사건의 진행을 설명하는 발전의 논리를 규명하려는 시도이다. 반면에 진화이론은 매우 보편적인 추상개념으로, 일어날 수 있는 사건, 제도, 사회적 위기에 광범위한 한계를 설정하는 인간의 의식구조와 사회조직의 일반원리를 설명하기 위해 발전돼온 것이다. 진화이론은 역사적 사건들에 대해 실제적이거나 정확한 순서를 일일이 열거하려고 하지 않는다. 그러한 순서들의 반대상황이 일어날 수 있고, 예상외의 사건들이 일어날 수도 있다. 진화이론의 목적은 무엇이 일어났고 무엇이 일어나지 않았는지에 대한 정확한 설명을 제공하는 것이 아니다. 사건들의 전반적인 유형들을 가능하게 혹은 불가능하게 만드는 제한적 조건들과 사고의 양식들을 개연성의 측면에서 설명하는 것이다.

하버마스가 보기에 역사적 서술과 진화이론 사이의 간극은 매우 넓어서 이론에만 근거한 역사적 사건들의 설명들을 거부하거나 수용할 가능성,

혹은 거꾸로 역사적 사건들의 구체적인 설명들에 반하는 이론들을 검증할 가능성을 회의적으로 만든다. 그리고 이는 하버마스가 역사적 사실을 근거로 수용되거나 거부당할 수 있는 문화진화이론을 제안하지 않는다는 것을 의미한다. 이런 의미에서 그의 이론은 전혀 경험적인 이론이 아니다. 그의 이론의 목적은 연구의 지향점을 제공하는 것으로, 연구의 주제가 될 수 있는 일련의 문제들의 중요성을 제시해준다. 이 연구방식은 그 이론이 나중에 매우 효과적이었다고 판단된다면 생산적일 수도 있지만 이론 자체는 조사·연구만으로는 증명될 수도 반증될 수 없다. 하버마스의 연구에서 이런 예의 하나로 비판이론가들이 근대 혹은 고도자본주의의 시기와 관련시켜 설명하는 '기술이성(technical reason)'의 개념을 들 수 있다. 이 개념은 매우 자극적인 개념으로, 연구자로 하여금 인간문화의 전반적인 발전에 관심을 가지는 한 보편적 중요성을 가지는 것으로 생각되는 일련의 문제들을 지향하게 하고, 기술작업과 관련된 사고구조나 국가계획에 있어서의 기술의 영향과 같은 문제들을 강조한다. 그러나 기술이성이라는 개념 그 자체나, 그 중에서 특히 근대시기에 기술이성이 지배적인 위치를 차지한다는 주장은 궁극적으로 검증될 수 없을지도 모른다.

하버마스의 이론은 보다 실질적인 수준에서 신석기사회(*neolithic societies*), 고대문명(*archaic civilizations*), 발전된 문명(*developed civilizations*), 근대(*modern age*)라는 문화진화의 네 단계를 규명한다(1979a:104, 106, 183-8). 각 단계들은 가능한 제도의 종류, 생산역량이 활용되는 정도, 복잡한 상황에 대해 사회가 적응하는 역량을 결정짓는 서로 다른 조직원리에 의해 특징지어진다.

신석기사회에서 행동은 전적으로 결과에 의해 판단된다. 한 사람의 행동의 결과와 그 사람의 의도 사이에는 아무런 구분이 없다. 다른 사람을 살해한 자는 그의 의도나 태도에 관계없이 유죄로 판명된다. 따라서 인간의 행동은 신화적 세계관의 반영이며, 이 세계관은 인간의 행동과 신성한 행동을, 자연적 사건과 사회현상을, 전통과 신화를 명확하게 구분하지 않는다.

고대문명은 중앙집권적 체제나 국가를 중심으로 조직되고, 이 단계와 관련된 세계관은 국가지배를 정당화하는 개념들을 제공한다. 이 세계관은 신석기사회의 세계관보다 더 복잡하고 합리적으로 조직되는 경향이 있다.

이 때에서야 다른 시대들을 구별할 수 있는 선형적인 시간개념이 나타난다. 신화는 전통과 구별될 수 있으며 전통은 국가를 위한 정당화기제로 이용될 수 있다. 동기는 행동의 결과와 구별되고, 이는 보다 정교한 법과 처벌체계에 대한 가능성을 연다. 개인의 의도를 판별하는 것이 보다 중요한 법의 목적이 된다. 처벌은 피해에 대한 보상보다는 보복을 위해 설계된다. 이 단계에서는 사회세계와 자연세계 사이에 상당한 정도의 구분이 생기고, 이것은 자연을 조절하고 다루려 하는 상당한 정도의 계산을 가능하게 한다.

발전된 문명에서는 신화와 전통에 대한 이야기들이 우주론과 보다 높은 수준의 종교로 대체된다. 지식은 개념과 도덕적 원리를 중심으로 성문화됨으로써 지식을 보다 쉽게 전파되도록 하고 지식의 유지와 전달을 위해 전문성직자들을 필요로 한다. 세계를 사물들이 정돈된 하나의 도식으로 그리면서, 세계관 그 자체는 보다 통합된다. 이런 보편적 전망은 보편적 사실로 여겨지던 추상적인 법적, 도덕적 원리들의 공식화를 가능하게 했고, 정치적 조직은 논쟁이나 반대와 상관없이 명백히 진실로 보여지는 최상의 원리들과 관련지어 정당화되어야만 했다. 따라서 통치자는 정당화를 위한 이런 원리들에 의지하게 되었고, 사회갈등은 독단적이거나 실용적인 고려에만 근거하기보다는 궁극적으로 이 원리들에 따라 해결되어야 했다.

근대는 보다 높은 질서원리의 타당성에 대한 자신감의 쇠퇴로 특징지을 수 있으며, 대략 종교적 신념 자체가 보다 자의식적이고 성찰적이 된 종교개혁 이후의 시기와 일치한다. 근대세계관이 계속해서 세계의 통합, 질서, 일관성의 존재를 주장하고 있기는 하지만, 이런 통합은 더 이상 당연시되었던 신과 자연에 연관된 절대적인 일련의 법칙에 의해 이루어지지 않고, 이성의 본질 그 자체에만 부여된다. 그래서 구체적 행위와 이성의 관계를 증명하고 성찰하려 노력한다. 그리고 자연, 진리, 도덕과 관련된 진술과 이를 이끌어내고 인정하는 데 사용되는 규범이나 절차를 구분한다.

이런 단계들은 제도적 배열이나 사회조직의 형태보다는 주로 문화적 모델이나 세계관과 관련되어 있다. 네 단계를 구분하는 것은 1차적으로 대안적 세계관의 복잡성의 정도이며, 각 단계는 전 단계에서는 나타나지 않았던 새로운 수준의 분화를 구체화한다. 고대문화는 신석기문화보다 보다 높은 수준에서 사회와 자연, 전통과 신화, 동기와 행동 간의 관계를 구분한다. 발전된 문화는 고대문화보다 보다 높은 수준에서 보편적 원리와 서술적 전통을 서로 구분한다. 또한 근대문화는 보편적 원리와 이런 원리의 고안을 가능하게 하는 이성의 과정을 구분한다. 각각의 단계는 계승되는 단계에 논리적으로 선행하고, 각 단계에서 학습이 일어나며, 이는 진화의 다음 단계를 가능하게 한다.

하버마스의 진화이론에서는 문화적 변수들이 결정적인 요소로 다루어지며, 이는 역사적 전개에서 서로 다른 단계들을 구분하는 데 생산양식을 가장 중요한 기준으로 삼는 마르크스주의적 전통으로부터 근본적으로 이탈하는 것이다. 그는 마르크스주의적 도식이 가지는 여러 경험적인 문제점들, 그 중에서도 특히 원시사회에서 발견되는 다양성들로 인해 제기되는 문제점들, 근대 이전의 생산양식에 대한 시대구분의 문제들, 그리고 기술, 노동, 시장과 같은 생산과정의 각기 다른 측면을 강조하는 이론들끼리의 불일치와 모순에 대해 자주 언급한다(1976b). 그가 마르크스주의적 공식을 거부하는 가장 주요한 근거는 보편성의 결여이다. 사회에 대한 마르크스주의적인 유형학(typology) 전체를 통틀어 비교는 전혀 나타나고 있지 않으며, 주로 특정한 역사적 사례에 대한 임시방편적인(*ad hoc*) 관찰에 의존한다. 이에 대한 하버마스의 해결책은 그가 관심을 두는 모든 단계에 적용시킬 수 있는 충분히 추상적인 수준의 개념을 제안하는 것이다. 이런 개념은 사회조직의 실제적인 유형보다는 조직의 원리에 관한 것이며, 학습, 인지, 세계관의 수준에서 주로 표현된다. 그렇다고 하버마스가 마르크스의 유물론적 역사관을 똑같이 협소한 형태의 문화결정주의로 대체한 것은 아니다. 왜냐하면 그는 구체적인 문화적 상징 또는 믿음체계에 대한 역사적 서술이 아니라, 구체적인 문화형태와 생산양식 둘 다를 논리적으로 포함하는 구조적 유형이나 구분원리에 적합한 단계들에 관심을 두고 있기 때문이다.

비록 하버마스가 비유를 남용하지 않기 위해 주의를 기울이고 있기는 하지만, 문화적 진화단계와 성숙과정에서의 개인적 진보가 유사하다고 주장한다. 명확히 말해, 개인은 점진적으로 보다 정교한 구분을 하는 학습을 해야 하는데, 가장 먼저 자신과 외부세계를, 그리고 자신의 행위와 이런 행위 이면의 동기와의 관계를 구분해야하며, 그 다음에는 특수한 경험이나 역할과 행동이나 가치에 대한 보편적인 원칙 사이의 구분, 그리고 마지막으로 이런 가치와 그에 대한 자신의 생각뿐 아니라 이런 생각을 일으키는 의사소통과정 사이의 구분을 배워야 한다. 이런 단계들은 문화적 진화의 연속적인 단계에서 명백하게 나타나는 구분의 유형들과 대략적으로 상응한다.

이런 진화론적 도식에서 진화를 이끄는 원동력은 무엇인가? 무엇이 문화를 한 단계에서 다음 단계로 발전하도록 이끄는가? 하버마스는 각 단계에, 더 높은 다음 단계로의 진전 없이는 성공적으로 해결될 수 없는 문제가 존재한다고 답한다. 어떤 특정 사회나 문명이 성공적으로 변화를 이루어내는 것이 필연적인 것은 아니다. 사실 여러 사회와 문명이 실패했으며, 그 결과 특정 발전단계에서 사회분열이나 고착화를 겪어왔다. 하버마스의 논의는 순전히 논리적인 성격의 것이다. 즉 이전 단계의 주요문제가 해결되었다고 말하기 위해서는, 앞에 서술된 유형의 문화적 학습이 반드시 일어나야만 하는 것이다. 이런 문제들은 주로 경제와 정치영역에서 일어나며, 다시 종교, 철학, 도덕과 법을 포함한 주도적인 세계관을 왜곡시킨다. 사회의 물질적 토대가 문화유형에 압력을 가하는 것은 전환기에 이루어진다. 그러나 진화과정에서 더 높은 그리고 더 발달된 단계로 나아가는 것을 가능하게 하는 학습은 문화유형 자체 내에서 이루어진다.

각각의 문화적 시대에서 일어나는 구체적인 문제들, 그리고 다음의 시대를 이끌어내는 요구를 만들어내는 것은 각 시대마다 다르다. 신석기시대의 문제는 먼저 생존의 문제로 나타나는데, 이는 자연으로부터 자신을 지키는 데 필요한 식량을 얻을 수 있는 사회의 능력과 관련된 문제들이다. 이런 필요성은 자연과 사회영역 간에 더 큰 구분을 짓도록 신석기시대의 문화에 압력을 만들어내고, 자연을 다루려는 목적에서 의식적으로 행위들을 조직화하도록 허용한다. 이 결과, 보다 중앙집권화되거나 합리적으로 조직된 체계를 가진 정부가 출현한다. 이런 지배체제는 사회영역의 지배에 정당성을 부여하기 위해 정당화의 믿음을 필요로 한다. 이런 필수조건은 고대문명에서 중요한 문제가 되는데, 왜냐하면 전적으로 전통이나 보복, 강제, 자연을 조작하는 데 있어서의 실질적인 성공 등에 기반한 합법성은 빈약할 수밖에 없기 때문이다. 이런 문제에 해결책을 제공하는 것은 보다 높은 질서원리를 특정 전통으로부터 명확하게 구분하는 세계관의 진화이다. 정치활동과 경제활동 모두가 보편적인 원리와 관련지어져 보다 합리적인 토대 위에서 조직될 수 있다. 그 다음에는, 정치적이고 경제적인 통제가 지리적으로 확장됨에 따라, 대안이 될 수 있는 보편적인 원리의 공식들이 서로 충돌하게 된다. 특히 자본주의와 근대관료국가의 발흥과 함께, 사회통합은 절대적 원리들의 다양한 배열을 논리적으로 포함하는 수준에서 일어나야 했다. 따라서 의심할 여지가 없는 가치 그 자체에 근거하는 것이 아니라 합의에 이르기 위한 합리적 수단으로 간주되는 과정에 근거하여 갈등들을 풀어나가는 것이 필수적이다. 그리고 이것이 바로 하버마스가 그의 정당화의 논의에서 가장 체계적으로 다루고 있는 문제들이다.

2) 정당성의 문제

하버마스는 정당화를 근대문화의 가장 중요한 기능의 하나로 여긴다. 그래서 그는 무언가를 '정당한'이라고 부르는 것이 의미하는 것에 대한 질문을 제기하고, 선진자본주의사회에서 정당성 문제의 본질에 영향을 주는 정치·경제적 조건에 대한 정교한 분석까지 포함시키며 논의를 확장한다(1975, 1979a:178-206). 그의 정당성의 개념은 일반적으로 사용되고 있는 사회과학적 정의와 비슷하다. 그는 '정당성'이 "특정한 정치적 질서에 대한 주장이 옳고 정당한 것으로 인정되도록 하기 위한 양질의 주장들이 존재한다는 것을 의미한다"고 말한다(1979a:178). 정당성은 인정(recognition)을 전제하고 있고, 인정은 정의와 상황적 타당성에 대한 평가를 포함한다. 정당성의 중요한 결과 중 하나는 안정성이다. 이 결과는 현재 그대로의 상태(*status quo*), 즉 기득권의 보존을 의미하는 것으로 여겨져 왔지만, 안정성을 적응력과 관련지어보는 편이 더 정확하다. 사회체계는, 직면하는 긴장이나 변화에 적응할 수 있는 한, 안정적이다. 이런 종류의 안정성은 변화를 경험할 수는 있지만, 그 과정에서 체계의 붕괴나 위기에 대한 항복을 경험하지는 않는다.

그의 정당성의 개념은 적어도 중요한 한 가지 점에서 그 용어의 표준적인 사용과는 다르다. 그것은 특별하게 국가에 의해 혹은 국가의 입장을 위해 만들어질 수 있는 주장(*claim*)의 유형을 의미한다. 확신을 줄 수 있는 주장 혹은 논의가 이루어질 수 있다면, 국가는 실질적으로 광범위한 인정을 얻었음이 틀림없다고 말할 수 있다. 따라서 하버마스는 여론이 권력에 대한 국가의 권한을 크게 지지하는 상황에만 정당성의 개념을 국한시키지 않는다. 그는 정부의 요구가 널리 받아들여지고 있는지에 상관없이, 관심의 초점을 국가의 주장에 국한시키고자 한다. 이런 주장이 효과적이지만 사실이 아닐 수도 또 사실이지만 효과적이 아닐지도 모르며 혹은 대중 자체보다는 유의미한 집단에게만 호소력을 지닐지도 모른다. 이런 정당성에 대한 견해는 그의 보다 일반적인 논의인 모든 발화행위에 내재하는 특성인 타당성 주장의 유형들에 대한 논의와 일맥상통한다. 따라서 국가의 정당성에 대한 그의 논의는 보다 일반적인 이론적 분석을 구체적으로 적용한 것으로 볼 수도 있다. 권력을 행사하는 국가의 권리에 대한 국가나 여타의 진술은 발화행위의 한 유형이다. 마찬가지로 이런 진술들은 그 타당성에 대한 암묵적인 주장을 포함한다. 즉 자연세계와 조화를 이루고, 화자의 진정한 의도를 표현하며, 관습적인 언어규칙을 적절하게 지키며, 가장 중요하게는 사회규범에 비추어봤을 때 올바르다고 주장하는 것이다.

일례로, 하버마스는 "다국적 기업이나 세계시장이 정당화를 할 수 있는 역량을 가지고 있지 않다"고 주장하면서, 정당성에 대한 그의 논의를 근본적으로 국가로 한정시킨다(1979a:179). 국가의 특별한 위치는 국가가 사회 전체에 영향을 주는 의사결정을 내릴 뿐 아니라, 사회 자체를 대표하고 또 사회를 위해 의사결정을 내리는 집단적인 행위자의 역할을 한다는 사실에 기인한다. 좀더 구체적으로 국가는 의사결정을 통해 사회의 생존능력을 보장하려 한다고 주장하고, 이런 보장은 권력에 대한 국가의 요구에 중요한 토대를 이룬다. 다시 말해, 구속력 있는 의사결정을 내릴 수 있는 국가의 권리, 즉 강압적인 권력의 행사는 사회분열을 예방하는 국가의 능력에 기초한다. 그러나 분열에 대한 이해는 집합적 가치에 의존하므로 국가의 정당성은 궁극적으로 문화에 의해 결정된다.

이런 주장은 근대국가의 경우에 더욱 한정된다. 전통사회에서도 국가의 권력행사권한에 대해 문제제기가 있을 수 있지만, 이는 절대가치를 가지고 있는 일관성 있는 종교적 또는 철학적 세계관에 근거해 해결될 수 있다. 또한 정치적 갈등은 정당성의 원천으로 새로운 가치를 내세우는 구세주적 혹은 예언적 운동들에 의해 해결될 수 있다. 이와는 대조적으로, 근대국가는 정당성을 의사결정의 적법성과 입헌성에 관련된 절차적인 규범에서 끌어온다. 정치적 저항은 근대국가의 정치구조 그 자체 내에서 제도화되는 경향이 있다. 현존하는 정권에 대해 반대하는 정당과 당파들은 항상 존재한다. 따라서 정당화에 대한 문제제기는 근대사회의 영속적인 특징이다.

근대사회와 전통사회를 이런 방식으로 대조하면서, 하버마스는 미국의 사회과학에서 정당화에 대한 보다 친숙한 관점 중 하나인 벨라의 시민종교에 관한 연구(1970, 1975)에서 벗어나게 된다. 벨라의 입장은 미국사회 그리고 다른 사회에서도 정당화의 토대는 애초부터 미국의 전통 안에 형성되어 종교집단에 의해 현재까지 지속되어온, 신의 개념을 포함하는 일련의 절대적인 가치라는 것이다. 벨라도 계몽운동까지, 보다 궁극적으로는 로마법까지 거슬러올라갈 수 있는 합리주의적, 공리주의적 규범들의 중요성을 인정하는데, 이 규범들은 정당화에 대한 하버마스의 설명과 유사하다. 그러나 벨라는 이를 전통적 가치들과 질적으로 다른 규범으로 다루기보다는 오히려 프로테스탄트의 전통과 유사하면서도 충돌하는 절대적인 가치로 다룬다. 하버마스와 벨라 모두 정당화가 사회통합에 대한 요구를 포함한다는 것에 동의하지만, 하버마스는 전통에 근거한 절대적 가치들의 중요성에는 거의 주의를 기울이지 않는다. 사회통합에 대한 요구는 정치지도자들에 의해 절대적인 종교적 가치들로 포장될 수도 있고, 또 상대 정당들은 종교적으로 보수적인 이익집단의 경우처럼 이를 논쟁화할 수도 있다. 그러나 하버마스의 관점에서 보면, 정당화의 가장 의미 있는 영역은 이런 것이 아니다. 벨라와는 달리, 그는 종교적 혹은 애국적 상징주의의 전통적 의미를 일신하는 데는 큰 관심이 없으며, 정치과정에 있어서 합리적 의사소통의 역할에 대한 이해를 촉진시키는 데 보다 많은 관심을 가지고 있다.

하버마스는 국가의 정당성에 대해 설득력 있는 주장을 하는 근대국가의 역량이 국가의 특성과 역할의 변화로 인해 심각하게 손상돼왔다고 주장한다. 보통 일반적인 상황에서 근대국가가 가지는 힘은 정당성에 대한 문제제기들이 제도화되었다는 사실에 있다. 즉, 타당성과 적법성에 대한 쟁점들을 다루기 위해, 그리고 국가행위의 입헌성에 관한 문제를 해결하기 위한 일상적인 메커니즘들이 확립돼왔다. 또 정치정당들도 불만을 표현하기 위해 제도화된 메커니즘을 제공한다. 국가에 대한 불만이 야당에 대한 지지와 선거를 통해서 표출될 수 있는 한, 정당화의 문제는 보통 반대 정권으로의 권력이양을 통해서 다루어질 수 있다. 그럼에도 불구하고, 하버마스는 이런 제도화된 수단들이 변화하는 경제적·정치적 상황 때문에 심각한 한계를 가지게 되었다고 주장한다. 이런 상황은 선진자본주의의 성장 그 자체에서 기인하는 것으로, 증가하는 경쟁, 기술과 연구조사에의 의존성, 경제붕괴와 국내뿐만 아니라 해외로도 계속 확장되는 시장들을 안정시키려는 요구에서 발생하는 사회비용을 포함한다. 발전된 경제에서 국가는 기능을 확장할 것을 기대받는데, 그 중에서도 개인을 자본주의의 악영향으로부터 보호하는 기능이 가장 중요하게 요구된다. 특히 국가는 노동력을 보호하기 위한 사회복지 및 보장 프로그램을 제공하고, 공교육과 직업교육 프로그램을 제공함으로써 구조화된 경제적 불평등을 완화시키며, 주기적인 경기동요의 영향을 바로잡기 위한 재정정책을 마련하고, 환경정화 등 산업생산의 부산물과 관련된 서비스들을 제공하도록 요구받는다. 이런 과업을 실행하는 데 있어 근대국가가 직면하게 되는 문제는, 그러한 과업 자체가 어렵다는 것보다는(비록 그렇다할지라도) 국가로 하여금 근본적으로 모순되는 역할들을 하게 만든다는 것에 있다. 한편으로, 국가는 이런 기능을 성취할 것으로, 그리고 또 한편으로 사기업의 자율성을 존중하도록 기대된다. 국가와 경제의 관계는 근본적으로 상호의존적이다. 즉 국가는 국가가 개입하지 않아도 '손상되고', 또 국가가 개입하면 고전적인 자유기업체계 이데올로기 때문에 '손상된다'. 더욱이 국가가 개입할 때 국가는 서로 모순되는 규범들에 직면하게 된다. 공공선의 대표자로서 국가는 합의된 가치에 근거해 결정을 내려야 하지만, 경제행위자로서 국가는 필연적으로 도구적 이해에 근거해 결정을 내려야만 한다.

국가의 정당성주장은 세계시장과 국제적인 국가체계에 의해 부과된 압력과 전통적인 국가의식에 의해 부과되는 압력 사이의 양립불가능성으로 더더욱 손상된다. 전통적으로, 국가는 국가의식에 호소함으로써 정당성의 위기를 모면할 수 있었다. 제2차세계대전 동안 유럽에서 나타난 파시즘은 이런 책략의 극단적 예이다. 좀더 추상적으로 말하자면, 전통국가는 경쟁적이라고 할 수 있는 개인의 경제적 이윤에 반하는 일반의 가치에 호소함으로써 정당화를 도출해낼 수 있었다. 이는 국가의 안전과 방어와 같은 집합적 이익에 대한 민족주의적 주장을 촉발시킬 수 있었고, 법적 절차의 정당성을 강화시키기 위해서 마치 민족문화와 시민법 사이에 상징적 연결이 있는 것처럼 날조할 수도 있었다. 하지만, 세계경제, 국제적 국가체계, 세계적 의사소통망의 성장은 이런 책략이 더 이상 먹히지 않게 만들었다. 뉴스 매체, 외국여행, 유엔과 같은 초국가적 기구는 특정 국가들의 이익을 초월하는 법적 절차와, 대안적인 가치들, 그리고 집합적 선에 대한 자각을 불러일으킨다. 또한 이렇게 강조되는 범지구적 인식은 사회통합이 단지 민족문화에만 근거해서 달성될 수 없다는 것을 밝혀주고 있다. 그러므로, 사회통합이라는 미명하에 행해진 국가의 강제권력은 의문시된다.

하버마스는 현재의 정당성의 위기를 이전에 국가가 직면한 어떤 문제보다도 근본적인 문제로 간주한다. 그는 '정당성의 위기'라는 용어를 사용하는 데 있어 근대국가 출현과 함께 시작되어 이제는 거의 다 해결된 여러 논쟁들과 구분하는데, 그가 이런 범주 안에 위치시키고 있는 논쟁들은 다음과 같다. 이 논쟁들은 19세기 초반에 대부분 이루어졌던 작업으로, 특정 종교의 전통과 국가의 정당성을 분리하는 것, 본질적 가치에 근거한 정당화를 시도하는 고전적인 자연법과 정당화의 절차적 형식의 기초를 제공하는 이성적 자연법 사이의 갈등, 추상적인 가치의 측면에서 정당화된 시민권으로부터 이들 권리를 자본주의체제 자체와 연관시키는 이론으로의 전환, 군주주권으로부터 국민주권으로의 전환, 엘리트 부르주아적인 시민권 개념들로부터 국가시민권이라는 광의의 개념으로의 전환 등이다. 하버마스는 이 논쟁들이 여전히 가끔 일어나기는 하지만, 19세기 동안 문화수준에서 대부분 해결되었다고 믿는다. 따라서 현재 근대국가가 직면하고 있는 정당성의 위기만큼 심각한 위기를 제기하지는 못한다.

근대국가의 정당성은 더 이상 전통이나 절대적 가치에 의존하지 않고 타당한 절차라는 개념에 근거한다. 다시 말해 만약 특정 절차가 적법성과 입헌성의 규범에 따라서 확립된 것이고 시민권과 대표성의 특정 개념들과 일치하면 이는 합법적인 절차로 간주된다. 이런 절차는 공공선을 지향하는 정책들간에 타협점을 만들어내기 위한 메커니즘으로 기능한다. 근대의 특징은 이런 절차들에 관한 비교적 높은 수준의 성찰이라고 할 수 있다. 절차들은 그 자체로 당연하게 받아들여지는 것이 아니라, 실제로 바람직한 결과를 낳는지를 판별하기 위해 정밀한 조사의 대상이 된다. 그러나 선진자본주의와 관련된 물질적인 모순들로 인해 이런 절차들은 극도의 긴장 아래 놓여 있다. 그렇기 때문에 보다 많은 정밀한 조사가 없이는 이런 절차들이 더 이상 원활하고 효과적으로 기능하지 못한다. 이런 절차들의 기능에 포함되는 담론을 자의식적인 정밀조사의 수준으로 끌어올릴 필요가 있다. 따라서 하버마스는 이런 목적과 관련해 보다 성찰적인 의사소통이론을 발전시키려고 노력해왔다. 그리고 이는 특히 이데올로기의 문제와 관련해 성립되어왔다.

3) 이데올로기 비판

이데올로기 논쟁에 있어서 하버마스의 공헌은 적어도 세 가지 측면에서 두드러진다. 먼저 그는 이데올로기를 허위의식의 한 형태로 간주하면서 이데올로기에 대한 마르크스주의와 프로이트학파의 견해를 진지하게 받아들이고 있다. 또 특정의 정치적 이익집단과 관련된 제한적인 형태의 이데올로기보다는 과학과 기술 같은 사회전반에 침투하는 이데올로기들에 보다 본질적인 관심을 기울인다. 마지막으로 이데올로기를 극복하는 과정을 제안하기 위해, 이데올로기에 대한 단순한 서술적 묘사를 뛰어넘고자 시도한 것 역시 특징적이다. 그의 접근은 주도적인 문화체계의 구체적인 부분집합 모두를 이데올로기로 간주하는 최근의 경향들에 역행한다. 잘 알려진 이데올로기 논의에서, 기어츠(Clifford Geertz, 1973)는 이데올로기를 이익집단 혹은 이데올로기에 왜곡된 내용을 제공하는 사회적 긴장들과 연결하는 것에 대해 반대한다. 대신에 그는 이데올로기를 그 자체로 연구돼야 하는 상징과 의미로 간주하면서, 여타의 문화체계들과 동일하게 다루어야 한다고 본다. 기어츠는 이데올로기는 오직 특수성이라는 측면에서만 여타의 문화체계들과 차이점을 가지며, 이 특수성은 행동을 유발하기 위해서 구체적인 사회적 상황들을 유형화하는 것과 관련된다. 버거와 루크만(1966)은 이데올로기를 특정 집단의 권력에 대한 요구와 연결지으면서, 보다 제한적인 시각을 가지고 이데올로기를 다룬다. 그러나 그들 역시 이데올로기를, 실재를 구성하는 다른 메커니즘들과 본질적으로는 유사한, 문화의 하위범주로 다룬다. 이와는 대조적으로, 하버마스는 마르크스와 프로이트에 의해 주창된 이데올로기에 대한 초기논의들에 귀를 기울인다. 마르크스와 프로이트는 모두 이데올로기의 편파적이고 비현실적이며 기만적인 특성들을 지적하면서 이데올로기를 진실한 사상들과 구별하고자 노력했다. 이런 전통에 따르면, 이데올로기의 문제점은 그것이 실재를 왜곡하는 경향을 가진다는 것이다. 특히 마르크스에게 있어서 이런 왜곡은 혁명적인 진보를 방해하는 장애물이었다.

이런 초기의 주장들은 이 주장들이 가지는 다음과 같은 태생적인 한계로 인해 대부분 받아들여지지 않았다. 그 한계점은 이 주장들이 이데올로기 자체의 체계적인 분석을 하지 않고 경제적·정치적 이해관계 안에서의 이데올로기의 원천이라든지 또는 이데올로기가 그 기만성에 사로잡힌 사람들에게 미치는 영향에만 관심을 기울여서 실제로 이데올로기가 과학이나 철학보다 더 심각하게 실재를 왜곡하는 것을 설득력 있게 제시하지 못했다는 점이다. 그러나 하버마스는 이데올로기 본질의 우선성을 주장하면서, 이데올로기 자체보다 그 원인이나 결과에 초점을 두는 우를 범하지 않는다. 그의 관점에서 보면, 이데올로기는 잘못된 인식들로 구성되는 것이 아니라, 공동의 문제들에 대해 만족할 만한 수준의 합의에 다다를 수 있도록 하는 집단 혹은 전체 사회의 역량에 영향을 미치는 의사소통의 한 형태로 구성된다. 또한 그는 비록 다른 이론가들과 다른 방식으로 시도하긴 했지만, 이데올로기를 다른 사상들, 즉 보다 덜 기만적인 사상들과 구별짓는 문제를 해결한다. 기어츠와 버거 같은 연구가들은 암묵적으로 이데올로기와 과학은 그 목적에서만 서로 다를 뿐, 둘 모두가 실재의 적절한 구성을 제공한다고 시사한다. 반면, 하버마스는 과학과 이데올로기는 모두 의사소통을 왜곡시킨다고 주장한다 – 사실, 과학은 이데올로기이다.

이런 주장을 펼칠 때, 그는 '왜곡된 의사소통'의 의미를 명확히 해야 한다.

하버마스(1970a)에게 있어서 체계적으로 왜곡된 의사소통은 마르크스에게 있어서의 허위의식으로, 주요한 사회적 위기의 해결을 방해한다. 체계적으로 왜곡된 의사소통은 잘못된 언어규칙의 사용으로 인한 단순한 의사소통의 붕괴와는 구별되어야 한다. 단순한 의사소통의 붕괴는 다른 사람이 의사소통하고자 하는 바를 이해하는 데 실패한 참여자 자신들에 의해 쉽게 인지된다. 반면 체계적 왜곡은 보다 심각하다. 참여자들은 서로를 이해했고 어떤 합의에 이르렀다고 생각하지만, 실은 감추어진 이해관계들 때문에 그들은 오직 의사(擬似)의사소통(pseudo-communication)을 하고 있을 뿐이고, 진정한 합의에 도달하지 못한다. 기존의 사고유형들은 사람들이 충분하고 효과적으로 의사소통하는 것을 방해해왔다. 이런 기존의 사고유형들은 내용에 따라 구별될 수 없으며, 구체화하는 복잡성이나 정교성의 수준에 따라 구별된다. 선진자본주의사회가 기능하는 데 있어 의사소통이 가지는 중요성 때문에, 의사소통에 대한 높은 수준의 정교화와 자각이 요구된다. 가치와 사실들은 '당연히 주어진 것'으로 무분별하게 용납되어서는 안 되며, 의사소통이 가치와 사실들에 미치는 영향과 담론과정에서의 발현에 관심을 기울여야만 한다. 가치와 사실의 본질에 대한 탐구의 실패는 체계적으로 왜곡된 의사소통을 가져올 수 있다.

하버마스(1970c)는 과학과 기술을 체계적으로 왜곡된 의사소통의 근원으로 여긴다. 과학과 기술은 완전하게 퍼져 있다는 점에서 이데올로기의 중요한 형식이며, 합리적·목적적 행동을 반영하고 사회결속과 합의의 성취를 지향하는 의사소통과 충돌을 일으킨다. 과학과 기술은 물리적이고 사회적인 환경의 조작을 통한 경제발전을 촉진하는 반면에, 가치에 관련해 가치에 대한 자의식 있는 성찰을 촉진하는 데는 전혀 관심을 기울이지 않는다. 과학과 기술의 진보는 결속과 상호성의 규범을 조작가능한 규칙과 맥락에 무관한 지식으로 대치한다. 그리고 과학과 기술의 진보는 도덕적 의무를 규정하는 역할과 가치를 희생시키며 도구적인 기술을 강조하게 된다. 전통사회에서, 가족, 민족 그리고 종교와 같은 지배적인 제도들은 자연을 도구적으로 조작하는 것이 아니라 도덕적 의무를 지향했다. 그러나 현재 과학과 기술은 지배적인 제도가 되었다. 가족, 소집단, 친밀한 상호관계는 여전히 격려받고 기본적인 가치들의 원천으로 소중히 여겨지지만, 과학적·기술적 사고방식은 사고의 합리적·목적적 형태를 감염시키면서 이들 영역을 점점 침범한다. 이런 상황은 과학자들이 의도한 나쁜 영향 때문이 아니라 과학적 사고유형 그 자체 때문에 일어난다. 과학은 자연을 조작하지만, 그 과정에서 가치의 문제를 배제한다.

또한 과학적 사고는 정치영역의 성장에 의해 영향을 받았다. 연구분야에 대한 광범위한 정치적 간섭은 과학과 기술의 이데올로기 지배를 확장시킨다. 국가의 간섭은 합의와 공동가치에 관련된 부분은 국가에 그리고 합리적·목적적 행동은 경제영역에만 한정시켰던 전통적인 제도 배열을 바꾸었다. 현존하는 체계하에서는 이런 기능들이 정치영역 자체 내에 혼합되었으며, 과학의 합리적·목적적 지향이 주도적인 위치를 차지할 수 있는 기회를 제공한다.

기술과 과학적 이론 사이의 연결이 가까워짐에 따라 기술적 진보는 필연적인 것으로 여겨지기 시작한다. 과학은 우주의 근본적인 법칙을 발견하는 것을 목적으로 하며, 이 법칙에 의해 과학에 바탕을 둔 기술적 진보가 달성된다고 생각된다. 기술적 진보의 정도와 방향은 의문시될 수 없다. 핵에너지나 우주탐험의 발달과 같이 기술을 수반하는 사회목표는 상호이익이 고려되는 집합적 결정에서 나와야 한다. 하지만 현실에서 이런 목표들은 자연적인 순서에 따른 불가피한 다음 단계인 것처럼 전개된다. 기술은 준비되어 있지만 정부의 무능력이 이런 기술의 실행을 방해한다는 주장이나, 새로운 기술이 현존하는 기술에 의해 생겨난 문제들을 풀 수 있는 유일한 방법이라는 주장은 이런 유형의 논리의 실례들이다. 보다 추상적으로 말하자면 기술은 사회의사소통과 의사결정의 산물이라기보다는, 인간이 통제할 수 없는 외부자연세계의 한 측면으로 여겨진다. 따라서 기술은 허위의식의 원천이 된다. 마르크스의 관점에서 바라보는 종교처럼, 기술은 인간적 고통을 사회와 연결짓기보다 인간이 통제할 수 없는 '신'과 연결지으면서 인간적 고통을 그릇되게 해석한다. 이런 식으로 기술은 집합적 결정의 대상이 되어야 하는 것에 객관적이고 통제할 수 없는 성격을 부여한다.

하버마스에게 있어서 이데올로기의 핵심적인 특징은 특정한 토론주제를 선험적으로(*a priori*) 배제한다는 것이다. 과학은 독단적으로 사실세계와 가치세계를 구분하면서 이런 작업을 수행한다. 이런 관점에서 보면, 지식은 원인과 결과 사이의 질서를 증명할 때만 유용하다. 이런 종류의 지식은 원하는 결과를 달성하기 위해 사물세계를 조작하는 것을 허용한다. 그러나 대안적 결과물들의 바람직함에 대한 의문들이 제기되면, 과학은 어떤 결정이 내려져야 한다고만 대답할 뿐 이런 결정을 내리는 데 도움이 될 수 있는 체계적인 추론의 가능성을 배제한다. 따라서 과학의 조작은 비합리적인 지배가 우세한 모든 체계 안에서 무분별하게 이루어진다. 하버마스는 근대문화가 그 이전보다 훨씬 복잡하고 정교한 형식의 이데올로기의 지배 아래 있다고 믿는다. 기술관료적(techocratic) 인식은 점차 정부와 경제부분에 스며든다. 그리고 기술적 진보는 경제성장과 경제성장에 촉각을 곤두세우는 정권에게 점점 더 필수불가결한 것이 되어가고 있다. 기술 이데올로기는 한 사회계급의 이익에 직접적으로 연결될 수 없으며, 또 다른 계급들의 이익과 충돌하는 것으로 보이지도 않는다. 그러나 이는 모든 참여자들에게 스며드는 사고방식이며, 인간이 자신의 가치에 책임지는 것을 막아버리기 때문에, 모든 사람은 기술 이데올로기 안에서 집단적으로 사멸할 수도 있다.

이데올로기의 지배에 대한 해결책은 하버마스가 '공적 영역', '이상적 발화 공동체', 혹은 보다 추상적인 용어로 "의사소통역량(1970a, 1970b; McCarthy, 1973, 1978)" 등으로 명명한 바 있는, 정치결정이 논의될 수 있는 문화맥락의 육성이다. 이런 환경에서 정치는 더 이상 기술전문가의 조작능력에 근본적으로 의존하지 않으며, 그 반대로 상호이익에 기반한 의사결정과 합의에 도달하는 것을 지향하게 된다. 하버마스는 안정된 사회는 이런 형태의 메커니즘을 반드시 가져야 하지만 공동의 상징과 가치만으로는 그 기능을 달성할 수 없다고 주장한다. 공동의 가치를 구체적인 문제에 적용하기 위해서는 비판적이고 의식적인 성찰과 숙고가 있어야 한다.

하버마스의 저작에서 이상적 발화공동체가 실제로 존재한 것이었는지, 혹은 문화진화의 보다 높은 수준에서 달성되는 진실로 이상적인 것인지가 항상 명확한 것은 아니다. 그는 자신이 선진자본주의에서 인식한 근원적인 위기 때문에, 이상적 발화공동체를 실제적이고 정치적인 필수조건으로 간주한다. 그러나 그의 논의는 역사적 또는 현대의 예들을 분석하기보다 이론적인 특징들을 구체화하는 것에 보다 많은 관심을 집중하고 있다. 한 저술가는 18세기 부르주아 공적 영역이 하버마스가 이야기하는 이상적 발화공동체와 유사하며 이것이 하버마스 논의의 모델로 기능했을 수 있다고 주장했다(Hohendahl, 1979:92-3). 부르주아 공적 영역은 특정 정당이나 정권과 직접적 관련이 없는 사적 개인들로 구성되었는데, 이들은 국가의 주장에 대한 비판적 담론에 참여하고 정치적 행동이 근거하고 있는 가정들을 검토했다. 부르주아 경제에 대한 국가의 침투가 증가하면서 이 영역은 결국 국가의 이해를 공정하게 성찰할 능력과 자주성을 상실했다.

현재의 상황에서, 공적 영역에 대한 하버마스의 기준을 만족시킬 만큼 기술주의적 의식에서 빠져나온 집단을 상상하기는 어려운 일이다. 그러나 하버마스는 여기저기 분산된 언급들에서 환경주의자, 소비자행동단체, 학생운동가, (비록 하버마스가 일반적으로 종교운동을 불신했지만) 특정 유형의 의식고양 혹은 명상단체와 같은 풀뿌리 이익집단(grass-roots interest groups)이 이런 기능을 충족시킬 가능성을 제시했다(e.g. 1979c, 1981). 기존의 정당구조 외부에서 생겨나고 대중민주적 정신에 의해 동기유발된 이런 집단들은 정치제도로부터 어느 정도 비판적 거리를 두면서 주요가치들에 대한 논의를 고양시키고자 노력한다. 하버마스가 학생들의 비공식적인 활동을 제외하고는 대학이 이런 기능을 담당할 가능성을 낙관적으로 보지 않는 점은 의미심장하다. 과학과 기술에 의해 합리적 사고구조 자체에 존재하는 눈가리개 때문에, 모든 집단이 근원적인 가치에 대해 개방적이고 효과적으로 의사소통할 수 있을 가능성은 그리 높지 않다. 개인과 하위집단에게 부가된 기득권 또한 문제로 남아 있으며, 성찰적 의사소통을 보급하기 위한 경로들, 특히 대중매체는 기술이성의 규범에 의해 지배당하고 있다. 하버마스가 이런 문제들에 대해 단지 임시적인 단서들 외에는 완전히 만족스러운 해결책을 아직 구상하지 못했음은 분명하다.

체계적으로 왜곡된 의사소통에 대한 그의 논의에서 하버마스는 정신분석학을 이데올로기적 사고를 극복하는 한 방법으로써 다룬다(1970a). 그는 그 내용이 아니라 분석가와 환자 사이에 일어나는 담론의 유형(*type of discourse*)에 관심을 가진다. 여기에서 담론의 세 가지 측면이 중요하다. 첫째는, 잠재된 동기를 탐구하고, 거짓 가정들을 밝히고, 욕구와 능력에 대한 평가를 하려는 참여자 양쪽의 참된 욕망이다. 두번째는 반복과정인데, 이 과정에서 통찰력은 즉시 얻어지는 것이 아니라, 분석가가 의식의 보다 심층적인 층들을 계속 탐구하고 환자가 이런 층들을 개인적 경험과 비교하면서 점진적으로 발전된다. 세번째는 경험을 경험에 근거해 연구할 수 있는 선험적인 이론으로, 단어와 상징의 관계를 포함한 의사소통구조 자체를 강조하는 이론이다. 환자와 분석가 사이의 이런 담론은 하버마스의 의사소통역량에 대한 보다 일반적인 논의의 원형이 된다(1970b, 1979a). 사람들이 담론구조 자체에 내재하는 타당성의 주장에 대해 성찰하려는 참된 욕구를 가질 때에 이데올로기의 왜곡은 점차적으로 극복된다. 그리고 기존의 담론유형들은 이런 과정을 쉽게 해준다. 보다 엄밀히 말하자면, 앞에서 논의된 바와 같이, 효율적인 의사소통은 발화행위에서 나타나는 주장의 유형을 인식해야 한다. 이 유형들은 사실성(truth), 정당성(legitimacy), 진실성(truthfulness), 그리고 이해가능성(comprehensibility)으로, 일단 인지되면 정밀한 조사의 대상이 될 수 있다.

4) 종교의 진화

근대종교에 대한 하버마스의 견해는 이미 다루어졌다. 일반적으로 말하면, 그는 현대문화가 완전히 세속적이라고 전제하면서, 의사소통의 합리주의적인 측면에 더 많은 관심을 집중하고 종교에 대해서는 상대적으로 관심을 덜 기울였다. 이런 이유에서 그는 종교에 대해 체계적인 논의를 버거나 더글러스만큼은 전개하지 않았다. 그렇지만 그는 많은 경우에 종교에 대해 언급했으며, 이를 통해 얼마간의 통찰을 얻을 수 있다. 그의 종교에 대한 검토는 문화진화이론의 맥락에서 이루어진다. 특히 진화의 원시단계와 발전된 단계를 규명하는 것에서 그는 종교에 대한 논의의 필요성을 발견한다. 그리고 근대의 고유한 특징에 대한 논의에서, 종교적 의미에 영향을 주는 제약과 가능성에 대해 고찰한다.

하버마스는 개인들이 개인적인 통합, 통일, 자아정체성이나 의미를 필요로 한다고 가정한다(1975). 비록 그가 이런 가정의 근거에 대해 명확하게 말한 적은 없지만, 분명 체계통합에 대한 생각은 사회체계에 대한 그의 보다 일반적인 견해로부터 도출될 수 있다. 나아가 그는 자아발전을 사회가 제공하는 통일된 세계관과 연결시키는 뒤르켕의 논의를 인용해, 개인적인 통합성은 통일된 문화규범에 의해 좌우된다고 주장한다(1975:117). 또한 그는 사회는 개인들에게 존재의 의미 있는 질서를 제공하며 이런 보호체계(sheltering cosmos)가 없다면 개인들은 혼란의 공포를 경험할 것이라고 논한 버거의 『신성한 장막』을 인용한다(1975:118). 하버마스는 개인적 의미가 달성되는 방법이 문화진화과정 동안 굉장히 많이 변화했다고 주장한다. 신석기시대의 개인들은 자신의 행동이나 의도를 외부적 자연세계와 명확하게 구분하지 못했고, 자연세계 자체도 무차별적으로 신화의 세계와 혼합되는 경향을 보였다. 그 결과로 개인들은 자아성찰적 의미와 통합에 대한 필요성이나 뚜렷한 개성(인격)을 발전시키지 못했다. 베버가 지적했던 것처럼(1963) 보다 합리화된 세계관의 발달이 이루어지면서, 일관성 있는 개인적인 통합성에 대한 필요성이 생기게 된다.

원시문명에서 발전된 문명으로의 전환과 함께, 종교적 세계관은 집단생활과 사회에서의 개인의 역할에 대한 통일된 이해를 제공하면서, 개인적 통합의 원천이라는 중요성을 가지게 된다. 그는 종교적 세계관이 사람들의 개인적인 정체성과 보다 큰 세계에 대한 가정들을 연결시키며, 이런 가정들은 사회가 생존을 위해 투쟁함에 따라 불가피하게 발생한다고 주장한다. 어떤 사회도 완전하게 통제할 수 없는 자연과의 대립은 인간존재의 한계에 대한 (반드시 해결되어야만 하는) 의문을 야기한다. 개인에게 있어서는 고독이나 죄와 같은 사회적 상호작용과 관련된 문제들뿐만 아니라 육체적 안녕을 포함하는 위험들에서도 이런 질문들이 생긴다. 종교적 세계관은 이중적 기능을 한다. 먼저, 종교적 세계관은 개인들이 자신의 존재를 보다 큰 전체나 절대적 원리의 일부로 여기게끔 납득시켜서 인식론적 회의를 해결한다. 다른 한편으로, 존재의 우연성이 제거되거나 해명될 수 없을 때 종교적 세계관은 개인에게 위안이 되어준다.

종교에 관한 이런 서술에서 하버마스는 '의미의 문제'에 관한 베버의 논의(1963)에 상당히 의존하고 있다. 베버의 논의에 따르면, 고통, 슬픔, 죽음과 같이 본질적 가치도 없고 바라지도 않은 경험들 때문에 의미의 문제가 생긴다. 이런 경험들은 세계의 합리성에 대한 회의를 제기한다. 그리고 이 경험들은 의미 있는 보편적 원리에 따라 세계에 질서를 부여하려는 세계관에 의해 다루어져야만 한다. 비록 베버와는 다소 다른 방향으로 논의했지만, 하버마스는 베버와 같이 근대화가 전통적인 종교적 세계관에 중대한 영향을 끼쳤다고 생각한다. 사회가 발전할수록 자연에 대한 사회의 통제력이 증가하고, 기아, 자연재앙, 그리고 질병이 비록 완전히 사라진 것은 아니었지만 점차적으로 감소했다. 그 결과로 종교적 세계관이 감소했을 뿐 아니라, 이런 세계관이 수행했던 기능들도 분화되었다. 자연세계에 대한 지식은 하나의 뚜렷한 영역이 된 반면, 종교적 세계관은 의미와 의도의 문제로 그 초점을 좁혔다(1975:119-20). 즉 과학과 종교는 문화의 분리된 영역이 되었다. 점차적으로 과학은 자연을 해석하고 다루는 것과 원치 않은 자연의 우발적 사건들을 통제하는 기술과 관련된 지식을 독점했다. 반면에 종교적 세계관은 개인적 의미의 문제와 사회통합의 문제에 한정되었다.

이런 하버마스 논의의 상당부분은 근대종교에 관한 여타의 논의들과 밀접하게 상응한다. 기어츠와 같이 하버마스는 고통을 이해가능하고 견딜 수 있도록 하는 것이 종교의 기능이라는 것에 동의하면서, 종교를 도덕적 행위와 인식론적 세계관 사이의 매개 고리로 이해한다. 하버마스는 종교가 외부세계에 대한 강압적인 설명을 제공하기보다는 주관적인 통합의 원천으로 기능하면서, 버거와 루크만의 용어를 빌리자면, '개인화(privatized)' 되었다고 강조하면서 그들과 입장을 같이한다. 벨라의 논의와 관련해서, 그는 사회통합을 정당화하는 종교의 역할을 강조한다. 이것에 대한 한 가지 분명한 증거가 되는 것이 시민종교라는 개념이다. 그러나 하버마스는 그 자신의 논의를 한 단계 더 심화시킨다.

그의 관점에서 보면, 사회과학은 근대종교의 기능에 심각한 영향을 미쳐왔다. 자연과학을 모방하면서 사회과학은 사회적 우연성의 외부세계에 대한 지식을 제공하려고 시도한다. 이런 시도에서 사회과학은 자연과학에 의해 종교에 남겨진 사회통합과 가치의 영역, 즉 사회생활의 복잡성 때문에 그 중요성이 증가하게 된 그 영역을 파고든다. 선진자본주의는 기술을 통해 성공적으로 자연을 이용하지만 지금까지 볼 수 없었던 규모의 경제적 혼란, 불평등, 군사적 갈등, 정치적 모순들을 만들어낸다. 사회과학은 이런 문제를 사회세계에 대한 기술적 지식을 만들어내어 해결하려고 시도했지만, 가치나 합의에 대한 근원적인 물음을 다루지는 않는다. 사회과학이 문화적 형태들의 상대성을 지적해 절대진리에 대한 종교적인 주장에 도전했음에도 불구하고, 사회과학은 아직까지도 상대적으로 비효율적인 것으로 남아 있다. 그리고 사회과학은 절대진리를 기술이성에 대한 맹목적 믿음으로 대체한다. 하버마스는 사회과학이 외로움과 죄의식과 같은 사회문제를 효과적으로 다루어오지 못했다는 것과 그러한 문제를 좀더 견딜 수 있는 어떤 해결책을 사회과학 단독으로 제공해오지 못했다는 것을 인정한다. 하버마스는 고통과 죽음의 문제 역시 사회과학이 제공하는 위안의 범위 밖에 있고, 따라서 우리가 체념하고 위안 없이 사는 것에 익숙해져야 한다고 결론내린다.

하버마스는 동시대의 다른 많은 사람들보다 더 철저하게 세속적이다. 가다머와 달리, 그는 근대적 상황에서 설득력 있는 의미를 가지기 위해 전통적인 세계관을 재구성하는 것에 회의적이다. 리쾨르와 달리, 그는 비록 종교적 상징주의가 말 그대로의 의미는 퇴색했을지라도 여전히 종교적 상징주의 안에서 의미를 발견하고자 하는, 종교에 대한 후기계몽주의적 입장을 취할 생각도 없다. 또 버거와 달리, 그는 세속적 영역 내에서 '초월성의 신호'를 발견할 수 있다는 어떤 가능성도 두지 않는다. 하버마스는 사회과학이 근대에 모든 종교적 가정의 효력을 상실하게 만든다고 충분히 생각할 수 있게 하는 신빙성을 제고(提高)하며, 여러 측면에서 마르크스주의적 전통을 따르고 있다. 그러나 종교가 담당할 수 있는 한 가지 특별한 기능은 종교가 적절하게 이해된다면 의사소통과정을 용이하게 할 수 있다는 것이다. 하버마스는 그 예로, 최근 판넨베르크(Wolfhart Pannenberg), 몰트만(Jürgen Moltman), 메츠(Johann Baptist Metz)의 신학연구에 주목한다. 이 연구들에서 신은 하버마스에 의해 언급된 이상적인 의사소통양상과 비슷한 특징들을 가진 추상적 개념으로 여겨진다. 신의 개념은 해방을 갈구하는 개인들의 공동체를 결속시키는 과정을 상징한다. 하버마스의 용어를 빌자면, 신은 "인간성 상실의 고통에 처해 있는 인간들을 우연적이고 경험적인 본성을 넘어서 서로가 간접적으로 만나도록, 즉 그들 자신이 아닌 객관적인 어떤 것을 넘어서도록 강제하는 의사소통구조를 위한 명칭이 된다(1975:121)."

4. 결론

하버마스의 연구에 대해서는 많은 비판이 있지만 주로 세 가지 범주로 나눌 수 있다. 먼저 보통 과학철학자들에 의한 메타이론적 비판은 과학의 본질에 대한 그의 가정들 사이의 일관성, 과학에 대한 실증주의적 접근에 대한 그의 비판, 그리고 지식에 대한 그의 비판적 접근법의 철학적 토대와 관련된다(e.g., Brand, 1976; Kortian, 1980; La Capra, 1977; Mendelson, 1979; Misgeld, 1976, 1977, 1981). 그 다음으로는 마르크스주의 전통에서 그의 위치와 관련된 다양한 종류의 정치적 비판이 있어왔다. 여기에는 물질조건과 반대되는 문화와 의사소통에 대한 그의 강조, 선진자본주의에 대한 그의 설명의 적합성, 그의 저서가 노동자계급과 세계혁명에 제공하는 정치적 함축성, 의사소통역량에 대한 강조에서 나타나는 잠재적 엘리트주의, 그리고 민주주의에 있어서 공적 영역에 대한 연구가 가지는 타당성 등이 포함된다(e.g., Bernstein, 1976; Sensat, 1978; Weiner, 1981; White, 1979). 그리고 마지막으로 그의 문화에 대한 주장을 구체적으로 다루는 비판들이 있다. 특히 문화에서 무의식, 합리성, 전통의 역할과 문화연구의 토대로써 합리적·목적적 행위와 의사소통행위 간의 그의 구분의 타당성에 대한 비판이 있어왔다. 그리고 세번째 범주의 비판들이 현재의 논의와 직접적인 관련성을 가진다.

하버마스는 무의식의 역할을 간과하고 있다고 날카롭게 비판받는다(McIntosh, 1977). 간주관성이라는 개념 자체가, 실재에 대한 정의가 내재화되고 또 이런 정의가 너무 잘 내재화되어 의사소통에서 의식적으로 나타나지 않는 경향이 있다는 것을 암시한다. 또 공통의 이해에 도달하기 위해서 반드시 의식적일 필요도 없다는 것을 보여준다. 다시 말해, 실재에 대한 가정들은 의식적인 성찰을 필요로 하기보다는 당연한 것으로 여겨질 수 있으며, 특히 가치와 합의를 포함하는 상호작용은 무의식적인 가정들

위에서 이루어지는 경향이 있다. 어머니와 아이처럼 친밀한 의사소통에서 내재된 감정은 그 관계가 존재하는 데 주요한 기반이 된다. 하버마스는 합리적이고 인지적인 의사소통의 영역을 강조하는 반면, 이런 무의식적인 정서, 감정에는 거의 주의를 기울이지 않는다.

성찰적 의사소통을 추구하는 데 방해가 되는 요소들에 대한 그의 초기 연구에서 하버마스는 무의식을 다루고 있다. 여기에서 그는 무의식적인 분위기, 감정, 전제조건들이 모든 문화체계에서 중요한 요소가 된다고 가정한다. 그럼에도 불구하고 그는 이들 요소들을 완전하게 제거함으로써 효과적인 의사소통이 가능하다고 주장한다. 그의 목표는 무의식이 중요한 역할을 하는 문화체계를 넘어서는 것이다. 보다 최근의 연구에서 그는 이런 초기의 관점으로부터 어느 정도 물러난다. 그는 여전히 무의식에 거의 주의를 기울이지 않지만, 다른 방법으로 의사소통의 함축적 차원을 다룸으로써 그의 (무의식에 대한) 생략을 정당화하는 접근법을 정교화했다. 특히 그는 의사소통의 무의식적이고 암묵적인 많은 부분이 관찰가능한 산물인 발화 그 자체에 내재한다고 가정한다. 발화는 무의식적인 의미내용을 의사소통하는 유형들과 단서들을 가지고 있다. 이것은 중요하지만 오직 발화를 통해서만 관찰가능하다. 하버마스의 철학적인 언어학에 대한 관심의 증가는 이런 암묵적인 유형들과 단서들을 다루는 그의 역량을 증진시켰다. 그것은 이런 관점이 얼마나 효과적일지는 두고봐야 하겠지만, 적어도 무의식적으로 전달되는 의미의 중요성을 인정한다. 사실, 그는 이런 무의식적인 요소들 때문에 문화분석은 개인의 주관적인 의식보다는 관찰가능한 의사소통에 초점을 맞춰야 한다고 주장한다. 또한 그의 현재 이론틀은, 의사소통이 일어나는 사회상황에 초점을 맞춤으로써, 무의식을 문화이론으로 통합하는 새로운 방식을 제안하고 있다. 개인의 입장에서 문화의 잡히지 않고 무의식적인 측면은 사회규범으로 이해될 때 관찰가능해진다. 예를 들어 아이를 향한 어머니의 무의식적 감정은 어머니와 아이의 관계에 대한 사회규범을 반영한다. 따라서 문화에 대한 관찰자는 구체적인 사회적 상호작용에서 분명하게 드러나는 규범을 연구함으로써 이런 '무의식적'인 영역을 밝힐 수 있다. 여기에서 다시, 하버마스는 신호들이 의사소통과정에서 나타나고, 관찰자들은 이를 통해 사회규범의 본질을 확인할 수 있다고 가정한다.

이와 관련된 비판으로는 하버마스가 합리적 성찰을 할 수 있는 인간의 능력을 너무 지나치게 믿고 있어, 문화에 대한 이상주의적인 견해를 가지게 되었다는 비판이 있다. 가다머(1975)는 성찰은 필수적으로 역사적 차원을 가진다고 주장한다. 어떤 것에 대해 성찰한다는 것은 특정한 역사적인 상황 내에 존재하는 사건을 회상하고 또 이를 다른 사건들이나 상황들과 연관지어야 한다. 또한 자신의 행위라든지 계획에 대한 성찰 역시 역사적으로 상황지어진 사건에 대해 생각할 것을 필요로 한다. 가다머는 이런 역사적 상황이 결코 완전하거나 의식적으로 인식되지 않는다고 주장한다. 그러므로 한 개인의 성찰이 역사적인 경험과는 독립적으로 완전히 합리적 비판이 되는 것은 불가능하다. 가다머는 사람들이 자신들의 역사적 경험, 역할, 문화적 상황으로부터 자유로워지는 이상적인 발전공동체를 발전시킬 수 있다는 가능성을 반박한다. 또한 그는 하버마스가 문화이론에서 전통의 역할을 경시한다고 주장한다. 전통은 문화의 내용을 형성하고 삶에 의미와 연속성을 부여한다는 점에서 문화연구의 중심이 되어야만 한다. 심지어 문화적 변동이 일어날 때에도, 전통적 맥락에 근거한 의미로 이해되어야 하며, 이 때에도 오직 전통적 의미를 재구성함으로써만 이해될 수 있다.

하버마스는 실제적인 이유와 방법론적인 이유 모두에서 전통에 초점을 맞추는 것에 반대한다. 실제적으로, 그의 문화진화론은 전통이 정치적 정당화의 근간으로써 최소한의 위치를 대부분 상실해왔다고 가정한다. 하버마스가 믿고 있는 것처럼, 정당화가 근대사회의 주요한 문제라면, 문화에 대한 연구는 전통 이외의 다른 현상들에 초점을 맞춤으로써 기여하게 될 것이다. 방법론적으로, 그는 전통의 문제를 회피하고 싶어하는데, 이는 사실상 지식을 일반화하기 불가능할 정도로 광범위한 다양성을 가지고 있는 문화적 상징들의 구체적인 내용과 의미를 필연적으로 고려해야 하기 때문이다. 그래서 그는 의미를 가능하게 하는 기본유형들에 대한 연구를 보다 유망한 접근으로 생각한다. 하지만 하버마스가 가다머의 비판에 대해 충분히 해명했는지는 분명하지 않다. 첫째, 가다머가 이야기하는 '전통'은 하버마스가 문화발전에 대한 논의에서 다루고 있는 전통보다 훨씬 포괄적인 듯 하다. 둘째, 타당성 주장을 정당화하는 데 있어서 사회규범의 역할에 대한 하버마스의 논의는 전통을 도입하고 있는 것으로 보이며, 전통이 수반할 수도 있는 방법론적인 어려움에도 불구하고 사회규범에 관심을 기울일 것을 요구한다. 게다가, 그가 문화과학에 있어서 지식의 역사적 특수성을 용인한 것은 전통의 본질에 대한 가다머의 보다 폭넓은 주장을 지지하고 있는 것처럼 보인다.

비판의 또 다른 흐름은 하버마스의 노동과 상호작용 사이의 구분에 관한 것으로, 기든스에 의해 제기되었다(1977b). 기든스는 하버마스가 한편으로는 노동과 도구적인 합리성을, 다른 한편으로는 상호작용과 의사소통적 합리성을 너무 쉽게 동일시했다고 주장한다. 이런 방식으로 세계를 이분화하는 것은 상호작용을 유지시키기 위해 필요한 종류의 노동을 다루는 것과, 도구적 합리성을 촉진하는 데 있어서 상호작용이 담당하는 역할을 다루는 것을 불가능하게 만든다. 기든스는 하버마스의 전체적인 도식에 노동, 상호작용, 도구적 합리성, 의사소통적 합리성이라는 네 가지 개별적인 개념들이 존재하며, 하버마스처럼 이 개념들을 두 가지 분리된 영역으로 구분하는 것보다는 오히려 이 개념들간의 관계를 연구할 필요가 있다고 주장한다. 비록 기든스가 하버마스의 개념도식의 보다 광범위한 철학적인 문제들에 관심을 가지고 있었음에도 불구하고, 그의 비판은 중요한 실질적인 의문들을 불러일으킨다. 이는 합리적·목적적 행위와 의사소통행위를 경험적으로 구별할 수 있는 가능성에 대한 것이다. 하버마스는 이 둘을 명확하게 구분되는 것으로 다루면서, 의사소통행위를 문화연구의 영역으로 취급한다. 하지만 기든스가 지적한 바대로, 현실은 이런 범주들로 쉽게 구분되지 않는 것처럼 보인다. 예를 들어 고속도로를 달리는 것은 어느 수준까지 합리적·목적적 행위만을 구성한다고 말할 수 있는가? 교통신호와 타운전자에 대한 암묵적 메시지를 포함하고 있는 교통법규와 사회관습에 따라서 이런 행위가 실행되는 방식에서 우리는 의사소통행위 역시 존재하고 있다는 것을 알 수 있다. 하버마스는 이런 비판에 직접적으로 응하지는 않는다. 아마도 이런 비판이 그의 개념틀의 근본적인 수정을 요구하기 때문일 것이다. 합리적·목적적 행위 혹은 의사소통행위의 사례가 되는 구체적인 행위가 존재하기보다는 오히려 두 가지 행위의 유형들이 모든 구체적인 행위 혹은 사건에 있어 서로 혼재되어 있을 수 있다. 분류상의 도구로서가 아니라 행위의 다른 차원들을 강조하는 분석적 구분으로서, 합리적·목적적 행위와 의사소통행위를 구분하는 것은 유용할 것이다. 모든 사건은 이런 차원 모두를 포함하고 있을지도 모른다. 이런 측면에서, 문화연구는 특별하게 의사소통차원에 관심을 집중하는 연구로 특징지을 수 있다.

이렇듯 다양한 비판에도 불구하고, 하버마스의 접근법은 문화분석을 어렵게 만드는 여러 가지 문제들에 대해 매력적인 해결책을 제공한다. 하버마스의 접근은 상징적·표현적 가치를 지닌 언설, 행위, 사건 등을 포함하는 객관적 행동에 초점을 둠으로써 문화연구를 다른 사회구조에 대한 연구들이 기반하고 있는 것과 동일하게, 견고한 경험적 바탕 위에 위치시킨다. 이는 문화를 과학적으로 연구될 수 없거나 사회구조와 관련지을 때만 이해될 수 있는 주관적인 생각, 태도, 믿음으로 인식하는 것에서 벗어나게 해준다. 또 의미 있는 의사소통을 가능하게 하는 상황을 찾기 위해서는 문화적 요소들이 사회환경과 연관되어야만 한다고 주장하지만, 동시에 사회환경이 소통되는 의미들을 완전히 설명한다는 것에 대해서는 부인함으로써 환원주의의 우를 범하지 않는다. 또한 하버마스는 조사에 적합한 문화의 중요한 차원들을 구체화하면서 문화진화론을 체계화해왔다. 이런 차원들은 민주주의, 자유, 의사소통에 대한 문제들과 관련되며, 선진자본주의의 조건분석에 기반하고 있다. 끝으로, 그의 도식은 경제적·정치적 상황에 주된 초점을 맞추고 있는 이론들과는 상반되게, 문화를 근대사회생활의 주요한 특징으로 주장하고 있다.

그럼에도 불구하고 문화에 대한 하버마스의 접근은 대체적으로, 실제적인 이론 혹은 경험적 조사를 위한 정확한 지침이라기보다 하나의 접근으로 남아 있다. 일반적인 시각과 전망을 제공하고 있기는 하지만, 아직까지 문화영역의 일상적인 연구를 위한 방향을 제시하고 있지는 않다. 이런 시각과 전망이 문화연구로 발전하기 위해서는 특히 몇 가지 문제들을 해결할 필요가 있다. 하나는 발화행위와 사회규범 간의 관계에 관한 것이다. 이 관계는 문화에 대한 사회과학연구에 있어서 가장 명백한 초점이다. 정당성의 본질을 연구하기 위해서도 이 관계는 반드시 연구되어야 하며, 문화의 사회적 차원을 파악하기 위해서 발화행위에 내포되어있는 사회규범에 대한 요구가 연구되어야 한다. 이런 요구들은 발화자, 청자, 기타 다른 사람들 간의 사회적 관계를 극적으로 표현하고 유지한다. 하지만 하버마스는 이런 종류의 분석이 반드시 포함해야 하는 것이 무엇인지를 분명하게 제시하고 있지는 않다. 사실, 그가 사회규범이 의사소통에 영향을 미친다는 주장을 하는 것 이외에 과연 실제로 문화연구를 진척시켜왔는가 하는 점도 명백하지 않다. 암묵적인 사회적 합의는 문화적 상징의 의미 있음에 기여한다. 하지만 이 사실을 안다는 것만으로는 구체적인 연구를 하는 데 거의 아무런 도움을 주지 못한다. 연구에 유용한 도움을 주기 위해서는, 그의 이론은 사회구조의 본질과 이 사회구조가 상징적·표현적 행위들 안에서 표현되는 방식들을 보다 구체화할 필요가 있다.

하버마스의 이론은 문화와 사회구조 간의 보다 일반적인 관계에 대해서도 명백한 입장을 취하고 있지 않다. 가장 일반적인 수준에서, 그는 의사소통의 세계와 노동의 세계를 구분한다. 의사소통의 세계는 사회적 존재의 상징적·표현적 혹은 문화적 측면을 다루게 두면서, 노동의 세계를 자연의 도구적인 조작과 관련시킨다. 기든스가 언급했던 분류상의 난점들에 더해 이런 구분은 이런 두 영역들간의 관계에 대해서 의문점들을 야기한다. 사실상, 상징적·표현적 활동은 하버마스가 상상했던 합리적 개인들이 공통의 관심들과 가치들에 대해서 꾸밈없이 토론하는 그런 종류의 이상적인 상황에서는 일어나지 않는다. 이는 보통 일의 세계 내부(*within the world of work*)에서 일어난다. 의사소통은 본래 사람들이 물리적 환경과 관련될 때 자연적으로 발생하며, 시간, 에너지, 과학기술, 다른 사회자원들 등의 환경으로부터 자원을 필요로 하며 이 모든 것들은 그 자체로 상징이 될 수도 있다. 이런 자원들이 어떻게 의사소통에 영향을 미치는가에 대해서는 대부분 구체화되지 않은 상태로 남아 있다. 물론, 문화를 물리적 환경과 분리해서 연구하는 것은 가능하며, 이는 사실상 하버마스가 발화행위와 사회규범의 관계를 논의할 때 주장하는 바이다. 그러나 문화와 물리적 환경의 관계 역시 반드시 이해되어야 한다는 것은 하버마스의 개념틀 내부에 이미 내재되어 있다. 왜냐하면 이런 관계들이 문화진화단계들 사이의 과도기에 있어 결정적인 역할을 수행하고, 정당화에 대한 연구에 실천적·정치적 중요성을 부여하기 때문이다.

결론적으로 하버마스는 지금까지 자아정체성의 문제와, 이 문제와 문화간의 연관성 문제를 최소한으로만 다루어왔다. 객관적인 기반을 둔 문화분석을 제시하는 과정에서, 그는 개인의 사고와 감정에 대한 문화의 영향력을 대부분 무시해왔다. 또 그는 문화발전의 특정한 시기에 존재하는 세계관의 유형과 개인이 발전시키는 정체성의 유형 사이의 느슨한 유추를 설명해왔지만, 이런 연계에 관련된 과정들에 대해서는 구체화하지 않았다. 문화에 대한 보다 전통적인 이론들에 있어서, 내재화과정은 중심적인 문제였다. 일례로, 파슨스(1951)는 사회규범은 응집된 문화제도로써 뿐만 아니라 개인정체성의 내재화된 형태로 존재할 필요가 있다고 생각했다. 사회구성원들은 이런 규범들에 의해서 지탱되는 내재화된 헌신을 공유할 필요가 있다는 것이다. 그러므로, 사회화와 사회통제의 메커니즘, 그리고 불완전한 사회화와 일탈의 문제는 모든 사회연구의 본질적 측면이다. 그러나 하버마스는 사회통제, 사회화, 사회생활에 있어서의 일탈의 역할을 무시한다. 그는 대체로 국가와 경제에 보다 많은 관심을 기울이면서, 가족, 학교, 법과 같은 근본적인 사회화제도들과 국가 이외의 다른 억압의 메커니즘은 거의 고려하지 않는다. 비교를 하자면, 외재화와 내재화에 대한 버거의 연구나 '집단-격자'에 대한 더글러스의 연구가 성공적으로 자아와 문화의 상호작용을 확장해 다루고 있는 것에 비해 하버마스의 연구는 이 영역을 포함하는 데 실패한다.

내재화에 대한 하버마스의 침묵이 함축하는 바는 여러 가지로 해석될 수 있다. 자아 개념은 문화의 다른 측면들과 동일하게 다루어질 수 있다. 예를 들어, 이는 발화행위의 특정한 형태처럼 의사소통을 통해서만 관찰가능하고 객관화될 수 있다. 이런 측면에서 자아는 더 이상 개인적 인식의 주관적인 부분이 아니라 문화 자체의 객관적인 구성요소이다. 따라서 하버마스의 일반적인 입장은 사실상 자아개념에 대한 연구의 가능성을 제시하고 있는 것일 수도 있다. 또 다른 측면에서, 그는 개인과 문화적 산물사이의 감정과 느낌들, 개인의식의 변화를 가져오는 과정들, 창조적이거나 예측할 수 없는 개인행동이 사회적 상호작용과 문화구성에 주는 영향에 대한 질문들 중 그 어느 것에도 충분한 답을 제공하지 못해왔다. 이런 질문들은 문화에 대한 모든 종합적인 논의에서 반드시 중요하게 고려되어야 하는 것들이다.

따라서 최근에 공식화된 하버마스의 문화논의는 불완전한 상태로 남아 있지만, 동시에 상당히 제안적이다. 그는 문화이론의 기초를 세우는 데 중요한 기여를 했지만, 그의 저작들은 여전히 지속적으로 발전되고 정교화될 수 있는 여지를 남겨두고 있다.

▌6장▐

새로운 이론틀의 등장

피터 버거(Peter L. Berger), 메리 더글러스(Mary Douglas), 미셸 푸코(Michel Foucault) 및 위르겐 하버마스(Jürgen Habermas)의 연구들은 문화연구에 확실한 대안들을 제시한다. 버거는 개개인이 일상생활의 실재에 적응하는 데 도움을 주는 개인적 해석을 강조하며, 더글러스는 개념적 경계를 규정하는 데 있어 의례적, 물질적 산물의 역할을 강조한다. 푸코는 권력의 문제, 즉 지식의 분류체계를 통한 권력의 재강화에, 하버마스는 의사소통행위의 인식론적 기초에 우선적인 초점을 맞춘다. 버거는 사물들이 보이는 그대로 존재하는 것이 아니라, 단지 상호합의하에 유지되는 구성물에 불과하다고 설득력 있게 논한다. 더글러스는 이 논의를 더 진전시켜 의례가 실재를 구성하는 데 필수적인 구성요소라고 보았다. 여기에 푸코는 광기·건강·처벌·성 등의 발전과정을 추적함으로써 역사적인 차원을 더했다. 그리고 하버마스는 문화를 독자적인 과학으로 발전시키기 위한 가정들의 토대를 마련해 철학적인 면을 가미했다. 이들 각각의 연구들은 문화연구에 있어 고유의 개념적 도구들과 이의 적용을 정당화할 수 있는 정교한 거시 이론적 근거를 가지고 있다. 또한 개별 관점들은 서로 다른 철학적·학문적·국가적 맥락을 반영한다는 점에서, 어떤 면에서 보면 문화실재의 서로 다른 측면들을 강조하고 있는 것처럼 보일 수 있다. 따라서 어떤 관점의 장점은 다른 관점의 약점인 반면에 이러한 관점들을 함께 적용할 때 문화의 다차원적이고 복잡한 본질을 보다 잘 이해할 수 있다. 그렇다고 해서 각 관점들의 장점들만을 취합한 이론적 관점이 가능하다거나 바람직하다는 의미는 아니다. 이러한 조합은 궁극적으로 부자연스러운 것이며 각각의 관점들을 별 특징 없이 섞어놓은 것에 불과하다. 이 장의 목적 역시 이러한 조합을 시도하거나, 조합하는 방법을 제안하려는 것이 아니다. 이 장의 목적은 문화분석의 기초를 이루고 있는 몇 가지 핵심적 주제들, 그 중에서도 주관성의 역할과 사회학적 환원주의의 한계 그리고 실증주의의 위치를 살펴보는 것이다. 더 나아가 이러한 각각의 주제들 내에서 오랫동안 풀리지 않았던 여러 문제들을 각 이론가들이 해결하고자 했던 방식들을 살펴보고자 한다. 즉 새로운 이론틀은 과거 문화분석의 노력들을 부인하는 것이 아니라, 각 이론가가 그 문제들을 해결하고자 행했던 시도를 통해 나타나는 문화분석에서의 새롭고 독특한 접근법이라 하겠다. 즉 이 장에서는 전통적으로 사회과학 내에서 문화를 다루었던 방식과는 뚜렷이 구분되는, 문화분석의 새로운 이론적 틀을 제안하고자 한다.

1. 주관성의 문제

문화분석에서 주관성은 어떤 위치를 차지하고, 또한 주관성이 문화분석 과정에 개입될 때 발생하는 문제점들은 무엇일까? 더글러스와 푸코는 자신들의 경험적 연구에서 문화를 생산하는 행위자들의 내부적인 사고·감정·인식에 대한 명시적인 고려 없이 문화에 접근하고 있다. 그리고 하버마스는 상징적 행동의 의미성에 영향을 주는 사회적·언어적·사실적인 고려 대상들로부터 주관성의 영역을 구분한다. 단지 버거만이 주관성에 특별한 중요성을 부여했으며, 따라서 그의 연구를 통해 문화분석에 주관성을 포함시킬 때 생기는 장점과 단점을 검토해볼 수 있다.

버거가 자신의 저작에서 다른 이론가들보다는 더 주관성을 강조했지만 (현상학적 전통에 근거한 학자이므로 논리적으로 그럴 수밖에 없다), 그렇다고 해서 그를 주관론자라고 생각해서는 안 된다. 버거의 관점은 주관성을 최고로 그리고 거의 유일하게 중요한 것으로 여기는 현상학의 전통적인 접근에서 나타나는 가정들을 확실하게 넘어서고 있다. 2장에서 살펴보았듯이 버거의 문화에 대한 관점의 기초는, 인식이나 의도 등과 같은 주관성과 객관적인 사회문화실재 사이의 지속적인 변증법이다. 사회적 상호작용 과정에서 인간의 주관성은 객관화된 사회적 산물들을 통해 외재화한다. 또 이러한 객관적 현실은 다시 주관성에 영향을 주거나 재구성한다. 이론적으로 이는 독특한 방식으로 둘 사이의 균형을 잡고 있다. 또한 매우 통찰력 있는 사회실재의 본질에 대한 인식을 보여줄 뿐만 아니라, 문화분석에 주관적 요소를 결합시키는 가장 좋은 이론적 접근법이다.

문화분석에 주관성을 결합함으로써 얻는 이점은 적지 않다. 그중 한 가지 이점은 바로 사회의 중요한 차원 하나를 분석에 포함시킨다는 것이다. 문화실재는 인간현상인 만큼 어느 정도까지 인간의 주관성에 기반하고 있을 수밖에 없다. 그리고 문화는 분명히 분석적으로는 인간의 주관성과 구분되지만, 인간의 의식에 지속적으로 깊은 영향을 주고 있다. 이런 관점은 문화분석에서 주관성이라는 요소를 다루는 한 방법을 제공하며, 이를 통해 문화분석은 인간을 포함시킬 수 있게 된다. 또한 방법론적으로도 이 관점은 사회과학자들의 물화 경향에 대해 암묵적으로 행해지던 비판을 피할 수 있게 해준다는 이점이 있다. 문화분석에 주관성을 결합시키는 것은 사회실재가 개인적으로 그리고 집합적으로 이를 생산한 행위자들로부터 완전히 분리된 분류범주로 경직화되는 것을 막아준다. 사회과학의 논점이 사회실재를 기술하고 해석하는 것이라면 주관성은 분명 문화분석에 포함되어야 한다. 그리고 버거의 관점은 주관성이 작동하는 방식을 이해하는 데까지도 도움을 줄 수 있다.

여기에서 버거가 이러한 가정들을 고수한 것은 2장에서 살펴본 바와 같이 그의 철학적 목표가 인간 조건 자체를 광범위하게 기술하는 것이었기 때문이라는 점은 주목할 필요가 있다. 다시 말해 인간 조건에 관한 기술에서 주관성을 생략한다는 것은 인간의 자유와 문화의 사회심리학적 토대뿐만 아니라 버거가 인간과 다른 동물들의 가장 큰 차이점으로 지적했던 것을 부정하는 것이다. 그리고 사실 버거가 대중적 인기를 얻을 수 있었던 것은 바로 이러한 가정들 때문이었다. 예를 들자면 『사회학으로의 초대』를 읽을 때 사회과학을 처음 접하는 초보자들은 즉흥적 분위기로 보였던 것이나 직관 등이 사회적 기반을 지니고 있다는 것을, 그리고 사회과학에 익숙한 사람들은 주관성에 대한 그의 강조가 결정론적 사회과학에 신선한 도전이 된다는 점을 깨닫게 된다.

위와 같은 이점에도 불구하고 문화분석에 주관성을 결합시키는 작업을 어렵게 하는 풀리지 않는 문제점들이 존재하며, 이는 심각한 단점이 될 수 있다. 일반적으로 이런 접근들은 사회적 상황에서의 주관적 의도를 알아내기 위해서는 행위자의 내적 숙고에 관한 경험적인 정보를 입수해야 한다고 주장한다. 그리고 이런 정보들은 행위자가 관여되어 있는 각각의 독특한 사회적 상황에서 재구성되어야 한다. 사회적 상황에서 행위자의 의도는 집합적으로는 상징·유형화·기호·의례 등과 같은 문화적 산물로 객관화되고, 이러한 문화적 산물들은 적절히 분석되고 해석된다. 그러나 이러한 접근은 미학적이나 이론적으로는 설득력이 있지만 실제적인 방법론적 근거를 가지기는 어렵다. 현상학적 '중층'기술을 통해 수집된 자료들을 가지고 실제로 체계적인 자료수집기술을 사용한다든지, 거시적인 사회제도들과 관련된 문제들을 검토한다든지, 경험적인 일반화 작업을 한다든지 하는 것은 거의 불가능하다. 어쨌든 주관성과 문화분석을 결합한다는 것은, 최소한, 매우 어려운 작업이다. 예를 들어 버거는 개인들이 주관적 질서에 대한 강한 욕구를 드러내고, 자신들에게 일어난 사건들을 설명해줄 정당화 도식을 필요로 하며, 현실을 구획된 영역으로 범주화하고, 또한 대안적인 정당화 도식들간의 대립은 신뢰성을 떨어뜨린다고 주장한다. 그러나 여기에서 결정적인 문제는 비록 이 모든 명제들이 이론적으로 반증가능하다 할지라도, 이들 명제 중 하나는 확고한 연역적 증거에 기반할 수 밖에 없다는 점이다.

버거의 이론이 변증법적인 것처럼, 함의하고 있는 방법론적 접근 역시 변증법적이라고 볼 수 있다. 그러므로 인간의 의도성이 문화적 사물을 창조한다거나 문화적 사물로 객관화된다고 주장하는 것은 동시에 (버거가 그랬던 것처럼) 유형화 등의 문화적 사물이 주관적 의도를 체화하고 있다는 주장인 것이다. 경험적 측면에서 이 주장은 우리가 문화적 산물들을 연구할 수 있고, 또한 그럼으로써 일상생활에서 문화적 산물을 생산하고 또 재생산하는 행위자들의 주관적 의도를 이해할 수 있다는 것을 의미한다.

그러나 이는 사실일 수도 있지만, 문화적 대상이나 산물이 종종 이를 창조하고 유지하는 사람들의 의도나 욕구와는 전혀 다를 수 있다는 사실을 잘 설명해주지 못한다. 그리고 바로 이 점에서 문화분석에 주관성을 결합하는 것은 이론적이나 분석적으로 문제점을 가지게 되는 것이다.

아마도 주관적 인식을 고려하는 이론들이 그렇지 않은 이론들보다 낫다고 주장할 수도 있을 것이다. 그러나 '더 낫다'는 것의 의미는 무엇을 설명할 것인가 하는 주제에 달려 있다. 베버가 주관성을 설명하는 경우는 세속적 금욕주의의 기원에 대한 그의 연구라는 특정한 맥락 속에서 그 취지를 찾을 수 있다. 베버의 연구에서 중점이 되었던 주제는 개인들의 행동을 비교하는 것, 특히 자본축적을 지향하는 생활양식을 가진 사람과 이에서 벗어나는 생활양식을 가진 사람들을 비교하는 것이었다. 이러한 맥락에서 베버는 개인들의 동기를 발생시키는 내재화된 종교적 신념을 고려함으로써 보다 설명력을 높일 수 있다는, 지금은 우리에게 익숙한 주장을 발전시켰다. 즉 예를 들어, 만약 베버가 뒤르켕과 같이 자살율의 변화라든지 도덕질서의 집합적 상징에 관심을 가지고 있었다면, 당연히 그는 주관성을 강조하지 않았을 것이다.

이러한 논의를 통해 우리는 문화의 정의라는, 문화분석의 진전을 위해 해결되어야만 하는 중요한 논쟁점에 도달한다. 만약 문화를 믿음·태도·인지·기분과 같은 근본적으로 개인의 관점에 기초하고 있는 것으로 간주한다면, 분명 주관성은 문화에 관한 모든 연구에서 고려되어야만 한다. 그러나 만약 문화와 문화를 생산하는 개인 사이에 명확한 분석적 구분이 이루어진다면, 주관적 의미를 고려하지 않고도 문화요소들간의 관계를 연구할 수 있다. 그리고 사실 더글러스, 푸코, 하버마스가 가졌던 관점은 이렇게 문화분석과 개인적 주관성을 분리하는 것이었다.

문화와 주관성의 분리는 하버마스에게서 가장 뚜렷하게 나타난다. 그의 학문적 목적은, 버거처럼 개인적 혹은 집단적 의미에서의 인간 조건에 대한 철학적 초상을 잡아내는 것이 아니라 사람들의 의사소통능력을 배양하는 것이었다. 그렇기 때문에 비록 하버마스 역시 버거와 같이 지식을 통한 자유의 증대라는 인문주의적 목표를 지향했지만, 그는 문화의 행동적 개념을 가지고 있었으며 발화행위의 의미성에 영향을 주는 조건에 있어 철학적 관심사를 경험적 관심사로부터 명확하게 구분한다. 의미의 결정에 있어 철학적인 고려와 마찬가지로 (즉 언어조건 및 사실조건뿐 아니라) 사회적 조건과 주관적 조건 모두 관련되지만, 하버마스는 연구의 목적상 이들을 철저하게 구분했다.

하버마스만큼 명확하지는 않았지만, 더글러스와 푸코 역시 이러한 구분을 했다. 더글러스 경우는 의미·목적·자아정체성·사회질서 같은 버거와 비슷한 관심사를 가지고 있었음에도 불구하고, 실제적으로 문화를 연구하는 데 있어 개인들의 주관성을 고려하지 않았다. 객관적인 상징적 분류, 이러한 유형들의 의례적인 극화, 그리고 사회질서에 있어서의 이들의 기능이 더글러스의 연구에서 주요한 주제였다. 이와 비슷하게 푸코도 사고의 가능성을 한계짓는 범주·개념·관계·의례를 강조했다. 그러나 그는 이를 주관적 요소가 아닌 사회적 상호작용의 객관화된 부산물로 개념화했다.

또한 버거의 저작을 읽어보면 그의 이론 역시 문화와 개인의 주관성을 구분하는 기초를 제공한다. 실재의 구성과정에 대한 그의 변증법적 해석은 구성된 실재의 객관적 특성을 개인들의 내재화된 관점과 대비해 강조하기 위한 것이다. 버거 자신도 (종종 가장 역설적이고 유머러스한 용어로) 문화적 사물은 결과적으로 문화적 대상이나 유형을 만들어낸 주관적 의도에 모순되거나, 거의 반대되는 모습까지 보인다는 사실을 매우 명확하게 보여주고 있다. 확실히 버거의 논의는 많은 점에서, 특히 그가 정당화·상징체계·이데올로기·제도·종교를 다루는 데 있어서, 문화적 대상물에 관한 한정적 기술이라고 해석될 수 있다. 또한 현상학적 전통 내에서는 그가 주관적 의식에 지나치게 관심을 쏟지 않았다는 비판이 제기되어왔다.

그러나 버거에 대한 이러한 해석은 몇몇 측면에서 그의 이론에 적합하다고 할 수 없다. 왜냐하면 객관화가 일어나는 변증법적 순간이 정체성을 획득하는 것은 문화를 하나의 대상, 즉 자신의 개인적 의도와는 분리된 외적 실재로 파악하는 개인의 주관적 인식과의 관계 속에서만 가능하기 때문이다. 사실 개인이 인지하는 내적 실재와 외적 실재의 구분은 버거의 문화에 관한 분석 중에서 가장 유명한 정당화에 관한 전체적인 논의의 기반이 된다. 실재구성의 '2차 질서'로서 정당화의 역할은 개인들에게 객관적으로 인지된 세계를 합리화하고, 이를 통해 주관적 소외를 감소시키는 것이다. 이런 의미에서 버거의 이론은 기술적 현상학에 뿌리를 두고 있음에도 불구하고, 문화에 대한 고전적 논의인 데카르트적 이원론(Cartesian dualism)에 많이 의존하고 있다. 따라서 버거의 이론들이 개인의 주관성과 관계없이 문화를 연구할 수 있도록 한다는 주장은 단지 한정적인 의미에서만 맞는 이야기이다.

또한 더글러스, 푸코, 하버마스의 연구에서 주관성이 완전히 배제되었다고 말할 수도 없다. 문화가 의사소통행위를 포함하는 것으로 정의되는 한, 현상학자들이 관심을 가져온 주관적 상태에 속한 발화는 문화분석의 영역에 남게 된다. 그러나 발화는 내면적 의식의 차원이라기보다는 객관적으로 관찰가능한 행동으로 개념화되었으며, 따라서 발화를 문화분석에 포함한다고 해서 현상학적 관점을 받아들이는 것이라고 볼 수는 없다. 다시 말해 발화를 내면 영역의 지표가 아닌 그 자체로 바라보는 것으로, 발화를 해석하는 방식에 있어 분명한 차이가 존재한다.

문화분석에 주관적 차원을 포함시킴으로써 얻게 되는 이점이 있는 반면에, 또한 이를 분석의 주요한 고려대상에서 제외시킴으로써 얻는 것 역시 많을 수 있다. 그 중에서 과학적 발전이라는 측면에서 가질 수 있는 가장 큰 이점은 문화의 기본단위들이 개념 정의를 통해 엄밀하게 관찰가능해지는 것이다. 이렇게 되면 문화는 개인의 주관적 의식 안에서 구성된 실재의 지표라는 전통적인 역할에서 벗어나 연구의 독자적인 대상으로서 실재를 획득한다. 이렇게 되면 관찰자에게 요구되고 기대되는 것은 인간의 내면영역을 발견해내는 것이 아니라 현재 가지고 있는 자료의 내용과 한계를 찾아내는 것이 된다. 물론 개인적 동기가 문화에 미치는 영향에 대한 가정은 세울 수 있다. 그러나 이러한 가정들은 문화가 포함된 관찰가능한 행동을 연구함으로써 문화적 수준 자체에서 검증된다.

다음으로 버거, 더글러스, 푸코, 하버마스를 비교해보면, 문화분석의 주요 고려대상에서 주관성을 제외시킬 때 이론적 유연성을 얻을 수 있다는 점을 알 수 있다. 버거의 관심이 거의 질서와 연속성이라는 감정에 대한 주관적 요구로부터 나온 문화유형에 집중되었던 반면, 나머지 학자들의 경우 문화유형은 사회적 상호작용의 강제성이나 국가 또는 의사소통의 유형과의 관계 속에서도 연구될 수 있었다. 이러한 유연성은 이데올로기와 정당화 등의 거시적 체계들을 비교할 때 특히 중요하게 작용한다.

마지막으로 문화가 주관성과 보다 뚜렷하게 구별될 때 문화분석에 있어서의 주요 문제들은 보다 광범위하고 발전가능한 방향으로 전환된다. 하버마스와의 연관성 내에서 언급했듯이 문화분석의 주요 문제는 이제 상징의 의미만을 포함하는 것이 아니라, 상징을 유의미하게 하는 조건, 즉 유형 및 사용규칙들을 포함한다. 이러한 방향전환은 문화과학에서 경험적 일반화를 향한 진보가 이루어지도록 한다는 면에서 상당한 발견적 가치를 지닌다.

2. 문화와 사회구조의 연결

우리가 문화분석이라고 부르는 지적 추구는 특정 지식분야에 걸쳐 존재한다. 그러나 분명히 문화분석은 사회학 분야 안에서 특별한 위치를 차지하고 있다. 따라서 다양한 사회현상 사이의 신뢰성 높은 인과적 상관관계를 찾고자 하는 사회학 내의 오랜 과학적 목표는 문화분석가들로 하여금 사회구조 내에서의 문화현상에 대한 과학적 설명을 추구하는 이론틀만을 추구하도록 했다. 문화 즉 문화의 인과관계, 형태, 특질을 사회구조적 대상으로 축소시키는 것이 확실히 지배적인 경향이었다. 그리고 이러한 경향이 가장 잘 나타난 분야는 사고가 사회적 환경에 의해 결정된다는 것을 보여주고자 했던 전통적인 '지식사회학'이었다. 이러한 사회학적 추론의 방법은 문화적 실체를 이해하는 데 유용한 도구를 제공했으며, 중요한 통찰력을 더해주었다. 그러나 여기에는 한계점이 존재한다. 문화분석의 최근 접근법들 중에서 문화분석의 범위와 방법론의 전반적인 확장을 보여주는 것들의 특징의 하나는 문화와 사회구조 간의 관계보다 문화의 구조 자체에 훨씬 더 집중하는 경향이다. 현재 나타나고 있는 관점은 문화적 수준에서 명백한 유형들과 규칙들, 그리고 관계들을 강조한다. 이러한 추세는 문화는 사회학적 환원주의를 넘어서 문화 그 자체만으로도 연구할 가치가 있는 대상이라는 것을 함의하고 있다.

이 새로운 강조점은 이 책에서 다루었던 학자들의 저작에서 다양한 모습으로 나타나고 있으며, 모두 서로 다른 수준에서 이 분야의 발전에 기여했다. 현실의 관점적(perspectival) 혹은 상징적 측면에 가장 많은 관심을 쏟은 버거의 경우, 다른 학자들과 비교했을 때 문화적 분석 차원에는 가장 관심이 적었으며, 이와 상대적 측면인 사회구조의 인과적 가능성을 가장 많이 강조했다. 그의 대중적인 개념인 '의미적절한 구조'의 논의에서 버거는 현실의 상징적 정의는 그 정의가 구성원들이 서로 상호작용하는 집합체에 의해 재강화되는 한에서만 의미적절성 — 신빙성 또는 실체성의 분위기 — 를 유지할 수 있다고 주장한다. 따라서 설명변수로서 객관적 지위를 획득하는 것은 문화 그 자체라기보다 사회적 관계의 존재 여부이다. 이를 다르게 말하면, 문화와 사회구조 사이의 불균형이 존재하는 것으로, 문화를 사회구조의 결정요소로 보기보다는 훨씬 많은 부분 사회구조를 문화의 결정요소로 보고 있는 것이다. 이러한 버거의 입장은 문화와 문화변동의 기원에 대한 논의에도 나타나 있다. 문화의 기원에 관해 그는 상징들은 구체화된 사회적 맥락 속에서만 의미를 획득한다고 주장한다. 즉, 이러한 맥락들의 객관적인 특성과 그 속에서 일어나는 상호작용이 문화적 구성물의 증가를 가져온다는 것이다. 또한 문화변동에 관해서는, 문화적 수준에서의 세속화와 탈제도화 등의 현상을 산업화·관료제화·도시화와 같은 사회적 하부구조의 진화로 설명하고 있다.

그러나 여기서 버거의 접근법을 통속적인 환원주의로 간주하는 것은 잘못된 판단이라는 것을 확실히 해야 할 것이다. 그의 접근법은 환원주의가 아니다. 분명히 그의 연구저작들의 상당부분은 문화와 사회구조 사이의 변증법을 설명하는 데 할애되어 있다. 바로 이러한 변증법 접근은 사회변동의 상당한 부분을 미시적·거시적 수준 모두에서 설명해주며, 많은 고전사회이론을 넘어서는 의미 있는 발전이라 할 수 있다. 그럼에도 불구하고, 버거가 사회구조적 요소를 변증법에 있어서의 가장 중요한 요소로 보고 있다는 점, 또한 그래서 문화현상이 원인으로 존립할 수 있는 가능성을 배제시키는 정도까지 이르렀다는 점 역시 명백하다. 그렇기 때문에 매우 사실적인 의미에서, 버거의 저작에서 이론적 변증법의 틀 속에서 일어나는 기능적 (그리고 조작적) 이원론을 볼 수 있다는 주장 또한 가능하다.

버거가 문화에 접근하는 데 있어 사회학적 환원주의의 다양한 형태들을 결합한 고전이론들을 많이 차용한 것을 생각하면, 그가 인과적 결정요인을 사회구조의 영역에 기능적으로 귀속시키는 것은 전혀 놀라운 일이 아니다. 소외와 세계관에 관한 버거의 이론은 마르크스에게 상당히 의존하고 있으며 마르크스주의 인식론을 반영한다. 근대화에 관한 그의 연구는 베버와 뒤르켐에게서 많은 영향을 받았으며, 그 중에서도 특히 문화가 근대화와 연관된 구조적 변동에 의해 취약할 수 있다고 가정한 점은 이 두 이론가의 많은 영향력을 반영한다. 또한 버거는 사회심리학에 대한 그의 논의를 형성하는 데 사회적 상호작용의 중요성을 강조한 미드의 견해를 가져왔다. 여기에서도 버거는 1장에서 언급했듯이 고전사회이론 내에 면면히 흐르는 객관적 사회구조의 영역과 관념·믿음의 영역 사이의 암묵적인 이원론을 적용하는 경향을 보인다.

그럼에도 불구하고 주목할 만한 것은 버거의 지식사회학의 이론적 재구성이다. 이 견해는 고전적 환원주의의 논쟁으로부터 매우 의미 있고 긍정적인 방향으로 벗어나 있으며, 또한 새로운 연구방향의 실마리를 가지고 있다. 이러한 새로운 지향성은 이후의 다른 이론가들에게서 더 확실하게 나타나며, 이러한 방향성 내에서의 연구들은 문화를 사회구조에 의해 결정되는 것으로 다루지 않고 문화적 구성의 내적 유형에 집중한다. 암묵적으로 버거는 많은 연구와 조사를 가능하게 하기 위해서 문화의 사회구조에 대한 의존성을 간주한 것이 아니라 이를 본래부터 '주어진 것'으로 보고 있다. 고전적 견해에서 사회과학적 조사의 존재이유(*raison d'être*)는, 믿음들이 완전히 합리적 주장이나 확신에서 나오는 것이 아니라, 영향력 있는 이해관계들에 의해 형성되고, 사회적 자원의 배열에 기인하며, 사회적 연출의 산물일 수 있다는 것을 보여주는 것이었다. 반면에 버거는 상대적으로 설명변수로서의 사회적 상호작용의 역할을 강조하지 않는다. 그의 관점에서 보면, 구성된 현실과 사회적 맥락 사이의 관계는 매우 비결정적이다. 버거가 이 관계를 다루는 방식으로 생각해보면, 사실 어떤 세계관이라도 특정한 일련의 상호작용하는 사람들에 의해 지탱될 수 있다는 논의가 가능하다. 필요한 것은 오직 상호작용이 존재하고, 그 상호작용이 구성된 현실의 언어적 또는 행동적 표현을 수반하는 것이다. 그러나 상호작용이 이러한 현실의 실제 내용을 제한할 필요는 없다. 그가 주관성을 다루었던 방식과 마찬가지로, 버거는 사회적 상호작용의 역할을 철학적 문제로서 강조하는 것으로 보인다. 그런 반면 그가 구체적 사례와 이론적 명제에 대해 실제적인 논의를 할 때, 이 요인은 대체적으로 그의 관심사와 무관한 것으로 보인다. 간단히 말해 버거의 이론은 사회구조에 정확한 설명력을 부여하는 데 실패했다는 면에서 지식사회학의 '열등한' 버전이라고 할 수 있다.

만약 버거에 대한 이러한 해석이 옳다면, 그의 이론에서 문화가 자주적인 실체로서 사실상의(*de facto*) 지위를 획득했음을 암시한다. 그렇다면 문화적 구성을 형성하는 것은 무엇인가? 관찰자는 어떤 질서를 이해하고자 하는가? 버거에게 있어 그 대답은 그의 더 큰 철학적 성찰, 특히 의미와 질서를 위해 개인에게 요구되는 것과 관련된 부분에서 발견될 수 있다. 이러한 개인의 필요성은 그 자체가 철학적 주장으로서는 검증되지 못하는 반면에, 인간의 사고와 행위에는 아주 영향력 있게 작용해 문화의 유형화 자체에 반영된다. 확실히 버거의 관점의 두드러지는 특징은, 마르크스와 같이 계급관계모순의 발현이라는 측면보다는 이러한 개인적 필요와 관련해서 문화를 가장 잘 이해할 수 있다는 점이다.

여기에서 우리는 문화에 연구가치가 있고, 관찰가능하며, 따라서 체계적인 경험적 분석의 대상이 되는 확인가능한 구조가 있다는 버거의 믿음을 분명히 알 수 있다. 이러한 가정은 과학으로서의 문화분석 발전을 위해 필수적이며, 또한 버거가 그의 연구에서 이 가정을 확실하게 지지하고 있는 것 역시 분명하다. 문화는 개인이 주위 환경을 이해하고 이와의 관계에서 적극적으로 기능할 수 있도록 하는 비교적 합리적인, 혹은 적어도 질서정연한 일련의 분류체계로 구성된다. 정체성, 제도, 세계관에 대한 버거의 개념과 구획된 '관련성의 영역들'에 대한 그의 논의, 그리고 부차적 설명의 위계적인 범주들은 분류체계에 대한 연구를 촉진하는 역할을 담당했다.

그 스타일과 개념화에 있어 상당한 차이가 있음에도 불구하고 문화유형에 관한 버거의 논의는 실제로 메리 더글러스의 논의와 상당히 비슷하다. 더글러스 역시 문화를 사회구조적 수준에서 궁극적 결정요인으로 귀착시키기보다, 상징적 표현의 수준 자체에서 객관적인 구분과 질서와 같은 문화적 유형들을 발견하는 데 주된 관심을 두었다. 그녀의 연구는 물질적 자원, 권력의 차별, 인구 규모와 같은 일반적으로 사회구조라는 개념과 관련된 사회생활의 측면에는 거의 초점을 맞추지 않았다. 그 대신 더글러스는 기술·상품·친족관계·일탈·물질적 환경 등의 사회구조의 여타 측면들을 다루었으며, 이러한 것들을 주로 문화의 유형을 드러내는 상징적 형태로 취급했다. 그리고 더글러스가 언어적 기호를 사회적 환경과 연관시킬 때, 환경 자체는 상징적으로 표현된 일련의 관계들로 그려진다. 버거와 같이 더글러스는 문화를 의례나 발화, 사회적 배치에서 극화된 사회적 상호작용의 역학과 연결시켰다. 그녀는 이러한 배열들을 사회생활의 질서정연한 운영을 위해 필요한 메시지의 전달자로 간주한다.

그럼에도 불구하고 사회구조에 관한 한, 더글러스의 견해는 두 가지 점에서 버거의 견해와 구분된다. 먼저 그녀의 연구에는 버거와 달리 사회구조와 문화 사이의 명확한 분석적 구분이 없다. 그녀의 관점에 따르면 문화는 의미적절한 구조라고 할 수 있는, 문화와 분석적으로 구별되는 사회적 맥락이나 상호작용과 연결될 수 있는 주관적으로 인지되는 실제나 세계관이 아니다. 그녀는 문화를, 개인의 관점에서 정의하기보다 분석가가 관찰할 수 있는, 개인이 아닌 사회적 수준에서 존재하는 대상으로 생각한다. 따라서 문화는 사회생활로부터 분리된 태도의 영역이 아니라 사회생활 자체로 함께 짜여진 것이다. 비록 더글러스가 이 점을 명확하게 주장하지는 않았지만, 그녀의 연구에서 문화는 사실상 관찰자가 사회생활을 다루는 법에 의해 구분되고 있다. 사회질서에 관한 메시지를 소통하고, 사회적 관계들 사이의 질서를 보여주는 사회적 배열이라는 측면을 연구하기로 결정하면 관찰자는 문화에 초점을 맞추게 된다. 그러나 같은 자료들을 연구하더라도 이 자료들을 표현적 특성이 없는 사회적 자원의 증거로 다루게 되면, 그 연구는 문화에 초점을 맞추지 않게 된다.

두번째로, 뒤르켕의 전통에 따라 더글러스는 개인에게 있어서 문화의 심리학적 기능에 반대하고 문화의 **도덕적** 측면을 강조한다. 문화가 존재하는 근본적인 철학적 이유는 버거의 논의에서 주장하는 인지적이고 정서적 안전에 대한 개인적인 요구가 아니라, 사회적 상호작용이 가능하기 위해 필수적인 예측가능한 행동의 필요성에 있다. 도덕질서는 어떤 관계들을 기대할 수 있으며, 더 나아가 당연시할 수도 있다는 것을 암시한다. 이러한 관계들은 사회적 자원의 흐름에 영향을 미친다. 또한 합리적 논쟁이나 단기간의 실리적 이해관계의 측면에서는 이해될 수 없는, 주관적으로 느끼는 충성심이나 소속감을 이해할 수 있도록 한다. 대체적으로 오염의 상징은 이러한 집합적 충성심 주위의 외재적 경계를 형성하며, 다른 배열들은 주어진 사회적 상황 내의 행위자간 관계를 극화시킨다. 그리고 이러한 극화는 행위자들이 자신들의 개인적 행위를 타인의 행위들과 조화시켜 집합적 목표를 성취할 수 있게 한다. 더글러스는 문화가 사회적 배열양상과 매우 밀접하게 짜여 있다고 보았기 때문에 문화를 사회구조에 종속시켜 문화에 대한 보다 '심오한' 설명을 구하려고 하지 않는다. 문화는 본래부터 사회구조의 한 측면인 것이다.

더글러스의 연구주제는, 믿음이나 태도에 주된 관심을 가졌던 학자들의 관심사에서 벗어나 있고 경험적인 사회과학자들에게는 무시되어왔던, 내재적 상징주의의 세계이다. 이는 언어나 의식적인 몸짓이 아닌, 연회·식습관·소비상품·오염의례·사회운동과 같은 사회생활 그 자체로 구성된 표현의 세계이다. 또한 더글러스는 문화가 기호화된 지식뿐만 아니라 모든 집합적 행동에 내재된 신호들로 구성된다는 점을 강조한다.

푸코 역시 사회구조에 근거한 설명을 추구하기보다는 문화유형에 초점을 두면서 문화에 대한 이분법적 접근을 거부한다. 그러나 권력과 지식 사이의 관계에 대한 그의 연구는 이러한 일반화의 예외로 보인다. 권력관계가 사회적 지식의 형성에 미치는 영향을 보여주는 데 있어 푸코는 전통적인 지식사회학적 견해의 환원론적 특성을 갖고 있는 것 같다. 그러나 이러한 해석은 푸코 연구의 진정한 의도를 잘못 파악하는 것이다. 특히 그의 『권력/지식』이라는 생생한 표현에서 알 수 있듯이 권력과 지식개념을 접합함으로써 푸코는 권력의 비대칭성이, 피상적인 것으로만 구성된 형태로 문화에 영향을 미치는 것이 아니라, 지식의 자체구조 내에 존재하는 경향이 있음을 논증하려 한다. 푸코에 따르면 "아는 것이 힘이다"라는 격언은 가장 문자 그대로의 의미에서 진실이다.

푸코의 문화분석은 더글러스와는 달리, 그리고 버거보다는 훨씬 더 분명하게 문자화되고 음성화된 담론에 초점을 둔다. 이는 광기와 의학적 행위에 대한 기록들의 증가, 그리고 그의 기본적인 관찰대상인 된 사회과학에 관한 기록된 증거들이다. 담론에 초점을 맞출 때, 푸코는 암묵적으로 사회적 배열에서 음성기록과 문자기록을 구분한다. 이러한 구분을 통해 그는 의사의 역할이나 근대 형벌제도의 발전양상 등의 예에서처럼 더 큰 사회적 배열을 검토함으로써 담론을 해석하고자 한다. 그러나 이러한 담론과 사회적 배열 간의 명확한 구분은 푸코의 '고고학적' 접근과는 대조된다. 푸코 자신이 설정한 본질적인 임무는 문화형성의 기저에 있는 규칙들을 발견함으로써, 담론으로 나타나든지 혹은 사회적 상호작용으로 나타나든지 어쨌든 공통적으로 존재하는 배열들의 공존을 설명하는 것이다. 이러한 연구에서 사회적 배열은 담론의 한 형태가 되며, 더글러스의 견해에서처럼 문화유형을 극화하는 표현적 측면을 포함한다.

5장에서 다루었듯이 하버마스가 가장 명백하게 문화와 사회구조 간의 관계를 고찰했다. 그는 문화적 수준에서 의미 있는 '발화'를 구성하는 것이 무엇인지를 결정할 때 사회유형이 유용할 수 있다는 생각을 가지고 있었으며 진화동학에 관한 그의 연구에서 문화유형의 진화를 사회조건과 연관시켰다. 그럼에도 불구하고 그의 연구는 사회적 조건들을 문화유형들을 해석하는 데 영향을 주는 사실성, 언어적 능력, 주관적 의도성들로부터 구분함으로써 사회학적 환원주의와는 명백하게 다르다는 것을 보여준다. 또한 그의 이런 개념적 도식은 전통적 지식사회학 내에서 사회학적 설명이 지닌 한계점을 지적하는 역할을 담당한다.

하버마스는 또한 문화과학의 주제를 사회구조의 연구와 관련된 주제들로부터 차별화하는 문제를 가장 많이 고민했다. 그의 관점에서 사회적 가치의 소통과 관련된 행동을 물리적 세계의 조작을 위한 행동과 구분하는 것은 중요하다. 이런 점에서 문화는 의사소통에 참여하고자 노력하는 데서 발생하는 행위자들간의 유형화된 관계들로 구성된다. 이는 담론·대화·표현성을 문화의 핵심적인 요소로서 본 더글러스, 푸코, 버거의 관심사와 비교할 수 있다. 다양하게 개념화되었을지라도 각각의 이론가들은 문화를 행동에 대한 단순한 관념이라기보다는 행동의 한 유형으로 간주한다.

그러나 하버마스의 이론은 문화분석의 범위를 정의하는데 있어 발견적 도구로서의 유용성을 제한하는 모호성을 가지고 있다. 이러한 모호성을 가지게 된 것은 하버마스가 인간행동의 상이한 유형들을 정의할 때 행위자의 주관적인 의도와 관찰자의 견해를 명확하게 구분하는 데 실패했기 때문이다. 결과적으로 하버마스의 논의에서 의사소통행위로 정의되는 것이 관찰자가 어떤 행위를 객관적으로 의사소통을 위한 행위라고 보기 때문인지, 혹은 그 상황 자체 내의 행위자들이 의사소통을 하기 위한 의도성을 가지고 있기 때문인지의 문제는 불분명하게 남게 된다.

문화분석에 관련되는 한 이러한 모호성을 해결하는 보다 나은 방법은 의사소통을 관찰자의 관점에서 인간행동의 분석적인 측면으로 정의하는 것이다. 이렇게 되면 행동은 의도된 주된 목적이 의사소통인지 아닌지에 상관없이 표현적인 특질을 가지는 것으로 간주될 수 있다. 이런 식으로 그 행동이 가치를 지향하는지, 혹은 물질세계의 합리적·의도적 조작을 지향하는지에 상관없이 문화분석은 행동의 상징적·표현적 측면에 관한 연구가 된다.

이러한 문화의 정의는 문화와 사회구조 간의 관계에 대해 버거, 더글러스, 푸코, 하버마스가 공통적으로 강조한 내용과 양립가능한 관점을 제공한다. 행동에 대한 상징적·표현적 차원에서의 문화는, 푸코와 하버마스가 가장 관심을 가졌던 음성화된 담론뿐 아니라 버거와 더글러스가 관심을 둔 일상생활의 극화와 사회적 배열의 의례화된 측면까지를 포함한다. 이러한 넓은 의미로 문화를 정의할 때, 문화분석의 주된 임무는 문화의 형태와 내용을 이루는 반복되는 양상들과 구분들, 기본적인 유형들을 찾아내는 것이다. 문화가 사회적 배열이라는 개념에 의해 함축되는 모든 것을 포함하지 않는다는 점은 분명한데, 이는 사회적 배열이 상징적·표현적 중요성과 관계없는 불균등하게 분배되는 자원(수입·인구·생산양식 등)의 축적으로도 간주될 수 있기 때문이다. 결과적으로 환원론적이거나 인과적인 우선순위로서가 아니라 행동에 서로 영향을 주는 측면으로서 문화와 사회구조를 연계시킬 가능성은 지속적으로 존재한다. 특히 상징적 표현의 의사소통을 형성하는 데 있어서 가용자원의 역할과, 자원의 통제와 분배를 규제함에 있어 의사소통의 역할은 문화에 대한 사회과학적 연구의 일반적인 임무로서 연구할 만한 가치를 지닌다.

3. 실증주의의 쟁점

일부 사회과학자들은 문화분석이 실증주의 과학의 규칙을 준수하는 것을 달갑게 여기지 않았다는 점에 문제가 있었다고 본다. 그리고 사실 이러한 이유에서 다른 분야의 사회과학자들은 문화에 대한 연구를 비관적으로 보는 경향이 강하다. 문화연구의 과학적 근거에 대한 이러한 의혹은 문화연구에 중요한 공헌을 한 이론가들이 실증주의의 철학적 전제에 도전했다는 점에서 어느 정도 정당하다. 네 명의 이론가 중 버거와 하버마스는 실증주의를 비판한 가장 두드러진 인물들이었으며, 푸코의 연구 또한 실증주의의 전통과는 차이가 있다. 그리고 더글러스조차도 사회과학자들보다는 인문학 내의 비실증주의자들 속에 더 많은 추종자를 가지고 있다.

실증주의와 관련한 버거의 논쟁의 뿌리는 현상학이다. 일상생활 실제의 구성을 인정하는 현상학과 같은 상대주의적 견해는 과학적 증거의 임의성을 인정해야 한다. 이러한 견해에 근거한 연구자들은 과학자들 역시 일상생활에서 보통 사람들이 하는 것과 마찬가지로 언어와 상징, 담론의 전략적 사용을 통해 실재에 대한 정의를 교섭한다고 주장한다. 따라서 현상학적 견해에서는 순수하게 객관적이고 과학적인 법칙이 발견될 가능성은 부정된다. 또한 현실을 해석함에 있어 관찰자의 역할이 강조되며, 특히 인간의 상호작용이 관련되었을 때 이는 더욱 강조된다. 하버마스도 실증주의를 거부하는데, 그 근거는 이러한 실증주의적 접근에서는 가치를 고찰하는 것이 무시된다는 이유에서이다. 하버마스의 견해에서 사회과학의 영역 내에서 증거가 검증되는 것은 그 증거가 얼마만큼 엄격하게 객관적인 현실과 일치하느냐보다는, 그 증거가 어떤 가치들에 대한 논의를 조장할 수 있느냐에 달려 있다. 푸코는 경험주의 역사학의 전통 안에서 연구했지만 그 또한 자신의 연구가 실증적인 과학적 일반화에 도움을 줄 수 있는 증거라고 주장하지는 않았으며, 대신에 자신의 결론을 권력 관계를 폭로하기 위해 역사를 '해석'하는 것으로 특징짓고 싶어했다. 그리고 더글러스는 인류학적 방법들과 자료들에 많이 의존했음에도 불구하고, 의례나 신화 등과 같은 자료들 역시 똑같이 유효한 지식일 수 있다는 가능성을 인정함으로써 근대의 실증주의적 방법과는 거리를 두는 일군의 인류학자들의 태도를 적어도 어느 정도는 받아들인다.

여기에서 과연 검증가능한 사회과학지식을 생산할 수 있는 토대 위에서 문화분석을 구성할 수 있는지, 아니면 문화연구는 필연적으로 사변적인 탐색으로만 남아있을 수밖에 없는지에 대한 의문이 생긴다. 검증가능한 지식을 만들어내고자 하는 희망을 제외시킨다면, 문화분석의 임무는 성서(聖書)해석학과 마찬가지가 된다. 즉, 불연속적인 사건들에 대해 의미를 풍부하게 하는 해석을 제공하는 작업이다. 그러나 반대로 실증주의 비판이 좀 더 힘을 얻게 된다면, 문화분석은 보다 가치 있는 방향에서 경험적 일반화를 모색하는 작업에 초점을 맞출 것이다.

네 명의 각 학자들에 근거해 다시 한번 생각해보면, 실증주의에 대한 비판이 문화에 대한 경험적 일반화 추구를 배제하는 것이 아니라는 점은 분명하다. 문화에 대한 최근의 연구에서 특징적으로 지적되고 있는 실증주의의 한계점은 과학적 증거를 포함한 모든 지식이 문화에 의해 중개된다는 가정에 잘 나타나 있다. 경험적 사실은 사용가능한 언어라는 여과렌즈를 통해서만 '알 수 있다'. 게다가 생산되고 가치 있게 여겨지는 일련의 지식은 분명히 문화적 환경에 의존한다. 하버마스가 가장 명확하게 주장했듯이, 보다 높은 문화적 시대로의 진화가능성은 경험적 지식에 관한 완전히 상이한 요구들을 고려하는 데 달려있다. 그러나 이렇게 실증주의적 견해가 제한점을 가지고 있다고 해서 검증을 하는 데 있어 표준적인 과학적 방법의 적용을 배제해야 하는 것은 아니다. 다만 과학자들이 지닌 개인적·문화적·역사적인 경향성을 명시함으로써, 과학적 진리의 잠정성에 대한 일상적인 규범이 강조되어야 한다고 요구할 뿐이다. 그리고 이러한 한계점을 받아들인다면, 문화분석은 경험과학으로 기능할 수 있다.

버거의 연구에서 문화에 대한 경험과학의 근거는 현상학의 전통적인 가정을 넘어 상당히 발전되었다. 문화에 대한 버거의 주장에 있어서는, 그의 철학적 토대에 함의되어 있는 초월적이며 궁극적인 의미에서의 존재의 본질에 대한 그의 성찰을 잠시 접어둘 수 있다. 그 자료를 주로 상호작용하는 대상의 담론이나 일상의 행동에서 찾는 것이 보다 발전된 문화분석 방법이다. 앞에서 살펴보았듯이 더글러스의 연구는 의례와 의식에서 표현되는 문화의 경험적 산물에 초점을 맞춘다. 이러한 자료들의 구조와 기능에 대한 해석을 할 때 관찰자는 증거를 제시해야 하며, 불확정의 영역 밖에 놓인 이런 사건들의 궁극적 의미나 주관적인 의미를 주장하는 것을 자제해야만 한다. 푸코도 이와 비슷하게 경험적 자료에 의존한다. 실제로 그는 역사적 해석을 구성하는데 통합될 수 있는 자료들의 다양성을 확장하고자 했다. 그래서 그의 연구에 대한 비판은 사용한 자료가 존재하느냐 그렇지 않느냐가 아니라 과연 그 자료를 사용하는 것이 적절한가에 초점이 맞춰진다. 네 이론가들 중 가장 경험적 조사에 관심을 기울이지 않았던 하버마스도 자신의 인식론적 논쟁의 윤곽을 잡는데 있어, 이론적 적절성에 대해 경험적 검증을 제공할 수 있는 담론분석을 많이 사용하는 접근법을 택했다. 사실상 이론적 논쟁과 경험적 일반화(특히 문화적 진화와 관련해)를 구분하고자 하는 그의 노력은 그의 이론틀이 기본적으로 과학적 증명이라는 표준적인 규범과 이질적이라는 비판을 낳았다. 그러나 이러한 비판은 단지 하버마스 자신이 이미 경고한 것에 대해 주의를 기울이지 않은 데서 나온 것이다. 그의 개념적 도구가 명시적으로 경험적인 증명 또는 반증을 넘어서는 것은 사실이지만, 이 도구는 단지 연구를 위한 문제를 선택하는 틀로 만들어진 것이다.

결론적으로 말하자면 문화이론가들이 실증주의에 대한 비판적인 자세를 가졌다고 해서 문화분석이 엄격한 경험과학이 될 수 있다는 가능성을 배제하는 것은 아니다. 오히려 사회적 삶 속의 관념의 역할에 대해 관심을 가졌다는 점에서, 아마도 문화분석은 과학적 연구 자체에 내재되어 있는 편견을 인식하는 보다 통찰력 있는 견해가 될 수 있을 것이다. 문화분석가들은 필연적으로 자료에 있어서 자신들의 가정이 가지는 해석적 영향을 인정하면서, 하지만 그 상대성에도 불구하고 특수한 문화적 맥락에서 이러한 해석이 지닌 가치를 인정해야만 한다. 그러나 이렇게 인정한다고 해서 문화적 현상의 유형화에 대해 경험적으로 입증가능한 일반화를 모색하는 가능성과 유효성이 없어지지는 않는다. 마지막으로 이러한 유형들에 대해 정리해보자.

4. 문화분석

간단히 정리하자면, 버거, 더글러스, 푸코, 하버마스의 연구에서 명백하게 나타나는 이론틀은 문화를 사회실재의 뚜렷한 한 측면, 즉 관찰과 이론적 해석의 대상이 될 수 있는 유형들로 보는 것이다. 이러한 틀을 보다 이론적이고 공식화된 언어로 표현하자면, 문화분석은 사회적 삶의 상징적 표현의 차원에 대한 연구라고 정의할 수 있다. 이같이 문화분석의 주요목적 중 하나는 실재의 상징적 표현 차원에서 경험적인 규칙성이나 유형들을 찾아내는 것이며, 이러한 규칙성으로부터 특정한 상징적 행위가 의미를 가지기 위해 존재해야만 하는 규칙들과 기제(機制)들 그리고 관계들을 구체화하는 것이다. 문화분석의 주제는 객관적 행위·사건·발화·사회적 상호작용의 사물들 속에서 쉽게 찾을 수 있다. 그리고 적절한 분석수준은 문화를 개인의 내부적 상태나 사회의 물질적 조건으로 환원시키고자 하는 노력이라기보다는 이러한 상호작용의 산물들 사이의 유형들이다. 그러므로 문화분석은 인간행동의 독특한 측면과 관련된다는 점에서 사회심리학이나 사회학과 같은 관련학문분야와 차별성을 갖는다.

인간행동의 연구에 대한 어떠한 새로운 연구경향이라도 그렇듯이, 이런 종류의 문화분석이 과연 생산적인지, 그리고 만약 생산적이라면 연구조사의 가장 효과적인 전략은 무엇인지에 대한 의문이 제기된다. 이러한 의문에 대한 해답은 아직 명확하지 않으나 몇 가지 실마리는 찾을 수 있다. 예를 들어, 푸코 및 더글러스의 연구에서 전략적 가치를 지녔던 방식은 일탈에 초점을 맞추는 것으로 이는 일상적인 것을 당연하지 않게 만들어주었다. 광기·질병·고문·감금·간통과 같은 소재들은 모두 문화에 대한 새로운 통찰력의 원천을 제공한다. 일탈은 역사적 사본을 포함한 분석가능한 담론을 증대시키는 경향이 있다. 그리고 더글러스가 주장했듯이 일탈행위는 문화적 경계를 극적으로 보여주며, 또 그 반대로 문화적 경계를 위반하는 행위가 일탈로 정의된다. 그러므로 일탈은 문화적 의미의 일반적인 특성을 이해할 수 있도록 하는 특별한 범주이다.

일탈은 상징적 경계라는 보다 큰 맥락에서 중요성을 지닌다. 상징적 경계라는 개념은 더글러스의 이론에서 가장 확실한 의미를 갖지만, 문화연구에서는 기본적인 구성물로서 보다 일반적인 가치를 지닌다. 경계는 질서를 극화(劇化)한다. 버거가 강조했듯이, 질서는 개인에게 근본적인 것이고 또한 사회적 상황에서 수행하는 행동에 필수적이다. 그러므로 문화 내에서 어떤 수준의 질서나 유형이 명백히 존재하리라는 가정은 별 문제가 없다. 다르게 말하자면 상상에서만 가능한 거대하고 무한하게 다양한 형태와 비교했을 때, 문화는 형태의 다양성에 있어 제한점을 가진다. 그리고 이런 한계설정이야 말로 문화과학을 가능하게 하고, 상이한 유형들이 나타나고 유지되는 조건이나 규칙들을 구체화하고자 하는 노력에 목적성을 제공한다. 그러나 유형에 대한 연구는 이러한 유형들이 무엇을 수반하는지에 대한 이해를 요구한다. 그리고 그 답은 질서(유형들)는 상징적 경계가 있는 한에서만 존재한다고 말한 더글러스에 의해 주어진다.

이러한 논쟁은 무엇을 함의하는가? 문화분석의 기초적인 임무는 문화질서의 본질을 구성하는 상징적 경계에 대한 연구여야 한다. 상징적 경계는 의미 있는 생각과 행동이 발생할 수 있는 상황을 만들어내면서 영역들을 분리한다. 게다가 상징적 경계에 의해 분리되는 것은 또한 상징적 경계에 의해 통합될 수 있다. 더글러스와 버거가 서술했듯이 무언가가 물리적이고 상징적으로, 한 영역에서 다른 영역으로 움직일 수 있는 것은 주변부를 경험함으로써 가능하다. 또한 일반적으로 말해서, 경계들은 (예를 들어 문화진화에 대한 하버마스의 이론에서 상술되었듯이) 문화적 구분의 본질을 조사하는 근거를 구성한다. 왜냐하면 구분은 상징적 경계에 의해 분리되고 합쳐지는 영역과, 범주의 구분을 의미하기 때문이다.

문화를 인간행동의 관찰가능한 측면으로 간주하면 상징적 경계의 실재를 강조하게 된다. 상징적 경계는 개념적인 구분으로서 사람들의 마음 속에 존재할 뿐 아니라, 공식적으로 사회적 상호작용이 일어나는 방식에서, 담론에서, 그리고 실체적 사물에서 찾아볼 수 있다. 자원들은 상징적 경계들을 만들어내고 유지하는 가운데 소비되며, 많은 사회적 활동들은 무뎌진 상징적 경계를 날카롭게 하고 문화적 구분을 재정의하는 노력으로 이해될 수 있다. 이러한 활동들을 규정하는 것은 문화분석이 적용될 수 있는 구체적인 분야이다.

많은 유형들 중에서 어떤 것이 가장 연구가치가 있을까? 우리가 살펴본 네 명의 이론가들로부터 배울 수 있는 또 하나의 교훈은 근대문화의 본질에 관한 메타이론적 관점이, 구체적인 연구문제를 선택하는 데 본질적인 지침이라는 점이다. 실제로 이 이론가들의 매력은 그들의 실질적인 통찰력 못지 않게, 이러한 이론틀을 개념화하고자 하는 노력에서도 찾을 수 있다. 이들 각각의 이론가들의 문화변동에 관한 개념은 근대사회가 직면한 일련의 문제들을 구체적으로 규정한다. 그 범위는 버거의 최고실재에 대한 경쟁적인 정의(定義)의 문제에서 더글러스의 집단정체성 쇠퇴의 강조에까지, 그리고 증가하는 국가의 개인적 영역으로의 침투에 대한 푸코의 관심으로부터 정당성에 대한 하버마스의 논의에까지 이른다. 물론 그 관점의 차이는 종종 상당히 크며, 그 자체로는 경험적 고찰을 할 수 없는 역사의 흐름에 대한 가정에 의존한다. 그러나 중요한 것은 이런 종류의 이론틀이 연구문제의 선택에 필요불가결하다는 점이다. 문화분석은 이러한 (혹은 여타) 메타이론적 틀이라는 명확한 지침을 가지고 추구될 수 있다. 또는 암묵적으로 이러한 틀이 존재한다는 가정을 인정하기만 하면서 맹목적으로 수행될 수 도 있다. 그러나 어느 경우에서나 선택의 과정이 필요하다. 그러므로 실제적인 지침으로서, 문화분석은 역사에 대한 대안적인 개념들이 가지는 장점에 관한 논의를 포함할 필요가 있다.

상징적 경계의 개념이 각각의 이론가들의 역사인식에서 발견되는 거시적 문제들과 밀접한 관련이 있다는 점은 분명하다. 그리고 각각의 경우에서 쟁점이 되는 것은 절대성에 대한 여러 대안적 인식들, 자아와 공동체, 국가와 자아, 국가와 경제 등의 개념 사이에 존재하는 경계와 같은 특정한 문화적 경계이다. 그리하여 현대문화의 문제에 대한 실제적인 분석은 이러한 경계가 정의되고 갈등과 문화적 재정의의 징후로 여겨져온 방식을 탐색함으로써 확대될 수 있다.

마지막으로 각각의 이론가들이 담론을 강조하고 언어학 이론을 차용했다는 점은 효과적인 연구의 방향을 암시해준다. 확인가능한 유형들에 맞춰 공식적인 언어가 존재하는 것과 마찬가지로, 일상적인 사회생활에서 무언의 의사소통'언어'는 보다 일반적으로 관찰가능한 규칙에 따른다. 슈츠는 [더구나 버거는 더욱(*a fortiori*)] 의미의 분리된 영역을 확인하는 근거로 상이한 맥락에서의 상이한 언어양식을 끌어온다. 버거는 이러한 연구를 확장하면서, 특수한 것에서 일반적인 것에 이르는 언어의 위계적 특성을 2차적 정당화 양식을 분류하는 근거로 간주한다. 더글러스는 번스타인의 논의를 빌려와 분류의 일반적인 원리로서 격자와 집단의 개념을 발전시킨다. 푸코는 상이하게 다양한 담론들에게서 유사한 구조를 찾아내고자 했으며, 하버마스는 발화 내의 '비언표적'이거나 지위를 정의하는 단서가 존재한다는 것을 문화의 사회적 조건화의 열쇠로 간주했다.

이런 새로운 시작들은 문화연구 내에 좀 더 심화된 통찰력을 만들어내는 것으로 보인다. 예를 들어 레비스트로스에 의해 매우 많이 사용되었던 언어의 양자(兩者)구조는 다른 맥락에서의 탐색적 연구에 중요할 수 있다. 레비스트로스가 믿은 것처럼 보편적인 것은 아닐지라도, 어떤 개념적 범주를 유지하는 데는 어둠·밝음, 선·악, 자유·의무와 같은 반대개념이 필요하다. 대조를 이루는 각각의 쌍 사이의 균형뿐 아니라 그 사이의 상징적 경계 역시 중요한 연구대상이다. 그래서 그 균형을 바꾸거나 상징적 경계를 위반하는 활동은 특별한 관심의 대상이 될 가능성이 높다. 또 다른 예로, 문화체계의 변화능력 즉 새로운 상황에 적응하는 능력은, 촘스키가 상당한 관심을 기울였던 새로운 변이를 발생시키는 언어들의 능력과 유사성을 지닌다. 예를 들어 '그리고', '또는' 등과 같이 언어의 새로운 표명의 능력을 높여주는 '발생적 기제'가 있는 것과 마찬가지로, 이러한 체계는 문화적 수준에서도 의심할 여지없이 존재한다. 한 개인의 사고와 책임을 또 다른 개인의 것들과 본질적으로 분리하는 개인적 자율성에 대한 관념은 하나의 예가 된다. 또한 상이한 상황에 상이한 믿음이 존재할 수 있다는 문화적 상대주의도 또 다른 예이다.

현시점에서 문화연구의 위치는 초기단계에 머물러 있다. 데카르트학파에서 갈라져나와 고전사회학이론과 많은 부분 결합된 전통적 접근법의 결점은 아주 명백한 것으로 보인다. 그리고 이러한 결점을 드러내고 대안적인 이론을 제안하는 것이 지난 25년 동안 피터 버거, 메리 더글러스, 미셸 푸코, 위르겐 하버마스와 같은 학자들이 지속적인 노력을 통해 얻고자 한 것이었다. 이러한 통찰력을 통합해 유익하고 풍요로운 연구로 이끄는 임무는 이제 우리의 과제이다.

참고문헌

Alford, C. Fred. 1979, "Review of Jürgen Habermas' *Communication and the Evolution of Society*," *New German Critique*, 18:176-80.

Anderson, Perry. 1976, *Considerations on Western Marxism*, London: New Left Books.

Barthes, Roland. 1964, *Essais Critiques*, Paris: Editions du Seuil.

______. 1968, *Elements of Semiology*, New York: Hill and Wang.

Baum, Gregory. 1980, "Peter L. Berger's Unfinished Symphony," *Commonweal*, 263-70.

Bellah, Robert N. 1970, *Beyond Belief*, New York: Harper & Row.

______. 1975, *The Broken Covenant*, New York: Seabury.

Berger, Peter. 1961a, *The Noise of Solemn Assemblies*, Garden City: Doubleday.

______. 1961b, *The Precarious Vision*, Garden City: Doubleday.

______. 1963a, *Invitation to Sociology*, Garden City: Doubleday.

______. 1963b, "A Market Model for the Analysis of Ecumenicity," *Social Research*, 30:75-90.

______. 1964a, "Marriage and the Construction of Reality," (with Hansfried Kellner) *Diogenes*, 46:5-22.

______. 1964b, "Social Mobility and Personal Identity," (with Thomas Luckmann) *European Journal of Sociology*, 15:331 ff.

______. 1965, "Reification and the Sociological Critique of Consciousness," (with Stanley Pullberg) *History and Theory*, 4:198 ff.

______. 1966, *The Social Construction of Reality*, (with Thomas Luckmann) Garden City: Doubleday.

______. 1967, *The Sacred Canopy*, Garden City: Doubleday.

______. 1970, "On the Obsolescence of the Concept of Honor," *European Journal of Sociology*, 11:373-80.

______. 1972, *Sociology: A Biographical Approach*, (with Brigitte Berger) New York: Basic Books.

______. 1973, *The Homeless Mind*, (with Brigitte Berger and Hansfried Kellner) New York: Vintage.

______. 1974, *Pyramids of Sacrifice*, Garden City: Doubleday.

______. 1977a, *Facing up to Modernity*, New York: Basic Books.

______. 1977b, "Secular Theology and the Rejection of the Supernatural," *Theological Studies*, 38:39 ff.

______. 1978, "On the Conceptualization of the Supernatural and the Sacred," (with Hansfried Kellner) *Dialog*, 17:36 ff.

______. 1979a, *The Heretical Imperative*, New York: Doubleday.

______. 1979b, "Religion and the American Future," pp.65-77 in S. Lipset(ed.), *The Third Century*, University of Chicago Press.

______(ed.). 1980, *The Other Side of God*, Garden City: Doubleday.

______. 1981a, *Sociology Reinterpreted*, (with Hansfried Kellner) Garden City: Doubleday.

______. 1981b, "New Attack on the Legitimacy of Business," *Harvard Business Review*, October: 82-99.

Bergesen, Albert. 1977, "Political Witch-hunts: The Sacred and Subversive in Cross-National Perspective," *American Sociological Review*, 42:220-33.

______. 1978, "A Durkheimian Theory of Political Witch-hunts with the Chinese Cultural Revolution of 1966-1969 as an Example," *Journal for the Scientific Study of Religion*, 17:19-29.

______ and Mark Warr. 1979, "A Crisis in the Moral Order: The Effects of Watergate Upon Confidence in Social Institutions," pp.277-95 in Robert Wuthnow(ed.), *The Religious Dimension*, New York: Academic Press.

Bernstein, Richard. 1976, *The Restructuring of Social and Political Thought*, Oxford: Basil Blackwell.

Bolaffi, Angelo. 1979, "An Interview with Jürgen Habemas," *Telos*, 39:163-72.

Brand, A. 1976, "Interests and the Growth of knowledge: A Comparison of Weber, Popper and Habermas," *The Netherlands' Journal of Sociology*, 13:1-20.

Braudel, Fernand. 1966, *The Mediterranean*, 2 vols, New York: Harper & Row.

Breyspaak, William A. 1974, "Toward a Post-Critical Sociology of Knowledge: A Study of Durkheim, Mannheim, Berger, and Polanyi," Ph.D. Dissertation, Duke University.

Bruner, Jerome S., Rose R. Oliver and Patricia M. Greenfield. 1966, *Studies in Cognitive Growth*, New York: John Wiley & Sons.

Burnham, James. 1972, "Selective, Yes. Humanism, Maybe. Reply to Berger: Two Paradoxes," *National Review*, 513 ff.

Cairns, David. 1974, "Thought for Peter Berger," *Scottish Journal of Theology*, 27:181.

Chomsky, Noam. 1957, *Syntactic Structures*, The Hague: Mouton.

______. 1965, *Aspects of the Theory of Syntax*, Cambridge, Massachusetts: MIT Press.

Clanton, Gordon. 1973, "Peter Berger and the Reconstruction of the Sociology of Religion," Ph.D. Dissertation, Union Thological Seminary.

Cooper, Barry. 1981, *Michel Foucault: An Introduction to the Study of His Thought*, New York: Edwin Mellen Press.

Coser, Lewis. 1974, *Greedy Institutions*, New York: Free Press.

Crittenden, Ann. 1979, "A New World Disorder," *New York Times*, February 4.

Douglas, Mary. 1957, "Animals in Lele Religious Symbolism," *Africa*, 27:46-58.

______. 1963, *The Lele of the Kasai*, Oxford University Press.

______. 1966, *Purity and Danger: An Analysis of the Concepts of Pollution and Taboo*, New York: Pantheon Books.

______. 1970, *Natural Symbols: Explorations in Cosmology*, New York: Pantheon Books.

______. 1978a, *Implicit Meanings: Essays in Anthropology*, London: Routledge & Kegan Paul.

______. 1978b, *Cultural Bias*, Royal Anthropological Institute of Great Britain and Ireland, occasional paper no.35.

______. 1982a, *In the Active Voice*, London: Routledge & Kegan Paul.

______. 1982b, "The Effects of Modernization on Religious Change," *Daedalus*,

Winter:1-19.

______ and Baron Isherwood. 1979, *The World of Goods: Towards an Anthropology of Consumption*, London: Allen Lane.

______ and Aaron Wildavsky. 1982, *Risk and Culture: An Essay on the Selection of Technological and Environmental Dangers*, Berkeley: University of California Press.

Dreyfus, Hubert L. and Paul Rabinow. 1982, *Michel Foucault: Beyond Structuralism and Hermeneutics*, University of Chicago Press.

Durkheim, Emile and Marcel Mauss. 1963, *Primitive Classification*, University of Chicago Press.

Erikson, Kai T. 1966, *Wayward Puritans*, New York: Wiley.

Foucault, Michel. 1965, *Madness and Civilization: A History of Insanity in the Age of Reason*, New York: Random House.

______. 1970, *The Order of Things: An Archeology of the Human Sciences*, New York: Random House.

______. 1972, *The Archeology of Knowledge*, New York: Random House.

______. 1975a, *The Birth of the Clinic: An Archeology of Medical Perception*, New York: Random House.

______. 1975b, *I, Pierre Rivière, Having Slaughtered My Mother, My Sister, and My Brother … A Case of Parricide in the 19th Century*, New York: Random House.

______. 1975c, "Entretien sur la prison: le livre et sa methode," (with J. J. Brochier) *Magazine littèraire*, 101:33.

______. 1977, *Language, Counter-Memory, Practice*, New York: Cornell University Press.

______. 1978, *The History of Sexuality, Volume I: An Introduction*, New York: Random House.

______. 1979, *Discipline and Punish: The Birth of the Prison*, New York: Vintage.

______. 1980a, *Power/Knowledge*, New York: Pantheon.

______. 1980b, *Herculine Barbin*, New York: Random House.

Gadamer, H. G. 1975, "Hermeneutics and Social Science," *Cultural Hermeneutics*, 2:307-16

Geertz, Clifford. 1973, *The Interpretation of Cultures*, New York: Harper & Row.

Geuss, Raymond. 1981, *The Idea of a Critical Theory*, Cambridge University Press.

Giddens, Anthony. 1977a, *Studies in Social and Political Theory*, London: Hutchinson.

______. 1977b, "Habermas' Social and Political Theory," *American Journal of Sociology*, 83:198-212.

Goffman, Erving. 1967, *Interaction Ritual*, New York: Anchor.

Habermas, Jürgen. 1970a, "On Systematically Distorted Communication," *Inquiry*, 13:205-18.

______. 1970b, "Towards a Theory of Communicative Competence," *Inquiry*, 13:360-75.

______. 1970c, *Toward a Rational Society: Student Protest, Science, and Politics*, Boston: Beacon.

______. 1971a, *Knowledge and Human Interests*, Boston: Beacon.

______. 1971b, "Discussion of Parsons's Interpretation of Weber," pp.59-66 in Otto Stammer(ed.), *Max Weber and Sociology Today*, New York: Harper & Row.

______. 1973, *Theory and Practice*, Boston: Beacon.

______. 1974, "The Public Sphere," *New German Critique*, 3:49-55.

______. 1975, *Legitimation Crisis*, Boston: Beacon.

______. 1977a, "A Review of Gadamer's Truth and Method," pp.335-63 in F. Dallmayr and T. McCarthy(eds), *Understanding and Social Inquiry*, Notre Dame: Notre Dame Press.

______. 1977b, "Hannah Arendt's Communications Concept of Power," *Social Research*, 44, Spring:3-24.

______. 1979a, *Communication and the Evolution of Society*, Boston: Beacon.

______. 1979b, "History and Evolution," *Telos*, 39:5-44.

______. 1979c, "Conservatism and Capitalist Crisis," *New Left Review*, 115, May-June:73-84.

______. 1980, "The Hermeneutic Claim to Universality," pp.181-212 in Josef Bleicher(ed.), *Contemporary Hermeneutics: Hermeneutics as Method, Philosophy and Critique*, London: Routledge & Kegan Paul.

______. 1981, "New Social Movements," *Telos*, 49, Fall: 33-7.

______. 1983, *The Theory of Communicative Action*, 2 vols, Boston: Beacon.

Hammond, Phillip. 1969, "Peter Berger's Sociology of Religion: An Appraisal," *Soundings*, 52:415 ff.

Hart, Jeffrey. 1972, "Peter Berger's 'Paradox': reply to Berger, Two Paradoxes," *National Review*, 511-13.

Harvey, Van. 1973, "Some Problematic Aspects of Peter Berger's Theory of Religion," *Journal of the Academy of Religion*, 41:75.

Heidegger, Martin. 1959, *Introduction to Metaphysics*, New Haven, Connecticut: Yale University Press.

Held, David. 1978, "The Battle Over Critical Theory," *Sociology*, 12:553-60.

______. 1980, *Introduction to Critical Theory: Horkheimer to Habermas*, Berkeley: University of California Press.

Hjelmslev, Louis. 1959, *Essais Linguistiques*, Copenhagen: Nordisk Sprog-og Kulturforlog.

Hohendahl, Peter Uwe. 1979, "Critical Theory, Public Sphere and Culture: Jürgen Habermas and His Critics," *New German Critique*, 16:89-118.

Honneth, Axel, Eberhard Knödler-Bunte, and Arno Widman. 1981, "The Dialectics of Rationalization: An Interview with Jürgen Habermas," *Telos*, 49:5-31.

Horkheimer, Max and Theodore Adorno. 1972, *Dialectic of Enlightenment*, New York: Herder & Herder.

Horster, Detlev and Willem van Reijen. 1979, "Interview with Jürgen Habermas, Starnberg, March 23, 1979," *New German Critique*, 18:43.

Jacobson, Roman. 1971. *Selected Writings*, The Hague: Mouton.

Jay, Martin. 1973, *The Dialectical Imagination: A History of the Frankfurt School and The Institute of Social Research, 1923-1950*, Boston: Little, Brown.

Jones, Hugh. 1978, "Spirit of Inquiry and the Reflected Self," *Scottish Journal of Theology*, 31:201 ff.

Kanter, Rosabeth Moss. 1968, "Commitment and Social Organization: A Study of Commitment Mechanisms in Utopian Communities," *American Sociological Review*, 33:499-517.

Kortian, Garbis. 1980, *Metacritique*, Cambridge University Press.

Kurzweil, Edith. 1980, *The Age of Structuralism: Lévi-Strauss to Foucault*, New York: Columbia University Press.

LaCapra, Dominick. 1977, "Habermas and Grounding of Critical Thoery," *History and Theory*, 16:237-64.

Langer, Susanne K. 1951, *Philosophy in a New Key: A Study in the Symbolism of Reason, Rite and Art*, New York: New American Library.

Leiber, Justin. 1975, *Noam Chomsky: A Philosophic Overview*, New York: St. Martins.

Lemert, Charles. 1979, "De-Centered Analysis: Ethnomethodology and Structuralism," *Theory and Society*, 7:289-306.

Lévi-Strauss, Claude. 1963, *Structural Anthropology*, New York: Basic Books.

______. 1966, *The Savage Mind*, University of Chicago Press.

______. 1968, *Tristes Tropiques*, New York: Atheneum.

Lukács, Georg. 1971, *History and Class Consciousness*, Cambridge, Massachusetts: MIT Press.

McCarthy, Thomas. 1973, "A Theory of Communicative Competence," *Philosophy of the Social Sciences*, 3:135-56.

______. 1978, *The Critical Theory of Jürgen Habermas*, Cambridge, Massachusetts: MIT Press.

McIntosh, Donald. 1977, "Habermas on Freud," *Social Research*, 44:562-98.

Marcus, Alfred. 1980, "Environmental Protection Agency," pp.267-303 in James Q. Wilson(ed.), *The Politics of Regulation*, New york: Basic Books.

Martiner, André. 1960, *Elements of General Linguistics*, London: Faber & Faber

Mendelson, Jack. 1979, "The Habermas/Gadamer Debate," *New German Critique*, 18:44-74.

Misgeld, Dieter. 1976, "Hermeneutics and Critical Theory: The Debate Between Habermas and Gadamer," pp.164-84 in J. O'Neill(ed.), *On Critical Theory*, New York: Seabury.

______. 1977, "Discourse and Conversation: The Theory of Communicative Competence and Hermeneutics in the Light of the Debate Between Habermas and Gadamer," *Cultural Hermeneutics*, 4:312-44.

______. 1981, "Science, Hermeneutics, and the Utopian Content of the Liberal-Democratic Tradition: On Habermas' Recent Work, A Reply to Mendelson," *New German Critique*, 2:123-44.

Nicholson, Linda J. 1980, "Why Habermas?," *Radical Philosophy*, 25:21-6.

Parsons, Talcott. 1951, *The Social System*, New York: Free Press.

Searle, John R. 1969, *Speech Acts: An Essay in the Philosophy of Language*, Cambridge University Press.

Sensat, Julius. 1978, *Habermas and Marxism: an Appraisal*, Beverly Hills: Sage.

Sheridan, Alan. 1980, *Michel Foucault: The Will to Truth*, New York: Tavistock.

Skinner, Quentin. 1982, "Habermas' Reformation," *New York Review of Books*, 29:35-9.

Slater, Phil. 1977, *Origin and Significance of the Frankfurt School*, London: Routledge & Kegan Paul.

Swanson, Guy E. 1964, *The Birth of the Gods*, Ann Arbor: University of Michigan Press.

Van den Berg, Axel. 1980, "Critical Theory: Is There Still Hope?" *American Journal of Sociology*, 86:449-78.

Van Gennep, Arnold. 1969, *The Rites of Passage*, University of Chicago Press.

Weber, Max. 1963, *The Sociology of Religion*, Boston: Beacon.

Weiner, Richard B. 1981, *Cultural Marxism and Political Sociology*, Beverly Hills: Sage.

White, Stephen K. 1979, "Rationality and the Foundations of Political Philosophy: An Introduction to the Recent Work of Jürgen Hbermas," *Journal of Politics*, 41:1156-71.

Wilson, John. 1969, "The De-alienation of Peter Berger," *Soundings*, 52:425 ff.

Wisdom, J. O. 1973, "The Phenomenological Approach to the Sociology of Knowledge," *Philosophy of the Social Sciences*, 3:257-66.

찾아보기

[ㅎ]

■ 지은이

로버트 워드나우(Robert Wuthnow)

워드나우는 프린스턴 대학교에서 사회학을 가르치고 있으며, 『천국을 지나: 1950년대부터 미국의 영성(After Heaven: Spirituality in America since the 1950s)』을 포함, 많은 저술을 하고 있다.

제임스 데이비슨 헌터(James Davison Hunter)

헌터는 버지니아 주립대학교 사회학과의 W. R. Kenan 교수이다. 그는 『캐릭터의 죽음(Death of Character)』, 『문화 전쟁: 미국을 정의하기 위한 투쟁(Culture Wars: The Struggle to Define America)』, 『총성이 울리기 전에: 미국 문화 전쟁에서 민주주의 찾기(Before the Shooting Begins: Searching for Democracy in America's Culture War)』 등의 저서를 썼다.

앨버트 버지슨(Albert Bergesen)

버지슨은 애리조나 주립대학교 사회학과 교수로 재직하고 있다. 『영화 속의 신(God in the Movies)』, 『성자와 파괴자: 국가 의례로서의 정치적 마녀사냥(The Sacred and the Subversive: Political Witch-Hunts as National Rituals)』 등의 저서가 있다.

에디스 커즈와일(Edith Kurzweil)

커즈와일은 보스턴 대학교의 학술잡지 ≪파르티잔 리뷰(Partisan Review)≫의 편집자로서, 『프로이트주의자와 페미니스트(Freudians and Feminists)』, 『이탈리아 사업가들: 발전의 후위(Italian Entrepreneurs: Rearguard of Progress)』, 『구조주의의 시대: 레비스트로스에서 푸코까지(The Age of Structuralism: Lévi-Strauss to Foucault)』 외 많은 편·저서가 있다.

■ 옮긴이

최샛별

이화여자대학교 사회학과(문학사)
예일 대학교 사회학과(사회학 석사)
예일 대학교 사회학과(사회학 박사)
현 이화여자대학교 사회학과 교수

한울아카데미 576

문화분석

피터 버거, 메리 더글러스, 미셸 푸코, 위르겐 하버마스의 연구

지은이 | 로버트 워드나우 외
옮긴이 | 최샛별
펴낸이 | 김종수
펴낸곳 | 한울엠플러스(주)

초판 1쇄 발행 | 2003년 9월 15일
초판 6쇄 발행 | 2023년 10월 16일

주소 | 10881 경기도 파주시 광인사길 153 한울시소빌딩 3층
전화 | 031-955-0655
팩스 | 031-955-0656
홈페이지 | www.hanulmplus.kr
등록 | 제406-2015-000143호

Printed in Korea.
ISBN 978-89-460-4201-8 93330